Lothar Semper
Bernhard Gress

DIE HANDWERKER-FIBEL

Dr. Lothar Semper
Dipl.-Kfm. Bernhard Gress

DIE HANDWERKER-FIBEL

für die praxisnahe Vorbereitung auf die Meisterprüfung Teil IV
und die Ausbildereignungsprüfung

Band 4 Berufs- und Arbeitspädagogik

mit fallbezogenen Übungs- und Prüfungsaufgaben

53., überarbeitete Auflage

Holzmann Medien | Buchverlag

Die Handwerker-Fibel enthält in der Regel Berufsbezeichnungen, Gruppenbezeichnungen usw. nur in der männlichen Form. Wir bitten diese sinngemäß als Doppelbezeichnungen, wie zum Beispiel Frau/Mann, Handwerksmeisterin/Handwerksmeister, Betriebsinhaberin/Betriebsinhaber usw. zu interpretieren und anzuwenden.

Impressum
53., überarbeitete Auflage 2015
Band 4: Artikel-Nr. 1764.35 | ISBN: 978-3-7783-0956-8

Lektorat: Achim Sacher, Holzmann Medien | Buchverlag
Umschlaggestaltung: Markus Kratofil, Holzmann Medien | Buchverlag
Bildquelle Umschlag: © contrastwerkstatt - Fotolia.com
Satz: abavo GmbH | Buchloe
Druck: Kessler Druck + Medien | Bobingen

Vorwort

Die 53. Auflage der Handwerker-Fibel basiert auf der aktuellen Fassung der Verordnung über die Meisterprüfung in den Teilen III und IV im Handwerk und in den handwerksähnlichen Gewerben (Allgemeine Meisterprüfungsverordnung – AMVO), die zum 01.01.2012 in Kraft getreten ist. Nachdem seit 01.01.2010 die AMVO für Teil IV der Meisterprüfung und seit 01.08.2009 die Ausbildereignungsverordnung (AEVO) für die Vermittlung der berufs- und arbeitspädagogischen Kenntnisse die Handlungsorientierung vorsehen, wurde diese nunmehr auch für Teil III der Meisterprüfung umgesetzt. Der Stoff für jedes der drei Handlungsfelder wird in einem eigenen Band dargestellt, sodass die Handwerker-Fibel insgesamt vier Bände umfasst – Band 1-3 für Teil III und Band 4 für Teil IV der Meisterprüfung.

Im Handwerk ist in den zulassungspflichtigen Berufen der Anlage A der Handwerksordnung in der Regel die Qualifikation als Meister die Voraussetzung für die Ausübung dieses Gewerbes. Diese beinhaltet zugleich die berufs- und arbeitspädagogischen Kenntnisse (Teil IV der Meisterprüfung). Für die zulassungsfreien Handwerke oder handwerksähnlichen Gewerbe der Anlage B der Handwerksordnung gelten für die fachliche Eignung eines Ausbilders, soweit dieser über keine Qualifikation als Meister verfügt, die Bestimmungen nach dem Berufsbildungsgesetz. Also muss dann die Ausbildereignung entsprechend der AEVO nachgewiesen werden.

Bis auf wenige – teils redaktionelle – Formulierungen sind AMVO und AEVO deckungsgleich. Die vier Handlungsfelder orientieren sich am Ablauf der Ausbildung:

1. Ausbildungsvoraussetzungen prüfen und Ausbildung planen,
2. Ausbildung vorbereiten und Einstellung von Auszubildenden durchführen,
3. Ausbildung durchführen und
4. Ausbildung abschließen.

Handlungsorientierung bedeutet, dass berufliche Handlungssituationen oder Handlungsfälle, die an der Betriebs- und Berufspraxis und an Geschäfts- und Arbeitsprozessen orientiert sind, beispielhaft zum Gegenstand der Ausbildung gemacht werden. Der Lernende soll selbstständig Handlungen planen, durchführen und kontrollieren sowie sich im Anschluss über die jeweiligen Zusammenhänge klar werden. Damit erreicht er berufliche Handlungskompetenz, das heißt, er kann in beruflichen Situationen im betrieblichen Gesamtzusammenhang sach- und fachgerecht durchdacht und in wirtschaftlicher und gesellschaftlicher Verantwortung handeln.

Die von den Meistern und Meisterinnen bzw. Ausbildern und Ausbilderinnen zu erwerbenden berufs- und arbeitspädagogischen Fertigkeiten,

Kenntnisse und Fähigkeiten sind für AMVO und AEVO für alle vier Handlungsfelder als Kompetenzen formuliert. Auf der Grundlage des Rahmenplans zur AEVO und der darauf abgestimmten Struktur für die Vorbereitung auf Teil IV der Meisterprüfung ist der Inhalt dieses Bandes nach Handlungsfeldern und Lernsituationen gegliedert. Bei jeder Lernsituation sind die zu erwerbenden Kompetenzen vorangestellt.

Das FBH – Forschungsinstitut für Berufsbildung im Handwerk – und die ZWH – Zentralstelle für die Weiterbildung im Handwerk – haben den Rahmenplan für die Vorbereitung auf Teil IV der Meisterprüfung im Handwerk (2010) herausgegeben. Dieser ist die Basis der Darstellung der Stoffgebiete in diesem Band der Handwerker-Fibel.

Die Handwerker-Fibel hat sich seit vielen Jahren als Lehrbuch bei der Vorbereitung auf die Meisterprüfung im Handwerk, aber auch auf die Ausbildereignungsprüfung bestens bewährt. Sie ist dafür sowohl das wichtigste Lernmittel und Begleitmaterial als auch Grundlage für das Selbststudium. Der Schwerpunkt der Inhalte ist nicht auf Begriffswissen, sondern in erster Linie auf anwendungsbezogenes Handlungswissen und berufliche Handlungsfähigkeit für die Praxis gelegt. Auch im Rahmen der handlungsorientierten Ausbildung und Vorbereitung auf die Ausbildereignungsprüfung wie auch die Meisterprüfung ist ein Lehrbuch wie dieser Band der Handwerker-Fibel für ein erfolgreiches Lernen, den Erwerb der erforderlichen berufs- und arbeitspädagogischen Kenntnisse, für die Aneignung von Handlungskompetenz und das Bestehen der Prüfung unverzichtbar. Darüber hinaus eignet sich die Handwerker-Fibel als Handbuch und Nachschlagewerk für die wirtschaftliche Betriebs- und Unternehmensführung des Handwerksmeisters nach der Meisterprüfung, sei es als selbstständiger Unternehmer oder als angestellte Führungskraft oder Ausbilder im Handwerk. Dabei hilft den Nutzern ein umfangreiches Stichwortverzeichnis.

Nach den Textteilen zu jeder Lernsituation folgen handlungsorientierte, fallbezogene Aufgaben zur begleitenden Kontrolle des Lernprozesses und zur rationellen Vorbereitung auf die Prüfung. Dazu enthält dieses Buch eine Mischung aus drei im Wesentlichen in der Prüfungspraxis zur Anwendung kommenden fallbezogenen Aufgabentypen, nämlich programmierte Aufgaben mit Auswahllösungen, Situationsaufgaben mit Leitfragen bzw. Leithinweisen und offenen Lösungen sowie Situationsaufgaben mit frei formulierter Lösung. Die fallbezogenen Aufgaben mit programmierten Auswahllösungen sind durch Ankreuzen einer der fünf vorgegebenen Lösungen zu bearbeiten. Die richtigen Lösungen sind am Ende des Buches zur Kontrolle abgedruckt. Bei allen Aufgaben erfolgt am Schluss der Aufgabenstellung ein Hinweis zum Textteil als Lösungshilfe und um bei festgestellten Lücken entsprechend nachlesen bzw. nacharbeiten zu können.

Dieser Band 4 ist auch geeignet für die Vorbereitung auf den vierten Prüfungsteil (Berufs- und Arbeitspädagogik) der Prüfung „Kaufmännische(r) Fachwirt/in (Hwk)“. Schließlich sind alle vier Bände der Handwerker-Fibel für die Vorbereitung auf Fortbildungsprüfungen im Handwerk geeignet, in denen betriebswirtschaftliche, kaufmännische und rechtliche sowie berufs- und arbeitspädagogische Kenntnisse nach Maßgabe der Verordnung über gemeinsame Anforderungen in der Meisterprüfung im Handwerk und in den handwerksähnlichen Gewerben (AMVO) gefordert werden.

Für diese Auflage wurde der Inhalt wiederum an gesetzliche Änderungen und Neuregelungen angepasst.

Für Anregungen bei Abfassung des Textes für diesen Band danken wir Herrn Christian Gohlisch.

Wir wünschen Ihnen bei der Vorbereitung und Ablegung Ihrer Prüfungen viel Erfolg.

Januar 2015

Die Autoren und
Holzmann Medien | Buchverlag

Mit den aktuellen Lehr- und Lernmitteln von Holzmann Medien erwerben Sie zusätzliche Sicherheit für die erfolgreiche Ablegung Ihrer Meisterprüfung:

> **Der MeisterTrainer.** Trainieren Sie handlungsorientierte, fallbezogene Übungsaufgaben – immer und überall: am PC, Tablet und Smartphone. Prüfungsvorbereitung einfach, schnell und sicher, online und offline. Auch als CD-ROM oder Download erhältlich.

> **Das Übungspaket zu Teil III und IV der Meisterprüfung.** Mit der Bearbeitung der Übungsbögen stellen Sie Ihr vorhandenes Wissen auf den Prüfstand. Gleichzeitig legen Sie den Grundstein für eine erfolgreiche Prüfung.

> **Die Handwerker-Fibel auf CD-ROM.** Der gesamte Inhalt (Text und Abbildungen) per Mausklick sofort abrufbar. Einfache Bedienung, hoher Benutzerkomfort.

> **Das Hörbuch Berufs- und Arbeitspädagogik.** Verschaffen Sie sich Vorsprung durch Meisterwissen zum Hören und nutzen Sie ab jetzt Ihre Zeit doppelt – mit über 180 Minuten fallbezogenen Hörspielszenen.

Sämtliche Lehr- und Lernmittel können, sofern sie nicht vom Lehrgangsträger zur Verfügung gestellt werden, im Buchhandel oder direkt beim Verlag bezogen werden.

Bestelladresse: **Holzmann Medien GmbH & Co. KG**
Buchverlag
Gewerbestraße 2
86825 Bad Wörishofen
Tel.: 0 82 47 / 35 41 24
Fax: 0 82 47 / 35 41 90
E-Mail: buch@holzmann-medien.de
www.holzmann-medienshop.de

1 Handlungsfeld: Ausbildungsvoraussetzungen prüfen und Ausbildung planen

1.1 Lernsituation: Vorteile und Nutzen betrieblicher Ausbildung darstellen und begründen

Kompetenzen:

- Ziele und Aufgaben der Berufsausbildung, insbesondere die Bedeutung der beruflichen Handlungskompetenz, für Branche und Betrieb herausstellen.
- Vorteile und Nutzen der Ausbildung für Jugendliche, Wirtschaft und Gesellschaft beschreiben.
- Nutzen der Ausbildung auch unter Berücksichtigung der Kosten für den eigenen Betrieb begründen.

1.1.1 Ziele und Aufgaben der Berufsausbildung

1.1.1.1 Berufliche Handlungskompetenz als grundlegendes Ziel der Ausbildung

Ziel der Bildung und Ausbildung

Bildung und Ausbildung des Menschen waren – einfach ausgedrückt – im Wesentlichen schon immer darauf ausgerichtet, ihn zu befähigen, sachgerecht in allen privaten Lebenssituationen, aber vor allem in der Ausübung eines Berufes, zu handeln und sich mit seinem Verhalten im Lebensumfeld zurechtzufinden, also ein Höchstmaß an Fähigkeiten zur Lebensbewältigung zu erwerben.

Menschliches Leben erfordert Handeln in vielfältiger Art und Weise, insbesondere in Ausübung beruflicher Tätigkeiten. Zu jeder Handlung braucht der Mensch Kompetenz, die aus Fähigkeiten, Kenntnissen, Fertigkeiten, Erfahrungen und Einstellungen besteht.

Der rasche und umfangreiche technische und wirtschaftliche Wandel wird das Arbeitsleben zukünftig noch stärker beeinflussen und ständig verändern. Technisches Wissen und einmal erworbene berufliche Kenntnisse veralten heute rascher als jemals zuvor. Die Arbeitsteilung wird national und international weiter zunehmen. Damit sind zugleich erhebliche Veränderungen bezüglich der beruflichen Qualifikation während eines Arbeitslebens verbunden.

Die Berufsausbildung kann verständlicherweise nicht bereits alle möglichen Veränderungen eines Arbeitslebens vorwegnehmen und berücksichtigen. Aber sie soll den Auszubildenden befähigen, sich besser mit Veränderungen auseinandersetzen und die dadurch hervorgerufenen Anforderungen bewältigen zu können. Sie soll ihn damit auch darauf vorbereiten, sein Leben lang zu lernen.

Ein modernes Ausbildungssystem muss also im Ergebnis des Qualifizierungsprozesses auf berufliche Handlungsfähigkeit ausgerichtet sein. Deshalb ist nach dem Berufsbildungsgesetz (§ 1) im Rahmen der Berufsausbildung berufliche Handlungsfähigkeit in einem Ausbildungsberuf zu vermitteln. Der Gesetzgeber stellt hierbei den Anspruch, dass nach erfolgreich bestandener Gesellen- oder Abschlussprüfung die volle berufliche Handlungsfähigkeit für den jeweiligen Ausbildungsberuf vorhanden ist.

Handlungskompetenz

In diesem Zusammenhang spricht die Berufs- und Arbeitspädagogik von der beruflichen Handlungskompetenz. Diese berufliche Handlungskompetenz bezieht sich nicht nur auf die rein fachliche Kompetenz (vielfach auch Methodenkompetenz genannt), sondern auch auf persönliche Eigenschaften und den Umgang mit Kollegen, Kunden sowie Vorgesetzten.

Kompetenzbereiche

Die berufliche Handlungskompetenz umfasst also mehrere unterschiedliche Einzelkompetenzen. Die drei wichtigsten Teilbereiche sind:

- fachliche Kompetenz
- persönliche Kompetenz
- soziale Kompetenz.

Die einzelnen Kompetenzbereiche können wiederum mit vielfältigen Eigenschaften charakterisiert werden. Man nennt sie auch Schlüsselqualifikationen.

1.1.1.2 Schlüsselqualifikationen

Schlüsselqualifikationen sind Fertigkeiten, Kenntnisse und Fähigkeiten, die nicht nur mit dem eigentlichen Beruf, sondern auch mit anderen Berufsfeldern, Tätigkeiten und Funktionen zusammenhängen, also berufsübergreifend sind. Sie beziehen sich auch auf Fähigkeiten, die nicht nur zur Bewältigung gegenwärtiger, sondern vor allem zukünftiger Anforderungen des Berufslebens geeignet sind.

Schlüsselqualifikationen aus dem Bereich der Fachkompetenz sind:

Fachkompetenz

- fachliche Fertigkeiten
- fachliche Kenntnisse
- Lern- und Arbeitstechniken
- Problemlösungsstrategien.

Schlüsselqualifikationen aus dem Bereich der Persönlichkeitskompetenz sind:

Persönlichkeitskompetenz

- Leistungsbereitschaft
- Zuverlässigkeit
- Sorgfalt
- Lernfähigkeit und -bereitschaft
- Urteilsvermögen, Entscheidungsfähigkeit
- abstraktes, analytisches und logisches Denken
- Kreativität, Flexibilität
- Gesprächsbereitschaft
- Eigeninitiative.

Schlüsselqualifikationen aus dem Bereich der Sozialkompetenz sind:

Sozialkompetenz

- Kollegialität
- Kontakt-, Kommunikationsfähigkeit
- Kooperationsbereitschaft, Teamfähigkeit
- Verantwortungsbewusstsein, Einfühlungsvermögen
- Toleranz
- Hilfsbereitschaft
- Kompromiss-, Durchsetzungsfähigkeit
- Fähigkeit zur Selbstreflexion.

Handlungskompetenz ist nicht bereits dann gegeben, wenn ein Bereich möglichst gut ausgeprägt ist, sondern sie erfordert sowohl fachliche wie auch persönliche und soziale Schlüsselqualifikationen.

1.1.1.3 Befähigung zum selbstständigen Planen, Durchführen und Kontrollieren, prozessorientierte Ausbildung

Handlungskompetenz

Handlungsorientierte Ausbildung

Die handlungsorientierte Didaktik (Unterrichtslehre) ist die Grundlage für handlungsorientiertes Lehren und Lernen auch in der betrieblichen Ausbildung. Der Lehrling soll Handlungskompetenz in Handlungssituationen erwerben. Das setzt voraus, dass der Ausbilder die Ausbildungseinheiten entsprechend plant.
Für die Durchführung einer handlungsorientierten Ausbildung sehen die neuen Ausbildungsordnungen folgende Zielsetzung vor:

Die Fertigkeiten, Kenntnisse und Fähigkeiten sollen so vermittelt werden, dass der Auszubildende zur Ausübung einer qualifizierten beruflichen Tätigkeit befähigt wird, die insbesondere selbstständiges Planen, Durchführen und Kontrollieren an seinem Arbeitsplatz einschließt.
In der konkreten betrieblichen Praxis bedeutet dies:

- Selbstständiges Planen: Der Lehrling soll in der Lage sein, den Arbeitsvorgang bzw. Arbeitsprozess selbst zu planen.
- Selbstständiges Durchführen: Der Lehrling kann den von ihm geplanten Arbeitsablauf auch ohne fremde Hilfe ausführen.
- Selbstständiges Kontrollieren: Der Lehrling lernt, seine eigenen Leistungen selbstkritisch zu prüfen sowie Fehler und deren Ursachen und Möglichkeiten zu ihrer Beseitigung zu erkennen.

Prozessorientierte Ausbildung

Im Zuge der praktischen Umsetzung der „Prozessorientierung" als neues didaktisches Konzept in der Ausbildung sehen vermehrt Ausbildungsordnungen (z. B. Metall- und Elektroberufe) zusätzlich vor, dass die notwendigen Fertigkeiten, Kenntnisse und Qualifikationen auch auf Geschäfts- und Arbeitsprozesse (Abläufe) bezogen zu vermitteln sind. Die Vermittlung soll die Fähigkeit zum Handeln im betrieblichen Gesamtzusammenhang einschließen. Die Ausbildung ist somit prozessorientiert und geschäftsprozessbasiert zu planen und durchzuführen.

Prozess-
kompetenz

Diese „prozessbezogene" Vermittlung von Qualifikationen bedeutet eine veränderte Ausbildungsgestaltung und zusätzliche, neue Anforderungen an das Ausbildungspersonal. Die vorgegebenen Inhalte der Ausbildungsordnungen sind dabei auf betriebliche Geschäfts- und Arbeitsprozesse zu beziehen. In der Ausbildung soll „Prozesskompetenz", also die Fähigkeit zum sachverständigen Handeln im betrieblichen Gesamtzusammenhang und somit die Fähigkeit zur Prozessgestaltung und Prozessveränderung, vermittelt werden. Dabei kommt den Gesichtspunkten Qualitäts- und Effizienzoptimierung eine große Bedeutung zu. Prozesskompetenz bezieht, so gesehen, auch die Fähigkeit, an dieser Optimierung (bestmöglichen Gestaltung) mitzuwirken, ein.

1.1.2 Bedeutung der Ausbildung für Jugendliche, Wirtschaft und Gesellschaft

1.1.2.1 Bedeutung der Berufsbildung für den Jugendlichen

Die Bedeutung der Berufsausbildung für den Einzelnen liegt in folgenden Bereichen:

- wichtiger Einstieg ins Berufsleben
- Sicherung eines Arbeitsplatzes
- Sicherung des Lebensunterhalts und der finanziellen Existenzgrundlage
- stufenweise Einführung in die Berufs- und Arbeitswelt
- Erwerb von Verhaltensformen im Betrieb
- Schaffung einer Grundlage für berufliche Mobilität (örtliche und fachliche Beweglichkeit)
- Lernen von selbstständigem Arbeiten und Handeln
- Persönlichkeitsbildung
- Aneignung von Pflichtbewusstsein, Verantwortung und Zuverlässigkeit
- Voraussetzung für den Einstieg in Weiterbildungsmöglichkeiten.

1.1.2.2 Bedeutung der Berufsbildung für Wirtschaft und Gesellschaft

Berufliche
Leistungs-
fähigkeit

Jede Gesellschaft muss alle denkbar geeigneten Maßnahmen durchführen, um die berufliche Leistungsfähigkeit zu schaffen und zu erhalten. Die Leistungsfähigkeit des Einzelnen ist auch für eine Gesellschaft aus wirtschaftlichen Gründen wichtig, weil Menschen, die ihre berufliche Leistungsfähigkeit vorzeitig verlieren, letztlich auf Kosten der übrigen arbeitenden Mitglieder der Gesellschaft mitgetragen werden müssen. Die Erhaltung der beruflichen Leistungsfähigkeit ist ferner ein wichtiges Element für die Stabilität einer Gesellschaftsordnung, weil Arbeitslosigkeit, die auf mangelnde berufliche Leistungsfähigkeit zurückzuführen ist, auf Dauer gesehen eine Gesellschaftsordnung gefährdet.

Zweckmäßige
Maßnahmen

Die berufliche Leistungsfähigkeit und somit die Stabilität einer Gesellschaftsordnung wird insbesondere erreicht und erhalten durch

- eine solide berufliche Ausbildung,
- eine laufende berufliche Fortbildung und
- durch geeignete berufliche Umschulungsmaßnahmen im Bedarfsfall.

Wirtschaftspolitische Bedeutung der Berufsbildung

Produktionsfaktor Arbeit

Der wichtigste Produktionsfaktor „Arbeit“ hängt in einer Volkswirtschaft vom Niveau der Ausbildung aller arbeitenden Menschen ab.

> In einem rohstoffarmen Land wie der Bundesrepublik nimmt somit die berufliche Bildung wirtschaftspolitisch die absolute Schlüsselrolle ein.

Sie ist die wichtigste Investition in „Humankapital“, die genauso bedeutsam ist wie die Investition in Sachkapital (Maschinen, Werkzeuge usw.).

Wirtschaftspolitische Bedeutung der Berufsbildung

Grundlage für die wirtschaftliche Leistungsfähigkeit	wichtiger Faktor für das Wirtschaftswachstum	Basis für die Verbesserung des Lebensstandards	Grundlage für die sozialen Sicherungssysteme	Basis für die internationale Wettbewerbsfähigkeit

Gegenseitige Verflechtung

Die enge Verflechtung von Problemen der Bildungs-, Gesellschafts-, Arbeitsmarkt- und Sozialpolitik hat dazu geführt, dass Berufsbildungsfragen auch unter dem Gesichtspunkt sozial- und arbeitsmarktpolitischer Entscheidungen gesehen werden müssen.

Arbeitsmarktpolitische Bedeutung der Berufsbildung

Am Arbeitsmarkt treffen Angebot und Nachfrage nach Arbeitskräften zusammen. Das oberste Ziel der Arbeitsmarktpolitik muss der Ausgleich von Angebot und Nachfrage sein. Der Arbeitsmarkt wird von folgenden Faktoren beeinflusst:

- technische Entwicklungen
- konjunkturelle und strukturelle Entwicklungen
- lohnpolitische Entscheidungen
- sozialpolitische Entscheidungen
- bildungspolitische Entscheidungen
- Qualität der Berufsbildung.

Bildungspolitik

Einer der stärksten Einflussfaktoren ist die Bildungspolitik und die qualitative und quantitative Situation in der beruflichen Bildung.

> Qualitativ gesehen muss das berufliche Bildungssystem dafür sorgen, dass deren Absolventen den technischen und ökonomischen Anforderungsprofilen der beruflichen Arbeit (Fertigkeiten, Kenntnisse, Verhaltensformen, Problemlösungskompetenz) in den Betrieben und somit am Arbeitsmarkt entsprechen. Dabei ist die Ausbildung auf größtmögliche Beweglichkeit (Mobilität) zwischen verschiedenen Arbeitsplätzen, Branchen und Regionen auszurichten. Quantitativ betrachtet muss in erster Linie die Bildungspolitik (zum Beispiel durch Aufwertung der beruflichen Bildung), aber auch der Bürger in seinem Berufswahlverhalten dafür sorgen, dass genügend fachlich vorgebildete Arbeitskräfte zur Verfügung stehen und der Arbeitsmarkt so ausgeglichen wie möglich ist.

Leider ist dieser Ausgleich in der Bundesrepublik nicht gegeben. Einer hohen Arbeitslosenzahl stehen unbesetzte Stellen in beachtlicher Zahl gegenüber, weil die Qualifikationen in Angebot und Nachfrage nicht zur Deckung gebracht werden können. Es ist daher mehr als zuvor notwendig, über eine gezielte Arbeitsmarkt- und Bildungspolitik die qualitativen und quantitativen Ungleichgewichte zu reduzieren.

Sozialpolitische Bedeutung der Berufsbildung

Auch für die Sozialpolitik hat die berufliche Bildung eine wichtige Bedeutung: Ein solides Berufsbildungssystem schafft die wirtschaftlichen Grundlagen für die Sozialpolitik eines Staates, weil nach sozialen Gesichtspunkten gesehen nur das verteilt werden kann, was vorher durch gut ausgebildete Arbeitskräfte erarbeitet wurde. Eine gute Berufsbildungspolitik ist somit auch der Schlüssel für die soziale Sicherung und die soziale Stellung, insbesondere auch sozial schwacher Schichten unserer Gesellschaft.

Einkommen

Wer eine qualifizierte Ausbildung und Weiterbildung durchläuft, kann in der Regel ein höheres persönliches Einkommen erreichen (zum Beispiel im Vergleich zum Ungelernten oder Angelernten). Darüber hinaus erschließt sie auch eine höhere soziale Stellung (zum Beispiel selbstständiger Handwerksmeister).

Hoher Beschäftigungsgrad

Gesamtwirtschaftlich betrachtet führt eine qualifizierte berufliche Bildung zu hoher Wirtschaftsleistung sowie einem hohen Beschäftigungsgrad und somit zur Einsparung von sozialen Leistungen an sozial Schwache oder Arbeitslose.

Berufliche Bildung entlastet die Sozialpolitik auch durch berufliche Wiedereingliederung und Ausbildung von Menschen mit körperlicher und geistiger Behinderung.

Handwerkspolitische und einzelbetriebliche Bedeutung der Berufsbildung

Gerade im Handwerk spielt das Niveau der Berufsausbildung eine entscheidende Rolle. Zwar ist auch im Handwerk der Maschinen- und Geräteeinsatz in den letzten Jahren ständig angestiegen, und dieser Prozess ist noch nicht abgeschlossen. Trotzdem bestimmt aber die menschliche Arbeitskraft im Handwerk noch weitgehend das Ergebnis der betrieblichen Leistung. Daher hat das Handwerk noch mehr als andere Wirtschaftszweige dafür zu sorgen, dass auch in der Zukunft eine ausreichende Zahl von Nachwuchsarbeitskräften vorhanden ist und das qualifizierte Niveau der Arbeitskräfte eine ausreichende Leistungsgarantie bietet.

1.1.3 Nutzen und Kosten der Ausbildung für den Betrieb

1.1.3.1 Kosten-Nutzen-Analyse

Im Handwerk hat die betriebliche Ausbildung eine lange Tradition und eine über Jahrhunderte entwickelte Ausbildungskultur. Im Hinblick auf die Ausbildungskosten wird auch im Handwerk immer wieder die Frage gestellt, ob sich Ausbildung für den Handwerksbetrieb unter betriebswirtschaftlichen Gesichtspunkten überhaupt noch lohne und somit sinnvoll sei.

Ausbildung als lohnende Investition

Wenn auch die Kosten-Ertrag-Rechnung (Gegenüberstellung von Ausbildungskosten und durch die Auszubildenden erwirtschafteten Erträgen) und die Kosten-Nutzen-Situation der betrieblichen Ausbildung in den einzelnen Handwerkszweigen unterschiedlich sind, zeigen Untersuchungen, dass die Vorteile und der Nutzen der Ausbildung in den meisten Betrieben die Kosten überwiegen. Betriebliche Ausbildung ist also eine lohnende Investition in die Zukunft.

Vorteile der Ausbildung

Weitere grundsätzliche betriebswirtschaftliche Vorteile sind insbesondere:

> sofort einsetzbare qualifizierte Fachkräfte mit betriebsspezifischer Kompetenz
> keine Kosten für Personalbeschaffung extern ausgebildeter Fachkräfte
> keine Kosten für Einarbeitung und Anpassungsqualifizierung
> Vermeidung von Fluktuation, weniger Kosten durch Personalwechsel
> weniger oder kein Fehlbesetzungsrisiko, Möglichkeit der Bestenauslese
> in der Regel geringere Lohnkosten als bei der Einstellung externer Fachkräfte
> die langfristige Sicherung des Fachkräftebedarfs für einen möglichst rationellen Personaleinsatz
> Unabhängigkeit vom Arbeitsmarkt.

1.1.3.2 Kosten und Finanzierung im dualen System

Die Gesamtkosten der Berufsausbildung werden sowohl im betrieblichen als auch im überbetrieblichen und schulischen Bereich in unterschiedlichen Anteilen von den Trägern der Berufsausbildung und durch Zuschüsse von Bund und Land finanziert.

Der Betrieb trägt in der Regel voll die Kosten, die in der betrieblichen Ausbildungszeit anfallen, und die Kosten der betriebsergänzenden überbetrieblichen Ausbildung, soweit Letztere nicht anderweitig gedeckt werden. Die wichtigsten sind:

Betriebliche Kosten für die Berufsausbildung

Personalkosten für Ausbilder	Ausbildungsvergütung, Sozialversicherungsbeiträge und Sozialleistungen für Lehrlinge	Sachkosten (Ausbildungs- bzw. Arbeitsplatz, Werkzeuge, Lehrmaterialien, Gebühren usw.)	Lehrgangsgebühren, Fahrt-, Übernachtungs- und Verpflegungskosten bei praktischer Ausbildung außerhalb des Ausbildungsbetriebes und bei der überbetrieblichen Unterweisung, soweit nicht durch Zuschüsse gedeckt	sonstige Kosten und eventuelle Sonderumlagen für die überbetriebliche Ausbildung

Die Kosten für die Berufsschulanteile in der Ausbildung werden – soweit es den Schulbesuch betrifft – von den Berufsschulträgern, also vom Staat oder der Kommune bzw. von kommunalen Zweckverbänden oder diesen gemeinsam, getragen. Die Ausbildungsvergütung während der Berufsschulzeit zahlt der Ausbildungsbetrieb.

Für einige Handwerksberufe gibt es zwischenbetriebliche Finanzierungsregelungen. Eine Sonderregelung besteht für das Schornsteinfegerhandwerk mit der Ausbildungskostenausgleichskasse. Danach muss jeder Bezirksschornsteinfegermeister eine Umlage an die Ausgleichskasse bezahlen und erhält eine Förderung, wenn er einen Lehrling im Schornsteinfegerhandwerk ausbildet.

Tarifvertragliche Finanzierungsregelungen

Im Bereich des Handwerks bestehen in folgenden Berufen tarifvertragliche Finanzierungsregelungen:

- Baugewerbe (Maurer und Betonbauer, Zimmerer, Stuckateur, Fliesen-, Platten- und Mosaikleger, Estrichleger, Wärme-, Kälte- und Schallschutzisolierer, Straßenbauer, Brunnenbauer, Trockenbaumonteur, Rohrleitungsbauer, Kanalbauer, Gleisbauer)
- Steinmetz- und Steinbildhauerhandwerk
- Dachdeckerhandwerk.

In allen aufgeführten Berufsbereichen müssen die Betriebe einen Beitrag auf der Basis der Brutto-Lohnsumme entrichten.

Im Regelfall werden die Mittel im Wesentlichen zur Finanzierung der überbetrieblichen Unterweisung, der teilweisen Erstattung der Ausbildungsvergütung, der Fahrtkosten und der Internatsunterbringung verwendet.
Die Abwicklung der Beitragserhebung und die Auszahlung der Zuwendungen erfolgen über Kassen, die von den Tarifvertragspartnern errichtet wurden.

Für Zwecke der Finanzierung der überbetrieblichen Unterweisung kann nach einhelliger Rechtsprechung die zuständige Handwerkskammer auf der Grundlage der Handwerksordnung einen **besonderen Ausbildungsbeitrag** sowohl von Ausbildungsbetrieben als auch von Nichtausbildungsbetrieben bestimmter Ausbildungsberufe, für die überbetriebliche Unterweisungsmaßnahmen durchgeführt werden, erheben.

Ausbildungsbeitrag

Innungen können sowohl von Innungsmitgliedern als auch von Nichtinnungsmitgliedern unter bestimmten Voraussetzungen eine Lehrlingsbetreuungsgebühr für die tatsächliche Benutzung ihrer Einrichtungen (zum Beispiel überbetriebliche Unterweisungsstätte) verlangen.

Lehrlingsbetreuungsgebühr

Zur Erhöhung des Ausbildungsplatzangebotes in bestimmten Regionen, zur Förderung der Ausbildung im Verbund, zur Förderung der Mobilität und zur Unterbringung von bestimmten Zielgruppen, wie zum Beispiel Förderschülern, Menschen mit Behinderung, Lehrlingen aus in Konkurs gegangenen Betrieben, Bewerbern zur Durchführung von Einstiegsqualifikationen usw., schaffen einzelne Länder, der Bund und die EU bei Bedarf Sonderprogramme. Nach diesen werden Ausbildungsbetrieben und verschiedenen anderen Berufsausbildungseinrichtungen, aber auch Lehrlingen bzw. Teilnehmern an Maßnahmen unter bestimmten Voraussetzungen staatliche Zuschüsse oder Darlehen gewährt.

Handlungsorientierte, fallbezogene Aufgaben

1. Sie sind Ausbilder in einem Handwerksbetrieb und bilden mehrere Lehrlinge aus. Ein grundlegendes Ziel der Ausbildung ist die Vermittlung von Handlungskompetenz, d. h., dass die in der Ausbildungsordnung genannten Fertigkeiten, Kenntnisse und Fähigkeiten so zu vermitteln sind, dass die Lehrlinge im Sinne von selbstständigem Planen, Durchführen und Kontrollieren zu einer qualifizierten Berufstätigkeit befähigt werden. Ferner sollen die Lehrlinge Schlüsselqualifikationen erwerben, die sie befähigen, auch in anderen Berufsfeldern, Tätigkeiten und Funktionen im sich verändernden Berufsleben zu bestehen und den Anforderungen zu entsprechen. Diese Grundsätze wollen Sie in der Ausbildung umsetzen.

   Aufgabe:

   a) Erläutern Sie beispielhaft, wozu Ihre Lehrlinge nach Durchführung von Ausbildungsmaßnahmen befähigt sein sollen, wenn Sie die Ausbildung wie im Fall beschrieben handlungsorientiert durchführen!

   b) Stellen Sie dar, welche Schlüsselqualifikationen Sie bei der Ausbildung Ihrer Lehrlinge in den Bereichen Fachkompetenz und Persönlichkeitskompetenz erreichen wollen!

   >> Seiten 17 bis 20 |

2. Sie haben sich als junger Handwerksmeister vor Kurzem selbstständig gemacht. Als aufgeschlossener junger Unternehmer verfolgen Sie die Diskussionen in den Berufsorganisationen des Handwerks, in der Politik und in den Medien über die Gründe, die für eine leistungsfähige und verstärkte berufliche Aus- und Weiterbildung sprechen, sowie über deren Bedeutung aus wirtschafts-, sozial-, arbeitsmarkts- und gesellschaftspolitischer Sicht. Gleichzeitig überlegen Sie auch, welche Gründe für eine Berufsausbildung unter einzelbetrieblichen Aspekten maßgeblich sind. All dies gibt Ihnen Veranlassung zu prüfen und anschließend zu entscheiden, ob Sie in Ihrem Betrieb Lehrlinge ausbilden werden oder nicht. Bei Ihrer Entscheidungsfindung wollen Sie möglichst alle genannten Gesichtspunkte und Betroffenheiten in Ihrer gesamtgesellschaftlichen Verantwortung berücksichtigen.

   Aufgabe: Erarbeiten Sie die Argumente für Ihre Entscheidung und gehen Sie dabei auf alle oben aufgeführten Gesichtspunkte ein!

   >> Seiten 20 bis 22 |

3. Als Inhaber eines wachsenden Handwerksbetriebes wollen Sie künftig vermehrt in Ihrem Betrieb ausbilden, um den steigenden Personalbedarf auf diesem Weg decken zu können. Davor wollen Sie aber prüfen, ob die Kosten-Ertrag-Rechnung für die Ausbildung betriebswirtschaftlich gesehen vertretbar ist und welche sonstigen betriebswirtschaftlichen Gesichtspunkte in die Entscheidung für eine vermehrte Ausbildung mit einzubeziehen sind.

   Aufgabe:

   a) Geben Sie an, wie Sie bei der Kosten-Ertrag-Rechnung für Ihren Betrieb vorgehen!

   b) Beschreiben Sie weitere betriebswirtschaftliche Vorteile, die mit Ihren geplanten Maßnahmen erreicht werden können!

   >> Seite 23 |

4. Sie haben vor Kurzem einen Handwerksbetrieb gegründet und würden gerne zwei Lehrlinge ausbilden. Vor einer endgültigen Entscheidung für oder gegen eine betriebliche Ausbildung wollen Sie feststellen, welche Kosten bei der geplanten Ausbildung in den einschlägigen Kostenbereichen (Ausbildungsbetrieb, Berufsschule, überbetriebliche Unterweisungsstätte) entstehen und wer sie jeweils zu tragen hat. Der für den betrieblichen Teil anfallende Kostenanteil ist für Sie ein wichtiges Entscheidungskriterium. Tarifvertragliche oder sonstige überbetriebliche Finanzierungsregelungen für die Berufsausbildung bestehen in dem Handwerkszweig, dem Ihr Betrieb angehört, nicht.

   Aufgabe:

   a) Stellen Sie die anfallenden Kostenarten im vorliegenden Fall für Ihren Betrieb fest und ordnen Sie diese sachgerecht den einzelnen genannten Kostenbereichen zu!

   b) Erläutern Sie anschließend, welche Kosten von Ihnen zu tragen sind und welche Kosten anderweitig finanziert werden!

   >> Seiten 23 bis 25 |

1.2 Lernsituation: Betrieblichen Ausbildungsbedarf auf der Grundlage rechtlicher, tarifvertraglicher und betrieblicher Rahmenbedingungen planen sowie hierzu Entscheidungen vorbereiten und treffen

Kompetenzen:

- Ausbildungsbedarf auf der Grundlage der Unternehmensentwicklung und der betrieblichen Rahmenbedingungen ermitteln.
- Bedeutung der Ausbildung im Rahmen der Personalentwicklung herausstellen.
- Rechtliche und tarifvertragliche Rahmenbedingungen für Ausbildungsentscheidungen heranziehen.

1.2.1 Personalplanung und Ausbildungsbedarf

1.2.1.1 Aufgaben der Personalplanung

Die Personalplanung ist ein wichtiger Teil der gesamten Unternehmensplanung, wobei Letztere die Vorgaben für den Personalbedarf als Grundlage für die Personalplanung gibt.

Sicherstellung des Arbeitskräftebedarfs

Die Personalplanung hat die Aufgabe sicherzustellen, dass kurz-, mittel- und langfristig die im Handwerksbetrieb erforderlichen Arbeitskräfte zur Verfügung stehen. Sie zielt ab auf

- die Anzahl (Quantität) der erforderlichen Arbeitskräfte,
- die qualitative Struktur der Arbeitskräfte,
- die zeitliche Einsatzmöglichkeit der Arbeitskräfte,
- den örtlichen Einsatz der Arbeitskräfte.

Bei allen diesbezüglichen Planungsmaßnahmen ist vom aktuellen Personalbestand, den zu erwartenden Veränderungen durch Zu- und Abgänge, von Mehr- und Minderbedarf aufgrund der Unternehmensplanung und angenommenen gesamtwirtschaftlichen und branchenbezogenen Entwicklungen auszugehen.

1.2.1.2 Ausbildungsbedarf

Ausbildung

Die Deckung des Personalbedarfs kann durch Personalbeschaffung am Arbeitsmarkt und durch Ausbildung im Betrieb erfolgen. Gerade im Handwerk erfolgt die Sicherung des Fachkräftebedarfs überwiegend durch die betriebseigene Ausbildung.

Bei der Auswahl und Festlegung der Ausbildungsberufe und Ausbildungsmaßnahmen ist vor allem nicht nur der gegenwärtige Fachkräftebedarf, sondern der zukünftige maßgebend.

> Die Ausbildung von Fachkräften ist also primär eine mittel- und langfristige Investition in das „Humankapital" des Betriebes.

1.2.1.3 Berufsausbildung als Teil der Personalentwicklung

Betriebliche Erstausbildung

Personalentwicklung bezieht sich sowohl auf die betriebliche Erstausbildung als auch auf die Weiterbildung. In der Erstausbildung zielt sie darauf ab, Grundlagen zu schaffen für

> die Entwicklung und Verbesserung von Leistungsfähigkeit und Leistungsbereitschaft,
> die Aufgeschlossenheit für Innovationen aller Art,
> die Fähigkeit, sich auf technische und von Märkten verursachte Veränderungen einzustellen,
> die persönliche Entfaltung im Beruf,
> die Bereitschaft, sich ein ganzes Berufsleben lang weiterzubilden,
> Perspektiven der betrieblichen Entwicklungsmöglichkeiten.

1.2.2 Rechtliche Rahmenbedingungen der Ausbildung, insbesondere Berufsbildungsgesetz, Handwerksordnung, Jugendarbeitsschutzgesetz

1.2.2.1 Stellung der Berufsbildung im Rechtssystem

Berufsbildungsrecht

Wichtige Formen des Berufsbildungsrechts sind:

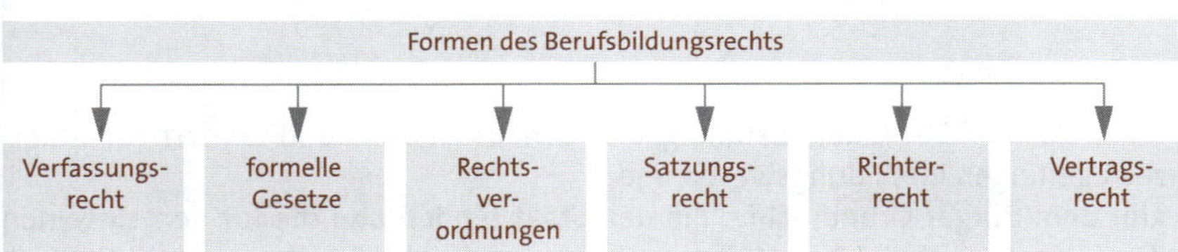

Beispiele:

> Verfassungsrecht = insbesondere Grundrechte
> formelle Gesetze = zum Beispiel Handwerksordnung, Berufsbildungsgesetz
> Rechtsverordnungen = zum Beispiel Ausbildungsordnung
> Satzungsrecht = zum Beispiel Prüfungsordnungen der Handwerkskammer
> Richterrecht = zum Beispiel Urteile des Bundesverwaltungsgerichts, des Bundesarbeitsgerichts
> Vertragsrecht = zum Beispiel Berufsausbildungsvertrag.

Bundesrecht
Landesrecht

Nach der Zuständigkeit (Bund oder Länder) in der Gesetzgebung unterscheidet man auch für die gesamte Regelung der beruflichen Bildung grundsätzlich zwischen Bundes- und Landesrecht.

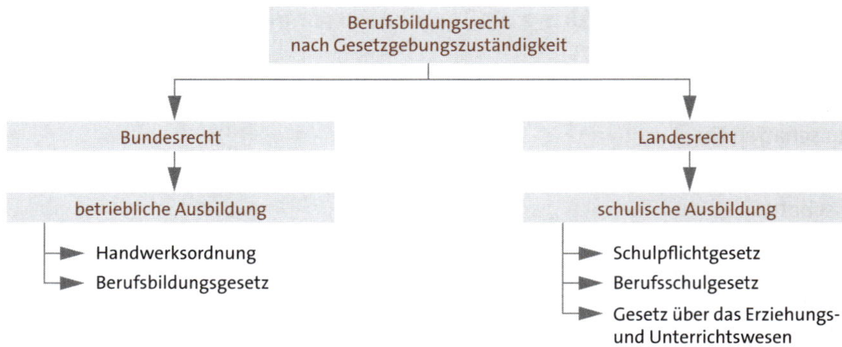

Öffentliches und privates Recht

Je nachdem, ob der Gesetzgeber die Rechtsbeziehungen zwischen Staat und Bürger oder zwischen gleichrangigen Einzelmenschen untereinander regelt, unterscheidet man zwischen öffentlichem und privatem Recht.
Das Berufsbildungsrecht lässt sich in seiner Gesamtheit nicht dem öffentlichen oder dem privaten Recht ausschließlich zuordnen. Vielmehr setzen sich wesentliche Bereiche des Berufsbildungsrechts aus einer Verknüpfung von öffentlichem und privatem Recht zusammen.

1.2.2.2 Bedeutung des Grundgesetzes und der Landesverfassungen für die berufliche Bildung

Grundgesetz

Das Grundgesetz

- regelt das Verhältnis der Zuständigkeiten zwischen Bund und Ländern für Gesetzesregelungen im Bildungswesen und
- gibt dem Bürger Grundrechte, die den Staat binden und die für den einzelnen Bürger im Bereich der Berufsbildung, aber auch für das Schulwesen wichtig sind.

Freiheit der Berufswahl

> Die für den Bürger wichtigste Regelung in Bezug auf die Berufsbildung heißt: „Alle Deutschen haben das Recht, Beruf, Arbeitsplatz und Ausbildungsstätte frei zu wählen. Die Berufsausübung kann durch Gesetz oder aufgrund eines Gesetzes geregelt werden."

Aus diesem Verfassungsgrundsatz ergibt sich, dass eine staatliche Berufslenkung zugunsten bestimmter Berufe nicht zulässig ist. Lediglich im Rahmen der Berufsaufklärung können die Berufsorganisationen und die Agenturen für Arbeit informativ und beratend tätig sein.

Landesverfassungen

Nach den Verfassungen der Länder sind diese für die Gesetzgebung auf dem Gebiet des Schulwesens zuständig.

Anspruch auf Ausbildung

> Für den einzelnen Bürger gilt der Grundsatz, dass jeder Bewohner Anspruch auf eine seinen erkennbaren Fähigkeiten entsprechende Ausbildung hat.

1.2.2.3 Wichtige Gesetze und Verordnungen für die Berufsbildung im Überblick

Die nachstehende Abbildung zeigt die wichtigsten Vorschriften zum beruflichen Bildungswesen des Handwerks im Überblick:

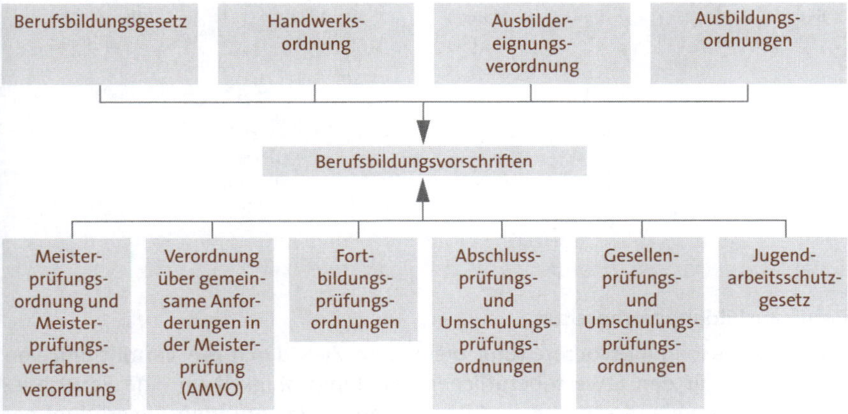

Die wichtigsten Gesetze für die Durchführung der Berufsbildung im Handwerk sind das Berufsbildungsgesetz und die Handwerksordnung.

Weitere Vorschriften

Weitere wichtige Gesetze und Verordnungen sind:

- das Arbeitsförderungsrecht im Sozialgesetzbuch (SGB III)
- das Bundesausbildungsförderungsgesetz
- das Aufstiegsfortbildungsförderungsgesetz
- die Ausbildungsordnungen
- die fachlichen Vorschriften zur Berufsausbildung (sofern noch keine Ausbildungsordnung vorliegt).

1.2.2.4 Berufsbildungsgesetz

Ziel

Das Berufsbildungsgesetz verfolgt das Ziel, eine umfassende bundeseinheitliche Regelung für die berufliche Bildung in der deutschen Wirtschaft zu gewährleisten. Es bildet den rechtlichen Rahmen für das duale Ausbildungssystem sowie für die Qualität der beruflichen Aus- und Fortbildung und trägt zur Sicherung des Fachkräftebedarfs der Wirtschaft und zur Verbesserung der Ausbildungschancen der Jugend bei.

Geltungsbereich

Im Rahmen des dualen Systems – Ausbildung in Betrieb und Berufsschule – regelt es den Bereich der betrieblichen Ausbildung, und zwar grundsätzlich in allen Berufs- und Wirtschaftszweigen. Um die gesetzestechnische und inhaltliche Einheit der Handwerksordnung zu gewährleisten und im Interesse der Rechtsklarheit und Transparenz der Regelungen zur Berufsbildung in Handwerksberufen sind aber Teile des Berufsbildungsrechts für das Handwerk in der Handwerksordnung geregelt. Die Regelungsbereiche sind in >> Abschnitt 1.2.2.5 aufgeführt.

Nach dem Berufsbildungsgesetz umfasst Berufsbildung als Oberbegriff der beruflichen Bildung folgende Bereiche:

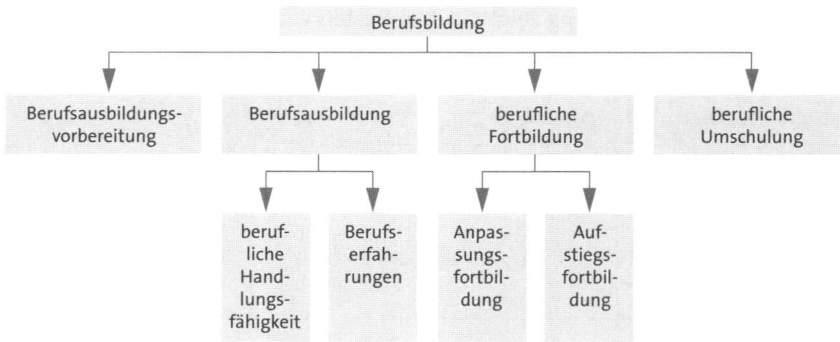

Berufsausbildungsvorbereitung

Ziel

Die Berufsausbildungsvorbereitung dient dem Ziel, durch die Vermittlung von Grundlagen für den Erwerb beruflicher Handlungsfähigkeit an eine Berufsausbildung in einem anerkannten Ausbildungsberuf heranzuführen. Sie eröffnet besonderen Personengruppen, für die aufgrund persönlicher oder sozialer Gegebenheiten (z.B. lernbeeinträchtigte oder sozial benachteiligte Personen) eine Berufsausbildung noch nicht in Betracht zu ziehen ist, die Möglichkeit, schrittweise die Voraussetzungen hierfür zu schaffen.

Berufsausbildung

Berufliche Handlungsfähigkeit

Berufserfahrungen

Berufsausbildung ist das Kernstück des Berufsbildungsgesetzes. Sie hat die für die Ausübung einer qualifizierten beruflichen Tätigkeit in einer sich wandelnden Arbeitswelt notwendigen beruflichen Fertigkeiten, Kenntnisse und Fähigkeiten (berufliche Handlungsfähigkeit) in einem gesonderten Ausbildungsgang zu vermitteln. Mit den Begriffen „Fähigkeiten" und „berufliche Handlungsfähigkeit" entspricht das Berufsbildungsgesetz in seiner Terminologie den Anforderungen eines modernen Berufsbildungssystems.
Die Berufsausbildung hat ferner den Erwerb der erforderlichen Berufserfahrungen zu ermöglichen.

Berufliche Fortbildung

Ziele

Anpassungs- und Aufstiegsfortbildung

Die berufliche Fortbildung soll die Möglichkeit schaffen, die berufliche Handlungsfähigkeit zu erhalten und anzupassen oder zu erweitern und beruflich aufzusteigen. Man unterscheidet zwischen Anpassungsfortbildung und Aufstiegsfortbildung. Die Anpassungsfortbildung hat die berufliche Handlungsfähigkeit an die geänderten Erfordernisse der Arbeitswelt anzupassen. Die Aufstiegsfortbildung soll es ermöglichen, die berufliche Handlungsfähigkeit im Blick auf qualitativ höherwertige Berufstätigkeiten zu erweitern und beruflich aufzusteigen.

Berufliche Umschulung

Die berufliche Umschulung soll zu einer anderen, bisher nicht erlernten Berufstätigkeit befähigen.

Lernorte der Berufsbildung

Nach dem Berufsbildungsgesetz wird Berufsbildung durchgeführt
- in Betrieben der Wirtschaft und in vergleichbaren Einrichtungen außerhalb der Wirtschaft wie z. B. freien Berufen (betriebliche Berufsbildung),
- in berufsbildenden Schulen (schulische Berufsbildung) und
- in sonstigen Bildungseinrichtungen außerhalb der schulischen und betrieblichen Berufsausbildung (außerbetriebliche Berufsbildung).

Lernkooperation

Diese Lernorte wirken bei der Durchführung der Berufsbildung zusammen (Lernkooperation). Das duale System der Berufsausbildung beruht auf den Säulen der betrieblichen und betriebsergänzenden überbetrieblichen Ausbildung sowie der schulischen Ausbildung. Der Erfolg der Berufsausbildung hängt entscheidend von der Wirksamkeit der Kooperation der Lernorte ab. Zur Bedeutung der Kooperation der Lernorte sowie der Möglichkeiten, die Lernkooperation zu intensivieren, hat der Hauptausschuss des Bundesinstituts für Berufsbildung Empfehlungen gegeben (Quelle: Bundesanzeiger Nr. 9 vom 15.01.1998).

Ausbildung im Ausland

Teile der Berufsausbildung können auch im Ausland durchgeführt werden, wenn dies dem Ausbildungsziel dient. Die näheren Erläuterungen hierzu finden sich im >> Abschnitt 2.6.

Inhalt des Berufsbildungsgesetzes

Regelungsinhalte des Berufsbildungsgesetzes

- Allgemeine Vorschriften §§ 1–3
- Ordnung der Berufsausbildung §§ 4–9
- Berufsausbildungsverhältnis §§ 10–26
- Eignung von Ausbildungsstätte und Ausbildungspersonal §§ 27–33
- Verzeichnis der Berufsausbildungsverhältnisse §§ 34–36
- Prüfungswesen §§ 37–50
- Interessenvertretung §§ 51, 52
- Berufliche Fortbildung und Umschulung §§ 53–63
- Berufsbildung für besondere Personengruppen §§ 64–70
- Zuständige Stellen, Überwachung der Berufsbildung §§ 71–76
- Berufsbildungsausschuss der zuständigen Stelle, zuständige Behörden §§ 77–81
- Landesausschüsse für Berufsbildung §§ 82, 83
- Berufsbildungsforschung, Planung und Statistik §§ 84–88
- Bundesinstitut für Berufsbildung §§ 89–101
- Bußgeldvorschriften § 102
- Übergangs- und Schlussvorschriften §§ 103–105

Ausnahmen: Handwerksordnung

Für die Berufsbildung in allen Berufen der Handwerksordnung gelten die §§ 4 bis 9, 27 bis 49, 53 bis 70, 76 bis 80 sowie 102 nicht. Insoweit gilt die Handwerksordnung. Die Regelungsinhalte des Berufsbildungsgesetzes sind, soweit sie für das Handwerk gelten, in diesem Band 4 der Handwerker-Fibel in den jeweiligen Handlungsfeldern, Lernsituationen und deren untergliederten Abschnitten, zu denen sie vom Sachzusammenhang her gehören, berücksichtigt und dargestellt.
Aus systematischen Gründen werden die Vorschriften über die Landesausschüsse für Berufsbildung, die Berufsbildungsforschung, Planung und Statistik und das Bundesinstitut für Berufsbildung nachfolgend dargestellt.

Landesausschüsse für Berufsbildung

Bei der Landesregierung besteht ein Landesausschuss für Berufsbildung, der sich aus einer gleichen Zahl von Beauftragten der Arbeitgeber, der Arbeitnehmer und der obersten Landesbehörden zusammensetzt.
An den Sitzungen des Landesausschusses und seiner Unterausschüsse können Vertreter der beteiligten obersten Landesbehörden, der Gemeinden und der Gemeindeverbände sowie der Agentur für Arbeit teilnehmen.

Der Landesausschuss hat folgende wesentlichen Aufgaben:
- die Landesregierung in den Fragen der beruflichen Bildung zu beraten,
- auf eine stetige Entwicklung der Qualität der beruflichen Bildung hinzuwirken,
- bei der Neuordnung und Weiterentwicklung des Schulwesens mitzuwirken,
- Empfehlungen zur Stärkung der regionalen Ausbildungs- und Beschäftigungssituation und zur inhaltlichen und organisatorischen Abstimmung und zur Verbesserung der Ausbildungsangebote abzugeben.

Aufgaben

Berufsbildungsforschung

Die Berufsbildungsforschung hat insbesondere die Ziele:

Ziele

- Grundlagen der Berufsbildung zu klären,
- inländische und internationale Entwicklungen zu beobachten,
- Anforderungen, Inhalte und Ziele der Berufsbildung zu ermitteln,
- Weiterentwicklungen vorzubereiten,
- Instrumente und Verfahren der Vermittlung von Berufsbildung sowie den Wissens- und Technologietransfer zu fördern.

Berufsbildungsplanung

Die Berufsbildungsplanung hat insbesondere dazu beizutragen, dass die Ausbildungsstätten nach Art, Zahl, Größe und Standort ein qualitativ und quantitativ ausreichendes Angebot an beruflichen Ausbildungsplätzen gewährleisten.

Aufgaben

Berufsbildungsstatistik

Für Zwecke der Planung und Ordnung der Berufsbildung wird eine Bundesstatistik insbesondere über Auszubildende, Ausbilder, Prüfungsteilnehmer, Ausbildungsberater und Teilnehmer an Berufsausbildungsvorbereitungsmaßnahmen geführt.

Zweck

Berufsbildungsbericht

Das Bundesministerium für Bildung und Forschung hat bis zum 1. April jeden Jahres der Bundesregierung einen Berufsbildungsbericht vorzulegen, in dem Stand und voraussichtliche Weiterentwicklungen der Berufsbildung dargestellt sind.

Schwerpunkt sind u. a. die Zahl der abgeschlossenen Ausbildungsverhältnisse, der nicht besetzten Ausbildungsplätze, der ausbildungsplatzsuchenden Personen und das zu erwartende Angebot an Ausbildungsplätzen.

Schwerpunkte

Bundesinstitut für Berufsbildung

Zur Durchführung von bestimmten Aufgaben der Berufsbildung im Rahmen der Bildungspolitik der Bundesregierung besteht ein Bundesinstitut für Berufsbildung.

Das Institut hat u. a. folgende wichtige Aufgaben:

Aufgaben

- Durchführung von Berufsbildungsforschung
- Mitwirkung an der Vorbereitung von Ausbildungsordnungen und sonstigen Rechtsverordnungen nach dem Berufsbildungsgesetz und der Handwerksordnung
- Mitwirkung an der Vorbereitung des Berufsbildungsberichts und an der Durchführung der Berufsbildungsstatistik
- Förderung von Modellversuchen
- Mitwirkung an der internationalen Zusammenarbeit in der beruflichen Bildung
- Übernahme von Verwaltungsaufgaben zur Förderung der Berufsbildung
- Unterstützung der Planung, Errichtung und Weiterentwicklung überbetrieblicher Berufsbildungsstätten
- Förderung überbetrieblicher Berufsbildungsstätten
- Führung und Veröffentlichung des Verzeichnisses über die anerkannten Ausbildungsberufe
- Prüfung, Anerkennung und Förderung des berufsbildenden Fernunterrichts.

Auskunftspflicht

Alle natürlichen und juristischen Personen sowie Behörden, die Berufsbildung durchführen, sind gegenüber dem Bundesinstitut für Berufsbildung auskunftspflichtig.
In diesem Rahmen müssen auch notwendige Unterlagen vorgelegt und Besichtigungen der Betriebsräume, der Betriebseinrichtungen und der Aus- und Weiterbildungsplätze gestattet werden. Die Auskünfte müssen grundsätzlich unentgeltlich gegeben werden.

1.2.2.5 Handwerksordnung

Die Handwerksordnung regelt als Rechtsgrundlage für den Wirtschaftsbereich Handwerk insgesamt die Ausübung eines Handwerks und eines handwerksähnlichen Gewerbes, die Berufsbildung im Handwerk, das Prüfungswesen, die Meisterprüfung und den Meistertitel sowie das Organisationsrecht und die Bußgeldvorschriften bei Ordnungswidrigkeiten.

Geltungsbereich

Die für die Berufsbildung und das Prüfungswesen sowie für die Ordnungswidrigkeiten im Bereich der Berufsbildung des Handwerks geltenden Regelungsinhalte der Handwerksordnung gehen aus der nachstehenden Übersicht hervor. Sie gelten für die Berufsbildung in allen Berufen des Handwerks, also für zulassungspflichtige und zulassungsfreie Handwerke sowie handwerksähnliche Gewerbe.

Um gleiche rechtliche Rahmenbedingungen für die Berufsbildung im Handwerk und in den anderen Wirtschaftsbereichen zu erreichen, stimmen die einschlägigen Regelungen des Berufsbildungsgesetzes und dieser Teile der Handwerksordnung in ihrem materiellen Inhalt weitgehend überein.

Regelungsinhalte der Handwerksordnung zur beruflichen Bildung

- Berechtigung zum Einstellen und Ausbilden §§ 21–24
- Ausbildungsordnung, Änderung der Ausbildungszeit §§ 25–27c
- Verzeichnis der Berufsausbildungsverhältnisse §§ 28–30
- Prüfungswesen §§ 31–40
- Regelung und Überwachung der Berufsausbildung §§ 41, 41a
- Berufliche Fortbildung, berufliche Umschulung §§ 42–42j
- Berufliche Bildung behinderter Menschen, Berufsausbildungsvorbereitung §§ 42k–42q
- Berufsbildungsausschuss §§ 43–44b
- Meisterprüfung in einem zulassungspflichtigen Handwerk §§ 45–51
- Meisterprüfung in einem zulassungsfreien Handwerk oder in einem handwerksähnlichen Gewerbe §§ 51a–51d
- Ordnungswidrigkeiten, Bußgeldvorschriften §§ 117–118a
- Übergangsvorschriften §§ 119–124b

Die für das Handwerk geltenden, oben aufgeführten Regelungsbereiche sind in diesem Band 4 der Handwerker-Fibel in den jeweiligen Handlungsfeldern, Lernsituationen und deren Untergliederungen, zu denen sie vom Sachzusammenhang her gesehen gehören, berücksichtigt und dargestellt.
Aus Gründen der Darstellungssystematik wird auf die Regelungsbereiche

> Umschulung,
> berufliche Bildung von Menschen mit Behinderung und
> Berufsausbildungsvorbereitung

hier eingegangen bzw. verwiesen.

Berufliche Umschulung

Als Grundlage für eine geordnete und einheitliche berufliche Umschulung kann das Bundesministerium für Bildung und Forschung im Einvernehmen mit dem Bundesministerium für Wirtschaft und Energie durch Rechtsverordnung (Umschulungsordnung) bestimmen

Umschulungsordnungen

> die Bezeichnung des Umschulungsabschlusses,
> das Ziel, den Inhalt, die Art und Dauer der Umschulung,
> die Anforderungen der Umschulungsprüfung und ihre Zulassungsvoraussetzungen sowie
> das Prüfungsverfahren der Umschulung.

Soweit Umschulungsordnungen durch das Bundesministerium nicht erlassen sind, kann die Handwerkskammer entsprechende Umschulungsprüfungsregelungen erlassen.

Sofern sich die Umschulungsordnung oder die Umschulungsprüfungsregelung der Handwerkskammer auf die Umschulung für einen anerkannten Ausbildungsberuf (Gewerbe der Anlage A oder der Anlage B) richtet, sind dessen Ausbildungsberufsbild, Ausbildungsrahmenplan und dessen Prüfungsanforderungen zugrunde zu legen.

Anzeigepflicht

Maßnahmen der beruflichen Umschulung müssen nach Inhalt, Art, Ziel und Dauer den besonderen Erfordernissen der beruflichen Erwachsenenbildung entsprechen.
Der Umschulende hat die Durchführung der beruflichen Umschulung unverzüglich vor Beginn der Maßnahme der Handwerkskammer schriftlich anzuzeigen. Die Anzeigepflicht erstreckt sich auf den wesentlichen Inhalt des Umschulungsverhältnisses. Bei Abschluss eines Umschulungsvertrages ist eine Ausfertigung der Vertragsniederschrift beizufügen.

Prüfung Handwerkskammer

Für die Durchführung von Prüfungen im Bereich der beruflichen Umschulung errichtet die Handwerkskammer bzw. die ermächtigte Innung Prüfungsausschüsse. Die Prüfungsordnung der Handwerkskammer für die Durchführung von Gesellen- und Umschulungsprüfungen ist zugrunde zu legen. Wenn die Umschulungsordnung oder eine Umschulungsprüfungsregelung der Handwerkskammer Zulassungsvoraussetzungen vorsieht, sind ausländische Bildungsabschlüsse und Zeiten der Berufstätigkeit im Ausland zu berücksichtigen.
Der Gegenstand der Umschulungsprüfung ergibt sich aus der jeweiligen Umschulungsordnung oder Umschulungsprüfungsregelung der Handwerkskammer. Umschulungsprüfungen, für die keine eigenständigen Kammerregelungen erlassen worden sind, richten sich nach den Bestimmungen der einschlägigen Ausbildungsordnungen. Dies gilt für Ziel, Inhalt und Anforderungen der Umschulungsprüfung sowie die Abschlussbezeichnung.

Zur Prüfung ist zuzulassen,

> wer an einer auf das Ausbildungsziel des jeweiligen staatlich anerkannnten Ausbildungsberufs gerichteten Umschulungsmaßnahme teilgenommmen hat, welche nach Art, Ziel und Dauer den besonderen Erfordernissen der beruflichen Erwachsenenbildung entsprochen hat,
> wessen Umschulungsmaßnahme der Handwerkskammer schriftlich angezeigt worden ist und
> wer die im Umschulungsvertrag vereinbarte Ausbildungsdauer zurückgelegt hat.

Sofern die Umschulungsprüfung in zwei zeitlich auseinanderfallenden Teilen durchgeführt wird, ist über die Zulassung gesondert zu entscheiden. Dies gilt nicht, wenn Umschüler aus Gründen, die sie nicht zu vertreten haben, am ersten Teil der Umschulungsprüfung nicht teilgenommen haben. In diesem Fall ist der erste Teil der Umschulungsprüfung zusammen mit dem zweiten Teil abzulegen.
Der Prüfling ist auf Antrag von der Ablegung einzelner Prüfungsbestandteile durch die Handwerkskammer zu befreien, wenn er eine andere vergleichbare Prüfung vor einer öffentlichen oder staatlich anerkannten Bildungseinrichtung oder vor einem staatlichen Prüfungsausschuss erfolgreich abgelegt hat und die Anmeldung zur Umschulungsprüfung innerhalb von fünf Jahren nach der Bekanntgabe des Bestehens der anderen Prüfung erfolgt.

Dem Umschulungsprüfungszeugnis ist auf Antrag des Umschülers eine englischsprachige und eine französischsprachige Übersetzung beizufügen. Dafür kann eine Gebühr berechnet werden.

Berufliche Bildung von Menschen mit Behinderung

Die Berufsausbildung von Menschen mit Behinderung soll grundsätzlich nach der Ausbildungsordnung in einem anerkannten Ausbildungsberuf erfolgen.

Regelfall

Der Berufsausbildungsvertrag mit einem Menschen mit Behinderung ist in die Lehrlingsrolle einzutragen. Der Betroffene ist auch dann zur Gesellenprüfung zuzulassen, wenn nicht alle vorgeschriebenen Zulassungsvoraussetzungen gegeben sind. Regelungen der Handwerkskammer für die Berufsausbildung und das Prüfungswesen sollen die besonderen Verhältnisse von Menschen mit Behinderung berücksichtigen. Dies gilt insbesondere für die zeitliche und sachliche Gliederung der Ausbildung, die Dauer der Prüfungszeiten, die Zulassung von Hilfsmitteln und die Inanspruchnahme von Hilfeleistungen Dritter, wie Gebärdendolmetscher für Menschen mit einer Hörbehinderung.
Sofern für Menschen mit Behinderung, für die wegen Art und Schwere ihrer Behinderung die oben dargestellte Grundsatzregelung „Ausbildung nur in einem **anerkannten** Ausbildungsberuf" nicht in Betracht kommt, trifft die Handwerkskammer auf Antrag der Betroffenen oder ihrer gesetzlichen Vertreter Ausnahmeregelungen. Dabei sind die Empfehlungen des Hauptausschusses des Bundesinstituts für Berufsbildung und die Arbeitsmarktlage und -entwicklung zu berücksichtigen.
Für die berufliche Fortbildung und die berufliche Umschulung gelten diese Regelungen entsprechend, soweit Art und Schwere der Behinderung dies erfordern.

Ausnahmeregelungen

Berufsausbildungsvorbereitung

Für genauere Informationen >> siehe Abschnitt 1.6.

1.2.2.6 Jugendarbeitsschutzrecht

Das Jugendarbeitsschutzgesetz gilt für Personen, die noch nicht 18 Jahre alt sind.

- Kinder sind Personen, die noch nicht 15 Jahre alt sind.
- Jugendliche sind Personen, die 15, aber noch nicht 18 Jahre alt sind.

Jugendarbeitsschutzgesetz

Soweit Jugendliche noch der Vollzeitschulpflicht unterliegen, finden auf sie die für Kinder geltenden Vorschriften Anwendung.

Die Beschäftigung von Kindern ist verboten. Ausnahmen gelten nur in besonderen Fällen.

Verbot von Kinderarbeit

Ausnahmen

Beispiele:

Im Rahmen eines Betriebspraktikums während der Vollzeitschulpflicht.
Ab dem 13. Lebensjahr – bis zu zwei Stunden an bis zu fünf Tagen in der Woche – mit Einwilligung des Personensorgeberechtigten, soweit die Beschäftigung leicht und für Kinder geeignet ist (spezielle Kinderarbeitsschutzverordnung).
Eine Beschäftigung während der Schulferien für höchstens vier Wochen im Kalenderjahr, wenn das 15. Lebensjahr vollendet ist, aber noch Vollzeitschulpflicht besteht.
Nicht mehr der Vollzeitschulpflicht unterliegende Kinder in einem Berufsausbildungsverhältnis.

Arbeitszeit

Als Arbeitszeit gilt die Zeit zwischen Beginn und Ende der täglichen Beschäftigung ohne die Ruhepausen.

Höchstarbeitszeit

Die zulässige Höchstarbeitszeit für Jugendliche beträgt

- bis zu 8,5 Stunden täglich,
- wöchentlich 40 Stunden.

Wird an einzelnen Werktagen die Arbeitszeit auf weniger als acht Stunden verkürzt, ist die Beschäftigung an den übrigen Tagen derselben Woche bis zu 8,5 Stunden zulässig. In Tarifverträgen oder darauf beruhenden Betriebsvereinbarungen sind Abweichungen (bis zu 9 Stunden täglich, 44 Stunden wöchentlich und 5,5 Tage in der Woche) möglich, jedoch nur unter Einhaltung einer durchschnittlichen Wochenarbeitszeit von 40 Stunden pro Woche in einem Ausgleichszeitraum von zwei Monaten.

5-Tage-Woche

Die Arbeitszeit von 40 Stunden verteilt sich auf

- 5 Tage in der Woche.

Die beiden wöchentlichen Ruhetage sollen nach Möglichkeit aufeinander folgen.

Schichtzeit

Schichtzeit ist die tägliche Arbeitszeit unter Hinzurechnung der Ruhepausen. Sie darf zehn Stunden – im Gaststättengewerbe, auf Bau- und Montagestellen elf Stunden – nicht überschreiten.

Berufsschultag

- Die Beschäftigung vor einem vor 9 Uhr beginnenden Unterricht ist unzulässig; dies gilt auch für Personen, die über 18 Jahre alt und noch berufsschulpflichtig sind.
- An einem Berufsschultag mit mehr als fünf Unterrichtsstunden von mindestens je 45 Minuten (einmal in der Woche) dürfen Jugendliche im Betrieb nicht beschäftigt werden. Dies gilt auch in Berufsschulwochen mit einem planmäßigen Blockunterricht von mindestens 25 Stunden an mindestens fünf Tagen; zusätzliche be-

triebliche Ausbildungsveranstaltungen bis zu zwei Wochenstunden wöchentlich sind in diesem Fall zulässig.

> Bei Jugendlichen wird wöchentlich ein Berufsschultag mit mehr als fünf Unterrichtsstunden mit acht Stunden auf die gesetzliche Arbeitszeit angerechnet; Berufsschulwochen mit Blockunterricht im vorgenannten Umfang werden mit 40 Stunden angerechnet. Zu beachten ist: Bei Erwachsenen gibt es keine pauschale Anrechnung, sondern eine (bezahlte) Freistellung für Zeiten, in denen sich Berufsschulzeit und Ausbildungszeit überschneiden.

Freistellung

Für die Teilnahme an Prüfungen und überbetrieblichen Ausbildungsmaßnahmen sowie an dem Arbeitstag, der der schriftlichen Gesellen- oder Abschlussprüfung unmittelbar vorangeht, sind Jugendliche von der Arbeit unter Fortzahlung des Arbeitsentgelts und Anrechnung auf die Arbeitszeit freizustellen. Wird die Gesellen- oder Abschlussprüfung in zwei auseinanderfallenden Teilen durchgeführt, hat der Jugendliche Anspruch auf insgesamt zwei freie Tage.

Freizeit

Nach Beendigung der täglichen Arbeitszeit muss eine ununterbrochene Freizeit von mindestens zwölf Stunden liegen.

Ruhepausen

Nach einer Arbeitszeit von 4,5 Stunden muss eine Ruhepause gewährt werden.

Sie beträgt bei einer Arbeitszeit

> bis zu 6 Stunden — 30 Minuten täglich,
> bei mehr als 6 Stunden — 60 Minuten täglich.

Als Pausen gelten nur Arbeitsunterbrechungen von mindestens 15 Minuten.

Beschäftigungsverbote

Verboten ist die Beschäftigung:

Mehrarbeit

Nachtruhe

> mit Mehrarbeit, es sei denn, dass es sich um unaufschiebbare Arbeiten in Notfällen handelt und erwachsene Arbeitnehmer nicht zur Verfügung stehen
> während der Nachtzeit von 20.00 Uhr abends bis 6.00 Uhr früh
  Ausnahmen:
  – in Betrieben, in denen die Beschäftigten in außergewöhnlichem Grade der Einwirkung von Hitze ausgesetzt sind, in der warmen Jahreszeit ab 5.00 Uhr
  Jugendliche über 16 Jahre
  – in Bäckereien und Konditoreien ab 5.00 Uhr
  – im Gaststättengewerbe bis 22.00 Uhr
  – in mehrschichtigen Betrieben bis 23.00 Uhr
  Jugendliche über 17 Jahre
  – in Bäckereien ab 4.00 Uhr

Samstagsruhe

Sonn- und Feiertagsruhe

> an Samstagen; Ausnahmen zum Beispiel in offenen Verkaufsstellen, Bäckereien und Konditoreien, im Friseurhandwerk und Gaststättengewerbe
> an Sonn- und Feiertagen
> am 24. und 31. Dezember nach 14.00 Uhr
> mit Arbeiten, die die physische oder psychische Leistungskraft eines Jugendlichen übersteigen

> mit gefährlichen Arbeiten, es sei denn, dass dies zur Erreichung des Ausbildungszieles erforderlich ist und unter Aufsicht erfolgt
> mit Akkordarbeiten.

Urlaub

Der gesetzliche Mindesturlaub beträgt, gestaffelt nach Alter, wenn der Arbeitnehmer bzw. Auszubildende zu Beginn des Kalenderjahres:

Jugendliche

> noch nicht 16 Jahre alt ist = 30 Werktage (alle Kalendertage mit
> noch nicht 17 Jahre alt ist = 27 Werktage Ausnahme der Sonn-
> noch nicht 18 Jahre alt ist = 25 Werktage und Feiertage)

Erwachsene

> bereits 18 Jahre alt ist = 24 Werktage

Unfallgefahren

Belehrungen

Der Arbeitgeber ist verpflichtet, alle notwendigen Vorkehrungen zu treffen, die zum Schutz der Jugendlichen gegen Gefahren für Leben und Gesundheit erforderlich sind. Vor Beginn der Beschäftigung, bei wesentlicher Änderung der Arbeitsbedingungen und in angemessenen Zeitabständen, mindestens aber halbjährlich, müssen Jugendliche über die Unfall- und Gesundheitsgefahren im Betrieb unterwiesen werden.

Gesundheitliche Betreuung

Erstuntersuchung

Mit der erstmaligen Beschäftigung eines Jugendlichen darf nur begonnen werden, wenn er

> innerhalb der letzten 14 Monate von einem Arzt untersucht worden ist und
> eine von diesem Arzt ausgestellte Bescheinigung dem Arbeitgeber vorlegt.

Nachuntersuchung

Ein Jahr nach Aufnahme der ersten Beschäftigung hat sich der Arbeitgeber eine ärztliche Bescheinigung über die Nachuntersuchung vorlegen zu lassen. Legt der Jugendliche die Bescheinigung nicht rechtzeitig vor, hat ihn der Arbeitgeber innerhalb eines Monats unter Hinweis auf das Beschäftigungsverbot schriftlich aufzufordern, ihm die Bescheinigung vorzulegen. Eine Durchschrift hiervon erhalten der Personensorgeberechtigte und der Betriebsrat.

Nach Ablauf von 14 Monaten nach Aufnahme der Beschäftigung darf der Jugendliche nicht mehr weiterbeschäftigt werden, solange die Bescheinigung nicht nachgereicht wird.

Gefährdungsvermerk

Enthält die Bescheinigung des Arztes einen Vermerk über Arbeiten, durch deren Ausübung die Gesundheit des Jugendlichen gefährdet ist, darf der Jugendliche mit solchen Arbeiten nicht beschäftigt werden. Weitere Nachuntersuchungen sind möglich, aber nicht vorgeschrieben.

Aufbewahrungspflicht

Die Untersuchungen sind kostenfrei; es besteht freie Arztwahl. Zur Durchführung der ärztlichen Untersuchung ist der Jugendliche unter Fortzahlung des Arbeitsentgelts von der Arbeit freizustellen. Die Bescheinigungen hat der Arbeitgeber bis zur Vollendung des 18. Lebensjahres des Jugendlichen aufzubewahren.
Die Kammern dürfen Ausbildungsverträge von Jugendlichen nur dann in das Verzeichnis eintragen, wenn die Bescheinigung über die Erstuntersuchung vorgelegt

wird. Sie haben die Eintragung wieder zu löschen, wenn die Bescheinigung über die Nachuntersuchung nicht spätestens am Tage der Anmeldung zur Zwischenprüfung oder zum ersten Teil der Gesellen- bzw. Abschlussprüfung zur Einsicht vorgelegt wird.

Folgen bei Verstößen

Verstöße gegen das Jugendarbeitsschutzgesetz sind mit einer Geldbuße bis zu 15.000,00 EUR oder Freiheitsstrafe bis zu einem Jahr oder Geldstrafe bedroht.

Wenn Azubi-Vertrag in der zweiten Jahreshälfte endet steht der Azubi vollen Jahresurlaub zu. !

Handlungsorientierte, fallbezogene Aufgaben

1. Sie sind Inhaber eines Handwerksbetriebes. Im personellen Bereich treten immer wieder Probleme auf, weil nicht genügend Personal zur Verfügung steht, die qualitative Struktur nicht immer stimmt und die zeitlichen und örtlichen Einsatzmöglichkeiten nicht optimal gegeben sind. Um diese Probleme zu lösen und die Leistungsfähigkeit und die Entwicklungschancen des Betriebes nachhaltig zu verbessern, wollen Sie die Personalbedarfsplanung und die Maßnahmen zur Deckung des Personalbedarfs systematisieren und bestmöglich gestalten.

   Aufgabe: Stellen Sie dar, wie Sie die beiden Ziele für Ihren Betrieb erreichen können!

   >> Seiten 28 bis 29 |

2. Sie haben sich als Betriebsinhaber entschieden, künftig Lehrlinge auszubilden. Deshalb wollen Sie sich zunächst einen Überblick über die für die Berufsausbildung wichtigen Gesetze und Verordnungen verschaffen, nicht zuletzt auch deshalb, um die künftigen Auszubildenden darüber zu informieren.

   Aufgabe:

   a) Stellen Sie fest, welche Bedeutung das Grundgesetz und die Länderverfassungen dabei haben!

   b) Erstellen Sie eine Liste über alle in diesem Zusammenhang wichtigen Gesetze und Verordnungen!

   c) Erläutern Sie wichtige Regelungsinhalte des Berufsbildungsgesetzes und der Handwerksordnung, die für Ihre künftige Arbeit wichtig sind!

   >> Seiten 29 bis 39 |

3. Sie beschäftigen einen Auszubildenden, der 17 Jahre alt ist.

   Aufgabe: Stellen Sie dar, welche Arbeitszeitvorschriften bei diesem Auszubildenden zu beachten sind!

   >> Seiten 40 bis 41 |

1.3 Lernsituation: Strukturen des Berufsbildungssystems und seine Schnittstellen darstellen

Kompetenzen:

- Einbindung des Berufsbildungssystems in die Struktur des Bildungssystems beschreiben.
- Anforderungen an das Bildungssystem für die Berufsbildung darstellen.
- Das duale System der Berufsausbildung bezüglich Struktur, Zuständigkeiten, Aufgabenbereiche und Kontrolle beschreiben.

1.3.1 Einordnung des Berufsbildungssystems in das deutsche Bildungssystem

1.3.1.1 Grundstruktur des Bildungswesens in der Bundesrepublik Deutschland

Zuständigkeiten der Länder

Im Rahmen der föderalen Ordnung der Bundesrepublik Deutschland können die Länder das Bildungswesen im schulischen Bereich in eigener Zuständigkeit regeln.

Koordinierungsgremien

Deshalb bestehen Unterschiede in den Schulsystemen einzelner Länder. Damit die Abweichungen nicht unvertretbar groß werden, bestehen Koordinierungsinstrumente und Koordinierungsgremien. Als wichtigste Gremien bzw. Kooperationsformen sind zu nennen:

- die Ständige Konferenz der Kultusminister der Länder (KMK)
- Vereinbarungen zur Feststellung der Leistungsfähigkeit des Bildungswesens im internationalen Vergleich
- die Gemeinsame Wissenschaftskonferenz (GWK) von Bund und Ländern.

Überblick

Die nachfolgende Abbildung gibt einen Überblick über die Grundstruktur des Bildungswesens in der Bundesrepublik Deutschland. In den einzelnen Ländern bestehen Abweichungen. Außerdem sind einzelne Sonderschulformen weggelassen. Die allgemeine Schulpflicht ist unterschiedlich geregelt.
Die Abbildung verdeutlicht ferner die Stellung der Berufsbildung in der Gesamtstruktur des Bildungswesens.

Grundstruktur des Bildungswesens in der Bundesrepublik Deutschland

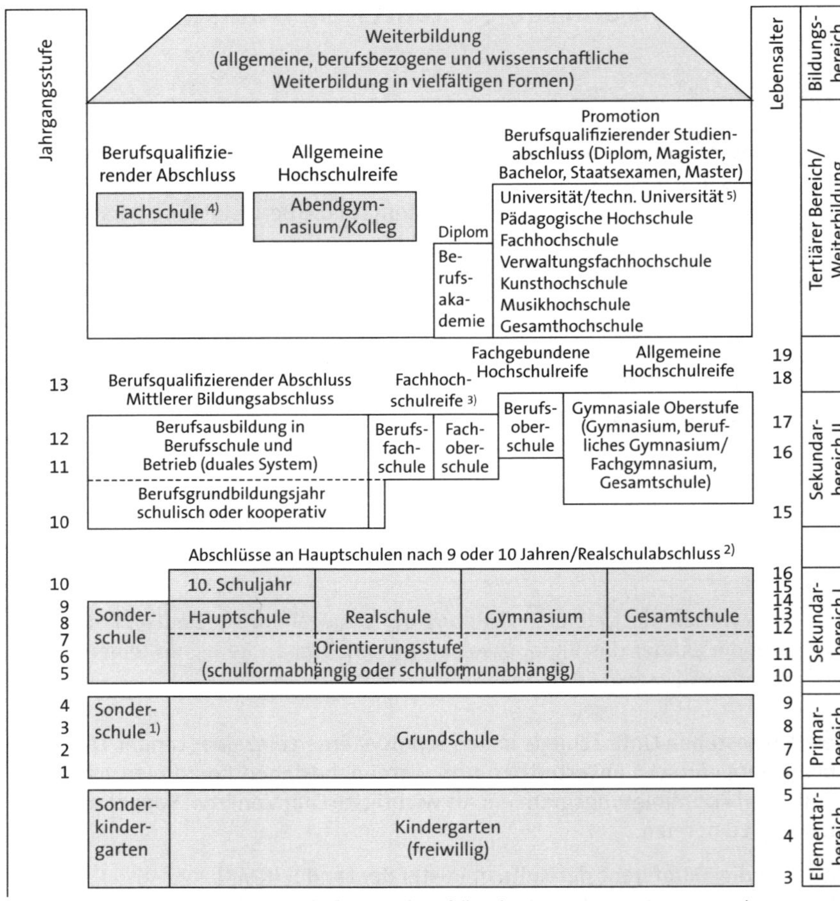

Durchlässigkeit zwischen den Schulformen ist bei Erfüllung bestimmter Voraussetzungen grundsätzlich gewährleistet. Vollzeitschulpflicht 9 Jahre (in BE und NRW 10 Jahre), Teilzeitschulpflicht 3 Jahre.

1) Sonderschulen mit verschiedenen Sparten entsprechend den Behinderungsarten im Bereich der allgemeinbildenden und beruflichen Schulen.

2) Nachträglicher Erwerb dieser Abschlüsse für Erwachsene an Abendhauptschulen und Abendrealschulen möglich.

3) Die Fachhochschulreife kann auch z. B. an Berufsfachschulen und Fachschulen erworben werden. Ferner können auch Bewerber mit Meisterprüfung zum Studium an einer Fachhochschule oder Hochschule zugelassen werden. Die Zulassung für Meister kann je nach Länderregelung ohne weitere Voraussetzungen oder über Eignungs- oder Beratungsgespräche, Eignungs-, Einstufungs- oder Zugangsprüfungen, Vorsemester oder ein Propädeutikum oder über ein überdurchschnittlich gutes Meisterprüfungszeugnis erreicht werden. Einzelne Länderregelungen ermöglichen auch Gesellen mit mindestens dreijähriger Berufserfahrung den fachgebundenen Zugang zu Fachhochschulen oder Hochschulen.
Um zu möglichst bundeseinheitlichen Regelungen zu kommen, sind folgende Beschlüsse zielführend: Nach einem Beschluss der Wirtschaftsministerkonferenz (WMK) vom 15./16. Dezember 2008 soll bis zum Jahre 2010 **länderübergreifend** der Hochschulzugang für Meister und der fachgebundene Hochschulzugang für beruflich Qualifizierte mit abgeschlossener Berufsausbildung (z.B. Gesellen) und dreijähriger Berufserfahrung eröffnet werden.
Ein Beschluss der Kultusministerkonferenz vom 06.03.2009 sieht ebenfalls für Handwerksmeister die **allgemeine** Hochschulzugangsberechtigung, für beruflich Qualifizierte mit abgeschlossener Berufsausbildung (z.B. Gesellen) und mindestens dreijähriger Berufspraxis eine **fachgebundene** Hochschulzugangsberechtigung vor.

4) Dauer 1–3 Jahre; einschließlich Schulen des Gesundheitswesens, die für Berufe des Gesundheits- und Pflegedienstes eine berufliche Erstausbildung vermitteln.

5) Einschließlich Hochschulen mit einzelnen universitären Studiengängen (z. B. Theologie, Philosophie, Medizin, Verwaltungswissenschaften, Sport).

Quelle: Grund- und Strukturdaten des Bundesministers für Bildung und Forschung

Bildungsbereiche

Erläuterung zu den aufgeführten Bildungsbereichen:

> Elementarbereich: Hier sind familienergänzende Bildungs- und Erziehungsmaßnahmen nach Vollendung des 3. Lebensjahres bis zum Beginn der Schule vorgesehen.
> Primarbereich: Der in der Regel vier Jahre umfassende Primarbereich führt den Schüler zu den systematischen Formen des schulischen Arbeitens hin.
> Sekundarbereich I: Der Sekundarbereich I baut auf den Primarbereich auf und dauert bis zum 9. bzw. 10. Schuljahr.
> Sekundarbereich II: Der Sekundarbereich II umfasst sowohl Bildungsgänge, die auf einen Beruf vorbereiten, als auch studienbezogene Bildungsgänge und solche, die mit einer beruflichen Qualifikation weiterführende Bildungsgänge im tertiären Bereich eröffnen. Er umfasst zwei bis drei Jahre.
> Tertiärer Bereich: Der tertiäre Bereich umfasst die Hochschulen und andere Ausbildungsstätten mit berufsqualifizierenden Bildungsgängen.
> Weiterbildung: Die allgemeine und berufsbezogene Weiterbildung vollzieht sich in vielfältigen Formen.

Weiterbildung

Durch die Gesetzgebungszuständigkeit der Länder im schulischen Bereich können sich in einzelnen Bundesländern Abweichungen zu den Darstellungen im obigen Schema ergeben.

1.3.1.2 Struktur des beruflichen Bildungssystems

Die Berufsausbildung erfolgt in der Bundesrepublik Deutschland schwerpunktmäßig in Ausbildungsbetrieben und in Berufsschulen (duales System). Nähere Einzelheiten >> Abschnitt 1.3.3.
Für die berufliche Fortbildung stehen insbesondere private und öffentliche Schulen und Bildungseinrichtungen der Wirtschaft sowie Akademien und Hochschulen zur Verfügung. Nähere Einzelheiten >> Abschnitt 4.4.

1.3.2 Grundlegende Anforderungen an das Bildungssystem: insbesondere Chancengleichheit, Durchlässigkeit, Transparenz, Gleichwertigkeit

1.3.2.1 Chancengleichheit

Das allgemeine Recht des Einzelnen auf Bildung setzt für seine Verwirklichung voraus, dass jedem, gleichgültig aus welcher sozialen Schicht und beruflichen Tätigkeit er kommt und unabhängig von der Lage seines Wohnortes, seiner Herkunft und seiner Staatsangehörigkeit oder von seinen Einkommensverhältnissen, grundsätzlich die gleichen Chancen in den verschiedenen Bildungswegen eröffnet werden. Die Chancengleichheit kann durch Kostenfreiheit der Bildungseinrichtungen und/oder durch gezielte finanzielle Förderung aller Bildungsmaßnahmen erhöht werden.
Eine besondere Rolle für die Chancengleichheit spielen die öffentliche Verantwortung für das Bildungswesen sowie die Differenzierung und Individualisierung.

Öffentliche Verantwortung

Die öffentliche Verantwortung für das gesamte Bildungswesen obliegt dem Staat. Er hat dafür zu sorgen, dass das Recht auf eine den individuellen Fähigkeiten entsprechende angemessene Bildung, die freie Wahl des Berufes und das Recht auf freie Entfaltung der Persönlichkeit seiner Bürger gewährleistet ist.

Die öffentliche Hand hat ferner Sorge zu tragen, dass das Bildungssystem eine wichtige Grundlage für eine leistungsfähige Volkswirtschaft ist.
Die öffentliche Verantwortung wird vom Staat selbst unmittelbar getragen oder aber in Teilbereichen auf andere Einrichtungen (zum Beispiel Kommunen, Selbstverwaltungseinrichtungen der Wirtschaft) übertragen. Zur Wahrnehmung der Verantwortung dienen unter anderem folgende Maßnahmen:

- Bau oder finanzielle Förderung von Schulen, Hochschulen und sonstigen Bildungseinrichtungen
- Unterhaltung von Bildungseinrichtungen
- Überwachung der allgemeinen Schulpflicht
- Schulaufsicht
- Aufsicht über sonstige Bildungseinrichtungen.

Verantwortung für Berufsausbildung

Die öffentliche Verantwortung für die Berufsausbildung ist entsprechend der Zuordnung im dualen System (Ausbildungsbetrieb und Berufsschule) zweigeteilt.

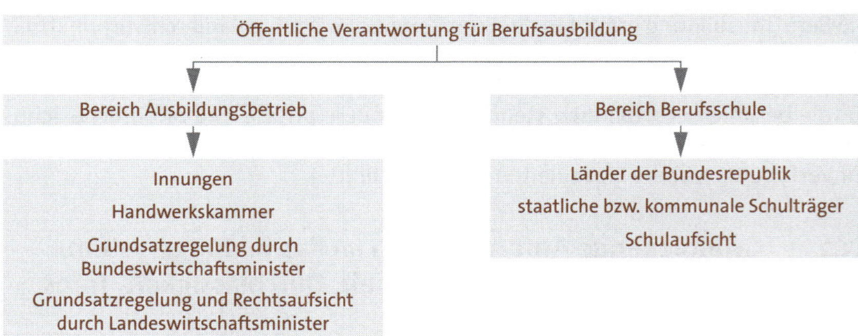

Differenzierung und Individualisierung

Ein Bildungssystem ist nur dann chancengerecht, wenn durch Differenzierung und Individualisierung dem Leistungsstand, den Neigungen und den persönlichen Fähigkeiten des Einzelnen entsprochen wird (innere Differenzierung). Das bedeutet, dass innerhalb einer Lerngruppe dem Leistungsgefälle Rechnung getragen wird. Das bedeutet aber auch, dass besondere Begabungen und Leistungen in der Berufsausbildung anerkannt und öffentlich gefördert werden (äußere Differenzierung), zum Beispiel durch Begabtenförderungsprogramme. (>> Abschnitt 4.4.5.4)

1.3.2.2 Durchlässigkeit des Bildungswesens

Chancengleichheit setzt aber auch Durchlässigkeit der Bildungswege voraus.

Die Durchlässigkeit muss beim Übergang von einer schulischen in eine berufliche bzw. betriebliche Ausbildung beginnen.
Sie soll u. a. folgende weitere Übergänge und Verzahnungen ermöglichen:

Übergänge

- von der Einstiegsqualifizierung und von der Berufsausbildungsvorbereitung in die Berufsausbildung
- von der zweijährigen in eine dreijährige Berufsausbildung
- von der normalen Berufsausbildung in Zusatzqualifikationen
- von der Berufsausbildung in die Berufliche Oberschule
- von der Berufsausbildung in die berufliche Fortbildung
- von einer Fortbildung (Fortbildungsabschluss) in aufbauende Fortbildungsmaßnahmen und Abschlüsse
- von der Beruflichen Oberschule in die Fachhochschule
- von der Berufsausbildung in die Fachhochschule oder Hochschule
- von der Beruflichen Oberschule zur Universität
- vom beruflichen Fortbildungsabschluss (z. B. Meisterprüfung) zur Fachhochschule oder Hochschule
- von bestimmten berufsbildenden Qualifikationen zur Hochschulzugangsberechtigung.

Anrechnung

Darüber hinaus sollten im beruflichen Bildungswesen erworbene Kompetenzen auf einschlägige Hochschulstudiengänge studienzeitverkürzend angerechnet werden. International gesehen sind bessere Übergänge zwischen den Bildungssystemen in der Europäischen Union anzustreben.

1.3.2.3 Transparenz

Die Gesellschaftspolitik muss dafür sorgen, dass sowohl das allgemeine Bildungswesen als auch die Organisation der beruflichen Bildung überschaubar sind (Transparenz). Dies ermöglicht dem jungen Menschen, zum jeweils richtigen Zeitpunkt die richtige Wahl zu treffen.

1.3.2.4 Gleichwertigkeit von Berufsbildung und Allgemeinbildung

Die Bildungspolitik der zurückliegenden Jahrzehnte, die schwerpunktmäßig auf die Förderung der Allgemeinbildung (Gymnasien) und der Hochschulbildung ausgerichtet war, hat dazu geführt, dass es mehr Studenten als Lehrlinge gibt. Die Folge ist ein teilweiser Mangel an qualifizierten Facharbeitern und Meistern.

Aufwertung der beruflichen Bildung

Ein Land wie die Bundesrepublik, das nur wenige Rohstoffe besitzt, ist aber auf die Leistungsfähigkeit der arbeitenden Menschen in allen Bereichen angewiesen. Die Bewältigung des technischen Fortschritts, die Weiterentwicklung der Formgebung und die Einführung neuer Arbeitsverfahren und Innovationen erfordern den qualifizierten Praktiker genauso wie den Akademiker. Deshalb muss die berufliche Bildung aufgewertet und eine Gleichwertigkeit der beruflichen Bildung sichergestellt werden.

Gleichwertigkeit

Dies hat nichts mit Gleichheit der Bildungsinhalte zu tun, sondern Gleichwertigkeit bedeutet gleiche politische und gesellschaftliche Anerkennung der beruflichen Bildung.

Allgemeinbildung

Nach dem klassischen Bildungsbegriff war Allgemeinbildung von der Auffassung getragen, man solle den Menschen zunächst zweckfrei bilden und ihn so zu Selbstständigkeit und Fähigkeit der Lebensbewältigung im Privaten wie für eine berufliche Tätigkeit bringen.

Berufsbildung

Berufsbildung dagegen heißt ja zunächst und vor allem Qualifizierung für einen bestimmten Beruf. Aber auch die Berufsbildung hat über die Vermittlung berufsspezifischen Wissens eine Bildungswirkung (zum Beispiel Einsichten, Urteile, Übertragung des Erlernten auf andere Bereiche).

Wenn unter Bildung vornehmlich die Entwicklung zur Selbstständigkeit verstanden wird und wenn durch Einsichten Urteilsfähigkeit, Wertorientierung und Verantwortung vermittelt werden, dann kann es keinen Gegensatz zwischen allgemeiner und beruflicher Bildung geben.

Zweckmäßige Maßnahmen

Folgende Maßnahmen sind zur Herstellung der Gleichwertigkeit beruflicher Bildung zweckmäßig:

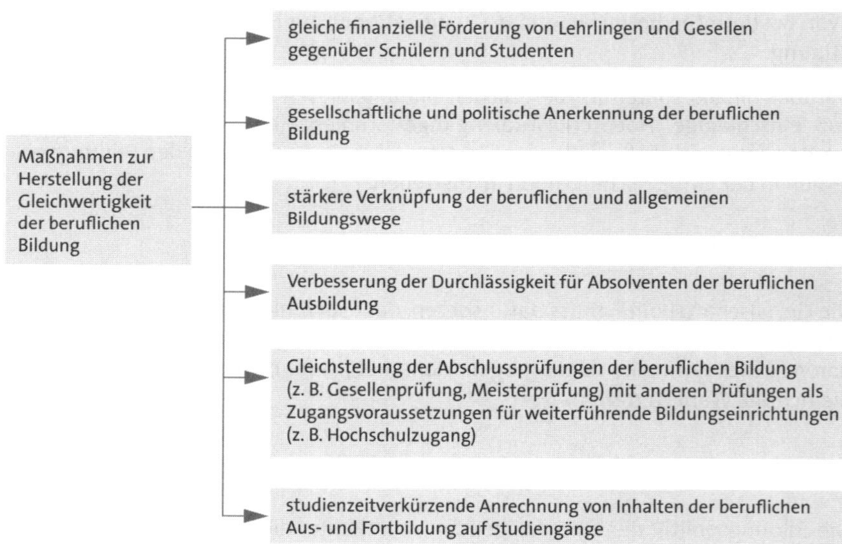

Das berufliche Bildungswesen wird auf Dauer nur dann konkurrenzfähig bleiben, wenn demjenigen, der eine praktische Berufsausbildung durchläuft, mit der Sicherheit eines erlernten Berufes grundsätzlich die gleichen Aufstiegschancen eingeräumt werden wie demjenigen, der den gymnasialen Bildungsweg beschreitet. Mittlerweile wurde die grundsätzliche Studienberechtigung für Meister und auch beruflich Qualifizierte eingeführt. Damit ist ein wichtiger Meilenstein hinsichtlich der Gleichwertigkeit von Berufsbildung und Allgemeinbildung erreicht.

1.3.3 Das duale System der Berufsausbildung: Struktur, Zuständigkeiten, Aufgabenbereiche, Kontrolle

1.3.3.1 Struktur des dualen Systems der Berufsausbildung

> Die Berufsausbildung erfolgt in der Bundesrepublik Deutschland im Handwerk überwiegend nach dem „dualen Ausbildungssystem".

Ausbildungsbetrieb **Berufsschule**

In diesem System erfolgt die Berufsausbildung getrennt im Ausbildungsbetrieb und in der Berufsschule.
Schwerpunkt der praktischen Unterweisung ist der Betrieb. Die Berufsschule vermittelt Fachtheorie und allgemeinbildende Inhalte.

Überbetriebliche Unterweisung

Die überbetriebliche Unterweisung ist eine Ergänzung zur praktischen Ausbildung im Betrieb.

1.3.3.2 Aufgabenschwerpunkte des Betriebes als Ausbildungsstätte

Gesetzliche Ausbildungspflicht

Die wesentliche Ausbildungspflicht für den Ausbildungsbetrieb ergibt sich aus § 14 Abs. 1 des Berufsbildungsgesetzes wie folgt:

> Der Ausbildende hat dafür zu sorgen, dass dem Auszubildenden die berufliche Handlungsfähigkeit vermittelt wird, die zum Erreichen des Ausbildungsziels erforderlich ist, und die Berufsausbildung in einer durch ihren Zweck gebotenen Form planmäßig, zeitlich und sachlich gegliedert so durchzuführen, dass das Ausbildungsziel in der vorgesehenen Ausbildungszeit erreicht werden kann.

Berufliche Handlungsfähigkeit

Der Ausbildungsbetrieb hat also die Verantwortung dafür, dass nach Ablauf der Ausbildungszeit und erfolgreich bestandener Gesellen- oder Abschlussprüfung die volle berufliche Handlungsfähigkeit für den jeweiligen Ausbildungsberuf vorhanden ist.

- Betrieb bildet nach Ausbildungsverordnung aus. Diese ist Bundesweit gültig.
- Schule nach Rahmenlehrplan. Dies ist Länderabhängig.

!

Wichtige Aufgabenschwerpunkte des Ausbildungsbetriebes

- Vorbereitung auf Beruf und Berufsleben
- Vermittlung der Fertigkeiten und Kenntnisse sowie von Handlungs- und Problemlösungskompetenz im Ausbildungsberuf
- Fertigkeitsvermittlung durch praktisches Arbeiten
- Vermittlung von Einblicken in Arbeitsabläufe und betriebliche Zusammenhänge
- selbstständiges Arbeiten und Handeln, Umsetzung des Erlernten in praktische Berufsarbeit
- Aneignung praktischen Denkens
- Hineinwachsen in die sozialen Beziehungen des Berufslebens und der Betriebsgemeinschaft
- Vermittlung von Teamfähigkeit und Kommunikationsfähigkeit
- Verhaltensweisen im mitmenschlichen Bereich („Spielregeln" der Arbeitswelt)
- Förderung der Persönlichkeitsentwicklung
- Verbreiterung der Allgemeinbildung

Betriebsgebundene Ausbildung

Die betriebsgebundene Ausbildung erfolgt schwerpunktmäßig durch Lernen am Arbeitsplatz. Die Mehrzahl der Auszubildenden lernt lieber am Arbeitsplatz als im Unterricht oder in der Lehrwerkstätte. 85 % der Auszubildenden bejahen nach einschlägigen Umfragen die betriebsgebundene Ausbildung. Die betriebsgebundene Ausbildung hat folgende Vorteile:

Vorteile

> unmittelbarer Zusammenhang mit der Arbeitswelt
> unmittelbare Verbindung mit der technischen Entwicklung und Innovation
> Erfahrungsvermittlung aus der Praxis
> kurzer Weg der Umsetzungsmöglichkeiten zwischen Theorie und Praxis
> Anregung des funktionellen und praktischen Denkens
> Lernen durch „praktisches Tun"
> Gewinnung von Einblicken in betriebliche Zusammenhänge und Gestaltung von Geschäfts- und Arbeitsprozessen
> Lernen von eigenständigem Arbeiten und selbstständigem Handeln
> Hineinwachsen in die sozialen Beziehungen des Berufslebens
> Umsetzung des Gelernten in praktische Berufsarbeit
> Aneignung von Verantwortungsbewusstsein
> Erlernung der Teamarbeitsfähigkeit
> kundenorientiertes Arbeiten und Verhalten
> Erwerb von beruflicher Handlungsfähigkeit.

1.3.3.3 Aufgabenschwerpunkte überbetrieblicher Ausbildungsstätten zur Ergänzung der betrieblichen Ausbildung

Die wirtschaftliche und technische Arbeitsteilung führt auch im Handwerk in manchen Berufen zu einer Spezialisierung. Das bedeutet, dass einzelne Ausbildungsbetriebe nicht mehr alle Fertigkeiten, Kenntnisse und Fähigkeiten vermitteln können, die nach der Ausbildungsordnung vorgeschrieben sind. Außerdem schreiben Ausbildungsordnungen zum Teil über die einzelberufliche Ausbildung hinausgehende berufsfeldbezogene Ausbildungsinhalte vor (zum Beispiel Berufsgrundbildung in kooperativ-dualer Form), die nur überbetrieblich vermittelt werden können.

Ferner entstehen laufend neue Technologien und durch die technische Entwicklung auch neue Berufs- und Ausbildungsinhalte (zum Beispiel Informations- und Kommunikationstechniken). Diese können nicht immer von den Ausbildungsbetrieben vermittelt werden. Deshalb muss die überbetriebliche Ausbildung den Technologietransfer fördern.

Des Weiteren lassen sich bestimmte Fertigkeiten besser und rationeller in überbetrieblicher statt in betrieblicher Form vermitteln.

Schließlich können in überbetrieblicher Form auch besser Ausbildungsschwerpunkte in bestimmten Fertigkeitsbereichen gesetzt werden.

Nicht zuletzt werden auch in überbetrieblichen Spezialkursen in bestimmten Berufen Arbeitssicherheits- und Unfallverhütungskenntnisse vermittelt.

Didaktisch-methodische Vorteile

Die überbetriebliche Ausbildungsstätte hat gegenüber dem Ausbildungsbetrieb didaktisch-methodische Vorteile, weil in den überbetrieblichen Kursen systematisch und ausschließlich ausbildungsbezogen Fertigkeiten und Kenntnisse sowie Handlungskompetenz vermittelt werden können.

Die überbetriebliche Ausbildungsstätte hat die Aufgabe, den Lernort Betrieb zu unterstützen und zu ergänzen und letztlich durch handlungsorientierte Ausbildungskonzepte einen Beitrag zur Erhöhung und Sicherstellung der Qualität der Berufsausbildung zu leisten.

Teilnahmepflicht

Die Teilnahme an angeordneten überbetrieblichen Unterweisungsmaßnahmen ist für den Lehrling Pflicht. Die anfallenden Kosten sind, soweit sie nicht anderweitig gedeckt werden, vom Ausbildenden zu tragen. Die Innungen und Handwerkskammern erhalten bei der Durchführung solcher Lehrgänge Zuschüsse des Bundes und der Länder.

Beurlaubung vom Berufsschulunterricht

Während der Teilnahme an überbetrieblichen Ausbildungsmaßnahmen werden die Lehrlinge in der Regel vom Berufsschulunterricht beurlaubt. Die näheren Einzelheiten und die Dauer der Beurlaubung richten sich nach landesrechtlichen Bestimmungen (auch die Empfehlung der Ständigen Konferenz der Kultusminister der Länder zur Beurlaubung von Berufsschülern).

1.3.3.4 Aufgabenschwerpunkte der Berufsschule als Ausbildungsstätte

Die Berufsschule hat die Aufgabe, die Schüler in Abstimmung mit der betrieblichen Ausbildung oder unter Berücksichtigung ihrer beruflichen Tätigkeit beruflich zu bilden und zu erziehen und die Allgemeinbildung zu fördern. Dabei hat sie insbesondere die allgemeinen berufsfeldübergreifenden sowie die für den Ausbildungsberuf oder die berufliche Tätigkeit erforderlichen fachtheoretischen Kenntnisse zu vermitteln und die fachpraktischen Kenntnisse und Fertigkeiten zu vertiefen. Die Vermittlung der fachtheoretischen Kenntnisse hat Vorrang gegenüber den übrigen Aufgaben.

Aus diesem Bildungsauftrag ergibt sich, dass der Unterricht weitgehend berufs- oder berufsfeldbezogen und praxisnah sein muss. Betrieb und Berufsschule stellen in der grundsätzlichen Aufgabenstellung einen abgestimmten Bildungsraum dar.

Gesetzliche Bestimmungen zur Berufsschulpflicht

Schulpflichtgesetz

Für den Berufsschulbesuch gelten gesetzliche Bestimmungen. Es handelt sich dabei um landesrechtliche Regelungen (Gesetze über das Erziehungs- und Unterrichtswesen bzw. Schulpflichtgesetze der Länder).

Berufsschulpflicht

Für diese landesrechtlichen Regelungen hat die Ständige Konferenz der Kultusminister der Länder in der Bundesrepublik Empfehlungen zu Einzelregelungen für die Berufsschulpflicht und die Berufsschulberechtigung beschlossen. Die Regelungen gelten in den Bundesländern in etwa gleich.

Berufsschulberechtigung

Personen, die nicht mehr berufsschulpflichtig sind, sich aber noch in Berufsausbildung befinden, sind zum Besuch der Berufsschule berechtigt.
Der Arbeitgeber (bzw. Ausbildende) hat den Berufsschulbesuch zu gestatten, das heißt, dass der Auszubildende einen Freistellungsanspruch hat.

Pflichten des Ausbildungsbetriebes

Die Berufsschule ist Pflichtschule. Ihr Besuch unterliegt dem staatlichen Zwang. Der Ausbildende hat den Jugendlichen zum Besuch der Berufsschule anzumelden, anzuhalten und die hierfür notwendige Zeit zu gewähren. Die Schulzeit gilt als Arbeitszeit, Verstöße gegen das Schulpflichtgesetz werden mit Geldbußen geahndet.

Formen des Berufsschulunterrichts

Es gibt in der Regel zwei Grundformen, wie der Berufsschulunterricht organisiert sein kann.

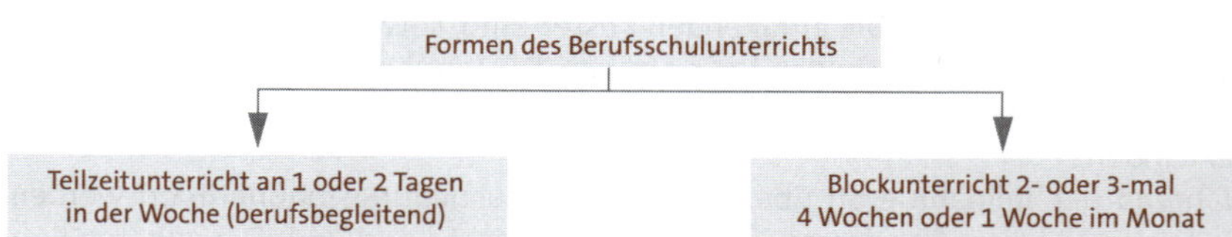

Je nach Länderregelungen, branchenspezifischen Einzellösungen usw. gibt es Mischformen der Organisation des Berufsschulunterrichts und Kombinationsmodelle, die beide Grundformen des Berufsschulunterrichts einbeziehen. Der Blockunterricht hat den Vorteil, dass der Unterrichtsstoff zusammenhängend vermittelt werden kann.

Unterkunfts- und Verpflegungskosten
Schulwegekosten

Entstehen den Berufsschülern Unterkunfts- und Verpflegungskosten beim Besuch überregionaler Fachklassen mit Blockunterricht, werden von einzelnen Ländern der Bundesrepublik Zuschüsse in unterschiedlicher Höhe gewährt. Manche Länder geben in diesen Fällen unter bestimmten Voraussetzungen auch Zuwendungen zu den Schulwegekosten.

Der Ausbildungsbetrieb selbst hat für die Lehrlinge beim Besuch der Berufsschule nach der Rechtsprechung des Bundesarbeitsgerichts weder Fahrtkosten noch Unterkunfts- und Verpflegungskosten zu bezahlen (zum Beispiel bei Blockunterricht).

Berufsgrundbildungsjahr

In verschiedenen Ländern der Bundesrepublik wurde das Berufsgrundbildungsjahr eingeführt. Es gibt zwei Formen des Berufsgrundbildungsjahres, die schulische Form und die kooperativ-duale Form.

> Die schulische Form vermittelt in einem Vollzeitschuljahr sowohl praktische Fertigkeiten als auch theoretische Kenntnisse und Fähigkeiten für ein Berufsfeld (zum Beispiel Metall, Bau usw.) oder für einen Berufsfeldschwerpunkt.
> Die kooperativ-duale Form vermittelt die praktischen Fertigkeiten und Fähigkeiten im Betrieb oder in einer überbetrieblichen Unterweisungsstätte. Die theoretischen Kenntnisse eignet sich der Lehrling in der Berufsschule an.

Anrechnung auf die Ausbildungszeit

Das kooperativ-duale Berufsgrundbildungsjahr gilt als erstes Ausbildungsjahr. Der erfolgreiche Besuch eines schulischen Berufsgrundbildungsjahres kann unter bestimmten Voraussetzungen ganz oder teilweise auf die Ausbildungszeit angerechnet werden. (Näheres im >> Abschnitt 2.5.1.10.)

Weitere berufliche Schulen

Neben der Berufsschule als die die betriebliche Ausbildung begleitende schulische Einrichtung gibt es weitere für Handwerker infrage kommende berufliche Schulen.

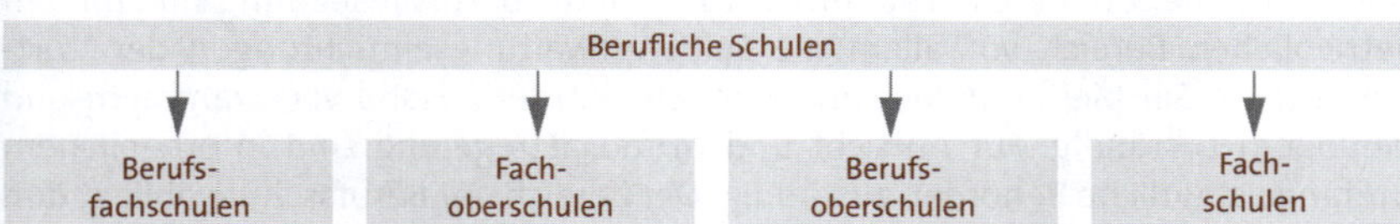

> Berufsfachschulen mit Vollzeitunterricht vermitteln je nach Dauer eine gesamte Berufsausbildung, einen Teil einer Berufsausbildung oder einen Mittleren Schulabschluss.
> Über Berufliche Oberschulen kann die Fachhochschulreife, die fachgebundene Hochschulreife oder die allgemeine Hochschulreife erworben werden.
> Fachschulen dienen der vertieften beruflichen Fortbildung im Anschluss an eine Berufsausbildung und eine praktische Berufstätigkeit (z. B. Meisterschule).

1.3.3.5 Zuständigkeiten, Aufsicht und Kontrolle im dualen System

Aus der unterschiedlichen Aufgabenstellung und der gegebenen Struktur des dualen Systems ergeben sich entsprechende Unterschiede in der Zuständigkeit, Aufsicht und Kontrolle für die Ausbildungsträger.

Zuständigkeit von Bund und Ländern

Der Bundesgesetzgeber ist im Wesentlichen zuständig für die Regelung der betrieblichen Ausbildung. Den Ländern obliegt die Gesetzgebung für das Berufsschulwesen.

Wichtige Länderregelungen für die Berufsschulen sind:

> Schulgesetze
> Schulaufsicht
> Lehrpläne.

Wichtige Bundesregelungen für die Ausbildungsbetriebe sind:

> Berufsbildungsgesetz
> Handwerksordnung
> Ausbildungsordnungen
> Vorschriften der zuständigen Stelle (Handwerkskammer).

Zuständigkeit der Wirtschaft

Öffentliche Verantwortung

Hinsichtlich der öffentlichen Verantwortung für die Berufsausbildung sind für den betrieblichen Bereich vor allem die Selbstverwaltungseinrichtungen der Wirtschaft (zum Beispiel Industrie- und Handelskammern, Handwerkskammern und Innungen) zuständig. Für Aufsicht und Grundsatzregelung sind in erheblichem Umfange staatliche Behörden zuständig. Der Bereich der Berufsschule obliegt den staatlichen und kommunalen schulischen Verwaltungen.

1.3.3.6 Vorteile und Schwachstellen des dualen Systems

Vorteile des dualen Systems

Vorteile

Die Hauptvorteile des dualen Systems liegen in der Bewältigung von konkreten beruflichen Handlungsanforderungen, indem das Lernen direkt an betrieblichen Arbeitsplätzen stattfindet.
Das duale System ist das leistungsfähigste Ausbildungssystem, um das uns die Welt beneidet. Unsere volkswirtschaftlichen Leistungen und unsere internationale Wettbewerbsfähigkeit gründen zu einem wesentlichen Teil auf diesem Ausbildungssystem.

Hauptvorteile des dualen Ausbildungssystems

- Grundlage für die Innovations- und Wettbewerbsfähigkeit der gesamten Wirtschaft
- Eröffnung bester Ausbildungschancen für die Jugend
- maximales Angebot an Ausbildungsplätzen
- wirklichkeits- und praxisnahe Ausbildung direkt im betrieblichen Alltag und in der Ernstsituation des Berufes; stufenweise Einführung in das Berufs- und Betriebsleben
- Ausbildung auf fachlicher Breite ohne einseitiges Spezialistentum (Vollausbildung); rasche Anpassung der Ausbildungsinhalte an technische und wirtschaftliche Veränderungen
- hohes Maß an Krisenfestigkeit hinsichtlich der Erhaltung des Arbeitsplatzes
- hohe Mobilität durch die Möglichkeit, bei technischen Veränderungen in verwandte Berufe überzuwechseln
- Persönlichkeitsbildung durch zielbewusste, gestaltende Arbeit nach verschiedenartigem Arbeitsanfall
- Selbstständigkeit des Handelns
- Hebung der Arbeitsfreude und des Selbstbewusstseins, Anregung zu Fantasie und Kreativität
- vertretbarer Kostenrahmen für Betriebe und Staat
- Vermittlung von kundenorientiertem Verhalten und von beruflicher Handlungskompetenz

Schwachstellen des dualen Systems

Von extremen Kritikern wird manchmal das duale System und vor allem der Betrieb als Bildungseinrichtung infrage gestellt.
Als Schwachstellen werden grundsätzlich genannt:

Schwachstellen

> mangelnde Systematik der Ausbildung
> nicht ausreichende Abstimmung und Kooperation zwischen den einzelnen Ausbildungsträgern
> ausbildungsfremde Arbeiten im Betrieb
> keine ausschließliche Ausrichtung der Arbeit im Betrieb auf den Ausbildungszweck.

Kritik am dualen System

Die bei diesem System in Einzelfällen zutage tretenden Mängel sind aber nicht im System als solchem begründet, sondern vielmehr im möglichen mangelhaften Vollzug in einzelnen Ausbildungsstätten.

Alles in allem lässt sich dennoch feststellen, dass das duale Ausbildungssystem, so wie es auch im Handwerk praktiziert wird, eine vernünftige Synthese (Zusammenfügung) von betriebs- und schulgebundenen Ausbildungsabschnitten ist.

Ansatzpunkte zur Sicherung und Weiterentwicklung des dualen Systems – Maßnahmen zur Sicherung der Ausbildungsqualität

Die Ausbildungsqualität ist für das Handwerk in der Zukunft eine Existenzfrage. Aufgrund des hohen Anteils der menschlichen Arbeitskraft an der Produkterstellung oder der Erbringung der Dienstleistung kommt dem Niveau der Ausbildung zentrale Bedeutung auch für die Produktqualität zu.

Zur Sicherung und Weiterentwicklung des dualen Systems und der Ausbildungsqualität sind zahlreiche Maßnahmen erforderlich.

Maßnahmen zur Sicherung und Weiterentwicklung der Ausbildungsqualität im dualen System

- bessere Abstimmung und Koordinierung der Ausbildungsarbeit zwischen den Lernorten
- rasche Anpassung der Ausbildungsberufsbilder und Berufsordnungsmittel an die technische und wirtschaftliche Entwicklung
- Entwicklung von modulartig gestalteten Zusatzqualifikationen
- Verbesserung der betrieblichen Eignungsvoraussetzungen und Erhöhung der Planmäßigkeit der Ausbildung
- Kontrolle, Überwachung und Beratung der Ausbildungsbetriebe
- laufende Fortbildung der betrieblichen Ausbilder
- ausreichende Gesamtausbildungszeit im Hinblick auf steigende Anforderungen
- Verbesserung der Ausbildungsmethoden im Ausbildungsbetrieb und in der Berufsschule
- Einsatz moderner Ausbildungsmittel in Betrieb und Berufsschule
- Durchführung überbetrieblicher Unterweisungsmaßnahmen, wo diese erforderlich sind
- Absicherung der Zuwendungen von Bund und Land für die überbetriebliche Ausbildung in Berufsbildungsstätten des Handwerks
- Verbesserung der Ausbildungsqualität der Berufsschulen
- Erhaltung bzw. Schaffung leistungsfähiger Schuleinheiten im Bereich der Berufsschulen mit aufsteigenden Fachklassen
- Einführung der Blockbeschulung, wo dies zweckmäßig ist
- Verbesserung der Lehrerausbildung und Durchführung laufender Fortbildungsmaßnahmen

Handlungsorientierte, fallbezogene Aufgaben

1. Sie gehören als junger Unternehmer dem Arbeitskreis Schule/Wirtschaft in Ihrer Stadt an. Dieser Kreis besteht im Wesentlichen aus Vertretern der örtlichen Wirtschaftsorganisationen, selbstständigen Gewerbetreibenden, Führungskräften aus Betrieben und Lehrern an allgemeinbildenden und berufsbildenden Schulen. Der Arbeitskreis führt u.a. Informationsveranstaltungen für Schüler und Eltern durch, bei denen über die Struktur des Bildungswesens, die möglichen Berufslaufbahnen und Bildungswege informiert und kritisch diskutiert wird.
   Es ist üblich, dass einzelne Mitglieder des Arbeitskreises Schule/Wirtschaft bei solchen Veranstaltungen Vorträge halten. Sie haben es übernommen, einen Vortrag über Aufbau und Grundstruktur des Bildungswesens in Deutschland, die Anforderungen an das Bildungssystem, die Wahlmöglichkeiten im Rahmen der Allgemeinbildung und der Berufsbildung und der damit verbundenen Berufslaufbahnperspektiven zu halten. Als Handwerksunternehmer gehen Sie in Ihren Ausführungen in besonderer Weise auch auf die Stellung der Berufsbildung im Rahmen des Gesamtbildungssystem ein.

   Aufgabe: Erstellen Sie für diesen Vortrag ein Konzept!

   >> Seiten 45 bis 50 |

2. Sie haben als Ausbildender drei Lehrlinge eingestellt. Zu Beginn der Ausbildung wollen Sie die Auszubildenden darüber informieren, wie das duale Ausbildungssystem aufgebaut ist und welche Aufgabenschwerpunkte die Lernorte in diesem System haben.

   Aufgabe:

   a) Erklären Sie den drei Lehrlingen, wie dieses System aufgebaut ist!

   b) Erläutern Sie die diesbezüglich wichtigsten Aufgabenschwerpunkte Ihres Betriebes!

   c) Beschreiben Sie Ihren Lehrlingen die Aufgaben des schulischen Bereiches!

   d) Stellen Sie den Lehrlingen die Aufgabenschwerpunkte der überbetrieblichen Ausbildungsstätte dar!

   e) Stellen Sie die Bedeutung des für die Ausbildung der drei Lehrlinge wichtigsten Lernortes heraus!

   >> Seiten 51 bis 55 |

3. Sie erhalten als Ausbildender von der Handwerkskammer die Aufforderung, Ihren Auszubildenden zu einer überbetrieblichen Ausbildungsmaßnahme zu entsenden, da dieser zur Teilnahme verpflichtet sei. Darüber hinaus werden Sie aufgefordert, eine Gebühr für diesen Unterweisungslehrgang zu bezahlen.

Aufgabe:

3.1 Ist Ihr Auszubildender verpflichtet, im vorliegenden Falle teilzunehmen? Was trifft zu?

a Ja, wenn Sie die Kosten übernehmen.

b Ja, wenn der Staat die gesamten Kosten übernimmt.

c Ja, wenn die Maßnahme verpflichtend angeordnet ist.

d Nein, weil er selbst beurteilen kann, ob die Maßnahme notwendig ist.

e Nein, weil Sie im Ausbildungsvertrag die Teilnahmepflicht vertraglich ausgeschlossen haben.

>> Seiten 52 bis 53 |

3.2 Sind Sie als Ausbildender verpflichtet, im vorliegenden Falle die Gebühr zu entrichten?

a Nein, weil Sie von den Maßnahmen keinen betrieblichen Nutzen haben.

b Nein, weil es zur Pflicht des Auszubildenden gehört, eventuelle Gebühren zu entrichten, da er auch einen persönlichen Nutzen hat.

c Nein, weil die Kosten in jedem Fall vom Staat in voller Höhe getragen werden.

d Nein, weil die Kosten immer von der zuständigen Innung übernommen werden.

e Ja, ich muss diese Gebühr bezahlen, soweit die Kosten nicht anderweitig gedeckt sind.

>> Seiten 52 bis 53 |

4. In Deutschland kommt es von Zeit zu Zeit immer wieder zu Diskussionen über das duale System der Berufsausbildung. Als junger Handwerksmeister möchten Sie in dieser Debatte Position beziehen können.

a) Stellen Sie die Struktur, die Lernorte, deren Aufgabenschwerpunkte sowie die Kosten und Finanzierungsregelung des Systems in Deutschland dar!

b) Beschreiben Sie die Vorteile und Schwachstellen dieses Systems!

c) Erarbeiten Sie Ansatzpunkte für Maßnahmen zur Weiterentwicklung des dualen Systems und zur Sicherung der Ausbildungsqualität in Deutschland!

>> Seiten 51 bis 58 |

1.4 Lernsituation: Ausbildungsberufe für den Betrieb auswählen und Auswahl begründen

Kompetenzen:

- Entstehung staatlich anerkannter Ausbildungsberufe beschreiben.
- Aufbau und Verbindlichkeit von Ausbildungsordnungen beachten und darstellen.
- Funktionen und Ziele von Ausbildungsordnungen beschreiben.
- Ausbildungsberufe für den Betrieb anhand von Ausbildungsordnungen bestimmen und Flexibilisierungsmöglichkeiten nutzen.

1.4.1 Entstehung und Verzeichnis staatlich anerkannter Ausbildungsberufe

1.4.1.1 Einblick in das Verfahren zur Erstellung von Ausbildungsordnungen

Entwicklungsverfahren

Das Entwicklungs- und Abstimmungsverfahren ist umfangreich. U. a. sind an dem Verfahren direkt oder indirekt beteiligt:

- die Bundesinnungsverbände
- die Handwerkskammern
- der Deutsche Handwerkskammertag
- die Gewerkschaften
- Sachverständigengremien
- der Bund-Länder-Koordinierungsausschuss
- das Bundesinstitut für Berufsbildung
- der Bundesminister für Wirtschaft und Energie
- der Bundesminister für Bildung und Forschung
- die zuständigen Fachministerien
- die Länder.

Einschlägige Verfahrensvorgaben sind in der Empfehlung des Hauptausschusses des Bundesinstituts für Berufsbildung zur **Qualitätssicherung** und zum Qualitätsmanagement in Ordnungsverfahren vom 27.06.2008 enthalten (Bundesanzeiger Nr. 129/2008 vom 27.08.2008).

1.4.1.2 Verzeichnis der staatlich anerkannten Ausbildungsberufe

In diesem Verzeichnis sind alle Ausbildungsberufe enthalten, die als Grundlage für eine geordnete und einheitliche Berufsausbildung durch den Bundesminister für Wirtschaft und Energie oder den sonst zuständigen Fachminister im Einvernehmen mit dem Bundesminister für Bildung und Forschung staatlich anerkannt sind.

Das Bundesinstitut für Berufsbildung führt das Verzeichnis der anerkannten Ausbildungsberufe, das jährlich zu veröffentlichen ist.
Hier findet der Ausbilder die grundsätzlichen Ausbildungsmöglichkeiten als globalen rechtlichen Rahmen.

1.4.2 Struktur, Funktionen, Ziele von Ausbildungsordnungen

1.4.2.1 Ordnungsrechtliches Konzept der Ausbildung in staatlich anerkannten Ausbildungsberufen

Ausbildungsordnung

> Für einen anerkannten Ausbildungsberuf darf nur nach der Ausbildungsordnung ausgebildet werden (Ausschließlichkeitsgrundsatz)!

In anderen als anerkannten Ausbildungsberufen dürfen Jugendliche unter 18 Jahren nicht ausgebildet werden, soweit die Berufsausbildung nicht auf den Besuch weiterführender Bildungsgänge vorbereitet.

Ausnahmen

Von diesem Ausschließlichkeitsgrundsatz gibt es Ausnahmen.

Ausnahmen von der Ausbildung nach der Ausbildungsordnung

- nach Erprobungsverordnungen zur Entwicklung und Erprobung neuer Ausbildungsberufe und Ausbildungsformen
- nach Erprobungsverordnungen zur Entwicklung und Erprobung neuer Prüfungsformen

1.4.2.2 Rechtscharakter, Zweck, Verordnungsgeber von Ausbildungsordnungen

Rechtsverordnung

> Die Ausbildungsordnung ist eine Rechtsverordnung, die für alle Beteiligten rechtsverbindlich ist. Mit der Ausbildungsordnung soll eine Grundlage für eine geordnete und einheitliche Berufsausbildung erreicht werden.

Erlasskompetenz

Die Ausbildungsordnung wird vom Bundesministerium für Wirtschaft und Energie im Einvernehmen mit dem Bundesministerium für Bildung und Forschung erlassen. Wird die Ausbildungsordnung eines Ausbildungsberufes aufgehoben oder werden Gewerbe in der Anlage A oder in der Anlage B der Handwerksordnung gestrichen, zusammengefasst oder getrennt, so gelten für bestehende Berufsausbildungsverhältnisse die bisherigen Vorschriften.

1.4.2.3 Mindestinhalte einer Ausbildungsordnung (Ausbildungsberufsbezeichnung, Ausbildungsdauer, Ausbildungsberufsbild, Ausbildungsrahmenplan, Prüfungsanforderungen)

Gesetzliche Mindestinhalte

Nach der Handwerksordnung bzw. nach dem Berufsbildungsgesetz sind Mindestinhalte für die Ausbildungsordnung festgelegt.

Gesetzliche Mindestinhalte einer Ausbildungsordnung

- Bezeichnung des Ausbildungsberufes, der anerkannt wird
- Ausbildungsdauer (nicht mehr als drei und nicht weniger als zwei Jahre)
- Fertigkeiten, Kenntnisse und Fähigkeiten, die mindestens Gegenstand der Berufsausbildung sind (Ausbildungsberufsbild)
- Anleitung zur sachlichen und zeitlichen Gliederung der Vermittlung der beruflichen Fertigkeiten, Kenntnisse und Fähigkeiten (Ausbildungsrahmenplan)
- Prüfungsanforderungen (Gesellenprüfung, Abschlussprüfung)

Jeder Ausbildende und Ausbilder muss sich die Ausbildungsordnung für den Ausbildungsberuf beschaffen, in dem er ausbildet.

Um den betrieblichen und beruflichen Bedürfnissen ausreichend entsprechen zu können, wurden für die Ausbildungsordnungen flexible Strukturmodelle entwickelt.
Um diesen Rechnung zu tragen, wurde der nachstehende rechtliche Rahmen geschaffen.

Mögliche Regelungen

Die Ausbildungsordnung kann folgende Regelungen enthalten:

Stufenausbildung

- Die Berufsausbildung hat in sachlich und zeitlich besonders gegliederten, aufeinander aufbauenden Stufen zu erfolgen. Nach den einzelnen Stufen ist ein Ausbildungsabschluss vorgesehen, der sowohl zu einer qualifizierten beruflichen Tätigkeit befähigt als auch die Fortsetzung der Berufsausbildung in weiteren Stufen ermöglicht (Stufenausbildung).
- Die Gesellenprüfung oder die Abschlussprüfung kann in zwei zeitlich auseinanderfallenden Teilen durchgeführt werden (gestreckte Gesellen- oder Abschlussprüfung).
- Bei Aufhebung eines Ausbildungsberufes oder bei Streichung, Zusammenfassung oder Trennung von Gewerben der Anlage A oder B der Handwerksordnung kann die weitere Berufsausbildung in dem **neuen** Ausbildungsberuf auf der Grundlage der neu erlassenen Ausbildungsordnung fortgesetzt werden, wenn die Vertragsparteien dies vereinbaren. In diesem Fall ist die auf der Grundlage der

bisherigen Ausbildungsordnung bereits zurückgelegte Ausbildungszeit zwingend anzurechnen.

> Auf die in einer Ausbildungsordnung geregelte Ausbildung kann eine andere einschlägige Berufsausbildung unter Berücksichtigung der hierbei erworbenen beruflichen Fertigkeiten, Kenntnisse und Fähigkeiten angerechnet werden.
> Es können über das in der Ausbildungsordnung beschriebene Ausbildungsberufsbild hinaus zusätzliche berufliche Fertigkeiten, Kenntnisse und Fähigkeiten vermittelt werden, die die beruflichen Handlungsfähigkeiten ergänzen oder erweitern. Dabei kommen sowohl zusätzliche Wahlqualifikationseinheiten der Ausbildungsordnung als auch Teile anderer Ausbildungs- und Fortbildungsordnungen in Betracht. (auch >> Abschnitt 4.3.1.1.)
> Teile der Berufsausbildung können in geeigneten Einrichtungen außerhalb der Ausbildungsstätte durchgeführt werden, wenn und soweit es die Berufsausbildung erfordert (überbetriebliche Ausbildung).
> Die Auszubildenden haben einen schriftlichen Ausbildungsnachweis zu führen.

1.4.3 Ausbildungsmöglichkeiten im Betrieb

1.4.3.1 Ausbildung in Gewerben der Anlagen A und B zur Handwerksordnung

Die Ausbildung in den Gewerben der Anlagen A und B darf nur in anerkannten Ausbildungsberufen erfolgen.

Durch Rechtsverordnung können für ein Gewerbe der Anlagen A und B auch mehrere Ausbildungsberufe staatlich anerkannt und durch Ausbildungsordnung geregelt werden, soweit dies wegen der Breite des Gewerbes erforderlich ist. Darüber hinaus bestehen Möglichkeiten, in Ausbildungsberufen Fachrichtungen zu schaffen und bei der Ausbildung Schwerpunkte zu bilden.

1.4.3.2 Ausbildung in nichthandwerklichen Ausbildungsberufen

Für die Ausbildung in anerkannten nichthandwerklichen Ausbildungsberufen gelten das Verzeichnis der anerkannten Ausbildungsberufe und die jeweilige Ausbildungsordnung.

Die abschließende Entscheidung, in welchen Berufen ausgebildet werden soll, sowie die Ausbildungsplatzentscheidung kann nur im Zusammenhang mit der Eignung der Ausbildungsstätte (>> Abschnitt 1.5.2) getroffen werden.

Handlungsorientierte, fallbezogene Aufgaben

1. Bisher haben Sie sich als Inhaber eines Handwerksbetriebes Ihre Arbeitskräfte am Arbeitsmarkt beschafft. Künftig wollen Sie selbst ausbilden. Dabei wollen Sie sich, bevor Sie die Ausbildungsmöglichkeiten nach rechtlichen und betrieblichen Gesichtspunkten prüfen, einen Überblick über die staatlich anerkannten Ausbildungsberufe verschaffen.

   Aufgabe: Stellen Sie fest, welchem Verzeichnis Sie die hierfür notwendigen Informationen entnehmen können! Was trifft zu?

   a Dem Verzeichnis staatlich anerkannter Ausbildungsberufe des Bundesinstituts für Berufsbildung.

   b Dem Verzeichnis staatlich anerkannter Ausbildungsberufe der Arbeitsministerien der Länder.

   c Dem Verzeichnis staatlich anerkannter Ausbildungsberufe der Kultusminister der Länder.

   d Dem Verzeichnis staatlich anerkannter Ausbildungsberufe der Handwerkskammern.

   e Dem Verzeichnis staatlich anerkannter Ausbildungsberufe des Bundesamtes für Berufsbildung.

   >> Seiten 61 bis 62 |

2. Sie haben vor Kurzem einen Handwerksbetrieb eröffnet und wollen in einem bestimmten Ausbildungsberuf zwei Lehrlinge ausbilden. Die persönliche, fachliche und betriebliche Eignung hierfür liegt vor. Betriebliche Besonderheiten sind nicht gegeben. Sie beschaffen sich die einschlägige Ausbildungsordnung. Anschließend wollen Sie sich einen Überblick verschaffen über den Zweck der Ausbildungsordnung ganz allgemein und im Besonderen für die Ausbildung in Ihrem Betrieb. Sie wollen ferner klären, ob und inwieweit Sie sich bei der Ausbildung der beiden Lehrlinge in Ihrem Betrieb an die Ausbildungsordnung halten müssen und welche Bedeutung sie ggf. für die betriebliche Ausbildungsplanung hat.

   Aufgabe:

   a) Geben Sie an, welche Bedeutung die Ausbildungsordnung grundsätzlich für die Berufsausbildung hat!

   b) Stellen Sie fest, ob Sie sich bei der Ausbildung der beiden Lehrlinge in Ihrem Betrieb daran halten müssen, und begründen Sie das Ergebnis!

   c) Beschreiben Sie, welche Bedeutung diese Vorgabe für Ihre betriebliche Ausbildungsplanung hat!

   >> Seiten 62 bis 64 |

1.5 Lernsituation: Eignung des Betriebes für die Ausbildung in angestrebten Ausbildungsberufen prüfen, insbesondere unter Berücksichtigung von Ausbildung im Verbund, überbetrieblicher und außerbetrieblicher Ausbildung

Kompetenzen:

- Persönliche und fachliche Eignung für das Einstellen und Ausbilden klären und Möglichkeiten zur Beseitigung von Ausbildungshemmnissen darstellen.
- Eignung der Ausbildungsstätte für die Durchführung der Ausbildung prüfen und ggf. erforderliche Maßnahmen zur Herstellung der Eignung darstellen.
- Notwendigkeit für Ausbildungsmaßnahmen außerhalb der Ausbildungsstätte erkennen und geeignete Möglichkeiten bestimmen.
- Möglichkeiten der Kammern und Innungen zur Unterstützung der Betriebe in Ausbildungsangelegenheiten beschreiben.
- Die Aufgaben der zuständigen Stelle zur Überwachung der Eignung erläutern, Folgen bei Verstößen überblicken und Gründe für den Entzug der Ausbildungsberechtigung kennen.

1.5.1 Persönliche und fachliche Eignung nach BBiG und HwO, Ausbildungshemmnisse

Für die Einstellung und Ausbildung von Lehrlingen müssen im Interesse einer qualifizierten Ausbildung die nachstehend aufgeführten Voraussetzungen gegeben sein:

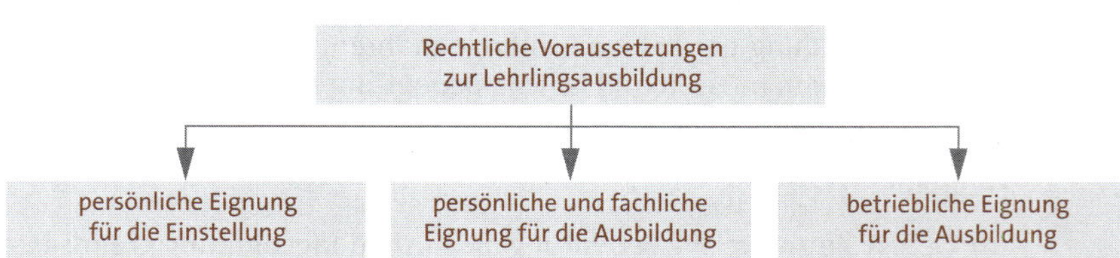

1.5.1.1 Persönliche Eignung für die Einstellung

Einstellungsberechtigung

Grundsätzlich ist jeder Betriebsinhaber berechtigt, Lehrlinge einzustellen, und somit dafür persönlich geeignet, sofern keine besonderen Gründe entgegenstehen, die diese Berechtigung ausschließen.

Fehlende persönliche Eignung

Persönlich nicht zum Einstellen von Lehrlingen geeignet ist insbesondere,

- wer Kinder und Jugendliche nicht beschäftigen darf oder

> wer wiederholt oder schwer gegen die Handwerksordnung, das Berufsbildungsgesetz oder die aufgrund dieser Gesetze erlassenen Vorschriften und Bestimmungen verstoßen hat.

Beispiele für **fehlende** persönliche Eignung:

- Verurteilung wegen sexueller Handlungen mit abhängigen Personen
- Verstoß gegen Arbeitsschutzbestimmungen
- Beschäftigungsverbote nach dem Jugendarbeitsschutzgesetz
- gewissenlose Ausnutzung der Arbeitskraft Jugendlicher
- Personen, die wegen eines Verbrechens zu einer Freiheitsstrafe von mindestens zwei Jahren rechtskräftig verurteilt worden sind
- Gefährdung des Ausbildungsziels durch wiederholte Beschäftigung mit ausbildungsfremden Arbeiten
- Straftaten nach dem Betäubungsmittelgesetz
- Straftaten nach dem Gesetz über die Verbreitung jugendgefährdender Schriften.

1.5.1.2 Fachliche Eignung für die Ausbildung

Grundsatzregelungen

Lehrlinge (Auszubildende) darf nur ausbilden, wer persönlich und fachlich geeignet ist.

Fachlich geeignet ist grundsätzlich, wer die beruflichen sowie die berufs- und arbeitspädagogischen Fertigkeiten, Kenntnisse und Fähigkeiten besitzt, die für die Vermittlung der Ausbildungsinhalte erforderlich sind. (Nähere Einzelheiten dazu für die Ausbildung in den verschiedenen Handwerken, handwerksähnlichen Gewerben und nichthandwerklichen Berufen auf den nachstehenden Seiten!)

Bestellung eines Ausbilders

Wer selbst fachlich **nicht** geeignet ist oder **nicht selbst** ausbildet, darf Lehrlinge (Auszubildende) nur dann einstellen, wenn er persönlich und fachlich geeignete Ausbilder bestellt, die die Ausbildungsinhalte unmittelbar, verantwortlich und in wesentlichem Umfang vermitteln. Die Bestellung bzw. Beschäftigung des Ausbilders ist der Handwerkskammer nachzuweisen.

Für die sektorale Vermittlung von Ausbildungsinhalten können auch Personen eingesetzt werden, die zwar **nicht alle** Erfordernisse für die fachliche Eignung der Ausbilder erfüllen, jedoch neben ihrer persönlichen Eignung die beruflichen Fertigkeiten, Kenntnisse und Fähigkeiten besitzen, die für die Vermittlung **einzelner Ausbildungsinhalte** erforderlich sind. Der Einsatz dieses Personenkreises bei der Berufsausbildung ist nur unter der Verantwortung des Ausbilders möglich.

Drei Gruppen

Bei der Berufsausbildung in Betrieben, die dem Wirtschaftsbereich „Handwerk" zugeordnet sind, ist hinsichtlich des Vorliegens der fachlichen Eignung für die Ausbildung nach folgenden Gruppen zu unterscheiden:

- Gewerbe, die als zulassungspflichtige Handwerke betrieben werden können (Anlage A zur Handwerksordnung)
- Gewerbe, die als zulassungsfreie Handwerke oder handwerksähnliche Gewerbe betrieben werden können (Anlage B zur Handwerksordnung)
- nichthandwerkliche Berufe.

Zur Information werden die Verzeichnisse der Anlagen A und B zur Handwerksordnung wie folgt abgedruckt:

Anlage A zur Handwerksordnung

Zulassungspflichtige Handwerke

Verzeichnis der Gewerbe, die als zulassungspflichtige Handwerke betrieben werden können (§ 1 Abs. 2):

Nr.		Nr.	
1	Maurer und Betonbauer	21	Landmaschinenmechaniker
2	Ofen- und Luftheizungsbauer	22	Büchsenmacher
3	Zimmerer	23	Klempner
4	Dachdecker	24	Installateure und Heizungsbauer
5	Straßenbauer	25	Elektrotechniker
6	Wärme-, Kälte- und Schallschutzisolierer	26	Elektromaschinenbauer
		27	Tischler
7	Brunnenbauer	28	Boots- und Schiffbauer
8	Steinmetzen und Steinbildhauer	29	Seiler
9	Stuckateure	30	Bäcker
10	Maler und Lackierer	31	Konditoren
11	Gerüstbauer	32	Fleischer
12	Schornsteinfeger	33	Augenoptiker
13	Metallbauer	34	Hörgeräteakustiker
14	Chirurgiemechaniker	35	Orthopädietechniker
15	Karosserie- und Fahrzeugbauer	36	Orthopädieschuhmacher
16	Feinwerkmechaniker	37	Zahntechniker
17	Zweiradmechaniker	38	Friseure
18	Kälteanlagenbauer	39	Glaser
19	Informationstechniker	40	Glasbläser und Glasapparatebauer
20	Kraftfahrzeugtechniker	41	Vulkaniseure und Reifenmechaniker

Anlage B zur Handwerksordnung

Verzeichnis der Gewerbe, die als zulassungsfreie Handwerke oder handwerksähnliche Gewerbe betrieben werden können (§ 18 Abs. 2):

Zulassungsfreie Handwerke

Abschnitt 1: Zulassungsfreie Handwerke

Nr.		Nr.	
1	Fliesen-, Platten- und Mosaikleger	15	Drechsler (Elfenbeinschnitzer) und Holzspielzeugmacher
2	Betonstein- und Terrazzohersteller		
3	Estrichleger	16	Holzbildhauer
4	Behälter- und Apparatebauer	17	Böttcher
5	Uhrmacher	18	Korbmacher
6	Graveure	19	Damen- und Herrenschneider
7	Metallbildner	20	Sticker
8	Galvaniseure	21	Modisten
9	Metall- und Glockengießer	22	(weggefallen)
10	Schneidwerkzeugmechaniker	23	Segelmacher
11	Gold- und Silberschmiede	24	Kürschner
12	Parkettleger	25	Schuhmacher
13	Rollladen- und Jalousiebauer	26	Sattler und Feintäschner
14	Modellbauer	27	Raumausstatter

Nr.
28 Müller
29 Brauer und Mälzer
30 Weinküfer
31 Textilreiniger
32 Wachszieher
33 Gebäudereiniger
34 Glasveredler
35 Feinoptiker
36 Glas- und Porzellanmaler
37 Edelsteinschleifer und -graveure
38 Fotografen
39 Buchbinder
40 Buchdrucker, Schriftsetzer, Drucker

Nr.
41 Siebdrucker
42 Flexografen
43 Keramiker
44 Orgel- und Harmoniumbauer
45 Klavier- und Cembalobauer
46 Handzuginstrumentenmacher
47 Geigenbauer
48 Bogenmacher
49 Metallblasinstrumentenmacher
50 Holzblasinstrumentenmacher
51 Zupfinstrumentenmacher
52 Vergolder
53 Schilder- und Lichtreklamehersteller

Abschnitt 2: Handwerksähnliche Gewerbe

Handwerksähnliche Gewerbe

Nr.
1 Eisenflechter
2 Bautentrocknungsgewerbe
3 Bodenleger
4 Asphaltierer (ohne Straßenbau)
5 Fuger (im Hochbau)
6 Holz- und Bautenschutzgewerbe (Mauerschutz und Holzimprägnierung in Gebäuden)
7 Rammgewerbe (Einrammen von Pfählen im Wasserbau)
8 Betonbohrer und -schneider
9 Theater- und Ausstattungsmaler
10 Herstellung von Drahtgestellen für Dekorationszwecke in Sonderanfertigung
11 Metallschleifer und Metallpolierer
12 Metallsägen-Schärfer
13 Tankschutzbetriebe (Korrosionsschutz von Öltanks für Feuerungsanlagen ohne chemische Verfahren)
14 Fahrzeugverwerter
15 Rohr- und Kanalreiniger
16 Kabelverleger im Hochbau (ohne Anschlussarbeiten)
17 Holzschuhmacher
18 Holzblockmacher
19 Daubenhauer
20 Holz-Leitermacher (Sonderanfertigung)
21 Muldenhauer
22 Holzreifenmacher
23 Holzschindelmacher

Nr.
24 Einbau von genormten Baufertigteilen (z. B. Fenster, Türen, Zargen, Regale)
25 Bürsten- und Pinselmacher
26 Bügelanstalten für Herren-Oberbekleidung
27 Dekorationsnäher (ohne Schaufensterdekoration)
28 Fleckteppichhersteller
29 (weggefallen)
30 Theaterkostümnäher
31 Plisseebrenner
32 (weggefallen)
33 Stoffmaler
34 (weggefallen)
35 Textil-Handdrucker
36 Kunststopfer
37 Änderungsschneider
38 Handschuhmacher
39 Ausführung einfacher Schuhreparaturen
40 Gerber
41 Innerei-Fleischer (Kuttler)
42 Speiseeishersteller (mit Vertrieb von Speiseeis mit üblichem Zubehör)
43 Fleischzerleger, Ausbeiner
44 Appreteure, Dekateure
45 Schnellreiniger
46 Teppichreiniger
47 Getränkeleitungsreiniger
48 Kosmetiker
49 Maskenbildner
50 Bestattungsgewerbe

Nr.		Nr.	
51	Lampenschirmhersteller (Sonderanfertigung)	54	Requisiteure
52	Klavierstimmer	55	Schirmmacher
53	Theaterplastiker	56	Steindrucker
		57	Schlagzeugmacher

Nichthandwerkliche Berufe

Hierunter fallen anerkannte Ausbildungsberufe, die nicht in den Anlagen A und B der Handwerksordnung enthalten sind, in denen aber in Handwerksbetrieben oder handwerksähnlichen Betrieben ausgebildet werden kann, wenn die persönlichen, fachlichen und betrieblichen Voraussetzungen gegeben sind (z. B. Kaufmann/-frau für Büromanagement, Bauzeichner/Bauzeichnerin).

Fachliche Eignung für die Ausbildung in einem zulassungspflichtigen Handwerk der Anlage A zur Handwerksordnung

Meisterprüfung

Ausübungsberechtigung

Ausnahmebewilligung

Prüfungsteil IV der Meisterprüfung

- Hier besitzt die fachliche Eignung, wer die Meisterprüfung in dem zulassungspflichtigen Handwerk, in dem ausgebildet werden soll, oder in einem mit diesem verwandten Handwerk bestanden hat.
- Die fachliche Eignung besitzt ferner, wer in dem zulassungspflichtigen Handwerk, in dem ausgebildet werden soll, oder in einem mit diesem verwandten Handwerk
  - die Voraussetzungen zur Eintragung in die Handwerksrolle nach § 7 erfüllt (u. a. z. B. aufgrund einer der Meisterprüfung gleichwertigen Prüfung oder einer Fachhochschul- oder Hochschulprüfung) oder
  - nach den §§ 7a oder 7b der Handwerksordnung eine Ausübungsberechtigung erhalten hat (z. B. Ausübungsberechtigung an Gesellen mit entsprechender sechsjähriger beruflicher Tätigkeit, davon insgesamt vier Jahre in leitender Stellung) oder
  - eine Ausnahmebewilligung nach § 8 oder nach § 9 Abs. 1 Satz 1 Nr. 1 zur Eintragung in die Handwerksrolle erhalten hat.

    Der hierunter fallende Personenkreis (also alle ausbildenden Personen ohne Meisterprüfung) muss zusätzlich den Prüfungsteil IV der Meisterprüfung (berufs- und arbeitspädagogische Kenntnisse) oder eine gleichwertige andere Prüfung, insbesondere eine Ausbildereignungsprüfung auf der Grundlage einer nach § 30 Abs. 5 des Berufsbildungsgesetzes erlassenen Rechtsverordnung, bestanden haben.

Da die Ausübungsberechtigung nach § 7 HwO (z. B. bei Hochschulabsolventen) kraft Gesetz besteht, sind Personen mit den entsprechenden Prüfungszeugnissen auch ausbildungsberechtigt, wenn sie nicht in die Handwerksrolle eingetragen, sondern abhängig beschäftigt sind.

Fachliche Eignung für die Ausbildung in einem zulassungsfreien Handwerk oder einem handwerksähnlichen Gewerbe der Anlage B zur Handwerksordnung

Beurteilungskriterien sind die **beruflichen** Fertigkeiten, Kenntnisse und Fähigkeiten sowie die **berufs- und arbeitspädagogischen** Fertigkeiten, Kenntnisse und Fähigkeiten.

Berufliche Anforderungen

In einem zulassungsfreien Handwerk oder einem handwerksähnlichen Gewerbe besitzt die für die fachliche Eignung erforderlichen beruflichen Fertigkeiten, Kenntnisse und Fähigkeiten, wer

> die Meisterprüfung in dem zulassungsfreien Handwerk oder in dem handwerksähnlichen Gewerbe, in dem ausgebildet werden soll, bestanden hat,
> die Gesellen- oder Abschlussprüfung in einer dem Ausbildungsberuf entsprechenden Fachrichtung bestanden hat und eine angemessene Zeit in seinem Beruf praktisch tätig gewesen ist,
> eine anerkannte Prüfung an einer Ausbildungsstätte oder vor einer Prüfungsbehörde oder eine Abschlussprüfung an einer staatlichen oder staatlich anerkannten Schule in einer dem Ausbildungsberuf entsprechenden Fachrichtung bestanden hat und eine angemessene Zeit in seinem Beruf praktisch tätig gewesen ist oder
> eine Abschlussprüfung an einer deutschen Hochschule in einer dem Ausbildungsberuf entsprechenden Fachrichtung bestanden hat und eine angemessene Zeit in seinem Beruf praktisch tätig gewesen ist.

Der Abschlussprüfung an einer deutschen Hochschule sind Diplome gleichgestellt, die nach Abschluss einer Ausbildung von mindestens 3 Jahren oder einer Teilausbildung von entsprechender Dauer an einer Universität, einer Hochschule oder einer anderen gleichwertigen Ausbildungseinrichtung in einem anderen Mitgliedsstaat der EU, einem Vertragsstaat des Europäischen Wirtschaftsraumes oder in der Schweiz erteilt wurden. Wenn neben dem Studium eine Berufsausbildung gefordert wird, ist zusätzlich nachzuweisen, dass diese auch abgeschlossen ist. In einem zulassungsfreien Handwerk oder in einem handwerksähnlichen Gewerbe besitzt die für die fachliche Eignung erforderlichen beruflichen Fertigkeiten, Kenntnisse und Fähigkeiten auch, wer die Voraussetzungen für die Anerkennung seiner Berufsqualifikation nach der Richtlinie 2005/36/EG des Europäischen Parlaments und des Rates vom 07.09.2005 über die Anerkennung von Berufsqualifikationen erfüllt, sofern er eine angemessene Zeit in seinem Beruf praktisch tätig gewesen ist.

Die Anerkennung kann davon abhängig gemacht werden, dass der Antragsteller zunächst einen höchstens dreijährigen Anpassungslehrgang ableistet oder eine Eignungsprüfung ablegt. Für die Entscheidung über die Anerkennung ist die Handwerkskammer zuständig.

Pädagogische Voraussetzungen

Die **berufs- und arbeitspädagogischen** Eignungsvoraussetzungen sind weder in der Handwerksordnung noch im Berufsbildungsgesetz **im Einzelnen** festgelegt. Nach § 30 Abs. 5 des Berufsbildungsgesetzes und § 22b Abs. 3 der Handwerksordnung finden aber die für den Nachweis der berufs- und arbeitspädagogischen Fertigkeiten, Kenntnisse und Fähigkeiten erlassenen Rechtsverordnungen Anwendung. Im Übrigen kann das Bundesministerium für Wirtschaft und Energie bestimmen, dass der Erwerb berufs- und arbeitspädagogischer Fertigkeiten, Kenntnisse und Fähigkeiten **gesondert** nachzuweisen ist.

In der Zeit vom 01.08.2003 bis 31.07.2009 mussten Ausbilder keine gesonderte berufs- und arbeitspädagogische Prüfung ablegen. Die Politik hatte sich von der Aussetzung der Ausbildereignungsprüfung erhofft, ein vermeintliches Ausbildungshemmnis zu beseitigen und auf diese Weise zu einem größeren Lehrstellenangebot der Wirtschaft zu kommen. Diese Erwartungen haben sich nicht erfüllt. Aus diesem Grund wurde zum 01.08.2009 die AEVO wieder in Kraft gesetzt, wenn auch in überarbeiteter Weise. Die neue Struktur sieht die Handlungsfelder vor, wie sie in diesem Buch dargestellt sind.

Neue AEVO seit 01.08.2009 Nachweis durch bestandene Prüfung

Am 01.08.2009 ist die neue **Ausbilder-Eignungsverordnung** (AEVO) in Kraft getreten. Nach dieser Verordnung ist seit 01.08.2009 der Nachweis der berufs- und arbeitspädagogischen Eignung grundsätzlich wieder durch die bestandene Ausbilder-Eignungsprüfung zu erbringen.

Außer der bestandenen Ausbilder-Eignungsprüfung kann der Nachweis der berufs- und arbeitspädagogischen Eignung nach der neuen Ausbilder-Eignungsverordnung auch durch folgende **andere Nachweise** erbracht werden:

Andere Nachweise

- bestandene Ausbilder-Eignungsprüfung nach einer vor dem 01.08.2009 geltenden Ausbilder-Eignungsverordnung, die aufgrund des Berufsbildungsgesetzes erlassen worden ist
- mit Erfolg abgelegte Meisterprüfung oder eine andere Prüfung der beruflichen Fortbildung nach der Handwerksordnung oder dem Berufsbildungsgesetz
- bestandene sonstige staatliche, staatlich anerkannte oder von einer öffentlich-rechtlichen Körperschaft abgenommene Prüfung, deren Inhalt der Ausbilder-Eignungsprüfung vom 21.01.2009 ganz oder teilweise entspricht. Hier ist ein Antrag an die Handwerkskammer (zuständige Stelle) zu stellen, die eine Bescheinigung erstellt.

Meisterprüfung Teil IV

Das Bestehen von Teil IV der Meisterprüfung gilt kraft Gesetz immer als Nachweis für das Vorliegen der berufs- und arbeitspädagogischen Fertigkeiten, Kenntnisse und Fähigkeiten.

Allgemeine Befreiungsregelung

Die Handwerkskammer (zuständige Stelle) kann ferner von der Vorlage des Nachweises über den Erwerb der berufs- und arbeitspädagogischen Fertigkeiten, Kenntnisse und Fähigkeiten auf Antrag befreien, wenn das Vorliegen berufs- und arbeitspädagogischer Eignung **auf andere Weise** glaubhaft gemacht wird und die ordnungsgemäße Ausbildung sichergestellt ist. Die Handwerkskammer kann Auflagen erteilen.

Fortführung der Ausbildertätigkeit

Die aktuelle Ausbilder-Eignungsverordnung sieht ferner eine Fortführung der bisherigen Ausbildertätigkeit vor. So ist nach der neuen Verordnung vom Nachweis befreit, wer **vor** dem 01.08.2009 als Ausbilder tätig war. Dies gilt nicht, wenn die bisherige Ausbildertätigkeit zu Beanstandungen mit einer Aufforderung zur Mängelbeseitigung durch die Handwerkskammer geführt hat. Sind nach Aufforderung die Mängel beseitigt worden und Gefährdungen für eine ordnungsgemäße Ausbildung nicht zu erwarten, kann die Handwerkskammer als zuständige Stelle von den obigen Nachweisformen befreien. Sie kann dabei Auflagen erteilen. (>> auch Ausführungen zu „Fachliche Eignung für die Ausbildung in nichthandwerklichen Berufen“ im folgenden Abschnitt und in >> Abschnitt 4.4.4.)

Fachliche Eignung für die Ausbildung in nichthandwerklichen Berufen

In Unternehmen, die als zulassungspflichtige oder zulassungsfreie Handwerke oder handwerksähnliche Gewerbe betrieben werden, kann auch in nichthandwerklichen Berufen ausgebildet werden, wenn die fachliche Eignung hierfür vorliegt.

Grundlage ist das Berufsbildungsgesetz. Danach ist fachlich geeignet, wer die beruflichen sowie die berufs- und arbeitspädagogischen Fertigkeiten, Kenntnisse und Fähigkeiten besitzt, die für die Vermittlung der Ausbildungsinhalte erforderlich sind.

Berufliche Anforderungen

Die erforderlichen beruflichen Fertigkeiten, Kenntnisse und Fähigkeiten besitzt, wer

- die Abschlussprüfung in einer dem Ausbildungsberuf entsprechenden Fachrichtung bestanden hat,
- eine anerkannte Prüfung an einer Ausbildungsstätte oder vor einer Prüfungsbehörde oder eine Abschlussprüfung an einer staatlichen oder staatlich anerkannten Schule in einer dem Ausbildungsberuf entsprechenden Fachrichtung bestanden hat
  oder
- eine Abschlussprüfung an einer deutschen Hochschule in einer dem Ausbildungsberuf entsprechenden Fachrichtung bestanden hat
  und
- eine angemessene Zeit in seinem Beruf praktisch tätig gewesen ist.

Das Bundesministerium für Wirtschaft und Energie oder das sonst zuständige Ministerium kann durch Rechtsverordnung bestimmen, welche Prüfungen für welche Ausbildungsberufe anerkannt werden. Es kann ferner bestimmen, dass für die Ausbildung in bestimmten Berufen höhere Mindestanforderungen als die oben dargestellten hinsichtlich der erforderlichen beruflichen Fertigkeiten, Kenntnisse und Fähigkeiten zu stellen sind.
Die für die fachliche Eignung erforderlichen beruflichen Fertigkeiten, Kenntnisse und Fähigkeiten besitzt auch, wer die Voraussetzungen für die Anerkennung seiner Berufsqualifikation nach der Richtlinie 2005/36 EG des Europäischen Parlaments und des Rates vom 07.09.2005 über die Anerkennung von Berufsqualifikationen erfüllt, sofern er eine angemessene Zeit in seinem Beruf praktisch tätig gewesen ist (Europaklausel).
Die Anerkennung kann davon abhängig gemacht werden, dass der Antragsteller zunächst einen höchstens dreijährigen Anpassungslehrgang ableistet oder eine Eignungsprüfung ablegt. Die Entscheidung über die Anerkennung trifft die für die Berufsausbildung zuständige Stelle.

Pädagogische Voraussetzungen

Was die erforderlichen **berufs- und arbeitspädagogischen Fertigkeiten, Kenntnisse und Fähigkeiten** betrifft, gilt das unter „Fachliche Eignung für die Ausbildung in einem zulassungsfreien Handwerk oder in einem handwerksähnlichen Gewerbe der Anlage B zur Handwerksordnung“ Dargestellte in gleicher Weise.

Zuerkennung der fachlichen Eignung für die Ausbildung

Die nach Landesrecht zuständige Behörde kann sowohl nach der Handwerksordnung als auch nach dem Berufsbildungsgesetz Personen, die die oben dargestellten Voraussetzungen nicht nachweisen können, die fachliche Eignung für die Berufsausbildung nach Anhören der Handwerkskammer widerruflich zuerkennen. Die widerrufliche Zuerkennung kann sich sowohl auf die beruflichen als auch auf die berufs- und arbeitspädagogischen Fertigkeiten, Kenntnisse und Fähigkeiten beziehen. Dies gilt sowohl für die Ausbildungsberufe der Gewerbe der Anlagen A und B der Handwerksordnung als auch für nichthandwerkliche Ausbildungsberufe.

Die Landesregierungen können die Zuständigkeit für die Zuerkennung der fachlichen Eignung auf die Handwerkskammern übertragen, was in den meisten Ländern so geregelt ist.

1.5.2 Eignungskriterien der Ausbildungsstätte

Lehrlinge dürfen nur eingestellt und ausgebildet werden, wenn die Ausbildungsstätte die in der nachstehenden Übersicht enthaltenen Voraussetzungen erfüllt.

Betriebliche Voraussetzungen für die Ausbildung:

↓

Die Räumlichkeiten müssen geeignet sein.

↓

Die zur Ausbildung erforderlichen Maschinen und Werkzeuge sind vorhanden.

↓

Auftragslage, Fertigungsprogramm und Betriebsabläufe gewährleisten die praxisbezogene und wirklichkeitsnahe Vermittlung der notwendigen Fertigkeiten, Kenntnisse und Fähigkeiten.

↓

Bei spezialisierten Betrieben wird die Vollausbildung durch Ausbildungsmaßnahmen außerhalb der Ausbildungsstätte gewährleistet.

↓

Die Zahl der Lehrlinge steht in einem angemessenen Verhältnis zur Zahl der Ausbildungsplätze oder zur Zahl der beschäftigten Fachkräfte.

Richtlinie

Als angemessenes Verhältnis der Zahl der Auszubildenden zur Zahl der Fachkräfte gilt nach einer Empfehlung des früheren Bundesausschusses für Berufsbildung über die Eignung von Ausbildungsstätten in der Regel:

- 1–2 Fachkräfte = 1 Auszubildender
- 3–5 Fachkräfte = 2 Auszubildende
- 6–8 Fachkräfte = 3 Auszubildende
- je weitere 3 Fachkräfte = 1 weiterer Auszubildender.

Das obige Verhältnis von Fachkräften zu Auszubildenden kann aber überschritten oder unterschritten werden, wenn dadurch die Ausbildung nicht gefährdet wird. Nach der Rechtsprechung sind Fälle bekannt, in denen die zuständigen Gerichte die Angemessenheit zwischen der Zahl der Auszubildenden und der Zahl der beschäftigten Fachkräfte verneint haben, wenn auf eine Fachkraft mehr als zwei Auszubildende kommen. Für die Beurteilung der Angemessenheit und der Abweichung von der Richtlinie ist letztlich die Ausbildungsleistung des einzelnen Betriebes im konkreten Fall entscheidend.

1.5.3 Außerbetriebliche Ausbildung und Verbundausbildung

Wenn der Ausbildungsbetrieb nicht alle Inhalte des Ausbildungsberufes vollständig vermitteln kann, ist dennoch die Sicherstellung der Eignung der Ausbildungsstätte zu erreichen durch

> überbetriebliche Unterweisungsmaßnahmen und/oder
> Ausbildung im Verbund mit anderen Betrieben.

1.5.3.1 Außer- und überbetriebliche Ausbildung

Um festzustellen, ob die Ausbildungsinhalte für einen Beruf durch überbetriebliche Maßnahmen so ergänzt und vervollständigt werden können, dass die Eignung der Ausbildungsstätte erreicht wird, muss der Ausbildende die Lehrpläne der überbetrieblichen Unterweisungsstätte heranziehen. Durch Vergleich der Lehrpläne mit Ausbildungsberufsbild, Ausbildungsrahmenplan und Liste der betrieblichen Tätigkeitsbereiche und Ausbildungsmöglichkeiten wird sichtbar, ob die Kriterien für die Eignung der Ausbildungsstätte erfüllt sind. Die Lehrpläne können bei den Trägern der überbetrieblichen Unterweisungsmaßnahmen (Innungen, Handwerkskammern) beschafft werden.

Lehrpläne

Grundsätzliches zu Zielen, Inhalten, Organisation, Durchführung und Finanzierung von überbetrieblichen Unterweisungsmaßnahmen ist dem >> Abschnitt 1.3.3.3 zu entnehmen.

Überbetriebliche Unterweisung

1.5.3.2 Ausbildung im Verbund mit anderen Betrieben

Ausbildungsverbund
Verbundmodelle

Die Sicherstellung der Eignung der Ausbildungsstätte für die Ausbildung kann auch im Verbund, also durch Zusammenarbeit mit anderen Ausbildungsbetrieben, bewerkstelligt werden. Dabei ist zwischen den Partnerbetrieben abzustimmen, wer welche Inhalte der Gesamtausbildung in den einzelnen Ausbildungsabschnitten vermittelt. Entsprechende vertragliche Vereinbarungen mit Festlegung der Organisation, der Sicherstellung der gesamten Ausbildungszeit und der Rechte und Pflichten sind notwendig. Im Bezug auf die Organisation, Zuordnung der Ausbildungsaufgaben und Einzelmaßnahmen der Ausbildung, die Vertragsgestaltung und die Finanzierung haben sich je nach den Bedürfnissen der Ausbildungsbetriebe in der Praxis unterschiedliche Verbundmodelle entwickelt. Es ist zweckmäßig, zur Beratung den Lehrlingswart der Innung oder einen Berater der Handwerkskammer einzuschalten.

Als weitere Verbundpartner sind die Berufsbildungs- und Kompetenzzentren des Handwerks als Bildungsdienstleister und als Partner von Ausbildungsallianzen sowie andere Bildungseinrichtungen zu nennen.

Verbundausbildung wird teilweise mit öffentlichen Mitteln des Bundes (z. B. Programm „Jobstarter") und der Länder gefördert.

Durch die Verbundausbildung können neue Ausbildungskapazitäten geschaffen bzw. vorhandene besser genutzt und die Ausbildungsqualität gesteigert werden.

1.5.4 Aufgaben der Handwerksorganisationen (Kammer, Innung) zur Unterstützung der Ausbildung

1.5.4.1 Handwerkskammer als zuständige Stelle

Zuständigkeit

Für die Berufsbildung (Berufsausbildungsvorbereitung, die Berufsausbildung und die berufliche Umschulung), die in Betrieben zulassungspflichtiger Handwerke, zulassungsfreier Handwerke und handwerksähnlicher Gewerbe durchgeführt wird, ist die Handwerkskammer die zuständige Stelle. Dies gilt sowohl für die Berufsbildung in den Berufen der Handwerksordnung als auch in nichthandwerklichen Berufen. Abweichungen davon können sich für sogenannte Mischbetriebe (z.B. Handel und Handwerk) für den Bereich nichthandwerklicher Berufe ergeben.
Soweit Vorschriften nicht bestehen, hat sie die Durchführung der Berufsbildung im Rahmen der gesetzlichen Bestimmungen zu regeln.

Überwachung

Die Handwerkskammer überwacht ferner die Durchführung der Berufsausbildungsvorbereitung, der Berufsausbildung und der beruflichen Umschulung und fördert diese durch Beratung der an der Berufsbildung beteiligten Personen. Sie hat zu diesem Zweck Berater zu bestellen. Ausbildende, Umschulende und Anbieter von Maßnahmen der Berufsausbildungsvorbereitung sind verpflichtet, der Handwerkskammer auf Verlangen Auskünfte zu erteilen, Unterlagen vorzulegen sowie die Besichtigung der Ausbildungsstätten zu gestatten.

Ausbildung im Ausland

Die Handwerkskammer hat ferner die Durchführung von Auslandsaufenthalten von Lehrlingen in geeigneter Weise zu fördern und zu überwachen.
Bei Auslandaufenthalten, die länger als vier Wochen dauern, ist ein mit der Handwerkskammer abgestimmter Plan erforderlich.
Grundsätzlich bleibt der Berufsausbildungsvertrag zwischen dem deutschen Ausbildungsbetrieb und dem Lehrling bestehen. Eine Aussetzung der Vertragspflichten muss in Abstimmung mit der Handwerkskammer gesondert vereinbart werden. Siehe hierzu auch >> Abschnitt 2.6.

Anerkennung ausländischer Qualifikationen

Mit dem „Gesetz über die Feststellung der Gleichwertigkeit von Berufsqualifikationen“ haben die Handwerkskammern eine neue Aufgabe erhalten. Seit 01.04.2012 können Personen feststellen lassen, inwieweit ihre ausländische Berufsqualifikation mit einem inländischen Ausbildungsnachweis gleichwertig ist. Soweit es sich dabei um Berufsbildung handelt, die nach der Handwerksordnung geregelt wurde, ist die Handwerkskammer die zuständige Stelle. Ziel dieses neuen Gesetzes ist die bessere Nutzung von im Ausland erworbenen Berufsqualifikationen für den deutschen Arbeitsmarkt.

Wichtige Aufgaben im Einzelnen

Die wichtigen Aufgaben der Handwerkskammer in der beruflichen Bildung gehen aus nachstehender Übersicht hervor:

Wichtige Aufgaben der Handwerkskammer in der Berufsbildung

- Regelung und Überwachung der Berufsausbildungsvorbereitung, der Berufsausbildung und der Umschulung nach dem Berufsbildungsgesetz und der Handwerksordnung
- Erlass von Vorschriften
- Entscheidung über Anträge auf Abkürzung und Verlängerung der Ausbildungszeit
- Erlass von Prüfungsordnungen
- Führung des Verzeichnisses über die Berufsausbildungsverhältnisse (Lehrlingsrolle)
- Anordnung der überbetrieblichen Unterweisungsmaßnahmen für Lehrlinge
- Abnahme der Zwischenprüfung, soweit sie die Innung nicht durchführt
- Abnahme von Gesellenprüfungen bzw. Überwachung des Gesellenprüfungswesens der Innungen, Abschluss- und Umschulungsprüfungen
- Durchführung von Nachwuchswerbemaßnahmen
- Durchführung von Kursen zur überbetrieblichen Unterweisung von Lehrlingen
- Betrieb von Berufsbildungs- und Technologiezentren, Kompetenzzentren
- Mitwirkung bei Gesetzesinitiativen zum Ausbildungs- und Schulrecht
- Zusammenarbeit mit den Berufsschulen
- Zusammenarbeit mit der Agentur für Arbeit
- Vertretung der bildungspolitischen Interessen
- Durchführung des Leistungswettbewerbs des Deutschen Handwerks
- Förderung und Überwachung von Auslandsaufenthalten
- Prüfung der Gleichwertigkeit ausländischer Qualifikationen

Aufgaben in der Fortbildung

Neben der Wahrnehmung der obigen Aufgaben ist die Handwerkskammer im Bereich der Fortbildung u. a. auf folgenden Gebieten tätig:

> Durchführung von Meistervorbereitungskursen und Fortbildungslehrgängen aller Art
> Betrieb von Akademien des Handwerks
> Maßnahmen zur Förderung der Unternehmensführung
> organisatorische Durchführung von Meisterprüfungen
> Durchführung von Fortbildungsprüfungen.

Berufsbildungsausschuss

Bei jeder Handwerkskammer ist ein Berufsbildungsausschuss errichtet. Die Zusammensetzung und die Wahl ergibt sich aus folgender Übersicht:

Zusammensetzung

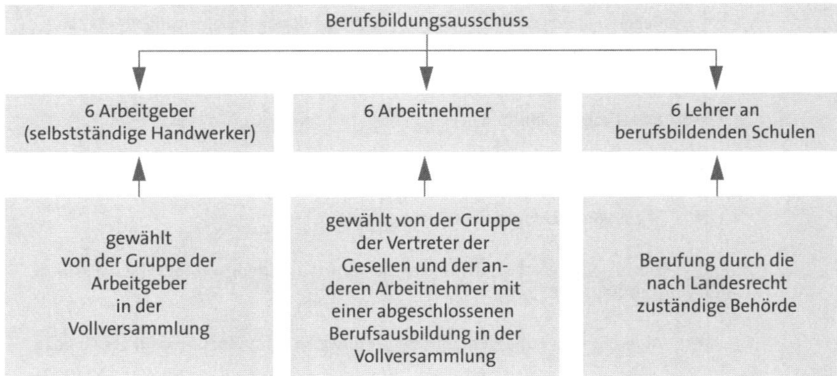

Stimmrecht

Die sechs Lehrer an berufsbildenden Schulen gehören dem Berufsbildungsausschuss mit beratender Stimme an. Sie haben jedoch Stimmrecht bei Beschlüssen zu Angelegenheiten der Berufausbildungsvorbereitung und der Berufsausbildung, soweit sich die Beschlüsse unmittelbar auf die Organisation der schulischen Berufsbildung auswirken.

Aufgaben

Der Berufsbildungsausschuss ist in wichtigen Angelegenheiten der beruflichen Bildung anzuhören und zu unterrichten. Er hat ferner vor Beschlussfassungen in der Vollversammlung der Handwerkskammer über Vorschriften zur Durchführung der Berufsbildung eine Stellungnahme abzugeben, und er kann von sich aus Vorschläge unterbreiten.

Der Berufsbildungsausschuss hat im Rahmen seiner Aufgaben auf eine stetige Entwicklung der Qualität der beruflichen Bildung hinzuwirken und hierzu insbesondere die an der Berufsbildung Beteiligten bei der fortlaufenden Qualitätssicherung und beim Qualitätsmanagement zu unterstützen.

Berater (Ausbildungsberater)

Die Handwerkskammer hat für die Berufsausbildungsvorbereitung, die Berufsausbildung und die Umschulung Berater zu bestellen. Der Berater läuft in der Praxis in der Regel unter der Bezeichnung „Ausbildungsberater". Die Berater verrichten im Rahmen der Gesamtaufgaben der Handwerkskammer eine wichtige hauptberufliche Arbeit. Die Hauptaufgabengebiete sind:

Hauptaufgabengebiete

- Ansprechpartner und Vermittler für Ausbildungsbetriebe, Ausbilder, Lehrlinge, Eltern, Berufsschule, Agentur für Arbeit
- Abhalten von Sprechtagen für den obigen Personenkreis
- Beratung aller an der Berufsausbildung, Berufsausbildungsvorbereitung und Umschulung Beteiligten
- Durchführung von Betriebsbesuchen zur Beratung und Überwachung
- Beseitigung von Mängeln in den Ausbildungsbetrieben
- Beratung in Prüfungsfragen
- Zusammenarbeit mit den Lehrlingswarten der Innungen
- Zusammenarbeit mit der Berufsberatung der Agentur für Arbeit
- Beteiligung an Maßnahmen zur Nachwuchswerbung
- Zusammenarbeit mit allgemeinbildenden Schulen und Berufsschulen
- Zusammenarbeit Schule/Wirtschaft
- Berufsinformationen über das Handwerk

- Beratung in Fragen der beruflichen Weiterbildung
- Einsatz für zusätzliche Ausbildungsplätze.

Auskunftspflicht der Betriebe

Alle Handwerksbetriebe sind verpflichtet, den Beratern und anderen Bediensteten der Handwerkskammer bei allen Maßnahmen, die im Rahmen der Vorschriften über die Berufsausbildung, die Berufsausbildungsvorbereitung und die berufliche Umschulung erfolgen, die erforderlichen Auskünfte zu erteilen und Unterlagen vorzulegen.

1.5.4.2 Aufgaben der Innung in der Berufsausbildung

Wichtige Aufgaben der Innung bei der Berufsausbildung:

↓

Regelung und Überwachung der Lehrlingsausbildung entsprechend den Vorschriften der Handwerkskammer

↓

Für die berufliche Ausbildung der Lehrlinge sorgen und ihre charakterliche Entwicklung fördern

↓

Durchführung der Zwischenprüfung entsprechend der Ausbildungsordnung, sofern sie von der Handwerkskammer dazu ermächtigt ist

↓

Gesellenprüfungen abnehmen und hierfür Gesellenprüfungsausschüsse errichten, sofern sie von der Handwerkskammer dazu ermächtigt ist

↓

Durchführung von überbetrieblichen Unterweisungsmaßnahmen für Lehrlinge, sofern dies nicht von der Handwerkskammer erledigt wird

↓

Errichtung eines Berufsausbildungsausschusses

↓

Errichtung eines Ausschusses zur Schlichtung von Lehrlingsstreitigkeiten (Kannvorschrift)

↓

Mitwirkung bei der Verwaltung der Berufsschulen

Lehrlingswart

Schlüsselrolle

Eine Schlüsselrolle in der Berufsausbildungsarbeit der Innung nimmt der Lehrlingswart ein. Da seine Aufgaben als Vermittler und Ansprechpartner für Ausbildungsbetriebe, Ausbilder, Lehrlinge, Eltern und Berufsschule weitgehend ähnlich sind wie die des Beraters der Handwerkskammer, ist zwischen beiden eine enge Zusammenarbeit erforderlich.
Der Ausbildungsberater ist in der Regel hauptberuflich, der Lehrlingswart ehrenamtlich tätig.

Hauptaufgabengebiete

Die Hauptaufgabengebiete des Lehrlingswarts der Innung sind:

- Anlaufstelle für alle Fragen der Berufsausbildung im Innungsbezirk
- Beratung von Lehrlingen, Ausbildenden, Ausbildern und Erziehungsberechtigten

- Überwachung der fachlichen Eignung zur Ausbildung
- Feststellung und Beseitigung von Mängeln in den Ausbildungsbetrieben, ggf. durch Betriebsbesuche
- Einsichtnahme in die Ausbildungsnachweise
- Zusammenarbeit mit dem Zwischenprüfungs- und Gesellenprüfungsausschuss
- Planung und Mitarbeit bei der Durchführung überbetrieblicher Lehrlingsunterweisungsmaßnahmen, ggf. zusammen mit der Handwerkskammer
- Berichterstattung in der Innungsversammlung
- Organisation von Lehrlingsfreisprechungsfeiern
- Stellungnahmen zu Anträgen auf Zuerkennung der fachlichen Eignung zur Berufsausbildung
- Zusammenarbeit mit der Ausbildungsberatung der Handwerkskammer, der Berufsberatung der Agenturen für Arbeit, mit Hauptschulen, Realschulen und Gymnasien und der Berufsschule
- Durchführung von Maßnahmen zur Berufsnachwuchswerbung
- Werbung für zusätzliche Ausbildungsplätze.

1.5.4.3 Möglichkeiten der ehrenamtlichen Tätigkeiten in Gremien und Ausschüssen der Handwerkskammer und der Innung

Grundsätzliche Möglichkeiten

> Die Ausbildenden bzw. Ausbilder haben zahlreiche Möglichkeiten, an der Gestaltung und Umsetzung in der Berufsausbildungsvorbereitung, Umschulung und Ausbildung, im Prüfungswesen und in Bezug auf deren Weiterentwicklung Einfluss zu nehmen und mitzuwirken:

Handwerkskammer

- bei der Handwerkskammer:
  - im Berufsbildungsausschuss
  - in Vorstand und Vollversammlung
  - in kammereigenen Gesellen- und Abschlussprüfungsausschüssen
  - in Fortbildungsprüfungsausschüssen
  - in Meisterprüfungsausschüssen
  - als nebenberufliche Lehrkraft in überbetrieblichen Unterweisungsmaßnahmen
  - als sonstige nebenberufliche Lehrkraft.

Innung

- bei der Innung:
  - in Innungsversammlung und Vorstand
  - im Berufsbildungsausschuss
  - im Ausschuss zur Beilegung von Lehrlingsstreitigkeiten
  - im Gesellenausschuss, sofern der Ausbilder Arbeitnehmer ist
  - im Gesellenprüfungsausschuss
  - als Lehrlingswart
  - als nebenberufliche Lehrkraft in überbetrieblichen Unterweisungsmaßnahmen
  - als sonstige nebenberufliche Lehrkraft.

Mitwirkung bei Gesellen-, Abschluss- und Umschulungsprüfungen, Aufgaben und Anforderungsprofil der Mitglieder von Prüfungsausschüssen

Die Durchführung der Gesellen-, Abschluss- und Umschulungsprüfungen sowie anderer Prüfungen wie z. B. der Fortbildungsprüfungen liegt bei den Selbstverwaltungseinrichtungen der Wirtschaft, d. h. für den Bereich des Handwerks bei den Innungen und Handwerkskammern (>> auch Abschnitte 1.3.3.5, 1.5.4.1 und 1.5.4.2).

Durch die Mitwirkung von Ausbildenden und Ausbildern aus der Betriebspraxis in den Prüfungsausschüssen oder als Gutachter für die Bewertung einzelner Prüfungsleistungen (§ 33 Abs. 3 und 4 der Handwerksordnung) können deren Sachkunde und Erfahrung in Inhalte und Gestaltungsmöglichkeiten sowie Abläufe von Prüfungen eingebracht werden. So findet auch eine Verzahnung und Rückkoppelung von Ausbildungspraxis in den Betrieben und externen Prüfungsausschüssen statt.

Zusammensetzung der Prüfungsausschüsse

Gesellen- und Umschulungsprüfungsausschuss

Der Gesellenprüfungsausschuss besteht aus mindestens 3 Mitgliedern.

Die Mitglieder müssen für die Prüfungsgebiete sachkundig und für die Mitwirkung im Prüfungswesen geeignet sein.

Zulassungspflichtige Handwerke

Mindestzusammensetzung des Gesellenprüfungsausschusses für zulassungspflichtige Handwerke:

- 1 Arbeitgeber oder Betriebsleiter
- 1 Arbeitnehmer
- 1 Lehrer einer berufsbildenden Schule.

Die Arbeitgeber müssen in dem zulassungspflichtigen Handwerk, für das der Prüfungsausschuss errichtet ist, die Meisterprüfung abgelegt haben oder zum Ausbilden berechtigt sein. Die Arbeitnehmer müssen die Gesellenprüfung in dem zulassungspflichtigen Handwerk, für das der Prüfungsausschuss errichtet ist, oder eine entsprechende Abschlussprüfung in einem anerkannten Ausbildungsberuf nach § 4 des Berufsbildungsgesetzes bestanden haben und in diesem Handwerk tätig sein.

Zulassungsfreie Handwerke

Mindestzusammensetzung des Gesellenprüfungsausschusses für zulassungsfreie Handwerke oder handwerksähnliche Gewerbe:

- 1 Beauftragter der Arbeitgeber
- 1 Beauftragter der Arbeitnehmer
- 1 Lehrer an einer berufsbildenden Schule.

Die Beauftragten der Arbeitgeber und der Arbeitnehmer müssen in dem zulassungsfreien Handwerk oder in dem handwerksähnlichen Gewerbe, für das der Prüfungsausschuss errichtet ist, die Gesellenprüfung oder eine entsprechende Abschlussprüfung in einem anerkannten Ausbildungsberuf nach § 4 des Berufsbildungsgesetzes bestanden haben und in diesem Handwerk oder in diesem Gewerbe tätig sein.

Die Mitglieder und deren Stellvertreter werden längstens für fünf Jahre berufen oder gewählt.

Vorsitzender

Der Prüfungsausschuss wählt aus seiner Mitte einen Vorsitzenden und dessen Stellvertreter. Der Prüfungsausschuss ist beschlussfähig, wenn zwei Drittel der Mitglieder, mindestens jedoch drei, mitwirken.

Innungseigene Ausschüsse

Bei den von der Innung aufgrund einer Ermächtigung der Handwerkskammer errichteten Gesellenprüfungsausschüssen werden die Arbeitgeber und die Beauftragten der Arbeitgeber von der Innungsversammlung, die Arbeitnehmer und die Beauftragten der Arbeitnehmer von dem Gesellenausschuss gewählt. Die Lehrer von berufsbildenden Schulen werden im Einvernehmen mit der Schulaufsichtsbehörde oder der von ihr bestimmten Stelle nach Anhörung der Innung von der Handwerkskammer berufen.

Kammereigene Ausschüsse

Die Mitglieder der kammereigenen Gesellenprüfungsausschüsse werden von der Handwerkskammer berufen. Die Lehrer von berufsbildenden Schulen werden im Einvernehmen mit der Schulaufsichtsbehörde oder der von ihr bestimmten Stelle eingesetzt.

Die Tätigkeit in den Gesellenprüfungsausschüssen ist ehrenamtlich.

Abschluss- und Umschulungsprüfungsausschuss

Der Abschlussprüfungsausschuss besteht aus mindestens 3 sachkundigen und geeigneten Mitgliedern.

Die Mitglieder und deren Stellvertreter werden längstens für fünf Jahre von der Handwerkskammer berufen, wobei die Beauftragten der Arbeitnehmer von den Gewerkschaften und selbstständigen Vereinigungen von Arbeitnehmern mit sozial- und berufspolitischer Zwecksetzung vorher vorgeschlagen werden. Die Berufung der Lehrer von berufsbildenden Schulen erfolgt im Einvernehmen mit der Schulaufsichtsbehörde oder der von ihr bestimmten Stelle.

Die Tätigkeit im Abschlussprüfungsausschuss ist ehrenamtlich.

Prüfungsausschüsse für Abschlussprüfungen werden für den Bereich des Handwerks ausschließlich von den Handwerkskammern errichtet.

1.5.5 Ordnungswidrigkeiten und Entzug der Ausbildungsberechtigung

1.5.5.1 Maßnahmen der Handwerkskammer zur Beseitigung von Mängeln der Eignung

Überwachung

Die Handwerkskammer hat die Aufgabe, darüber zu wachen, dass die persönliche und fachliche Eignung zur Einstellung und Ausbildung von Lehrlingen sowie die Eignung der Ausbildungsstätte vorliegen.

Die bei Vorliegen von Mängeln möglichen Maßnahmen der Handwerkskammer sind:

- Feststellung und Beratung durch einen Ausbildungsberater der Handwerkskammer
- Aufforderung an den Betrieb mit Fristsetzung, den Mangel zu beseitigen
- Mitteilung des Mangels an die nach Landesrecht zuständige Behörde, wenn der Mangel nicht in der gesetzten Frist beseitigt wird oder zu beheben ist oder der Lehrling gefährdet ist.

1.5.5.2 Ordnungswidrigkeiten in der betrieblichen Berufsausbildung und deren Ahndung

Geldbußen

Damit die Vorschriften auf dem Gebiet der Berufsausbildung eingehalten werden, kann bei Vorliegen von Ordnungswidrigkeiten gegen die Ausbildungsbetriebe vorgegangen werden. Dabei sind Geldbußen bis zu 5.000,00 EUR möglich.

Ordnungswidrigkeiten in der Berufsausbildung

- Verweigerung von Auskünften und Unterlagen gegenüber der Handwerkskammer oder ihrem Beauftragten
- Nichtduldung des Betretens der Grundstücke oder Geschäftsräume oder der Vornahme von Prüfungen durch die Handwerkskammer oder ihrem Beauftragten
- Einstellen eines weder fachlich noch persönlich geeigneten Ausbilders
- Einstellung und Ausbildung von Lehrlingen trotz Untersagung
- Unterlassen der rechtzeitigen Eintragung des Berufsausbildungsverhältnisses in die Lehrlingsrolle bzw. Nichtvorlage eines schriftlichen Berufsausbildungsvertrages
- Einstellen oder Ausbilden eines Lehrlings ohne persönliche oder fachliche Eignung

1.5.5.3 Untersagung des Einstellens und Ausbildens

Das Einstellen und Ausbilden kann für eine bestimmte Ausbildungsstätte untersagt werden.

Zuständigkeit

> Für die Untersagung des Einstellens und Ausbildens ist die nach Landesrecht festgelegte Behörde zuständig.

Untersagungsgründe

- Die persönliche oder fachliche Eignung liegt nicht oder nicht mehr vor
- Die Voraussetzungen der betrieblichen Eignung liegen für die Ausbildungsstätte nicht oder nicht mehr vor

Anhörung

Vor der Untersagung durch die Behörde sind die Beteiligten und die Handwerkskammer zu hören. Dieses Anhörungsrecht gilt nicht, wenn der Betroffene eindeutig Kinder und Jugendliche nicht beschäftigen darf.
Gegen den Untersagungsbescheid ist Widerspruch möglich.

Zuständigkeit der Handwerkskammer

Die Landesregierungen können die Überwachung der Eignung und die Zuständigkeit für die Untersagung des Einstellens und Ausbildens auf die Handwerkskammern übertragen. Diese Übertragung ist in den meisten Bundesländern so erfolgt. Für diesen Fall sind die Handwerkskammern für diese Verwaltungsentscheidungen im Rahmen der staatlichen Rechtsaufsicht allein zuständig und verantwortlich.

Handlungsorientierte, fallbezogene Aufgaben

1. Sie haben sich nach abgelegter Meisterprüfung in einem zulassungspflichtigen Handwerk selbstständig gemacht und wollen zwei Lehrlinge einstellen und ausbilden. Einer der beiden Lehrlinge soll in einem Ausbildungsberuf des Handwerks, der andere in einem nichthandwerklichen Beruf, nämlich als Bürokaufmann, ausgebildet werden. Deshalb haben Sie festzustellen, ob in Ihrem Betrieb die betrieblichen Eignungsvoraussetzungen vorliegen und ob Sie die Berechtigung zum Einstellen und Ausbilden haben.

   Aufgabe:

   a) Erläutern Sie, ob bei Ihnen die Berechtigung zum Einstellen und Ausbilden für den Handwerkslehrling vorliegt, und begründen Sie Ihr Ergebnis!

   b) Erklären und begründen Sie, ob Sie für die Ausbildung eines Bürokaufmanns die fachliche Eignung besitzen!

   c) Stellen Sie fest, welche betrieblichen Voraussetzungen vorliegen müssen, damit die Eignung der Ausbildungsstätte für die Berufsausbildung im Ausbildungsberuf des Handwerks gegeben ist!

   >> Seiten 66 bis 74 |

2. Sie bilden in Ihrem Handwerksbetrieb seit Jahren Lehrlinge aus. Aufgrund der eingetretenen Spezialisierung in dem von Ihnen ausgeübten Handwerk können Sie mittlerweile einige Fertigkeiten, Kenntnisse und Fähigkeiten des Ausbildungsberufsbildes nicht mehr vollständig vermitteln. Sie wollen aber auch in der Zukunft unbedingt Ihren Fachkräftebedarf durch die betriebseigene Ausbildung decken.

   Aufgabe: Was können Sie im vorliegenden Fall tun, um die Eignung Ihrer Ausbildungsstätte sicherzustellen? Beschreiben Sie mögliche Lösungswege!

   >> Seite 75 |

3. Sie sind Ausbilder in einem Handwerksbetrieb und haben gehört, dass es bei der Handwerkskammer einen Berufsbildungsausschuss gibt. Sie wollen wissen, welche Aufgabe dieser Ausschuss hat.

Aufgabe: Welche Aussage trifft zu?

Der Ausschuss hat

- [ ] a nur die Vollversammlung der Handwerkskammer zu beraten.
- [ ] b nur die Lehrlinge im Kammerbereich zu betreuen.
- [ ] c in allen wichtigen Angelegenheiten der beruflichen Bildung ein Recht darauf, angehört und unterrichtet zu werden. Ferner hat er auf eine stetige Entwicklung der Qualität der beruflichen Bildung hinzuwirken.
- [ ] d die alleinige Aufsichtsfunktion über die zuständige Fachabteilung der Handwerkskammer.
- [ ] e nur den Vorstand der Handwerkskammer zu beraten.

>> Seiten 77 bis 78 |

4. Als Ausbilder haben Sie erfahren, dass es zur Förderung der beruflichen Bildung die Einrichtung der Beratung (Ausbildungsberatung) gibt, die kostenlose Beratungsleistungen erbringt. Sie wollen klären, wer diese Beratung durchführt und was ihre Hauptaufgabe ist.

4.1 Diese Beratungsleistungen erbringt

- [ ] a die Agentur für Arbeit.
- [ ] b das staatliche Schulamt.
- [ ] c das Jugendamt.
- [ ] d das Amt für Ausbildungsförderung.
- [ ] e die Handwerkskammer.

4.2 Die Hauptaufgabe ist,

- [ ] a ausschließlich die Betriebe zu überwachen und zu beraten.
- [ ] b ausschließlich die Lehrlinge zu beraten.
- [ ] c nur die Innungen zu beraten.
- [ ] d alle an der Berufsbildung beteiligten Personen zu beraten.
- [ ] e nur die Berufsschulen zu beraten.

>> Seiten 78 bis 79 |

5. Sie sind Inhaber eines Handwerksbetriebes und bilden erstmals Lehrlinge aus. Es ist Ihnen bekannt, dass Innungen als Fachorganisationen im Handwerk eine lange Tradition bei ihrem Einsatz für die Belange der Berufsausbildung haben. Auch heute noch haben sie in der Berufsausbildung wichtige Funktionen.

   Aufgabe: Stellen Sie fest, welche Funktionen für Sie als Ausbildender wichtig sind!

   >> Seite 79 |

6. Sie sind seit kurzer Zeit Inhaber eines Handwerksbetriebes und Mitglied der zuständigen Innung. Bei der letzten Innungsversammlung wurde im Rahmen der Neuwahlen der Organe ein Lehrlingswart gewählt. Als künftiger Ausbildender interessiert Sie, welches die wichtigsten Aufgaben des Lehrlingswarts der Innung sind.

   Aufgabe: Geben Sie seine wichtigsten Hauptaufgabengebiete an!

   >> Seiten 79 bis 80 |

7. Im Rahmen der Selbstverwaltung des Handwerks ist die Mitwirkung von Ausbildenden und Ausbildern bei der inhaltlichen Gestaltung und der Umsetzung von praktischen Erfahrungen aus der Ausbildungspraxis auf ehrenamtlicher Grundlage sowohl bei den Handwerkskammern als auch bei den Innungen vorgesehen. Sie ist Voraussetzung für das Funktionieren der Selbstverwaltungsorgane. Als Inhaber eines Ausbildungsbetriebes des Handwerks wären Sie bereit, in Gremien von Handwerksorganisationen mitzuwirken.

   Aufgabe: Beschreiben Sie die wichtigsten Mitwirkungsmöglichkeiten, die Sie bei den genannten Einrichtungen haben!

   >> Seite 80 |

8. Sie sind als selbstständiger Handwerksmeister, der Lehrlinge ausbildet, Mitglied der zuständigen Innung. Der Obermeister ist an Sie herangetreten mit der Bitte, künftig im Gesellenprüfungsausschuss mitzuwirken. Bevor Sie eine Entscheidung treffen, ob Sie der Aufforderung des Obermeisters nachkommen, wollen Sie wissen, wie sich der Gesellenprüfungsausschuss zusammensetzt, wer die Ausschussmitglieder, die Arbeitgeber sind, wählt und wie lange eine Wahlperiode dauert.

Aufgabe: Welche der nachstehenden Aussagen treffen zu?

8.1 Der Ausschuss setzt sich zusammen

- a aus mindestens 2 Mitgliedern.
- b aus mindestens 3 Mitgliedern.
- c aus mindestens 4 Mitgliedern.
- d aus mindestens 5 Mitgliedern.
- e aus mindestens 6 Mitgliedern.

>> Seite 81 |

8.2 Die Mitglieder, die Arbeitgeber oder Beauftragte der Arbeitgeber sind, werden gewählt

- a von der Innungsversammlung.
- b vom Vorstand der Innung.
- c vom Berufsbildungsausschuss der Innung.
- d vom Gesellenausschuss der Innung.
- e vom Obermeister und seinem Stellvertreter.

>> Seite 82 |

8.3 Die Wahl erfolgt längstens

- a auf 5 Jahre
- b auf 4 Jahre
- c auf 3 Jahre
- d auf 2 Jahre
- e auf 1 Jahr

>> Seite 82 |

1.6 Lernsituation: Möglichkeiten des Einsatzes von berufsausbildungsvorbereitenden Maßnahmen prüfen und bewerten

Kompetenzen:

- Zielgruppenspezifische berufsvorbereitende Maßnahmen für die Ausbildungsplanung darstellen und Auswahl begründen.
- Bedeutung berufsvorbereitender Maßnahmen für die Nachwuchsgewinnung beurteilen und Fördermöglichkeiten angeben.
- Möglichkeiten der betrieblichen Umsetzung berufsvorbereitender Maßnahmen klären.

1.6.1 Zielgruppen, Voraussetzungen und rechtliche Grundlagen für berufsvorbereitende Maßnahmen

1.6.1.1 Zielgruppen

Zur Sicherung des beruflichen Nachwuchses bemüht sich das Handwerk auch um die Teilgruppen der Jugendlichen, die zu wenig in den Prozess der beruflichen Ausbildung integriert sind.

Die Erschließung dieses Potenzials erfordert allerdings auch, die betrieblichen Ausbildungsbedingungen auf die besonderen Anforderungen solcher Jugendlichen abzustimmen.

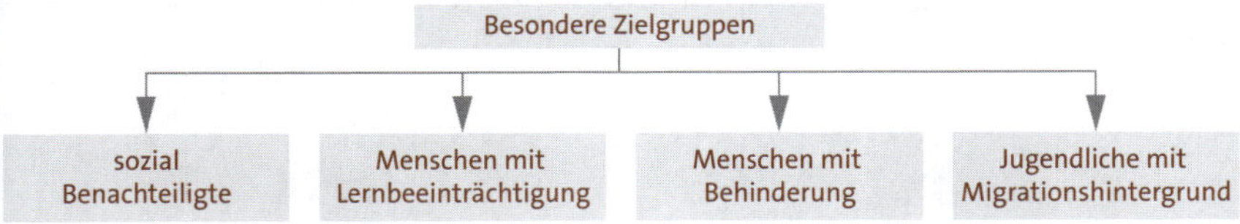

Sozial Benachteiligte

In Bezug auf die Berufsausbildung liegt eine soziale Benachteiligung insbesondere dann vor, wenn die betroffenen Jugendlichen keinen Zugang zum Berufsbildungssystem finden können und daher deutlich geringere Perspektiven für ihr zukünftiges Leben besitzen.
Soziale Benachteiligungen können sich beispielsweise wie folgt zeigen:

- Verlassen der Schule ohne Schulabschluss
- Vorliegen erheblicher Mängel im Sozialverhalten
- Abbruch einer Berufsausbildung ohne Überleitung in ein neues Ausbildungsverhältnis
- Abbruch einer Berufsvorbereitungsmaßnahme
- kein Beginn oder Verbleib in einem Arbeitsverhältnis trotz erfolgreicher Berufsausbildung.

Menschen mit Lernbeeinträchtigung

>> Siehe dazu im Einzelnen Abschnitt 3.5.1.2

Menschen mit Behinderung

>> Siehe dazu im Einzelnen Abschnitt 3.5.1.2

Jugendliche mit Migrationshintergrund

Nähere Ausführungen hierzu >> siehe Abschnitt 3.10.

1.6.1.2 Rechtliche Grundlagen

> Die Berufsausbildungsvorbereitung muss nach Inhalt, Art, Ziel und Dauer den besonderen Erfordernissen lernbeeinträchtigter und sozial benachteiligter Personen entsprechen und durch umfassende sozialpädagogische Betreuung und Unterstützung begleitet werden.

Die Vorschriften der Handwerksordnung und des Berufsbildungsgesetzes über die Berechtigung zum Einstellen und Ausbilden sowie deren Überwachung und Entzug gelten für die betriebliche Berufsausbildungsvorbereitung entsprechend.

1.6.2 Bedeutung berufsvorbereitender Maßnahmen und Fördermöglichkeiten

Die Bedeutung berufsvorbereitender Maßnahmen hat mittlerweile einen derart großen Umfang eingenommen, dass teilweise schon von einem „Übergangs-System" zwischen Schule und Ausbildung gesprochen wird. Dies geht einher mit finanziellen Fördermöglichkeiten, wenn der Lehrling bestimmte Voraussetzungen erfüllt.

Allgemeiner Überblick über mögliche finanzielle Zuwendungen an Lehrlinge

- Berufsausbildungsbeihilfen nach dem Arbeitsförderungsrecht (Sozialgesetzbuch III), wenn der Lehrling außerhalb des Haushalts der Eltern untergebracht ist und die Ausbildungsstätte von der Wohnung der Eltern aus nicht in angemessener Zeit erreicht werden kann (zuständig: Agentur für Arbeit).
- Beihilfen nach dem Bundesversorgungsgesetz, Bundesentschädigungsgesetz, Soldatenversorgungsgesetz
- Zuwendungen nach dem Bundesausbildungsförderungsgesetz ab Beginn der 10. Klasse bei Besuch bestimmter Schulen (z. B. Berufsfachschulen, Berufsgrundschuljahr, Fachoberschulen) (zuständig: Amt für Ausbildungsförderung)
- Berufsausbildungsbeihilfen für Arbeitslose
- Mobilitätshilfen einzelner Länder
- Kindergeld bis zum 18. Lebensjahr; bis zum 25. Lebensjahr, wenn sich das Kind in Berufsausbildung befindet und die Ausbildungsvergütung eine bestimmte Höhe nicht überschreitet.
- Waisenrente aus der gesetzlichen Rentenversicherung oder der gesetzlichen Unfallversicherung, wenn sich die Waise noch in Schul- oder Berufsausbildung befindet.

Berufsausbildungsbeihilfen und andere finanzielle Hilfen können von der Agentur für Arbeit unter bestimmten Voraussetzungen auch gewährt werden für

Besondere Zielgruppen

> die betriebliche Ausbildung von Menschen mit Behinderung sowie
> die Berufsausbildung von sozial benachteiligten Auszubildenden und von Auszubildenden mit Lernbeeinträchtigungen.

Berufsvorbereitung

Finanzielle Zuwendungen werden seitens der Agentur für Arbeit auch für berufsvorbereitende Bildungsmaßnahmen bewilligt, sofern die vorgesehenen Voraussetzungen gegeben sind.

Ausbildungspakt

Einstiegsqualifizierung

Jugendliche, die im Rahmen des Ausbildungspaktes (Vereinbarung zwischen Bundesregierung und den Spitzenverbänden der Wirtschaft) an einer betrieblichen Einstiegsqualifizierung teilnehmen, werden nach dem Sonderprogramm der Bundesregierung über die Erstattung der Ausbildungsvergütung und eines pauschalierten Zuschusses zum Gesamtsozialversicherungsbeitrag gefördert.
Die Einstiegsqualifizierung erfolgt in der Regel auf der Grundlage eines Einstiegsqualifizierungvertrages (Praktikantenvertrag) und auf der Basis von Qualifizierungsbausteinen, die für eine Reihe von Handwerksberufen entwickelt wurden.

1.6.3 Inhaltliche Strukturierung berufsvorbereitender Maßnahmen (Qualifizierungsbausteine)

Die Vermittlung von Grundlagen für den Erwerb beruflicher Handlungsfähigkeit kann insbesondere durch inhaltlich und zeitlich abgegrenzte Lerneinheiten erfolgen, die aus den Inhalten anerkannter Ausbildungsberufe (Gewerbe der Anlage A oder der Anlage B) entwickelt werden (Qualifizierungsbausteine).

Der Anbieter der Berufsausbildungsvorbereitung hat die Durchführung der Maßnahme vor deren Beginn der Handwerkskammer schriftlich anzuzeigen. Die Anzeige erstreckt sich auf den wesentlichen Inhalt des Qualifizierungsvertrages und auf statistische Daten. Über die vermittelten Grundlagen für den Erwerb beruflicher Handlungsfähigkeit wird eine Bescheinigung nach verbindlich vorgeschriebenen Inhalten ausgestellt. Hat der Teilnehmer das Qualifizierungsziel erreicht, erhält er über das Ergebnis der Leistungsbewertung ein Zeugnis.

Einstiegsqualifizierung

Für leistungsschwache Jugendliche unter 25 Jahren und Jugendliche, die noch nicht in vollem Umfang ausbildungsreif sind, also mit eingeschränkten Vermittlungsperspektiven, wurde im Rahmen des Ausbildungspaktes (Vereinbarung der Bundesregierung mit den Spitzenverbänden der Wirtschaft) das Instrument der Einstiegsqualifizierung (EQ) als „Türöffner und Brücke zur Berufsausbildung" geschaffen. Die Einstiegsqualifizierung ist auf die Vermittlung und Vertiefung von Grundlagen für den Erwerb beruflicher Handlungsfähigkeit ausgerichtet. Sie erfolgt auf der Basis eines schriftlichen Einstiegsqualifizierungsvertrages (Praktikantenvertrag) und auf der Grundlage von Qualifizierungsbausteinen, die aus einer Reihe von Ausbildungsberufen des Handwerks abgeleitet und entwickelt wurden.

Der Abschluss des Einstiegsqualifizierungsvertrages (Muster bei der Handwerkskammer) ist der Handwerkskammer vorzulegen.
Diese Betriebspraktika im Rahmen der Einstiegsqualifizierung dauern sechs bis zwölf Monate und können auf Antrag unter bestimmten Voraussetzungen auf eine nachfolgende Ausbildung angerechnet werden.
Nach der Einstiegsqualifizierung wird den Teilnehmern ein betriebliches Zeugnis sowie auf Antrag ein Zertifikat der Handwerkskammer über die erfolgreiche Teilnahme ausgestellt.
Der Teilnehmer erhält während der Maßnahme eine Vergütung, die dem Betrieb zusammen mit einem pauschalierten Anteil am Gesamtsozialversicherungsbeitrag von der Agentur für Arbeit auf Antrag erstattet wird. Die Förderobergrenze beträgt 216,00 EUR (Stand Januar 2011) monatlich zuzüglich eines pauschalierten Anteils am durchschnittlichen Gesamtsozialversicherungsbeitrag. Die Berufsschulpflicht während der Einstiegsqualifizierung richtet sich nach den Schulgesetzen der Länder.

Handlungsorientierte, fallbezogene Aufgaben

1. Sie sind als Ausbilder in einem Betrieb tätig. Zu Beginn des Ausbildungsjahres wurden neue Lehrlinge eingestellt. Diese sollen von Ihnen über Möglichkeiten von finanziellen Zuwendungen und Unterstützungsmaßnahmen, die unter bestimmten persönlichen Voraussetzungen zu erhalten sind, informiert werden.

   Aufgabe: Erläutern Sie Ihren neuen Auszubildenden die dafür wichtigen Gesetze und Maßnahmen!

   >> Seite 91 |

2. Der Inhaber eines Handwerksbetriebes will im Rahmen der im Ausbildungspakt (Vereinbarung zwischen der Bundesregierung und den Spitzenverbänden der Wirtschaft) vorgesehenen Einstiegsqualifizierung einen jungen Mann einstellen.

   Aufgabe: Welchen Vertrag schließt er für diese Einstiegsqualifizierung in der Regel ab?

- [ ] a Einen unbefristeten Arbeitsvertrag.
- [ ] b Einen Berufsausbildungsvertrag.
- [ ] c Einen Einstiegsqualifizierungsvertrag (Praktikantenvertrag).
- [ ] d Einen Vorvertrag zu einem Berufsausbildungsvertrag.
- [ ] e Einen Leiharbeitsvertrag.

>> Seite 91 |

1.7 Lernsituation: Innerbetriebliche Aufgabenverteilung für die Ausbildung unter Berücksichtigung von Funktionen und Qualifikationen der an der Ausbildung Mitwirkenden koordinieren

Kompetenzen:

> Aufgaben und Verantwortungsbereiche der an der Ausbildung Mitwirkenden bestimmen.
> Funktion und Aufgaben des Ausbilders im Spannungsfeld unterschiedlicher Erwartungen darstellen.
> Aufgaben mitwirkender Fachkräfte klären und deren Einbindung in die Ausbildung abstimmen.

1.7.1 Abgrenzung: Ausbildender, Ausbilder, Ausbildungsbeauftragter

1.7.1.1 Ausbildender

Ausbildender

Ausbildender im Sinne des Gesetzes ist, wer Lehrlinge einstellt.

Dies kann auch eine juristische Person (z. B. GmbH) sein. Der Ausbildende ist Vertragspartner des Lehrlings. Ihm obliegen alle Pflichten zur ordnungsgemäßen Ausbildung des Lehrlings. Im kleinen Handwerksbetrieb führt er meist die Ausbildung selbst durch, d. h., er ist auch zugleich der Ausbilder. Voraussetzung ist, dass er die persönliche und fachliche Eignung für die Ausbildung besitzt.

1.7.1.2 Ausbilder, gegebenenfalls als Ausbildungsbeauftragter

Der Ausbilder führt die Ausbildung durch. Er vermittelt die Ausbildungsinhalte unmittelbar, verantwortlich und in wesentlichem Umfang.

Führt der Ausbildende die Ausbildung nicht selbst durch, muss er einen Ausbilder als Ausbildungsbeauftragten bestellen.

1.7.2 Funktion und Aufgaben des Ausbilders

1.7.2.1 Qualifikationsprofil des Ausbilders

Der Ausbilder muss eine Reihe von Voraussetzungen für seine Qualifikation erfüllen.

Qualifikationsprofil des Ausbilders

- persönliche und fachliche Eignung für die Ausbildung im rechtlichen Sinne
- Fachmann auf beruflichem Gebiet
- didaktisch-methodische Kompetenz für eine handlungsorientierte Ausbildung
- Eignung als Vorgesetzter
- Führungseigenschaften
- charakterliche Eignung für den Umgang mit jungen Menschen
- Kontaktfreudigkeit und Kooperationsfähigkeit im Betrieb und nach außen
- organisatorische Fähigkeiten
- Vorbildfunktion
- Verantwortungsbewusstsein
- Aufgeschlossenheit für fortschrittliche Entwicklungen in Technik und Wirtschaft
- Kreativität, geistige Beweglichkeit
- sprachliche Ausdrucksfähigkeit und Ausstrahlung auf andere
- Willensstärke, Einsatz- und Entscheidungsfreudigkeit
- Teamfähigkeit
- Bereitschaft zur ständigen Weiterbildung

1.7.2.2 Pädagogische Aufgaben des Ausbilders

Auf diesem Gebiet gliedern sich die Aufgaben des Ausbilders wie folgt:

- Vermittlung der Ausbildungsinhalte nach der Ausbildungsordnung
- Fertigkeits-, Kenntnis- und Fähigkeitsvermittlung gemäß betrieblichem Ausbildungsplan
- Lehren und Erziehen
- Bewerten und Beurteilen
- Überwachen
- Beraten
- Innovieren.

Lehren, Lernen organisieren

Lehren heißt Lernen bewirken. Das bedeutet für den Ausbilder vor allem, durch Lehren die Fertigkeiten und Kenntnisse nach der Ausbildungsordnung und die erforderlichen Handlungskompetenzen und Verhaltensformen zu vermitteln.

Erziehen

Das Erziehen ist auf die körperliche, geistige, seelische und charakterliche Formung der Menschen ausgerichtet.

Hauptziele der Erziehung

- **fachliche Fähigkeiten**
  - Fertigkeiten
  - Kenntnisse
  - selbstständige Arbeitsweise
  - Genauigkeit bei der Arbeit
  - Fähigkeit zu Problemlösungen
- **Charakterbildung**
  - Leistungsbereitschaft
  - Verantwortungsbereitschaft
  - Ehrlichkeit
  - Zuverlässigkeit
  - Fleiß
  - Ausdauer
- **soziale Verhaltensweisen**
  - Teamfähigkeit
  - Selbstdisziplin
  - Hilfsbereitschaft
  - Höflichkeit
  - Fairness innerhalb der Gruppe
  - Fähigkeit zur positiven Kritikverarbeitung

Bewerten und Beurteilen

Im Rahmen der Ausbildungserfolgskontrollen, die während des gesamten Ausbildungsprozesses notwendig sind, kommen den Bereichen Beurteilen und Bewerten wichtige Aufgaben zu. Sie beziehen sich ausbildungsbegleitend auf erworbene Fertigkeiten, Kenntnisse, Fähigkeiten und Verhaltensweisen.
Die Ergebnisse von planmäßigem Beurteilen und Bewerten ermöglichen rechtzeitig erforderliche Verbesserungen im gesamten Lernprozess.

Überwachen

Prüfung und Steuerung

Der Ausbilder hat den gesamten Ausbildungsprozess zu überwachen. Dabei sind die einzelnen Unterweisungsvorgänge sachlich wie zeitlich nach den im betrieblichen Ausbildungsplan festgelegten Zielen zu prüfen, und bei auftretenden Abweichungen ist einzugreifen, um die Planung und Steuerung der Ausbildung neu auszurichten.

Überwachungsaufgaben

Die Überwachungsaufgabe des Ausbilders erstreckt sich u. a. auf:

> Einhaltung von gesetzlichen Bestimmungen (Berufsbildungsgesetz, Handwerksordnung, Jugendarbeitsschutzgesetz und andere)
> Beachtung der Anordnungen der Handwerkskammer und der Innung
> Anmeldung zur Zwischenprüfung und zur Gesellenprüfung
> Teilnahme der Lehrlinge an überbetrieblichen Unterweisungskursen und am Berufsschulunterricht
> Führung der Ausbildungsnachweise der Lehrlinge
> Ausbildungsmaßnahmen, die an betriebliches Ausbildungspersonal übertragen sind.

Beraten

Beratungsbereiche

Beraten durch den Ausbilder bedeutet Handlungsempfehlungen für die nachfolgend dargestellten Bereiche geben, also:

> Aneignung von Fertigkeiten, Kenntnissen, Fähigkeiten und Verhaltensweisen des Lehrlings
> Einsatz von Ausbildungsmitteln
> fehlende Lernmotivation
> mangelhafte Leistungen im Ausbildungsbetrieb und in der Berufsschule
> zu geringe Leistungen in Ausbildungserfolgskontrollen

- persönliches Fehlverhalten des Lehrlings
- Probleme im Umgang mit Arbeitskollegen oder Lieferanten und Kunden
- Auseinandersetzung mit neuen Techniken
- finanziellen Förderung des Lehrlings
- entwicklungsbedingte Schwierigkeiten des Jugendalters
- Lösung von Konflikten
- gesundheitliche Probleme
- Probleme im privaten Bereich, sofern der Betreffende dies wünscht.

Innovieren

Innovieren bedeutet, die Einführung von Neuem zum Ziel zu haben.

Durch die rasche technologische Entwicklung in fast allen Berufsbereichen des Handwerks (z. B. Computertechniken, Kommunikationstechnologien, neue Werkstoffe, neue Arbeitsverfahren) ändern sich die Berufsinhalte und somit auch die Ausbildungsinhalte und Ausbildungsmethoden.

Anpassung der Ausbildungsinhalte

Die Ausbilder haben dabei die wichtige Aufgabe, diese Änderungen laufend in den Ausbildungsprozess einfließen zu lassen und die Neuerungen bei der Vermittlung von Fertigkeiten, Kenntnissen und Handlungsfähigkeiten umzusetzen. Sie haben sich selbst ununterbrochen fortzubilden (zum Beispiel durch Kurse und Fachzeitschriften). Wichtige Aufgaben des Ausbilders sind dabei im Einzelnen:

1.7.2.3 Besondere Bedeutung der Vorbildfunktion des Ausbilders

Wertmaßstäbe

> Jeder junge Mensch sucht Vorbilder, denen er nacheifern kann. Der Ausbilder muss daher sein gesamtes Handeln auf ein einwandfreies Verhalten im persönlichen und im beruflichen Lebensbereich ausrichten. Vorbildliches Verhalten setzt beim jungen Menschen besondere Wertmaßstäbe.

Die Auswahl der richtigen Persönlichkeit als Ausbilder für einen Betrieb ist eine wesentliche Voraussetzung für den Ausbildungserfolg.

Menschliche Eigenschaften

Neben den fachlichen Voraussetzungen kommt es vor allem auf menschliche Eigenschaften an wie u. a.:

- Menschenkenntnis, Fähigkeit zur Menschenbeurteilung
- positive Grundeinstellung zu jungen Menschen

> Mitgehen mit der Jugend und die Fähigkeit, für Ideale zu begeistern
> Vertrauenswürdigkeit.

Nur wer vorbildliche Eigenschaften hat, kann als Vorbild Maßstäbe setzen.

Vorbildfunktion des Ausbilders

- ungezwungene äußere Haltung, Natürlichkeit
- korrektes Auftreten auch in Bezug auf Aussehen und Kleidung
- Ausstrahlungskraft
- seelische Ausgeglichenheit
- geistige Regsamkeit, schöpferisches Denken, situationsgerechte Entscheidungsfähigkeit
- Denkfähigkeit, Wendigkeit, Genauigkeit
- sprachliches Ausdrucksvermögen
- richtiger Umgangston
- fundierte Standpunkte, Willensstärke
- Kontaktfreudigkeit, Teamfähigkeit
- Hilfsbereitschaft, Einsatzfreude
- Verschwiegenheit
- positive Einstellung zur demokratischen Staats- und Gesellschaftsordnung
- Verantwortungsbewusstsein
- Zufriedenheit

1.7.2.4 Stellung des Ausbilders

Bei der betrieblichen Ausbildung nimmt der Ausbilder eine wichtige Schlüsselstellung ein. Von seinen Fähigkeiten und Eigenschaften hängt es ab, ob die betriebliche Ausbildung systematisch und erfolgreich durchgeführt wird.

Er hat heute mehr denn je dazu beizutragen, dass nicht nur die fachlichen Fertigkeiten, Kenntnisse und Fähigkeiten vermittelt werden, sondern darüber hinaus der junge Mensch auf die Wandlungen in der Berufswelt fachlich und geistig vorbereitet wird. Dadurch kann erreicht werden, dass die Lern- und Denkfähigkeit sowie die Umstellungsbereitschaft und die Anpassungsfähigkeit entwickelt werden.
Der Ausbilder trägt für seine Arbeit in der Berufsausbildung hohe Verantwortung

> gegenüber dem Ausbildungsbetrieb,
> gegenüber dem Lehrling,
> gegenüber Wirtschaft und Gesellschaft.

Ausbildungsbetrieb

Die Verantwortung **gegenüber dem Ausbildungsbetrieb** bezieht sich u. a. auf

> die Einhaltung aller Ausbildungsvorschriften sowie der gesetzlichen Regelungen,
> die gründliche und vollständige Ausbildung der Lehrlinge entsprechend der Ausbildungsordnung,
> die Schaffung von qualifiziertem Berufsnachwuchs für den Betrieb,
> die Erhaltung der Leistungsfähigkeit des Betriebes,
> die wirtschaftliche Gestaltung der Ausbildungskosten im Betrieb.

Lehrling

Gegenüber dem Lehrling ist der Ausbilder insbesondere verantwortlich, dass

> ihm die bestmögliche Ausbildung gewährleistet wird,
> er in seiner Persönlichkeitsentwicklung gefördert wird,
> er weder körperlich noch sittlich gefährdet wird,
> er einen guten Einstieg in die Berufs- und Arbeitswelt erhält.

Wirtschaft und Gesellschaft

Die Verantwortung **gegenüber Wirtschaft und Gesellschaft** besteht

> in der Ausbildung qualifizierten Berufsnachwuchses zur Erhaltung der Leistungsfähigkeit der gesamten Volkswirtschaft,
> in der Ausbildung und Erziehung zu leistungsfähigen Bürgern,
> in der Erhaltung und Steigerung des Lebensstandards der Menschen durch hohe Qualifikationen,
> in der Mithilfe zur Absicherung der sozialen Sicherungssysteme,
> im Beitrag zur Erhaltung unserer freiheitlichen Staats- und Gesellschaftsordnung.

1.7.2.5 Funktionen des Ausbilders im Handwerksbetrieb

Der Ausbilder hat wichtige Funktionen und vielfältige Aufgaben zu erfüllen, die im Folgenden erläutert werden.

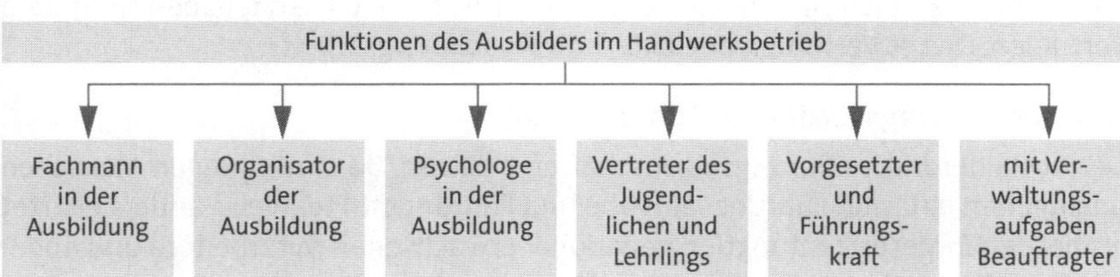

Ausbilder als Fachmann

Fachliche Qualifikation

Fachliche Qualifikation kann nur vermitteln, wer selbst beste fachliche Kenntnisse, Fertigkeiten und Handlungsfähigkeiten besitzt. Der Ausbilder hat daher in der Regel eine mehrjährige berufliche Praxis und Berufserfahrung. Betriebserfahrung im Ausbildungsbetrieb ist zusätzlich von Nutzen, weil dann die betriebsspezifischen Erfordernisse bekannt sind. Die Kenntnisse der neuesten Werkstoffe und der modernsten Arbeitsverfahren müssen neben den Standardtechniken in der betrieblichen Ausbildung umgesetzt werden. Fachliche Kompetenz schafft Autorität gegenüber den Lehrlingen.

Ausbilder als Organisator der Ausbildung

Organisatorische Aufgaben

Auf organisatorischem Gebiet stellen sich dem Ausbilder u. a. folgende Aufgaben:

- Planung der Ausbildung (Ausbildungs- und Versetzungspläne)
- Festlegung der Lernorte
- Durchführung der Ausbildung
- Vorbereitung auf Zwischen- und Abschlussprüfungen
- Zusammenarbeit mit außerbetrieblichen Einrichtungen in verschiedenen Aufgabenbereichen.

Ausbilder als Psychologe

Psychologische Aufgaben

Zu den wichtigsten psychologischen Aufgaben des Ausbilders gehören u. a.:

- Förderung der Persönlichkeitsentwicklung des Auszubildenden
- charakterliche Förderung
- Entwicklung der Beweggründe für Leistung (Leistungsmotivation)
- Entwicklung zum selbstständigen Mitarbeiter
- Erziehung zu unternehmerischem Denken sowie schöpferischem Verhalten
- Förderung von Eigenverantwortlichkeit und partnerschaftlichem Verhalten
- Erziehung zu Arbeitstugenden.

Ausbilder als Vertreter des Auszubildenden

Interessenvertreter für Lehrlinge

Der Ausbilder hat die berechtigten Belange der Auszubildenden und vor allem der Jugendlichen innerhalb des Ausbildungsbetriebes zu vertreten, ohne dabei in die gesetzlichen Mitwirkungsrechte des Betriebsrates und der Jugendvertretung im Betrieb unberechtigt einzugreifen.
Er muss gerade den Jugendlichen gegenüber viel Verständnis aufbringen. Bei der „Interessenvertretung" der Lehrlinge muss er aber stets kritisch prüfen, ob an ihn herangetragene Anliegen auch tatsächlich im Interesse der Lehrlinge sind. Dabei muss er sich kritisch mit den Lehrlingen auseinandersetzen. Haben die Lehrlinge das Gefühl, dass sich „ihr" Ausbilder für ihre Interessen einsetzt, haben sie zu ihm Vertrauen. Dieses Vertrauen erleichtert die Ausbildungsarbeit.

Ausbilder als Vorgesetzter und Führungskraft

Führungseigenschaften

Der Ausbilder muss Führungseigenschaften besitzen. Da er mit jungen Menschen umzugehen hat, sind Führungsaufgabe und Führungsstil teilweise anders geartet als bei der Vorgesetztenfunktion gegenüber erwachsenen Mitarbeitern und anderen Aufgabenstellungen innerhalb des Betriebes.

Zu seinen Funktionen als Vorgesetzter gehören u. a. auch:

- die Erteilung von Weisungen
- glaubhaftes und überzeugtes Handeln
- einleuchtende Begründungen
- Ausbildungserfolgskontrollen.

Ausbilder in seiner Verwaltungstätigkeit

Verwaltungstechnische Aufgaben

Die verwaltungstechnischen Aufgaben umfassen u. a.:

- Meldung offener Lehrstellen bei der Agentur für Arbeit
- Abschluss des Berufsausbildungsvertrages
- Antrag auf Eintragung des Berufsausbildungsvertrages bei der Handwerkskammer

- Anmeldung der Lehrlinge bei der Berufsschule
- Anmeldung zur überbetrieblichen Ausbildung
- Anmeldung zu Zwischen- und Gesellenprüfungen
- Bescheinigung über Pflichtuntersuchung nach dem Jugendarbeitsschutzgesetz
- Ausfertigung von Zeugnissen.

1.7.2.6 Ausbilder im Spannungsfeld unterschiedlicher Ansprüche und Erwartungen

Spannungsfelder bestehen für das Ausbildungspersonal im Ausbildungsbetrieb und im Verhältnis zu außerbetrieblichen Kooperationsstellen (z. B. Berufsschule, Handwerkskammer, Innung).

Innerbetriebliche Spannungsfelder

Spannungsfelder des Ausbildungspersonals im Handwerksbetrieb sind:

- Umgang mit den Lehrlingen im Betrieb während des gesamten Ausbildungsprozesses
- Interessenkonflikt zwischen Produktions- und Dienstleistungsaufgabe einerseits und Ausbildungsaufgabe andererseits bei nebenberuflichem Ausbildungspersonal
- Unterschiedliche Ansprüche zwischen Geschäftsleitung und Ausbildungspersonal
- Zusammenarbeit zwischen Ausbildungspersonal und den anderen Mitarbeitern im Betrieb
- Überschneidung der Produktionsinteressen mit der Ausbildungsaufgabe im Betrieb
- Zusammenarbeit mit Jugendvertretung und Betriebsrat
- Ausbildungsablauf als Bestandteil des gesamten Betriebsablaufs beim auftragsbezogenen Lernen
- Wahrnehmung aller Funktionsbereiche des Ausbilders
- Einhaltung gesetzlicher Bestimmungen in allen Bereichen der Ausbildung.

Außerbetriebliche Spannungsfelder

Als Spannungsfelder des Ausbildungspersonals zu außerbetrieblichen Einrichtungen und Vorgaben sind zu nennen:

- Zusammenarbeit mit der Berufsschule
- Zusammenarbeit mit der überbetrieblichen Unterweisungsstätte
- Zusammenarbeit mit dem Ausbildungsberater der Handwerkskammer
- Zusammenarbeit mit dem Lehrlingswart der Innung
- Zusammenarbeit mit der Berufsberatung der Agentur für Arbeit
- Zusammenarbeit mit dem Gewerbeaufsichtsamt (Jugendarbeitsschutz)
- Zusammenarbeit mit den Eltern des Lehrlings
- Anforderungen der Ausbildungsordnungen und die laufende Verkürzung der betrieblichen Ausbildungszeiten
- bildungspolitische und gesellschaftspolitische Vorgaben für die Ausbildung
- Auseinandersetzung mit neuen Technologien und deren Umsetzung in die Ausbildung
- praktische Umsetzung von wissenschaftlichen Vorgaben.

Problemlösungen

> Für den Ausbilder ist es wichtig, alle Ursachen für die Spannungen zu erkennen, festzustellen und Wege zu suchen, wie die auftretenden Probleme und Konflikte reduziert bzw. gelöst werden können.

Die gesamte Vorbereitung auf Teil IV der Meisterprüfung sowie auf die Ausbildereignungsprüfung und auch dieses Buch sind in allen Abhandlungen darauf ausgerichtet, in den einzelnen Abschnitten aufzuzeigen, wie die geschilderten Spannungsfelder entschärft und Spannungen verhindert werden können.

1.7.2.7 Selbstverständnis des Ausbilders

Wie bei jeder beruflichen Tätigkeit ist auch das auf Selbstvertrauen basierende Selbstverständnis des Ausbilders ein wichtiges Element für eine erfolgreiche Arbeit in der betrieblichen Ausbildung.
Das Selbstverständnis gründet sich auf einer Reihe von Faktoren, so u. a. auf:

> der Anerkennung der Arbeit im gesamten Ausbildungsbetrieb,
> der Anerkennung der Arbeit bei den außerbetrieblichen Kooperationspartnern,
> der Anerkennung durch die Gesellschaft,
> fachlicher, organisatorischer, pädagogischer und psychologischer Kompetenz,
> vorbildlichem Verhalten und positiven menschlichen Eigenschaften,
> Ausstrahlungskraft, geistiger Beweglichkeit, Teamfähigkeit und Überzeugungskraft als Vorgesetzter,
> Verantwortungsbewusstsein gegenüber Betrieb, Lehrling, Wirtschaft und Gesellschaft.

1.7.3 Funktion, Aufgaben und Voraussetzungen der mitwirkenden Ausbildungsbeauftragten

1.7.3.1 Ausbilder als Ausbildungsbeauftragter

Mit zunehmender Betriebsgröße kann der Ausbildende nicht zugleich Ausbilder in dem Sinne sein, dass er die Ausbildung selbst im wesentlichen Umfang durchführt. Denkbar ist auch, dass der Ausbildende die fachliche Eignung zur Ausbildung nicht selbst besitzt.

Will der Ausbildende dennoch Lehrlinge ausbilden, muss er einen Ausbilder bestellen und diesen mit der Ausbildung ausdrücklich beauftragen. Der beauftragte Ausbilder muss persönlich und fachlich für die Ausbildung geeignet sein und die Ausbildungsinhalte unmittelbar, verantwortlich und im wesentlichen Umfang vermitteln.

Der bestellte Ausbilder oder Ausbildungsleiter ist innerbetrieblich gegenüber der Betriebsleitung und nach außen gegenüber der Handwerkskammer für die Ausbildung verantwortlich.

1.7.3.2 Personen als Ausbildungshilfskräfte

Unterweiser

Führt aufgrund der gegebenen Betriebsgröße und der Zahl der Lehrlinge oder aus anderen betrieblichen Gründen weder der Ausbildende noch der bestellte Ausbilder die Ausbildung in vollem Umfange selbst durch, können weitere geeignete Personen in der Ausbildung im Betrieb eingesetzt werden. Diese Personen, **die nicht alle** Erfordernisse für die fachliche Eignung der Ausbilder erfüllen, jedoch neben ihrer persönlichen Eignung die beruflichen Fertigkeiten, Kenntnisse und Fähigkeiten besitzen, die für die Vermittlung **einzelner Ausbildungsinhalte** erforderlich sind, können in sektoralen Ausbildungsinhalten unterweisen (z. B. Unterweisung durch geeignete Gesellen im Handwerksbetrieb).

Handlungsorientierte, fallbezogene Aufgaben

1. Sie sind Inhaber eines Betriebes, wollen erstmals Lehrlinge ausbilden und dabei den Anforderungen an eine gute Ausbildung bestmöglich entsprechen.

   Aufgabe: Stellen Sie ein entsprechendes Anforderungsprofil zusammen!

   >> Seite 95 |

2. Sie sind Betriebsinhaber und bilden erstmals zwei Lehrlinge aus. Als Ausbilder sind Sie sich der großen Verantwortung für eine bestmögliche Ausbildung Ihrer Lehrlinge bewusst. Sie wissen, dass von Ihrer Aufgabenerfüllung im pädagogischen Bereich der Erfolg der Ausbildung zu einem wesentlichen Teil abhängt.

   Aufgabe: Stellen Sie Ihre wichtigsten im Fall genannten Aufgaben dar, um sie in der künftigen Ausbildung Ihrer beiden Lehrlinge systematisch und praxisgerecht umsetzen zu können!

   >> Seiten 95 bis 97 |

3. Vorbildliches Verhalten setzt insbesondere bei jungen Menschen Maßstäbe. Deshalb wollen Sie als Ausbilder die Vorbildfunktion besonders ernst nehmen.

   Aufgabe: Welche Eigenschaften sollten Sie dabei einsetzen?

   >> Seiten 97 bis 98 |

4. Sie sind Inhaber eines Handwerksbetriebes, der einen hauptberuflichen Ausbilder eingestellt hat. Sie sind der Auffassung, dass der Ausbilder von Ihnen klare Vorgaben erhalten muss, wie seine Stellung und sein Verantwortungsbereich festgelegt sind.

   Aufgabe: Erarbeiten Sie ein Konzept für seine Stellung und seine Verantwortungsbereiche in Ihrem Betrieb!

   >> Seiten 98 bis 101 |

5. Sie bilden erstmals in Ihrem Betrieb zwei Lehrlinge aus und gehen davon aus, dass der Erfolg Ihrer Ausbildung von der bestmöglichen Erfüllung der Funktionen und wichtigen Aufgabenerledigungen als Ausbilder abhängen wird.

   Aufgabe: Erläutern Sie für diesen Fall Ihre vielfältigen Funktionen und Aufgabenstellungen!

   >> Seiten 98 bis 101 |

6. Sie sind Ausbilder in einem Betrieb und bilden mehrere Lehrlinge aus. Dabei treten laufend Probleme, Spannungen und Konflikte in Ihrem Umfeld auf, weil Ihre Partner innerhalb und außerhalb Ihres Betriebes von den verschiedensten Ansprüchen und Erwartungen ausgehen. Sie müssen als Ausbilder alle Ursachen für Spannungen erkennen und feststellen, um nach Wegen suchen zu können, damit die Probleme und Konflikte gelöst bzw. reduziert werden.

   Aufgabe: Stellen Sie dar, wo die Schwerpunkte der Spannungsfelder liegen!

   >> Seiten 101 bis 102 |

2 Handlungsfeld: Ausbildung vorbereiten und Einstellung von Auszubildenden durchführen

2.1 Lernsituation: Auf der Grundlage einer Ausbildungsordnung einen betrieblichen Ausbildungsplan erstellen, der sich insbesondere an berufstypischen Arbeits- und Geschäftsprozessen orientiert

Kompetenzen:

> Bedeutung, Ziel und Inhalt eines betrieblichen Ausbildungsplans für eine geordnete Ausbildung begründen.
> Die für die Ausbildungsplanung relevanten Inhalte der Ausbildungsordnung herausstellen.
> Bezug zwischen der sachlichen und zeitlichen Gliederung im Ausbildungsrahmenplan und den Arbeits- und Geschäftsprozessen des Betriebes herstellen.
> Betrieblichen Ausbildungsplan unter Berücksichtigung spezifischer betrieblicher Anforderungen und individueller Lernvoraussetzungen erstellen; zeitliche und organisatorische Rahmenbedingungen der unterschiedlichen Lernorte beachten.
> Umsetzung von Ausbildungsplänen überwachen und Pläne ggf. anpassen.

2.1.1 Rechtliche Grundlage, Planungsbedarf und Grenzen der Ausbildungsplanung

2.1.1.1 Rechtliche Verpflichtung zur planmäßigen Berufsausbildung

Planmäßige Berufsausbildung

Nach § 14 Abs. 1 des Berufsbildungsgesetzes hat der Ausbildende „die Berufsausbildung in einer durch ihren Zweck gebotenen Form planmäßig, zeitlich und sachlich gegliedert so durchzuführen, dass das Ausbildungsziel in der vorgesehenen Ausbildungszeit erreicht werden kann".

Die sachliche und zeitliche Gliederung ist verbindlicher Bestandteil des Berufsausbildungsvertrages.

2.1.1.2 Anforderungen an die betriebliche Ausbildungsplanung

Oberstes Ziel der betrieblichen Ausbildungsplanung ist es, sicherzustellen, dass alle vorgeschriebenen beruflichen Fertigkeiten, Kenntnisse und Fähigkeiten (= berufliche Handlungsfähigkeit) auch tatsächlich in der vorgesehenen Zeit vermittelt werden.

Systematisches Vorgehen

Angesichts der Vielzahl von gesetzlichen Bestimmungen sowie des insgesamt komplexen Umfeldes der betrieblichen Ausbildung ist jedem Betriebsinhaber bzw. Ausbilder ein systematisches Vorgehen bei der Planung der betrieblichen Ausbildung zu empfehlen.

2.1.1.3 Planungsbedarf und Grenzen der Planbarkeit

Die Notwendigkeit einer systematischen Planung der betrieblichen Ausbildung beruht insbesondere auf folgenden Fakten und Entwicklungen:

> Unterschiedliche Vorbildung der Lehrlinge: Im Handwerk werden oft Absolventen unterschiedlicher Schulzweige ausgebildet. *(Vorbildung)*
> Verkürzungen der betrieblichen Ausbildungszeit z.B. aufgrund der jeweiligen schulischen Vorbildung.
> Wachsende Komplexität des Lehrstoffes. *(Komplexität des Lehrstoffes)*
> Migrationshintergrund: Im Handwerk werden viele Jugendliche mit Migrationshintergrund ausgebildet. *(Migrationshintergrund)*

Während der Ausbildung kann es Änderungen oder auch Probleme geben, aufgrund derer man seine Planung überarbeiten muss, zum Beispiel eine längere Erkrankung des Auszubildenden. Es ist daher in der Regel nicht möglich, zu Beginn die Ausbildung komplett durchzuplanen und an dieser Planung während der gesamten Ausbildung ohne Änderung festzuhalten. Die Grenzen der Planbarkeit liegen also in dem Erfordernis, die erstellte Planung auf laufende Entwicklungen zu überprüfen und anzupassen.

2.1.2 Ausbildungsordnung als Grundlage des betrieblichen Ausbildungsplanes

Ziele der Ausbildungsordnung

Die Ausbildungsordnung (dazu auch die Ausführungen unter >> Abschnitt 1.4.2) ist die Grundlage für eine

> geordnete und
> einheitliche Berufsausbildung.

Wesentliche Bestandteile der Ausbildungsordnung

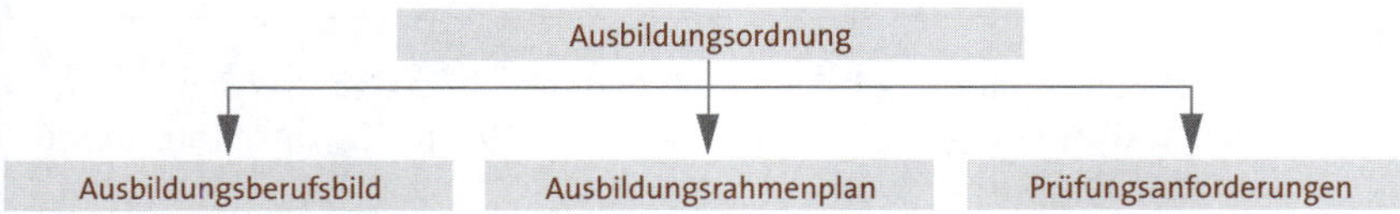

Planungsunterlagen

Ausbildungsberufsbild und Ausbildungsrahmenplan sind zugleich wichtige Unterlagen für die Planung der betrieblichen Ausbildung.

2.1.2.1 Ausbildungsberufsbild

Ausbildungsberufsbild

Das Ausbildungsberufsbild enthält die beruflichen Fertigkeiten, Kenntnisse und Fähigkeiten, die mindestens Gegenstand der Berufsausbildung sind.

Beispiel:

Das Ausbildungsberufsbild des Kraftfahrzeugmechatronikers/der Kraftfahrzeugmechatronikerin.

Die Berufsausbildung zum Kraftfahrzeugmechatroniker und zur Kraftfahrzeugmechatronikerin gliedert sich in:

1. Berufsprofilgebende Fertigkeiten, Kenntnisse und Fähigkeiten,
2. Integrative Fertigkeiten, Kenntnisse und Fähigkeiten.

Berufsprofilgebende Fertigkeiten, Kenntnisse und Fähigkeiten sind:

1. Bedienen von Fahrzeugen und Systemen,
2. Außer-Betrieb-Nehmen und In-Betrieb-Nehmen von fahrzeugtechnischen Systemen,
3. Messen und Prüfen an Systemen,
4. Durchführen von Service- und Wartungsarbeiten,
5. Diagnostizieren von Fehlern und Störungen an Fahrzeugen und Systemen,
6. Demontieren, Reparieren und Montieren von Bauteilen, Baugruppen und Systemen,
7. Durchführen von Untersuchungen an Fahrzeugen nach rechtlichen Vorgaben,
8. Aus-, Um- und Nachrüsten von Fahrzeugen.

Integrative Fertigkeiten, Kenntnisse und Fähigkeiten sind:

1. Berufsbildung, Arbeits- und Tarifrecht,
2. Aufbau und Organisation des Ausbildungsbetriebes,
3. Sicherheit und Gesundheitsschutz bei der Arbeit,
4. Umweltschutz,
5. Planen und Vorbereiten von Arbeitsabläufen sowie Kontrollieren und Bewerten von Arbeitsergebnissen,
6. Betriebliche und technische Kommunikation,
7. Durchführen von qualitätssichernden Maßnahmen.

2.1.2.2 Ausbildungsrahmenplan

Der Ausbildungsrahmenplan enthält eine Anleitung zur sachlichen und zeitlichen Gliederung der Vermittlung der beruflichen Fertigkeiten, Kenntnisse und Fähigkeiten.

Sachliche Gliederung

Die sachliche Gliederung enthält die einzelnen Fertigkeiten, Kenntnisse und Fähigkeiten, die zu vermitteln sind. Sie sind jeweils den einzelnen Positionen des Berufsbildes zugeordnet. So beinhaltet beispielsweise der Schwerpunkt „Personenkraftwagentechnik" des Berufsbildes Kraftfahrzeugmechatroniker folgende Fertigkeiten und Kenntnisse für den Teil „Diagnostizieren von Fehlern und Störungen an Fahrzeugen und Systemen":

a) Diagnose- und Reparaturmöglichkeiten bestimmen
b) Ursachen für Funktionsstörungen an Antriebs-, Fahrwerks-, Komfort- und Sicherheitssystemen mithilfe von Diagnosesystemen ermitteln
c) Fahrwerksvermessung durchführen und Messprotokoll erstellen
d) Brems-, Fahrwerks-, Federungs-, Dämpfungs- und Niveauregelungssysteme prüfen und beurteilen
e) Antriebsaggregate einschließlich Motormanagementsystem, Abgassystem und Nebenaggregate prüfen und diagnostizieren
f) Karosseriesysteme, insbesondere Schließanlagen, Verdeckanlagen und Schiebedächer, prüfen und beurteilen
g) Funktionsanalyse an Klimaanlagen und vernetzten Fahrzeugkomponenten durchführen, insbesondere an Fahrerassistenzsystemen und aktiven Sicherheitssystemen
h) Datenkommunikation zwischen Steuergeräten erfassen und bewerten
i) Fehler an drahtlosen Signalübertragungssystemen lokalisieren
j) Kraftübertragungssysteme, insbesondere Schaltgetriebe und Automatikgetriebe, prüfen und beurteilen
k) Lenksysteme prüfen und diagnostizieren
l) Expertensysteme anwenden, insbesondere geführte Fehlersuche, Datenbank und Telediagnose, Hotline nutzen.

Für die zeitliche Gliederung gibt es zwei Methoden:

Zeitliche Gliederung nach Zeitrahmen bedeutet, dass für die Vermittlung jeder Position oder Teilposition des Berufsbildes ein Zeitrahmen vorgegeben wird, der zwischen zwei und sechs Monaten liegen soll. In diesem Zeitraum sollen die zugeordneten Fertigkeiten, Kenntnisse und Fähigkeiten schwerpunktmäßig vermittelt werden.

Hinweise

In der Anleitung zur zeitlichen Gliederung sind weitere Hinweise möglich, wie zum Beispiel zur

> Fortführung
> Anwendung bereits vermittelter Inhalte,
> Vertiefung
> Schwerpunktsetzung
> Kombination einzelner Positionen.

Erfolgt die zeitliche Gliederung nach Zeitrichtwerten, so sollen diese nicht kürzer als zwei Wochen sein. In den neuen Ausbildungsordnungen ist dies die übliche Form.

Die Entscheidung darüber, ob im Vorfeld des Erlasses der Ausbildungsordnung zur zeitlichen Gliederung Zeitrahmen oder Zeitrichtwerte vorgegeben werden, wird im Antragsgespräch getroffen. Die Festlegung der Zeitrahmen bzw. Zeitrichtwerte erfolgt im Erarbeitungs- und Abstimmungsverfahren einer Ausbildungsordnung.

Der Ausbildungsrahmenplan ist für den betrieblichen Ausbilder die wichtigste Planungsunterlage für einen lernzielorientierten didaktisch-methodischen Aufbau der Ausbildung im Betrieb.

2.1.2.3 Rechtlicher Handlungsspielraum bei der Umsetzung der Ausbildungsordnung

Flexibilitätsklausel

Grundsätzlich sollen die Fertigkeiten, Kenntnisse und Fähigkeiten des Ausbildungsberufsbildes entsprechend dem Ausbildungsrahmenplan vermittelt werden. Eine davon abweichende sachliche und zeitliche Gliederung der Ausbildungsinhalte ist insbesondere zulässig, soweit betriebspraktische Besonderheiten die Abweichung erfordern (Flexibilitätsklausel).

2.1.3 Bedeutung berufstypischer Arbeits- und Geschäftsprozesse und individueller Lernvoraussetzungen für die Erreichung der Ausbildungsziele

Die erfolgreiche Erreichung der Ausbildungsziele erfordert neben der geeigneten Lernsituation und dem angepassten Lernstoff vor allem auch die Lernfähigkeit und Lernbereitschaft des Auszubildenden.

2.1.3.1 Berufstypische Arbeits- und Geschäftsprozesse

Moderne Ausbildungsordnungen fordern, die Ausbildung prozessorientiert zu gestalten. Insbesondere die Orientierung der Ausbildung an Arbeits- und Geschäftsprozessen spielt hier eine wichtige Rolle. Hierzu gehört die komplette Begleitung eines Kundenauftrags – vom Erstkontakt bis zur Abwicklung oder von der Angebotserstellung bis zum Beschwerdemanagement. Dabei lassen sich in nahezu allen Lernfeldern Handlungen darstellen, die von den Auszubildenden im Sinne vollständiger Arbeits- und Geschäftsprozesse als berufsspezifische Arbeitshandlungen selbst geplant, durchgeführt und bewertet werden können. Dabei sollen die Geschäftsprozesse in Teilprozesse (z. B. Teilprozess Angebotserstellung) und einzelne Prozessschritte (z. B. Erfassung von Maßen, Berechnung von benötigten Arbeitsstunden und Ähnliches) zerlegt werden. Grundlage dafür ist in der Regel der Ausbildungsrahmenplan der jeweiligen Ausbildungsordnung. Die Auszubildenden sollen in der Ausbildung mit den vollständigen Geschäfts- bzw. Produktionsprozessen vertraut gemacht werden, um so das Verständnis für die Gesamtzusammenhänge im Betrieb zu fördern und kompetentes Handeln zu ermöglichen.

2.1.3.2 Individuelle Lernvoraussetzungen

Wichtige Lernanforderungen (Lernvoraussetzungen) im Handwerk sind:

- praktische und theoretische Intelligenz
- Motivation
- Eigeninitiative
- Konzentrationsfähigkeit
- Kreativität
- spezifische Fähigkeiten wie zum Beispiel Rechnen
- Hand- und Fingergeschicklichkeit.

2.1.4 Kriterien für die Erstellung und Anpassung eines betrieblichen Ausbildungsplanes

> Für eine erfolgreiche Berufsausbildung hat der Ausbilder einen einzelbetrieblichen Ausbildungsplan zu erstellen, der sowohl den sachlichen Aufbau als auch die zeitliche Folge der Berufsausbildung ausweist (wann, wie lange, wo).

Dabei dient ihm der Ausbildungsrahmenplan als Grundlage. Dieser könnte nur dann, wenn er den Erfordernissen und Möglichkeiten des Einzelfalles voll entspricht, unverändert auch als einzelbetrieblicher Ausbildungsplan übernommen werden.

Insgesamt soll aber der betriebliche Ausbildungsplan dem tatsächlichen Ausbildungsablauf entsprechen und auf den einzelnen Lehrling zugeschnitten sein. Dazu sollen die Inhalte des Ausbildungsrahmenplans auf die betrieblichen Verhältnisse umgesetzt werden. Dementsprechend sollte der Aufstellung eines betrieblichen Ausbildungsplanes die Analyse der betrieblichen Aufgaben und Tätigkeiten vorausgehen. Über diese Aufgaben können die notwendigen Fertigkeiten, Kenntnisse und Fähigkeiten vermittelt werden, wenn

Vorherige Analyse

- die Aufgaben dem Ausbildungsrahmenplan entsprechen. Dies bedeutet andererseits, dass dem Lehrling keine ausbildungsfremden Aufgaben übertragen werden dürfen und
- die Aufgaben durch den entsprechenden Komplexitätsgrad die Lehrlinge nicht unter- oder überfordern,
- die Aufgaben selbstständiges Planen, Durchführen und Kontrollieren einschließen.

Bei der Erstellung des Ausbildungsplanes sollte der Ausbilder von folgenden Regeln ausgehen:

Regeln

- vom Bekannten zum Unbekannten
- vom Leichten zum Schwierigen

- vom Einfachen zum Zusammengesetzten (Komplexen)
- vom Konkreten zum Abstrakten
- vom Speziellen zum Allgemeinen.

Wichtige Inhalte des einzelbetrieblichen Ausbildungsplanes

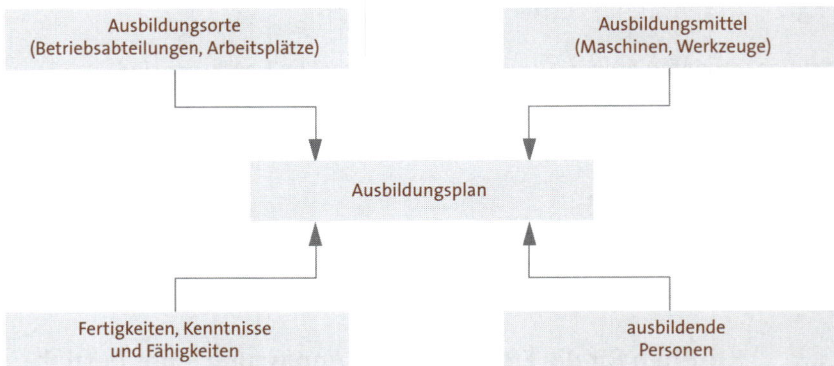

Diese Planung der Ausbildung ist in Berufen mit werkstattgebundener Fertigung leichter zu verwirklichen als in Montageberufen.

Planungszeitraum

Außerdem sollte der Planungszeitraum für die einzelbetriebliche Ausbildung umso kurzfristiger sein, je schwieriger die Planung des Arbeitsablaufs branchenbedingt im Betrieb ist.

Bei der Ausbildungsplanung sollen nach einer Empfehlung des Bundesinstituts für Berufsbildung folgende Punkte beachtet werden:

Anpassung der Vermittlungszeiten bei Abkürzung oder Verlängerung der Ausbildungszeit:

Besonderheiten

Da während des Ausbildungsverlaufs bzw. schon zu Beginn der Ausbildung Veränderungen der betrieblichen Ausbildungszeit möglich sind, soll der Ausbilder den Ausbildungsplan rechtzeitig an den geänderten Ausbildungsverlauf anpassen. Besonderheiten, die eine Abweichung vom typischen Ausbildungsablauf nach dem Ausbildungsrahmenplan rechtfertigen, können u. a. sein:

- Verkürzung der betrieblichen Ausbildung durch Anrechnung von Zeiten des Besuchs eines Bildungsganges berufsbildender Schulen oder von Zeiten der Berufsausbildung in einer sonstigen Einrichtung
- in der Ausbildungsordnung nicht geregelte Ausbildungsabschnitte in überbetrieblichen Ausbildungsstätten
- Ausbildungsabschnitte, die im Ausland absolviert wurden
- Auswirkungen individueller Verkürzungen oder Verlängerungen der Ausbildungsdauer
- Umstellungen, die sich aus der Organisation des Berufsschulunterrichts ergeben (zum Beispiel Blockunterricht)
- sonstige, vor allem in der produktionsgebundenen betrieblichen Ausbildungspraxis auftretende Schwierigkeiten, die einer Ausbildung nach dem typischen Ordnungsmuster entgegenstehen.

Aufgrund dieser Besonderheiten können in den einzelbetrieblichen Ausbildungsplänen

Abweichungsmöglichkeiten

- Ausbildungsinhalte im vorgegebenen Zeitrahmen verschoben und
- Zeitrichtwerte unter- oder überschritten werden.

Grundsätzlich finden Abweichungen von der zeitlichen Gliederung des Ausbildungsrahmenplanes aber immer dort ihre Grenzen, wo eine zweckentsprechende, sinnvoll geordnete und planmäßig durchgeführte Ausbildung nicht mehr gewährleistet ist und eine Beeinträchtigung des Ausbildungsziels befürchtet werden muss.

Die Ausbildungsstätte hat die Abweichung mit Begründung festzuhalten und der zuständigen Stelle anzuzeigen.

Lernziele beschreiben Mindestanforderungen:

- Einmal vermittelte Fertigkeiten, Kenntnisse und Fähigkeiten müssen auch später immer vorausgesetzt und angewendet werden können.

Zeitliche Gliederung im betrieblichen Ausbildungsplan:

Zeitliche Gliederung

- Zeitrahmen und Zeitrichtwerte geben eine Orientierung, von der je nach Lernfortschritt des Lehrlings abgewichen werden kann.
- Die Zeiten für die Vermittlung der Fertigkeiten, Kenntnisse und Fähigkeiten sind so zu bemessen, dass dabei auch Wiederholungen, Vertiefungen und Erweiterungen möglich sind.
- Urlaubs- und Ausfallzeiten sind zu berücksichtigen und anteilig auf alle Ausbildungsabschnitte zu verteilen.
- Der Lehrstoff, der Gegenstand der Zwischenprüfung oder des ersten Teils der Gesellen- bzw. Abschlussprüfung ist, ist bis zu deren Zeitpunkt zu vermitteln.
- Bis zur Gesellen-/Abschlussprüfung (auch bei geteilter Prüfung) müssen alle Ausbildungsinhalte vermittelt sein.

Berücksichtigung der Probezeit:

Probezeit

- Am Beginn des Ausbildungsverhältnisses steht eine Probezeit mit einer Dauer von mindestens einem und höchstens vier Monaten.
- In dieser Zeit soll geprüft werden, ob sowohl der Beruf wie auch die Ausbildungsstätte für den Lehrling geeignet sind.
- Durch Beobachtung des Lehrlings hinsichtlich Arbeitsweise und Arbeitsverhalten soll der Ausbilder/Ausbildende die Eignung des Lehrlings überprüfen.
- Schon während der Probezeit sollte der Lehrling alle für den Beruf wichtigen Arbeiten kennenlernen.

Weitere Punkte, die bei der Aufstellung des einzelbetrieblichen Ausbildungsplanes beachtet werden sollen, sind:

- Rechtzeitige Aufnahme neuer technischer Entwicklungen in die betriebliche Ausbildung, auch wenn sie im Ausbildungsrahmenplan noch nicht ausdrücklich aufgeführt sind (Mindestanforderungscharakter des Ausbildungsrahmenplanes)
- Festlegung der Ausbildungsplätze und der Ausbildungsmittel

> Abstimmung mit der Berufsschule anhand der entsprechenden Rahmenlehrpläne, um sicherzustellen, dass dem Lehrling in Betrieb und Schule etwa gleichzeitig dieselben praktischen und theoretischen Stoffgebiete vermittelt werden
> Zusammenarbeit mit der Berufsberatung beim Wechsel des Ausbildungsberufes.

Die Aufstellung des einzelbetrieblichen Ausbildungsplanes hinsichtlich der Festlegung von Lernzielen, Ausbildungsabschnitten, Auswahl der Lernorte, Ausbildungsmittel und Methoden sowie bei der Korrektur des Ausbildungsplanes sollte unter Beteiligung aller Betroffenen erfolgen.

Beratung des Ausbilders

Der Ausbilder kann sich auch durch einen Berater der Handwerkskammer unterstützen lassen. Empfehlenswert und sinnvoll sind dabei auch Kontakte mit den Erziehungsberechtigten. Dort, wo vorhanden, muss auch der Betriebsrat bei der Planung beteiligt werden. Der Ausbildungsplan ist dem Lehrling auszuhändigen.
Wie konkret ein einzelbetrieblicher Ausbildungsplan gestaltet werden kann, wird nachfolgend anhand eines Beispiels für das Kraftfahrzeugmechatronikerhandwerk gezeigt.
Beispiel für einen einzelbetrieblichen Ausbildungsplan im Kraftfahrzeugmechatronikerhandwerk mit Schwerpunkt Personenkraftwagentechnik (Auszug; Abdruck mit freundlicher Genehmigung der Wirtschaftsgesellschaft des Kraftfahrzeuggewerbes mbH in Bonn):

Zu vermittelnde Ausbildungsinhalte vor Teil 1 der Abschluss- oder Gesellenprüfung (1. bis 18. Monat) Abschnitt A: Berufsprofilgebende Fertigkeiten, Kenntnisse und Fähigkeiten
1. Bedienen von Fahrzeugen und Systemen (5 Wochen) a) Vorschriften und Hinweise zur Sicherheit und Bedienung beachten und anwenden b) Bedienungsanleitungen anwenden und erklären c) Bedienelemente von Fahrzeugen, Betriebseinrichtungen und Systemen sowie deren Schutzeinrichtungen handhaben d) Menüfunktionen anwenden und Informations-, Kommunikations-, Komfort- und Sicherheitssysteme bedienen
2. Außer-Betrieb-Nehmen und In-Betrieb-Nehmen von fahrzeugtechnischen Systemen (3 Wochen) a) herstellerspezifische Vorgaben, Sicherheitsvorschriften und Schutzmaßnahmen, insbesondere Normen und Vorschriften für das elektrotechnische Arbeiten an Hochvoltfahrzeugen sowie Unfallverhütungsvorschriften und Regeln der Technik, anwenden b) erhöhtes Gefährdungspotenzial an Fahrzeugen erkennen c) Sicherheitsvorgaben für Hochvoltsysteme beachten und Arbeitsbereich sichern d) Systeme nach Arbeitsanweisung spannungsfrei schalten, gegen Wiedereinschalten sichern, Spannungsfreiheit feststellen e) Funktionen überprüfen und Ergebnisse dokumentieren f) elektrotechnische Gefahren beurteilen und analysieren

Zu vermittelnde Ausbildungsinhalte vor Teil 1 der Abschluss- oder Gesellenprüfung (1. bis 18. Monat) Abschnitt A: Berufsprofilgebende Fertigkeiten, Kenntnisse und Fähigkeiten
3. Messen und Prüfen an Systemen (5 Wochen) a) Solldaten ermitteln, Messverfahren und Messgeräte auswählen b) Schutzmaßnahmen gegen elektrische Körperdurchströmung und Störlichtbögen anwenden c) Messwerte erfassen und mit Solldaten vergleichen, insbesondere elektrische sowie elektronische Größen und Signale an Bauteilen, Baugruppen und Systemen messen, prüfen und beurteilen d) elektrische Verbindungen, Leitungen und Leitungsanschlüsse auf mechanische Schäden sichtprüfen e) Funktion elektrischer Bauteile, Leitungen und Leitungsanschlüsse auf mechanische Schäden sichtprüfen f) Messzeuge zum Messen und Prüfen von Längen, Winkeln und Flächen auswählen und anwenden g) Längen, insbesondere mit Messschiebern, Messschrauben und Messuhren messen. Einhaltung von Toleranzen und Passungen prüfen h) Werkstücke mit Winkeln, Grenzlehren und Gewindelehren prüfen i) physikalische Größen, insbesondere Drücke und Temperaturen, messen und prüfen j) Prüfergebnisse dokumentieren
4. Durchführen von Service- und Wartungsarbeiten (14 Wochen) a) Arbeits- und Sicherheitsregeln sowie Herstellerrichtlinien beim Transport und beim Heben anwenden b) Fahrzeuge, Baugruppen und Systeme bewegen, abstellen, anheben, abstützen und sichern c) Wartungsarbeiten nach Vorgabe durchführen, insbesondere Betriebsflüssigkeiten kontrollieren, nachfüllen, wechseln und zur Entsorgung beitragen d) mechanische und elektrische Bauteile, Baugruppen und Systeme auf Verschleiß, Beschädigungen, Dichtheit, Lageabweichungen und Funktionsfähigkeit prüfen e) Schalt- und Funktionspläne anwenden, hydraulische, pneumatische und elektrische Leitungen, Anschlüsse und mechanische Verbindungen prüfen f) Drücke an pneumatischen und hydraulischen Systemen messen und einstellen g) Wartungs- und Prüfanweisungen durchführen und Wartungsarbeiten durchführen h) Funktionskontrollen durchführen und Fehlerspeicher auslesen i) Arbeitsschritte sowie Prüf- und Messergebnisse dokumentieren

Zu vermittelnde Ausbildungsinhalte vor Teil 1 der Abschluss- oder Gesellenprüfung (1. bis 18. Monat) Abschnitt A: Berufsprofilgebende Fertigkeiten, Kenntnisse und Fähigkeiten
5. Diagnostizieren von Fehlern und Störungen an Fahrzeugen und Systemen (8 Wochen) a) Kundenbeanstandungen nachvollziehen, Funktionskontrolle durchführen und Diagnosewege festlegen b) Schäden und Funktionsstörungen an mechanischen, elektrischen, elektronischen, mechatronischen, pneumatischen, hydraulischen und vernetzten Systemen von Fahreugen und deren Komponenten feststellen c) Fehler und deren Ursachen mithilfe von Stromlauf und Funktionsplänen bestimmen d) Prüfprotokolle erstellen und Ergebnisse dokumentieren e) Bordnetz-, Ladestrom-, Start- und Beleuchtungssysteme prüfen und nach Kundenwünschen parametrieren, Ergebnisse dokumentieren f) Maßnahmen für die Vermeidung von Gefahren durch Isolationsfehler ergreifen g) Datenkommunikation zwischen Steuergeräten erkennen
6. Demontieren, Reparieren und Montieren von Bauteilen, Baugruppen und Systemen (18 Wochen) a) Bauteile, Baugruppen und Systeme außer Betrieb nehmen, demontieren, zerlegen, sicherheits- und gesundheitsgefährdende Stoffe identifizieren, auf Wiederverwendbarkeit prüfen, kennzeichnen und systematisch ablegen b) demontierte Bauteile und Baugruppen Systemen zuordnen und auf Vollständigkeit prüfen c) Bauteile und Baugruppen säubern, reinigen, konservieren und lagern d) Bauteile, Baugruppen und Systeme fügen, insbesondere Schraubverbindungen unter Beachtung der Teilefolge und des Drehmomentes herstellen e) Bauteile, Baugruppen und Systeme montieren, in Betrieb nehmen sowie auf Funktion und Formgenauigkeit prüfen f) Oberflächen für den Korrosionsschutz vorbereiten, Korrosionsschutz ergänzen und erneuern g) Lage von Bauteilen und Baugruppen prüfen, Lageabweichungen messen h) Bezugslinien, Bohrungsmitten und Umrisse unter Berücksichtigung der Werkstoffeigenschaften anreißen und körnen, Bauteile und Halbzeuge trennen und umformen i) Maschinenwerte von handgeführten und ortsfesten Maschinen bestimmen und einstellen; Werkstücke und Bauteile bohren und senken j) Innen- und Außengewinde herstellen und instand setzen k) elektrische Verbindungen und Anschlüsse herstellen, überprüfen, instand setzen und dokumentieren l) verschleißbehaftete Baugruppen und Systeme, insbesondere Bremsen, instand setzen m) Reifen montieren und Räder auswuchten

Zu vermittelnde Ausbildungsinhalte vor Teil 1 der Abschluss- oder Gesellenprüfung (1. bis 18. Monat) Abschnitt A: Berufsprofilgebende Fertigkeiten, Kenntnisse und Fähigkeiten
8. Aus-, Um- und Nachrüsten von Fahrzeugen (2 Wochen) a) Räder, Fahrwerks- sowie Karosseriebauteile fahrzeugbezogen bestimmen

Fertigkeiten, Kenntnisse und Fähigkeiten gemäß Ausbildungsberufsbild der Ausbildungsordnung Kraftfahrzeugmechatroniker/Kraftfahrzeugmechatronikerin, die während der gesamten Ausbildungszeit zu vermitteln sind:
Berufsbildung, Arbeits- und Tarifrecht a) Bedeutung des Ausbildungsvertrages, insbesondere Abschluss, Dauer und Beendigung erklären b) gegenseitige Rechte und Pflichten aus dem Ausbildungsvertrag nennen c) Möglichkeiten der beruflichen Fortbildung nennen d) wesentliche Teile des Arbeitsvertrages nennen e) wesentliche Bestimmungen der für den ausbildenden Betrieb geltenden Tarifverträge nennen
Aufbau und Organisation des Ausbildungsbetriebes a) Aufbau und Aufgaben des ausbildenden Betriebes erläutern b) Grundfunktionen des ausbildenden Betriebes wie Beschaffung, Fertigung, Absatz und Verwaltung erklären c) Beziehungen des ausbildenden Betriebes und seiner Beschäftigten zu Wirtschaftsorganisationen, Berufsvertretungen und Gewerkschaften nennen d) Grundlagen, Aufgaben und Arbeitsweise der betriebsverfassungs- oder personalvertretungsrechtlichen Organe des ausbildenden Betriebes beschreiben
Sicherheit und Gesundheitsschutz bei der Arbeit a) Gefährdung von Sicherheit und Gesundheit am Arbeitsplatz feststellen und Maßnahmen zu ihrer Vermeidung ergreifen b) berufsbezogene Arbeitsschutz- und Unfallverhütungsvorschriften anwenden c) Verhaltensweisen bei Unfällen beschreiben sowie erste Maßnahmen einleiten d) Vorschriften des vorbeugenden Brandschutzes anwenden; Verhaltensweisen bei Bränden beschreiben und Maßnahmen der Brandbekämpfung ergreifen

Fertigkeiten, Kenntnisse und Fähigkeiten gemäß Ausbildungsberufsbild der Ausbildungsordnung Kraftfahrzeugmechatroniker/Kraftfahrzeugmechatronikerin, die während der gesamten Ausbildungszeit zu vermitteln sind:
Umweltschutz Zur Vermeidung betriebsbedingter Umweltbelastungen im beruflichen Einwirkungsbereich beitragen, insbesondere a) mögliche Umweltbelastungen durch den Ausbildungsbetrieb und seinen Beitrag zum Umweltschutz an Beispielen erklären b) für den Ausbildungsbetrieb geltende Regelungen des Umweltschutzes anwenden c) Möglichkeiten der wirtschaftlichen und umweltschonenden Energie- und Materialverwendung nutzen d) Abfälle vermeiden; Stoffe und Materialien einer umweltschonenden Entsorgung zuführen
Erläuterung des Ausbildungsplanes Die zugeordneten Zeiten stellen lediglich **Richtwerte** dar. Der Ausbildungsbetrieb behält sich Änderungen im Zeitablauf aus betriebsbedingten Gründen oder aus Gründen, die in der Person des Auszubildenden liegen, vor. Die Zeitrichtwerte stellen **Brutto-Zeiten** dar. Sie sind um die Anteile für Berufsschule, Urlaub, Feiertage und Prüfungsvorbereitung zu verringern. Die Vermittlung der Ausbildungsblöcke ist innerhalb der einzelnen Lehrjahre **nicht zwingend** an eine Reihenfolge gebunden.

Grundlagen und Vorgehensweise bei der Erstellung eines einzelbetrieblichen Ausbildungsplanes

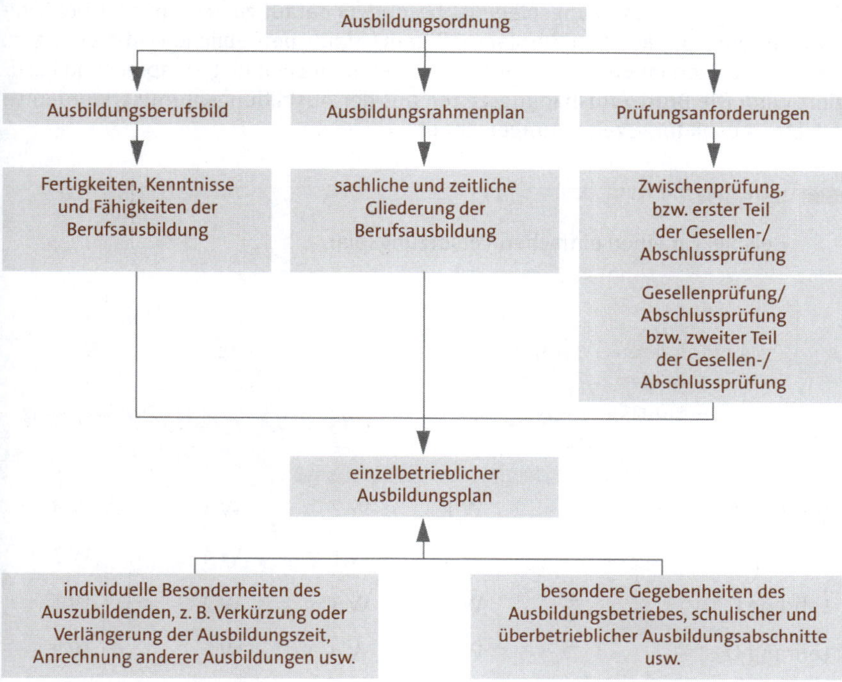

Auf dem Ausbildungsplan baut dann der Versetzungsplan auf. Klein- und Mittelbetriebe benötigen wegen der geringen Zahl an Auszubildenden oft keinen gesonderten Versetzungsplan. Hier ist der Versetzungsplan in den einzelbetrieblichen Ausbildungsplan eingebaut bzw. mit diesem identisch.
Wenn jedoch mehrere Lehrlinge im gleichen Ausbildungsjahr im Betrieb ausgebildet werden, ist es zweckmäßig, einen besonderen Versetzungsplan zu erstellen.

Der Versetzungsplan
- legt die von einem Lehrling während seiner Ausbildung zu durchlaufenden Arbeitsplätze und Betriebsabteilungen sowie die dort zu erledigenden Arbeiten fest,
- bestimmt den Zeitraum, den der Lehrling an den einzelnen Orten bleiben soll,
- beinhaltet die Versetzungstermine und die Reihenfolge des Arbeitsplatz- bzw. Abteilungswechsels.

Man unterscheidet

Einzelversetzungspläne

- Einzelversetzungspläne für einzelne Lehrlinge und
- Gesamtversetzungspläne für die Gesamtzahl der Lehrlinge eines Ausbildungsjahres.

Gesamtversetzungspläne

Fehlzeiten

Vor allem für Gesamtversetzungspläne ist es zweckmäßig, sie in Form von grafisch gestalteten Übersichten anzulegen oder Planungstafeln (zum Beispiel Magnethafttafeln) dafür zu verwenden.
Beim Vollzug der Versetzungspläne ist besonders darauf zu achten, dass bei Fehlzeiten infolge Krankheit, außerplanmäßigem Urlaub, betrieblichen Umstellungen, Sonderaufträgen im Betriebsablauf und anderem die Planung entsprechend korrigiert wird. Die Brutto-Ausbildungszeiten aus der Ausbildungsordnung werden so in Netto-Ausbildungszeiten umgerechnet.

Beispiel:

Beispiel für einen einfachen Versetzungsplan

Zeit (Kalenderwochen/Monat) / Lehrling	Januar	Februar	März	April	Mai
	1	2 3 4 5	6 7 8 9 10	11 12 13 14 15	16 17 18
Lehrling A	Urlaub	W 1	W 2	W 3	W 4
Lehrling B		W 2	W 1	W 4	W 3
Lehrling C		W 4	W 3	W 2	W 1
Lehrling D		W 3	W 4	W 1	W 2
W = Werkstattarbeitsplatz 1–4					

In einem solchen Versetzungsplan kann der Ausbilder auch eintragen, wie die Ausbildung dann tatsächlich abgelaufen ist. Er erhält damit eine Art Soll-Ist-Kontrolle.

Handlungsorientierte, fallbezogene Aufgaben

1. Sie setzen sich nach erfolgreicher Betriebsgründung mit der Frage auseinander, ob Sie zur Fachkräftesicherung künftig Auszubildende einstellen wollen. Aus Ihrer eigenen Meisterfortbildung wissen Sie noch, dass für die Berufsausbildung rechtliche Grundlagen und bestimmte Planungserfordernisse gelten.

   Aufgabe: Erläutern Sie das oberste Ziel der betrieblichen Ausbildungsplanung.

   >> Seite 107 |

2. In Ihrem Betrieb werden vier Lehrlinge im gleichen Ausbildungsjahr ausgebildet. Sie wollen für diese Lehrlinge einen Versetzungsplan erstellen.

   Aufgabe: Erklären Sie, wie Sie bei dessen Erstellung vorgehen und was Sie dabei zu beachten haben!

   >> Seiten 119 bis 120 |

2.2 Lernsituation: Möglichkeiten der Mitwirkung und Mitbestimmung der betrieblichen Interessenvertretung in der Berufsbildung darstellen und begründen

Kompetenzen:

- Möglichkeiten der betrieblichen Interessenvertretung in der Berufsbildung beschreiben.
- Mitwirkungsmöglichkeiten der Jugend- und Auszubildendenvertretung im Bereich der Berufsbildung darstellen.

2.2.1 Mitbestimmungsrechte der betrieblichen Interessenvertretung

2.2.1.1 Betriebsrat

In Betrieben mit mindestens fünf ständigen wahlberechtigten Arbeitnehmern einschließlich der zu ihrer Ausbildung Beschäftigten, von denen mindestens drei wählbar sein müssen, kann ein Betriebsrat gewählt werden.

Wahlberechtigung

Wahlberechtigt sind alle Arbeitnehmer und Auszubildenden, die 18 Jahre alt sind. Dazu zählen auch Leiharbeitnehmer, wenn sie länger als drei Monate im Betrieb eingesetzt werden.
Wählbar sind alle Beschäftigten, die 18 Jahre alt sind und dem Betrieb bereits sechs Monate angehören. Leiharbeitnehmer können nicht gewählt werden.
Die Zahl der Betriebsratsmitglieder richtet sich nach der Zahl der wahlberechtigten Arbeitnehmer und Auszubildenden.

Amtszeit

Die Amtszeit des Betriebsrates beträgt vier Jahre.

2.2.1.2 Rechte des Betriebsrates

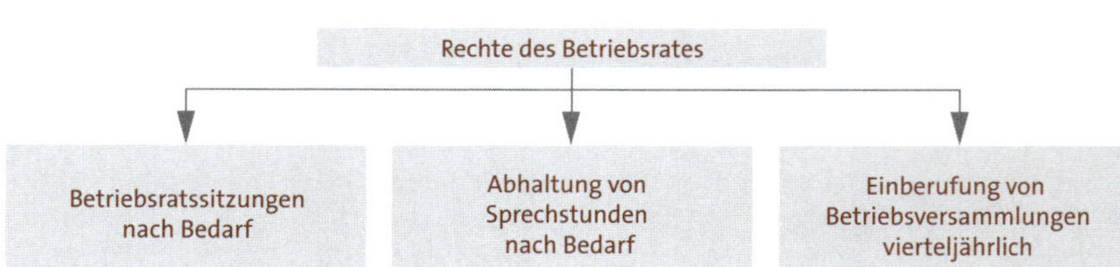

2.2.1.3 Zusammenarbeit zwischen Arbeitgeber und Betriebsrat

Arbeitgeber und Betriebsrat sollen unter Beachtung der geltenden Tarifverträge vertrauensvoll und im Zusammenwirken mit den im Betrieb vertretenen Gewerkschaften und Arbeitgeberverbänden zum Wohl der Arbeitnehmer und des Betriebes zusammenarbeiten. Sie unterliegen einer Friedenspflicht, können Betriebsvereinbarungen schließen und zur Beilegung von Meinungsverschiedenheiten eine Einigungsstelle bilden.

Friedenspflicht

Einigungsstelle

2.2.1.4 Mitwirkungs- und Mitbestimmungsrechte

Allgemeine Aufgabe des Betriebsrates ist es, darüber zu wachen, dass die Gesetze, Verordnungen, Unfallverhütungsvorschriften, Tarifverträge und Betriebsvereinbarungen eingehalten werden.

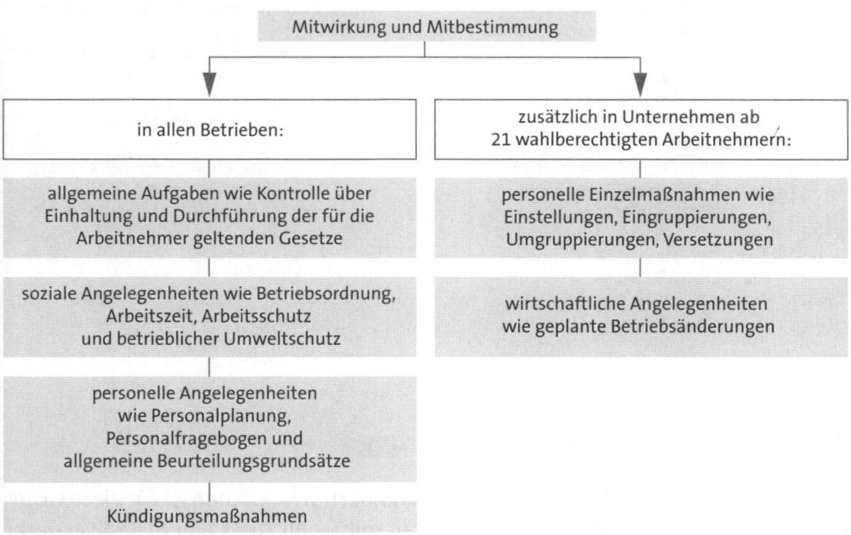

2.2.1.5 Rechte nach dem Allgemeinen Gleichbehandlungsgesetz

Das Allgemeine Gleichbehandlungsgesetz untersagt Benachteiligungen aus Gründen der Rasse oder wegen ethnischer Herkunft, des Geschlechts, der Religion oder Weltanschauung, einer Behinderung, des Alters oder der sexuellen Identität.

Allgemeines Gleichbehandlungsgesetz

Betriebsräte (aber auch im Betrieb vertretene Gewerkschaften) können bei groben Verstößen des Arbeitgebers gegen die Verpflichtung zum Schutz der Beschäftigten vor Benachteiligungen im Betrieb zu deren Unterbindung beim Arbeitsgericht eine erforderliche Handlung, Duldung oder Unterlassung verlangen. Sie können jedoch keine Ansprüche des Arbeitnehmers (Schadensersatz oder Entschädigung) durchsetzen.

2.2.1.6 Rechte des einzelnen Arbeitnehmers und Auszubildenden

Arbeitnehmer-rechte

Jeder Arbeitnehmer und Auszubildende hat nach dem Betriebsverfassungsgesetz folgende Rechte:

Arbeitnehmerrechte

- Einsicht in die Personalakten
- Beschwerderecht gegenüber Betrieb und Betriebsrat
- Unterrichtungs- und Erörterungspflicht des Arbeitgebers
  - Aufgaben und Verantwortung, Art der Tätigkeit sowie Einordnung in den Arbeitsablauf im Betrieb
  - Unfall- und Gesundheitsgefahren sowie Maßnahmen zu deren Abwendung
  - Auswirkungen auf den Arbeitsplatz aufgrund einer Planung von technischen Anlagen, von Arbeitsverfahren und Arbeitsabläufen
  - bei Tätigkeitsänderungen Erörterung der Möglichkeiten zur Anpassung der beruflichen Kenntnisse und Fähigkeiten
- Anhörungs- und Erörterungsrecht
  - bei betrieblichen Angelegenheiten, die die Person des Arbeitnehmers betreffen
  - Berechnung und Zusammensetzung des Arbeitsentgelts
  - Beurteilung der Leistungen
  - Möglichkeiten der beruflichen Entwicklung im Betrieb

2.2.1.7 Schwerbehindertenvertretung

In Betrieben mit mindestens fünf schwerbehinderten Menschen ist für diese Gruppe ein Vertrauensmann/eine Vertrauensfrau mit wenigstens einem Stellvertreter zu wählen, der/die die besonderen Interessen dieser Beschäftigten vertritt.

2.2.2 Mitwirkungsmöglichkeiten der Jugend- und Auszubildendenvertretung

2.2.2.1 Jugend- und Auszubildendenvertretung

In Betrieben mit in der Regel mindestens fünf Arbeitnehmern, die das 18. Lebensjahr noch nicht vollendet haben (jugendliche Arbeitnehmer) oder die zu ihrer Berufsausbildung beschäftigt sind und das 25. Lebensjahr noch nicht vollendet haben, werden neben dem Betriebsrat Jugend- und Auszubildendenvertretungen gewählt, die die Belange dieser Arbeitnehmer wahrnehmen.

Wahlberechtigt ist die oben beschriebene Personengruppe. Die Zahl der Jugend- und Auszubildendenvertreter richtet sich nach der Zahl der Jugendlichen und Auszubildenden, die in einem Betrieb beschäftigt sind. Ihre Amtszeit beträgt zwei Jahre.
Die Jugend- und Auszubildendenvertretung ist berechtigt, an den Sitzungen des Betriebsrates teilzunehmen.

2.2.2.2 Aufgaben der Jugend- und Auszubildendenvertretung

Allgemeine Aufgaben

Zu den allgemeinen Aufgaben gehören

- Maßnahmen, die den Jugendlichen und Auszubildenden dienen, insbesondere in Fragen der Berufsausbildung, beim Betriebsrat zu beantragen;
- darüber zu wachen, dass die zugunsten der Jugendlichen und Auszubildenden geltenden Gesetze und sonstigen Vorschriften durchgeführt werden;
- Anregungen von Jugendlichen und Auszubildenden entgegenzunehmen und, falls sie berechtigt erscheinen, beim Betriebsrat auf eine Erledigung hinzuwirken;
- Beantragung von Maßnahmen beim Betriebsrat, die die Integration ausländischer Jugendlicher und Auszubildender fördern.

Rechte

Dementsprechend hat die Jugend- und Auszubildendenvertretung über den Betriebsrat folgende Rechte:

- Antragsrecht
- Überwachungsrecht
- Anregungsrecht.

Handlungsorientierte, fallbezogene Aufgaben

1. In Ihrem Betrieb werden sechs junge Menschen unter 25 Jahren zur Berufsausbildung beschäftigt.

    Aufgabe: Erklären Sie, inwieweit Ihr Betrieb von den Möglichkeiten zur Bildung einer Jugend- und Auszubildendenvertretung betroffen ist! Was sind deren Aufgaben?

    >> Seiten 124 bis 125 |

2.3 Lernsituation: Kooperationsbedarf ermitteln und inhaltliche sowie organisatorische Abstimmung mit Kooperationspartnern, insbesondere der Berufsschule, durchführen

Kompetenzen:

- Nutzen von Kooperationsnetzwerken, insbesondere Berufsschule, überbetrieblicher Bildungsstätte, Beratern in Kammer und Innung sowie Arbeitsagentur, beschreiben.
- Möglichkeiten der Zusammenarbeit mit den an der Ausbildung beteiligten Kooperationspartnern klären.

2.3.1 Netzwerk wesentlicher Kooperationspartner in der Ausbildung

Für eine erfolgreiche Berufsausbildung ist es wichtig, dass alle Mitwirkenden und Partner eng und vertrauensvoll zusammenarbeiten. Zusammenarbeit

Nachstehend werden die wichtigsten Partner aufgeführt, die wesentlichen Gebiete der Zusammenarbeit erläutert und die Aufgaben der Handwerkskammern und der Innungen ihrer Bedeutung entsprechend dargestellt.

2.3.1.1 Zusammenarbeit mit der Berufsschule

Der Erfolg der Berufsausbildung im dualen System ist ganz entscheidend davon abhängig, wie gut die Lernorte Ausbildungsbetrieb und Berufsschule als Partner des dualen Systems zusammenarbeiten.

Etwaige gegenseitige Vorurteile sollten im Interesse der gemeinsamen Aufgabe abgebaut werden, denn letztlich stellen Berufsschule und Ausbildungsbetrieb einen gemeinsamen Bildungsraum dar.
Die wichtigsten Aufgabenbereiche der Zusammenarbeit des Ausbilders mit der Berufsschule gehen aus der folgenden Darstellung hervor: Aufgabenbereiche

Aufgabenbereiche der Zusammenarbeit des Ausbilders mit der Berufsschule

- Abstimmung der betrieblichen Ausbildungspläne mit den Lehrplänen der Berufsschule
- Herbeiführung des inhaltlichen und zeitlichen Gleichlaufs der Vermittlung von Fertigkeiten, Kenntnissen und Fähigkeiten, soweit möglich, zwischen Ausbildungsbetrieb und Berufsschule
- Abstimmung über Lehr- und Lernmaterial an beiden Lernorten
- periodisch wiederkehrende Information über den behandelten Lehrstoff in der Schule
- Information der Berufsschullehrer über neue technische Entwicklungen im Ausbildungsbetrieb
- Erfahrungsaustausch zwischen Ausbilder und Berufsschullehrer
- dem Berufsschullehrer Einsicht in die Ausbildungsnachweise geben
- Kontrolle über die tatsächliche Teilnahme der Lehrlinge am Berufsschulunterricht
- Besprechung der Ergebnisse von Zwischen- und Gesellenprüfungen bzw. des ersten und des zweiten Teils der Gesellen- bzw. Abschlussprüfung und Schulzeugnissen mit den Lehrern
- Besprechung von Schulversäumnissen und Lernschwierigkeiten einzelner Lehrlinge
- Verhinderung von Ausbildungsabbrüchen in konkreten Einzelfällen
- Durchführung von Praktika für Berufsschullehrer im eigenen Ausbildungsbetrieb

Zusätzliche Aufgaben

Neben den oben aufgeführten klassischen Funktionen des Ausbilders können sich zusätzliche Aufgaben bei der Zusammenarbeit mit der Berufsschule ergeben:

> Wenn der Berufsschulunterricht nicht im Teilzeitunterricht, sondern in Form der Blockschulung erfolgt, ergibt sich weiterer Abstimmungsbedarf, den der Ausbilder mit der Berufsschule klären muss.
> Wird das erste Ausbildungsjahr als kooperativ-duales Berufsgrundbildungsjahr durchgeführt, ist eine besondere inhaltliche, zeitliche und methodische Abstimmung mit der Berufsschule erforderlich.
> Weiteren Abstimmungsbedarf gibt es bei Absolventen des Berufsgrundschuljahres und der einjährigen Berufsfachschule.

2.3.1.2 Zusammenarbeit mit der überbetrieblichen Unterweisungsstätte

Ergänzung der betrieblichen Ausbildung

Die überbetrieblichen Unterweisungsstätten der Innungen und Handwerkskammern dienen der Ergänzung und Unterstützung der betrieblichen Ausbildung. Wichtige Aufgabenbereiche des Ausbilders für die Zusammenarbeit mit der überbetrieblichen Unterweisungsstätte ergeben sich aus folgender Abbildung:

Aufgabenbereiche der Zusammenarbeit des Ausbilders mit der überbetrieblichen Unterweisungsstätte

- Information darüber, welche überbetrieblichen Maßnahmen durchgeführt werden und welche Lehr- und Lernmaterialien verwendet werden
- inhaltliche und zeitliche Abstimmung des betrieblichen Ausbildungsplans mit den Rahmenlehrplänen der Lehrgänge der überbetrieblichen beruflichen Ausbildung
- Einplanung des Lehrgangstermins
- Anmeldung der Lehrlinge zur Teilnahme und ggf. zur internatsmäßigen Unterbringung während des Lehrgangs
- Überweisung der Lehrgangsgebühren und sonstiger Kosten an die Unterweisungsstätte
- Freistellung und Anhalten der Lehrlinge zur Teilnahme an den Lehrgängen
- Überwachung der Teilnahme der Lehrlinge an Lehrgängen
- Teilnahme an Besprechungsterminen und Besichtigungen bei überbetrieblichen Ausbildungsstätten
- Kontrolle der Aufnahme der Ausbildungsinhalte der überbetrieblichen Maßnahme in den Ausbildungsnachweis
- Aufbewahrung der Bestätigung über die Teilnahme der Lehrlinge an der überbetrieblichen Maßnahme

2.3.1.3 Zusammenarbeit mit der Handwerkskammer

Zuständige Stelle

Die Handwerkskammer ist für das Handwerk die für die Berufsausbildung und deren Förderung und Überwachung zuständige Stelle, mit der der Ausbilder eng zusammenarbeiten muss (auch >> Abschnitt 1.5.4.1). Wichtige Aufgabenbereiche der Zusammenarbeit gehen aus der nachstehenden Übersicht hervor:

Aufgabenbereiche der Zusammenarbeit des Ausbilders mit der Handwerkskammer

- Ausbildungsvorschriften beschaffen
- Berufsausbildungsverträge mit Lehrlingen abschließen oder deren Abschluss fristgerecht veranlassen
- Eintragung des Berufsausbildungsvertrages in die Lehrlingsrolle beantragen und die Gebühr bezahlen
- Informationen über überbetriebliche Ausbildungsmaßnahmen einholen
- Bescheinigung über die Pflichtuntersuchung nach dem Jugendarbeitsschutzgesetz vorlegen lassen und weiterleiten
- gegebenenfalls einen ausbildungsbeauftragten Ausbilder benennen
- Lehrlinge zur Zwischenprüfung und Gesellenprüfung bzw. zum ersten und zweiten Teil der Gesellenprüfung anmelden, sofern diese Prüfungen nicht von der Innung durchgeführt werden, und Bezahlung der Gebühren
- bei Bedarf mit dem Ausbildungsberater zusammenarbeiten
- notwendige Auskünfte an die Handwerkskammer erteilen
- Anordnungen der Handwerkskammer durchführen
- Beratung in Fragen der Ausbildungsförderung

2.3.1.4 Zusammenarbeit mit der Innung

Die Innung erfüllt wichtige Aufgaben im Rahmen der Berufsausbildung im Handwerk (auch >> Abschnitt 1.5.4.2).
In nachstehend aufgeführten Bereichen ergeben sich Aufgaben des Ausbilders zur Zusammenarbeit mit der Innung:

Aufgabenbereiche der Zusammenarbeit des Ausbilders mit der Innung

- Berufsausbildungsverträge gegebenenfalls melden
- Informationen über überbetriebliche Ausbildung einholen, sofern diese Maßnahmen von der Innung durchgeführt werden
- gegebenenfalls einen Ausbildungsbeauftragten benennen
- Lehrlinge zur Zwischenprüfung bzw. zum ersten Tei der Gesellenprüfung anmelden und Gebühr bezahlen, sofern die Handwerkskammer diese Prüfungen nicht selbst durchführt
- mit dem Lehrlingswart der Innung zusammenarbeiten
- Gesellenprüfungstermine beschaffen, sofern die Innung die Gesellenprüfung durchführt
- die Anmeldung zur Gesellenprüfung bzw. zum zweiten Teil der Gesellenprüfung veranlassen
- bei Lehrlingsstreitigkeiten den Ausschuss zur Schlichtung von Lehrlingsstreitigkeiten anrufen
- notwendige Auskünfte an die Innung erteilen
- Anordnungen der Innung auf dem Gebiet der Berufsausbildung befolgen
- gemeinsame Nachwuchswerbungsmaßnahmen durchführen

2.3.1.5 Zusammenarbeit mit der Agentur für Arbeit

Berufsberatung

Die Agentur für Arbeit ist die zuständige Stelle für die Beratung, Auswahl und Vermittlung von Lehrlingen. Deshalb sollte jeder Betrieb die Zusammenarbeit mit der Agentur für Arbeit suchen und Möglichkeiten der Kooperation ausloten.
Die Zusammenarbeit mit der Berufsberatung der Agentur für Arbeit umfasst nachstehende Bereiche.

Aufgabenbereiche der Zusammenarbeit des Ausbilders mit der Agentur für Arbeit:

- gemeinsame Berufsaufklärungsmaßnahmen
- Meldung offener Ausbildungsplätze an die Agentur für Arbeit
- Information der Berufsberatung über die betrieblichen Verhältnisse des Ausbildungsbetriebes
- Beurteilungskriterien für Ausbildungsstellenbewerber
- Zusammenarbeit bei der Durchführung von Eignungstests für Lehrlinge
- Betriebsbesichtigungen der Berufsberater
- gemeinsame „Tage der offenen Tür" mit der Agentur für Arbeit
- gemeinsame berufskundliche Ausstellungen oder sonstige Veranstaltungen
- Einschaltung der Berufsberatung bei Lernschwierigkeiten des Lehrlings
- Einschaltung der Berufsberatung bei Wechsel des Ausbildungsbetriebes oder Ausbildungsberufes
- Beratung in Fragen der finanziellen Förderung der Lehrlinge, insbesondere Arbeitsförderung und Ausbildungsförderung

2.3.1.6 Zusammenarbeit mit dem Gewerbeaufsichtsamt

Arbeitssicherheit

Jugendarbeitsschutz

Der Ausbilder hat auch mit dem Gewerbeaufsichtsamt Kontakte zu pflegen. Dabei geht es schwerpunktmäßig um Fragen der Arbeitssicherheit und um die gesetzlichen Bestimmungen, die für die Beschäftigung von Jugendlichen maßgebend sind (z. B. Jugendarbeitsschutzgesetz).

2.3.1.7 Zusammenarbeit mit den Eltern des Lehrlings

> Der Ausbildungserfolg kann wesentlich verbessert werden, wenn der Ausbilder mit dem Elternhaus des Lehrlings Kontakt hält und mit den Eltern zusammenarbeitet.

Wichtige Kontaktbereiche

Wichtige Bereiche für Kontakte sind u. a.:

- die Teilnahme der Eltern am Vorstellungsgespräch
- Betriebsbesichtigung durch die Eltern
- regelmäßige Kontakte in zeitlichen Abständen zwischen Eltern und Ausbilder
- besondere Kontaktgespräche bei Lernschwierigkeiten und Fehlverhalten des Lehrlings im Ausbildungsbetrieb oder in der Berufsschule
- Elternmitteilungen des Ausbilders in regelmäßigen Abständen.

2.3.1.8 Zusammenarbeit mit dem Betriebsrat

Mitwirkungsrechte

Sofern in einem Handwerksbetrieb ein Betriebsrat besteht, hat er eine Reihe von Mitwirkungs- und Mitgestaltungsrechten bei der Ausbildung im Betrieb. Deshalb ist eine gute Zusammenarbeit zwischen Betriebsrat und Ausbilder bzw. Ausbildendem notwendig und wichtig (nähere Einzelheiten im >> Abschnitt 2.2.1).

2.3.1.9 Zusammenarbeit mit der Jugend- und Auszubildendenvertretung

Interessen der Lehrlinge

Die Jugend- und Auszubildendenvertretung nimmt die Interessen der Lehrlinge und der jugendlichen Arbeitnehmer wahr. Sie vertritt die Interessen im Betriebsrat (Einzelheiten im >> Abschnitt 2.2.2).

2.3.2 Möglichkeiten der Lernortkooperation

Aus den unterschiedlichen Zuständigkeiten und Aufgabenstellungen der einzelnen Lernorte im dualen System ergeben sich Abstimmungs- und Koordinierungsprobleme.
Alle Ausbildungsträger haben die Aufgabe, zum Erreichen des gemeinsamen Ausbildungszieles beizutragen. Um unnötigen Leerlauf und Überschneidungen zu vermeiden, erfordert das bestehende System eine weitgehende gegenseitige Aufgeschlossenheit, Abstimmung und Kooperation zwischen den Beteiligten.

Ausbildungsstoff und Zeitablauf

Die Abstimmung bezieht sich auf den Ausbildungsstoff und den Zeitablauf der Ausbildung. Dabei sind vorher die einzelnen Anteile und Funktionen der unterschiedlichen Kooperationspartner klar abzugrenzen.

Maßnahmen zur Abstimmung und Kooperation zwischen Schule und Betrieb:

- Abstimmung der Ausbildungsrahmenpläne, der Ausbildungsordnungen und der Rahmenstoffpläne für die Berufsschule
- Abstimmung der Ausbildungspläne, der überbetrieblichen Ausbildungspläne mit den Ausbildungsrahmenplänen und den Rahmenstoffplänen
- Abstimmung von Lehr- und Anschauungsmaterial
- Einsichtnahme der Berufsschule in die Ausbildungsnachweise
- Zusammenarbeit und Erfahrungsaustausch bei Zwischen- und Gesellenprüfungen bzw. erstem und zweitem Teil der Gesellenprüfung
- gegenseitige Besuche
- Erfahrungsaustausch zwischen Lehrern an Berufsschulen, Ausbildungsmeistern der überbetrieblichen Ausbildungsstätten und den Ausbildungsbetrieben
- Lehrerfortbildung in Betrieben
- Bildung von Arbeitskreisen Schule/Wirtschaft

Handlungsorientierte, fallbezogene Aufgaben

1. Sie bilden als Inhaber eines Handwerksbetriebes mit abgelegter Meisterprüfung erstmals Lehrlinge aus. Alle innerbetrieblichen Vorbereitungen für die Ausbildung haben Sie getroffen. Für eine erfolgreiche Berufsausbildung ist es darüber hinaus für Sie als Ausbilder wichtig, mit allen Mitwirkenden und Partnern im dualen System eng und vertrauensvoll zusammenzuarbeiten. Dieses Ziel wollen Sie bestmöglich erreichen.

   Als wichtigste Partner sehen Sie dabei **neben** der Handwerkskammer an:

   A: die Berufsschule

   B: die überbetriebliche Unterweisungsstätte

   C: die Innung

   D: die Agentur für Arbeit

   E: das Gewerbeaufsichtsamt

   F: die Eltern des Auszubildenden.

   Aufgabe: Stellen Sie dar, auf welchen Gebieten mit welchen Aufgabenstellungen mit den aufgeführten Partnern zusammenzuarbeiten ist!

   a) Erläutern Sie die wichtigen Aufgaben bei der Zusammenarbeit mit dem Partner A!

   b) Erklären Sie die Aufgabenbereiche bei der Zusammenarbeit mit dem Partner B!

   c) Zeigen Sie Ihre Aufgaben auf, die bei der Zusammenarbeit mit dem Partner C zu erledigen sind!

   d) Geben Sie an, auf welchen Gebieten mit dem Partner D zusammenzuarbeiten ist!

   e) Nehmen Sie kurz Stellung, in welchen Bereichen Sie mit dem Partner E zusammenarbeiten!

   f) Schildern Sie, in welchen Bereichen Sie mit dem Partner F zusammenarbeiten!

   >> Seiten 127 bis 133 |

2. Als selbstständiger Handwerksmeister sind Sie Mitglied der Handwerkskammer und wissen, dass diese u.a. die gesetzliche Interessenvertretung des Handwerks, wichtigstes Selbstverwaltungsorgan und ein Instrument zur Handwerksförderung ist. Auf dem Gebiet der Berufsbildung ist sie die vom Gesetzgeber festgelegte zuständige Stelle. Die Handwerkskammer ist ferner ein Instrument für die Unterstützung und Qualitätssicherung der Ausbildung.

   Aufgabe: Beschreiben Sie deren Aufgaben, die für Sie als Ausbildungsbetrieb wichtig sind!

   >> Seiten 129 bis 130 |

2.4 Lernsituation: Kriterien und Verfahren zur Auswahl von Auszubildenden auch unter Berücksichtigung ihrer Verschiedenartigkeit anwenden

Kompetenzen:

> Möglichkeiten zur Anwerbung von Ausbildungsinteressenten darstellen und bewerten.
> Anforderungen des Ausbildungsberufs und Eignungsvoraussetzungen als Auswahlkriterien herausstellen.
> Geeignete Verfahren zur Auswahl von Bewerbern unter Berücksichtigung unterschiedlicher Bewerbergruppen anwenden und rechtliche Regeln beachten.
> Ausbildungsbewerbern die mit der Ausbildung verbundenen Berufslaufbahnperspektiven aufzeigen.

2.4.1 Berufswahl

Eine grundlegende Voraussetzung für die richtige Berufswahl ist die Berufseignung.

Die Berufseignung liegt vor, wenn der Bewerber oder Interessent über die Merkmale verfügt, die Voraussetzung für die jeweils geforderte berufliche Leistungshöhe sind, und der Ausbildungsberuf, die berufliche Tätigkeit oder die berufliche Position die Merkmale aufweist, die Voraussetzung für die berufliche Zufriedenheit der Person sind.

Berufseignung

Der gesamte Prozess der Wahl eines Berufes verläuft in der Regel aber über einen längeren Zeitraum.
Verschiedene Stufen der Begegnung mit der Berufs- und Arbeitswelt sind u. a.:

Berufswelt

> eigene Beobachtungen von Kindern und Jugendlichen im alltäglichen Umgang mit arbeitenden Menschen
> der berufskundliche Unterricht in den allgemeinbildenden Schulen
> die Teilnahme an Betriebspraktika
> berufsvorbereitende Bildungsmaßnahmen
> die Inanspruchnahme der Berufsberatung.

Einflüsse

Die eigentliche Berufswahl stellt für jeden Menschen eine schwierige, aber auch sehr wichtige Entscheidung dar. Von der richtigen Wahl unter der großen Zahl möglicher Berufe hängt schließlich ein wesentlicher Teil des persönlichen Lebensglücks ab, auch wenn heute wachsende Bereitschaft zu beruflicher Mobilität gefordert wird. Auf die gesamte Berufswahl wirken daneben eine Vielzahl von Umwelteinflüssen, wie beispielsweise:

> Familie
> Verwandtschaft und Nachbarschaft
> Freundeskreis

- Berichte in Zeitungen, Zeitschriften und Online-Medien
- Nachwuchswerbemaßnahmen von Betrieben und Handwerksorganisationen
- Rundfunk, Fernsehen, Filme, Internet
- Jugendveranstaltungen
- Berufsberatung
- Ausbildungsmöglichkeiten am Wohnort oder in der Nähe.

Einstellungen

Die jungen Menschen haben zwar sehr unterschiedliche und vielfältige, aber insgesamt doch sehr positive Einstellungen zum Beruf. Leistung und Erfolg werden als wesentlicher Bestandteil des Lebens angesehen:

- Die überwiegende Mehrheit der Jugendlichen äußert sich in ihrer Lebenseinstellung zufrieden, optimistisch und aufstiegsorientiert.
- Genauso sehen sie in einer abgeschlossenen Berufsausbildung einen hohen Stellenwert und eine notwendige Voraussetzung für einen sicheren Arbeitsplatz bzw. eine spätere Selbstständigmachung.
- Die Jugend ist offen gegenüber Technik und Leistung.

Motive

Bei der endgültigen Entscheidung für einen Beruf, bei der die Jugendlichen sich heute weniger an den Berufen der Eltern orientieren, sondern frei und selbstbestimmt vorgehen, spielen neben Eignung und Neigung insbesondere vier Motive eine wichtige Rolle.

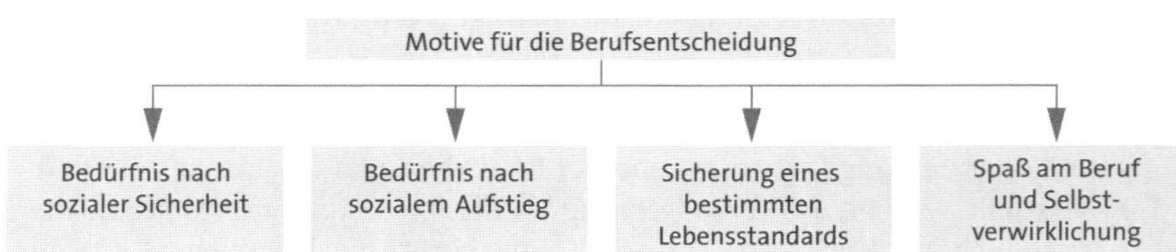

Ferner ist zu berücksichtigen, dass sich Werte (Einstellungen) ständig weiterentwickeln oder neue Werte hinzukommen. Gerade die junge Generation hat oft andere Werte als ihre Eltern. Jeder Wertewandel eröffnet auch Chancen. Deshalb muss sich der Ausbilder ebenfalls damit auseinandersetzen. Er sollte darauf achten, dass sich betriebliche Ausbildungs-, Arbeits- und Organisationskonzepte und Einstellungen der Lehrlinge und Mitarbeiter nicht auseinanderentwickeln.
Die Werteentwicklung ist heute unter anderem dadurch gekennzeichnet, dass Ziele wie Ordnung, Sicherheit und körperliche Unversehrtheit in ihrem Stellenwert hinter Bedürfnissen wie Zugehörigkeit, Achtung, Selbstverwirklichung und Teilhabe an Entscheidungen zurücktreten. In Ausbildung und Beschäftigung führt dies zu veränderten Formen des Arbeitskräfteeinsatzes wie Gruppen- oder Projektarbeit.
Bemerkenswert ist, dass der beruflichen Erwerbstätigkeit nach wie vor ein hoher Stellenwert beigemessen wird, allerdings ändern sich die Erwartungen, die an sie gestellt werden. Nicht nur ein hohes Einkommen wird erwartet, sondern vermehrt gute Aufstiegschancen, sichere und gesunde Arbeitsbedingungen, eine selbstständige und interessante Tätigkeit sowie das Finden von Anerkennung. Gerade das Handwerk hat mit seinen Berufen hier viel zu bieten.
Im Handwerk spielt auch das Berufsethos nach wie vor eine Rolle, also eine bestimmte innere Einstellung und Werthaltung gegenüber dem Beruf. Denn immer

noch gilt, dass gerade Handwerksberufe die beste Möglichkeit bieten, sich im Beruf selbst zu verwirklichen.
Für den Betriebsinhaber und Ausbilder ist es wichtig, für sich und den Betrieb die Schlussfolgerung zu ziehen, dass nur derjenige den Wettbewerb um die besten Arbeits- und Nachwuchskräfte gewinnen wird, der den Wertewandel ausreichend in seiner Personalpolitik berücksichtigt.

2.4.2 Möglichkeiten zur Anwerbung von Ausbildungsinteressenten

Ausbildungspakt

Im Rahmen des Ausbildungspaktes zwischen der Bundesregierung und den Spitzenverbänden der Wirtschaft (der in der bisherigen Form bis 2014 lief und verlängert werden soll. Bei Drucklegung waren die Verhandlungen noch nicht abgeschlossen) wird dem Übergang von der Schule in die Ausbildung besondere Bedeutung beigemessen. Berufsorientierung und Berufswahlvorbereitung sollen verbessert und die Ausbildungsreife gesichert werden. Vergleichbare Bestrebungen und Maßnahmen gibt es auch auf Länderebene.

2.4.2.1 Informationsmöglichkeiten zur Berufswahl

Berufsberatung und Lehrstellenvermittlung der Agentur für Arbeit

Berufsberatung
Berufsfindung

Insbesondere die Berufsberatung der Arbeitsverwaltung spielt bei der Berufswahl eine sehr wichtige Rolle. Sie unterstützt die Berufsfindung, gibt also wesentliche Hilfen, die der Berufswahl dienen. Die überwiegende Mehrzahl der jungen Menschen nimmt diese Dienste in Anspruch.

> Zentrale Aufgabe der Berufsberatung ist es, dem jungen Menschen die Kenntnisse zu vermitteln, die nötig sind, um zu einer sachgerechten Entscheidung bei der Berufswahl zu kommen. Die Berufsberatung ist unentgeltlich und darf nicht berufslenkend wirken.

Arbeitslosengeld II

Nach den Regelungen von Hartz IV können Jugendliche, die selbst oder deren Eltern Empfänger von Arbeitslosengeld II sind, die Berufsberatung der jeweiligen Agentur für Arbeit in Anspruch nehmen. Auch Träger der Grundsicherung können diese anbieten. Für die Vermittlung von Ausbildungsstellen für diesen Personenkreis ist dann entweder der Träger der Grundsicherung zuständig oder die von ihm beauftragte Agentur für Arbeit.
Wesentliche Leistungen der Berufsberatung sind:

- **Orientierung** der Schüler über berufliche Möglichkeiten und Fragen der Berufswahl
- **Beratung** in persönlichen Gesprächen
- **Vermittlung** von Ausbildungsstellen durch engen Kontakt mit Ausbildungsbetrieben
- **Veranstaltung** von berufskundlichen Vorträgen, Berufserkundungen, vertieften Berufsorientierungen, Messen, Elternabenden
- **individuelle Unterstützung** durch Berufseinstiegsbegleiter
- **Informationen** mit Schriften und anderen Medien sowie ein ausführliches Internetangebot

> **Berufsinformationszentrum** (BIZ) mit Informationsveranstaltungen, Informationsmappen, Büchern, Zeitschriften und PC-Arbeitsplätzen, über die zahlreiche Informationsangebote rund um die Ausbildung abgerufen werden können
> **Förderung** berufsvorbereitender Lehrgänge
> **finanzielle Förderung** der Berufsausbildung (wie z. B. Ausbildungszuschuss, Berufsausbildungsbeihilfe, Umzugskostenhilfe, Übergangshilfe, Ausrüstungsbeihilfe, Hilfen an Menschen mit Behinderung) bei Vorliegen bestimmter Voraussetzungen.

Über das Internet (www.arbeitsagentur.de) können Ausbildungsplatzsuchende auf eine umfassende **Jobbörse** und Betriebe, die Auszubildende suchen, auf eine **Stellen- und Bewerberbörse** zugreifen.

Jobbörse

Über einen persönlichen Zugang ermöglicht die Jobbörse u. a.:

> eine einfache und schnelle Stellensuche
> die Anlegung eines individuellen Bewerberprofils
> die Verwaltung der Bewerbungsunterlagen.

Stellen- und Bewerberbörse

Die Stellen- und Bewerberbörse ermöglicht den Betrieben:

> die Veröffentlichung ihrer Lehrstellenangebote
> den Zugang zu Bewerbern
> die Darstellung des Unternehmens und der Ausbildungsplätze.

Berufsvorbereitende Aktivitäten allgemeinbildender Schulen

Nach einer Rahmenvereinbarung über die Zusammenarbeit von Schule und Berufsberatung zwischen der Kultusministerkonferenz und der Bundesagentur für Arbeit muss allen jungen Menschen ein erfolgreicher Übergang in Ausbildung, Studium und Erwerbsleben ermöglicht werden. Dies soll erreicht werden durch

> Zusammenarbeit im Prozess der Berufswahlvorbereitung und
> Zusammenarbeit beim Übergang Schule/Beruf.

Berufswahlvorbereitung

Bei der Berufswahlvorbereitung bzw. Berufsorientierung soll die Schule insbesondere

> grundlegende Kenntnisse über die Wirtschafts- und Arbeitswelt vermitteln,
> in unterschiedlichen Fächern und fächerübergreifend über die Grundlagen der Berufswahlentscheidung informieren,
> in Kooperation mit der regionalen Wirtschaft Schülerinnen und Schüler dabei unterstützen, über Praktika und andere betriebliche Kontakte reale Einblicke in die Arbeitswelt zu bekommen.

Die Bundesagentur für Arbeit unterstützt dies dadurch, dass

> die Berufsberatung in schulischen Veranstaltungen über die Anforderungen des Arbeitslebens und der Berufe und über die Situation auf dem Arbeits- und Ausbildungsmarkt, das Dienstleistungangebot der Berufsberatung, über die Förderung der beruflichen Ausbildung und über berufsvorbereitende Bildungsmaßnahmen informiert,
> über die Berufsinformationszentren ein umfangreiches und flächendeckendes Selbstinformationsangebot für die Nutzung durch Schulen und Einzelpersonen angeboten wird,

> den Schulen nach unterschiedlichen Zielgruppen differenzierte berufsorientierende Medien sowie berufs-, ausbildungs- und studienkundliche Informationen zur unterrichtlichen und individuellen Nutzung zur Verfügung gestellt werden.

Übergang Schule/Beruf

Beim Übergang Schule/Beruf liegt der Beitrag der Schule darin, dass sie zur frühzeitigen Unterstützung aller Jugendlichen eng mit Betrieben, Kammern, Verbänden und der Berufsberatung sowie mit beruflichen Schulen, (Fach-)Hochschulen und Universitäten zusammenarbeitet.
Die Bundesagentur für Arbeit leistet ihren Beitrag insbesondere durch

> ihren persönlichen Vermittlungsservice,
> ihr Internetangebot für Jugendliche, die einen persönlichen Vermittlungsprozess nicht wünschen,
> Vermittlung individueller Betriebserkundungen.

Übergangsmanagement

Der Hauptausschuss des Bundesinstituts für Berufsbildung empfiehlt ein Übergangsmanagement, das an folgenden Leitlinien ausgerichtet werden soll:

> frühzeitige Vorbereitung für einen gelingenden Übergang
> individuelle Förderung und Begleitung junger Menschen
> Nähe zur Berufs- und Betriebspraxis
> regionale Koordinierung und Steuerung
> Transparenz und Anschlussfähigkeit.

Netzwerke

Zur Stärkung der Berufsorientierung und Ausbildungsreife sowie Vermittelbarkeit sollen alle Partner – insbesondere Schulen, Betriebe, Kammern, Verbände, Arbeitsagenturen und Bildungsträger – möglichst eng vor Ort in Netzwerken zusammenarbeiten.

Kriterien der Ausbildungs- und Berufswahlreife

Ausbildungsreife

Ausbildungsreife liegt dann vor, wenn eine Person die allgemeinen Merkmale der Bildungs- und Arbeitsfähigkeit erfüllt und die Mindestvoraussetzungen für den Einstieg in die berufliche Ausbildung mitbringt.

Kriterien dafür sind:

Kriterien

> schulische Basiskenntnisse wie (Recht-)Schreiben, Lesen (mit Texten und Medien umgehen), Sprechen und Zuhören, mathematische Grundkenntnisse, wirtschaftliche Grundkenntnisse
> psychologische Leistungsmerkmale wie Sprachbeherrschung, rechnerisches Denken, logisches Denken, räumliches Vorstellungsvermögen, Merkfähigkeit, Bearbeitungsgeschwindigkeit, Befähigung zur Daueraufmerksamkeit
> physische Merkmale wie altersgerechter Entwicklungsstand und gesundheitliche Voraussetzungen
> Merkmale des Arbeitsverhaltens und der Persönlichkeit wie Durchhaltevermögen und Frustrationstoleranz, Kommunikationsfähigkeit, Konfliktfähigkeit, Leistungsbereitschaft, Selbstorganisation/Selbstständigkeit, Sorgfalt, Teamfähigkeit, Umgangsformen, Verantwortungsbewusstsein, Zuverlässigkeit
> Berufswahlreife, also Selbsteinschätzungs- und Informationskompetenz.

Berufswahlreife

Berufswahlreife bedeutet, dass jemand in der Lage ist, anhand seiner Eignung, seiner Neigungen und Begabungen die richtige Berufsentscheidung zu treffen. Die Berufswahlreife steigt mit zunehmendem Lebensalter.

Einschlägige Statistiken zeigen, dass die Zahl der Ausbildungsabbrecher und der Berufswechsler umso geringer wird, je älter bzw. reifer die Jugendlichen bei der Berufswahl waren.

Betriebs- und Arbeitsplatzerkundung

Besonders wichtig bei der Berufsorientierung ist die Betriebs- und Arbeitsplatzerkundung. Inhalte im Unterricht sind hier u. a.:

- Ängste und Befürchtungen der Schüler
- Berufserkundungen und Betriebspraktika, Schülerinformationstage, Projektwochen
- Berufswahlhilfen der Agentur für Arbeit
- Berufsberater in der Schule und Erkundungen im Berufsinformationszentrum
- schulische Bildungswege
- Bewerbungsschreiben
- Eignungstests
- Rechte und Pflichten des Auszubildenden.

Vermittelbarkeit

Vermittelbar ist eine Person, wenn bei gegebener beruflicher Eignung ihre Vermittlung in eine entsprechende Ausbildung oder berufliche Tätigkeit nicht durch Einschränkungen erschwert oder verhindert wird.

Solche Einschränkungen können marktabhängig und betriebs- bzw. branchenbezogen bedingt sein; sie können aber auch in der Person selbst oder ihrem Umfeld liegen.

2.4.2.2 Nachwuchswerbung durch die Betriebe

Die Sicherung des beruflichen Nachwuchses ist eines der zentralen Anliegen des Handwerks. Der hohe Anteil von Realschülern und Gymnasiasten sowie das teilweise veränderte Berufswahlverhalten vieler junger Menschen zugunsten kaufmännischer und verwaltender Berufe und der Berufe rund um den Computer und die Bevölkerungsentwicklung (niedrige Geburtenraten) bringen es mit sich, dass das Handwerk – allerdings mit Unterschieden nach Regionen und Berufen – Probleme bei der Nachwuchsgewinnung hat.
Um auch in Zukunft über qualifizierte Fachkräfte verfügen zu können, ist das Handwerk hinsichtlich Anzahl und Qualität auf ausreichenden beruflichen Nachwuchs angewiesen.

Akquisition von Lehrlingen

Für den einzelnen Ausbildungsbetrieb heißt dies, dass der Beschaffung (Akquisition) von Lehrlingen ein entsprechend hoher Stellenwert einzuräumen ist. Die Lehrlingsakquisition darf nicht als Nebensache behandelt, sondern sie muss als Nachwuchswerbung mit System betrieben werden.

Werbeveranstaltungen

Geeignete Werbeveranstaltungen aus der Sicht der Betriebe sind vor allem:

- > Betriebsbesichtigungen in Handwerksbetrieben
- > Betriebspraktika in Handwerksbetrieben (hierzu kann auch die Praktikantenbörse der Bundesagentur für Arbeit genutzt werden; auch einzelne Handwerkskammern bieten derartige Börsen an)
- > Tage der offenen Tür in Handwerksbetrieben
- > Sponsoring von Veranstaltungen
- > Beteiligung an Schulveranstaltungen.

Image

Jeder Betriebsinhaber muss sich ferner darüber im Klaren sein, dass das Image seines Betriebes ein besonders wichtiges Werbeinstrument auch im Hinblick auf die Nachwuchsgewinnung ist.

2.4.2.3 Einzelne Akquisitionsinstrumente der Betriebe

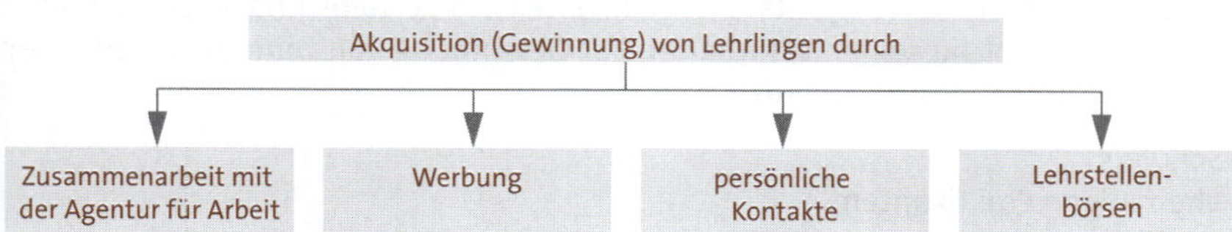

Zusammenarbeit mit der Agentur für Arbeit

> Bei der Suche nach Lehrlingen wird grundsätzlich eine enge Zusammenarbeit mit der Berufsberatung der Arbeitsverwaltung empfohlen.

Berufsberatung

Nahezu jeder Jugendliche befragt nämlich im Zusammenhang mit der Berufswahl den Berufsberater der Agentur für Arbeit. Deshalb ist es wichtig, dass der Betrieb offene Lehrstellen der Agentur für Arbeit rechtzeitig meldet. Die schon in dieser Lernsituation beschriebenen Informations- und Vermittlungssysteme sollte daher jeder Ausbilder bzw. Ausbildende, der Lehrlinge sucht, kennen und nutzen.

Werbung

> Anzeigen

Gestaltungselemente

Stellenanzeigen in Tageszeitungen, Werbebeilagen und anderen Druckmedien, vermehrt aber auch im Internet, sind ein wichtiges Mittel der Personalbeschaffung. Um erfolgreich zu sein und sich doch von der Vielzahl anderer Stellenanzeigen abzuheben, sollte die Anzeige bestimmte Gestaltungselemente wie einen geeigneten Blickfang enthalten.

> Die Anzeige sollte so ausführlich sein, dass der Angesprochene wesentliche Informationen über den Ausbildungsplatz, die Anforderungen und die gebotenen Leistungen sowie den suchenden Betrieb (Name, Anschrift, Telefonnummer, Internet- und E-Mail-Adresse) erhält.

Im Einzelfall können hierfür entsprechende Berater hinzugezogen werden.

> Aushänge

Gleich oder ähnlich lautende Texte wie in der Zeitungsanzeige können auch an geeigneten Stellen wie Schulen (soweit diese das zulassen) und bekannten Jugendtreffpunkten ausgehängt werden.

> Rundfunk und Fernsehen

Die gewachsene Vielfalt von Rundfunk- und Fernsehsendern, insbesondere die lokalen Sender, sind eine weitere und oftmals auch kostengünstige Möglichkeit, die zur Lehrstellenwerbung genutzt werden kann.

Persönliche Kontakte

Kontaktpartner

Gerade in dem engen lokalen und regionalen Umfeld, in dem Handwerksbetriebe in der Regel tätig sind, sollten persönliche Kontakte, die bei der Auftragsbeschaffung eine wichtige Rolle spielen, auch zur Gewinnung von Lehrlingen genutzt werden. Dies gilt nicht nur für Kontaktmöglichkeiten des Betriebsinhabers selbst, sondern auch für solche seiner Mitarbeiter. Zur Gewinnung von Lehrlingen sollte der Kontakt vor allem gesucht werden zu

> Schulen,
> ehemaligen Praktikanten,
> Vereinen und
> Kunden.

Lehrstellenbörsen

Internet

Von zahlreichen Stellen werden Lehrstellenbörsen angeboten oder auch Ausbildungsmessen abgehalten. Darunter sind Veranstaltungen verschiedenster Art zu verstehen, um Anbieter von Ausbildungsplätzen und Lehrstellensuchende zusammenzuführen. Auch elektronische Lehrstellenbörsen im Internet, z. B. von der Agentur für Arbeit oder von Handwerkskammern, werden verstärkt angeboten. Auch Apps für Smartphones wie der „Lehrstellenradar" helfen, Ausbildungsbetriebe und Ausbildungsinteressenten zusammenzubringen.

2.4.2.4 Beratung durch die Handwerksorganisationen

Die Handwerksorganisationen – Handwerkskammern, Kreishandwerkerschaften, Innungen und Fachverbände – informieren ebenfalls vielfältig zur Berufswahl und unterstützen die Betriebe bei ihren oben genannten Aktivitäten. Nachwuchswerbekampagnen stehen dabei im Vordergrund.
Besondere Zielgruppen für die Nachwuchssicherung sind (wobei es Unterschiede je nach Schulsystem eines Bundeslandes geben kann):

> Haupt- bzw. Mittelschulabgänger
> Realschüler
> Abiturienten
> Mädchen
> ausländische Jugendliche/Jugendliche mit Migrationshintergrund.

Die Nachwuchswerbung muss dabei ansetzen bei

> den Jugendlichen selbst,
> den Eltern,

- den Lehrern der allgemeinbildenden Schulen,
- der Berufsberatung der Agentur für Arbeit.

Wichtig ist hierbei der geeignete Einsatz von Werbematerialien und Werbeveranstaltungen.
Besondere Informations- und Werbematerialien für die Nachwuchswerbung sind:

- Sonderbeilagen in Tageszeitungen und Zeitschriften
- Anzeigen
- Broschüren
- Faltblätter
- Lehrerinformationsmappen, Unterrichtssequenzen
- Kalender
- Plakate
- Informationswände
- Videofilme
- Rundfunkspots
- Kinospots
- T-Shirts
- CD-ROMs/DVDs
- Internet
- soziale Netzwerke.

Ausbildungsberater und Lehrlingswart

Die Berater der Handwerkskammern und die Lehrlingswarte der Innungen stehen in Fragen zur Berufswahl als Ansprechpartner für Jugendliche, Eltern, Schulen, Betriebe und die Arbeitsverwaltung zur Verfügung.

2.4.3 Kriterien für die Bewerberauswahl

> Die Voraussetzungen des Lehrlings für den Beruf und den Betrieb werden im persönlichen Eignungsprofil einerseits und im beruflichen Anforderungsprofil andererseits festgehalten. Bei dessen Festlegung dient dem Ausbilder das Ausbildungsberufsbild als wichtige Unterlage.

Eignungsprofil

Das persönliche Eignungsprofil beschreibt erwartete

- Interessen (etwa für Menschen, Ideen),
- persönliche Eigenschaften (wie Freundlichkeit, Gewissenhaftigkeit),
- körperliche und gesundheitliche Merkmale (wie Belastbarkeit),
- Fähigkeiten (wie Sprachbeherrschung und rechnerisches Denken)

des Bewerbers.

Anforderungsprofil

Das berufliche Anforderungsprofil sollte insbesondere enthalten:

- Arbeitstätigkeiten
- Lernanforderungen
- Arbeitsbedingungen.

Die besten Voraussetzungen sind gegeben, wenn sich Eignung des Jugendlichen und Anforderungen des Betriebes weitgehend entsprechen.

2.4.4 Verfahren für die Bewerberauswahl

2.4.4.1 Bewerbergruppen

Die Ausbildungsstellenbewerber lassen sich nach folgenden Gruppen (wobei niemand wegen der Zugehörigkeit zu einer dieser Gruppen benachteiligt werden darf) einteilen:

> Geschlecht
> Schulabschluss
> Staatsangehörigkeit
> Alter.

Bei den nachfolgend geschilderten Maßnahmen zur Nachwuchsgewinnung ist dies jeweils zu berücksichtigen.

2.4.4.2 Bewertung von Bewerbungsunterlagen

Wichtige Bewerbungsunterlagen sind:

- Anschreiben
- Lebenslauf mit Foto
- Zeugnisse (Kopien)
- Bescheinigung über Praktika/Kurse.

Beim Anschreiben, das heute in der Regel mit dem Computer und nicht mehr in Handschrift erstellt wird, sollten sowohl Form wie auch Inhalt und Aussagekraft ausgewertet werden.

Anhand der Form können Rückschlüsse bezüglich der Sorgfalt und der Ernsthaftigkeit der Lehrstellensuche gezogen werden. Der Inhalt des Bewerbungsschreibens kann nach Ausdruck, Satzbau, Satzverbindungen und Wortumfang analysiert werden. Dabei ist allerdings zu berücksichtigen, dass vielfach die Eltern oder auch die Schule den Jugendlichen beim Abfassen der Schreiben helfen.

Aus dem tabellarischen Lebenslauf erfährt der Ausbildende/Ausbilder Näheres zur Person des Bewerbers, über seine Schulausbildung, besondere Kenntnisse (z.B. Sprachen und EDV), eventuelle Praktikantentätigkeiten und Hobbys.

Hinsichtlich der schulischen Voraussetzungen ist es für die Ausbildung und deren Gestaltung wichtig, ob es sich bei den Lehrlingen handelt um:

Förderschüler
- Förderschüler (Schüler, die in ihrer Entwicklung oder in ihrem Lernen so beeinträchtigt sind, dass sie in den üblicherweise vorgesehenen Schularten nicht oder nicht ausreichend gefördert werden konnten)

Hauptschüler
- Hauptschüler/Mittelschüler (Schüler mit grundlegender Allgemeinbildung und praxisbezogenem Wissen und Können)

Realschüler
- Realschüler (Schüler mit allgemeiner und differenziert berufsvorbereitender Bildung)

- Gymnasiasten (Schüler mit einer vertieften Allgemeinbildung und zusätzlichen Voraussetzungen für eine berufliche Ausbildung wie beispielsweise Fremdsprachen). Gymnasiasten

Die Schullaufbahn des Jugendlichen kann das Lernniveau, die Leistungsfähigkeit und soziale Eigenschaften beeinflussen. Hinsichtlich der Schularten gibt es zwischen den einzelnen Bundesländern Unterschiede.

> Allerdings ist nachdrücklich davor zu warnen, pauschal vom Schulabschluss auf Eigenschaften und Leistungsfähigkeit des Jugendlichen zu schließen. Es kommt immer auf den Einzelfall an.

Schulzeugnisse
Begabungs-schwerpunkte

Schulzeugnisse sollen zwar nicht überbewertet werden, weil die Beurteilungen in allgemeinbildenden Fächern nicht immer aussagefähig genug hinsichtlich der praktischen Eignung und Begabung für einen Ausbildungsberuf sind. Zeugnisse informieren aber durchaus über bestimmte Begabungsschwerpunkte, Interessen und Fähigkeiten. So geben gute Noten in Mathematik, Chemie und Physik Anhaltspunkte auf Konzentrations- und Abstraktionsvermögen, in Geschichte, Sprachen und Gemeinschaftskunde lassen sie auf Willenseinsatz, in Sport auf Einsatzfreude sowie in Musik und Kunst auf Produktivität und Fantasie schließen.

> Grundsätzlich müssen die Schulkenntnisse, aus welcher allgemeinbildenden Schule auch immer, ausreichen, um das Ausbildungsziel des jeweiligen Berufes zu erreichen, dem Berufsschulunterricht zu folgen und den Beruf später mit Erfolg auszuüben.

Referenzen

Eine weitere Unterlage können Referenzen sein. Bei Lehrlingsbewerbern kommen dabei vor allem Bescheinigungen über Praktika infrage.

2.4.4.3 Planung und Durchführung von Bewerbungsgesprächen

Betrieb und Bewerber

Bewerber, die für die Ausbildungsstelle wirklich in Betracht gezogen werden, erhalten eine Einladung zu einem Vorstellungs- oder Bewerbungsgespräch, damit sich Betrieb und Bewerber in persönlichem Kontakt ein Bild machen und weitere Informationen erhalten können.

> Der Ausbilder bzw. Betriebsinhaber sollte sich selbst auf das Vorstellungsgespräch gut vorbereiten und es planen.

Themenbereiche für ein Vorstellungsgespräch sind z. B.:

- Was will ich beobachten?
- Was will ich fragen?
- Was will ich vom Bewerber?

Vorgehen

Das Vorstellungsgespräch wird als zwanglose Unterhaltung in freundlichem Ton geführt.

Der Ausbilder schildert dabei vor allem

- > den eigenen Betrieb und
- > den Ausbildungsberuf.

Er sollte ferner versuchen, vom Bewerber einiges zu erfahren über

- > seine Einstellung zur Schule,
- > seine beruflichen Vorstellungen und Pläne,
- > seine Person und sein persönliches Umfeld,
- > seine Fähigkeiten (z. B. Teamfähigkeit),
- > außerberufliche Interessen und Freizeitgestaltung.

Erster Eindruck

Während des Gesprächs kann man sich außerdem einen ersten Eindruck über die äußere Erscheinung (sauber, gepflegt u. Ä.) sowie das Auftreten (höflich, bescheiden, verbindlich, vorlaut u. Ä.) des Bewerbers machen. Wenn der Ausbilder diese Vorstellungsgespräche auswertet, so sollte dies möglichst unvoreingenommen geschehen (dazu auch >> Abschnitt 3.9.4.3, wo häufige Beurteilungsfehler behandelt werden).

> Dem Bewerber sollte ausreichend Gelegenheit gegeben werden, sich darzustellen und Rückfragen zu stellen.

Einbeziehung der Eltern

Unterschiedlich beurteilt wird die Frage, ob man ggf. die Eltern oder andere Begleitpersonen in ein Vorstellungsgespräch einbeziehen soll oder nicht. Dagegen sprechen Befürchtungen, dass zum Beispiel die Eltern versuchen, für ihr Kind zu reden. Andererseits können die Eltern aber auch zusätzliche Auskünfte geben.

2.4.4.4 Auswahltests

Ergänzende Informationen zur Einstellung eines Lehrlings können durch Auswahl-(Eignungs-)Tests gewonnen werden.

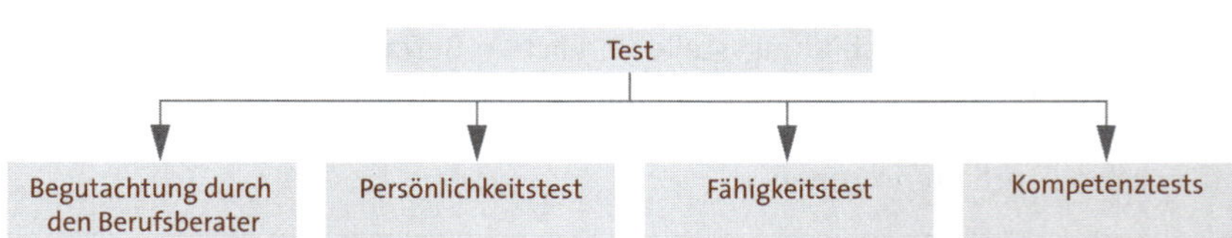

Neben den psychologischen Eignungstests, die durch die Agenturen für Arbeit durchgeführt werden, sind auch weitere möglich.
Verschiedene Arten solcher Eignungstests sind:

- > Persönlichkeitstests
- > Fähigkeitstests
- > Kompetenztests.

Persönlichkeitstest

Persönlichkeitstests versuchen

- > Interessen,
- > Neigungen,
- > innere Einstellungen,
- > soziale Verhaltensweisen,
- > charakterliche Eigenschaften

zu erfassen.

Fähigkeitstest

Bei Fähigkeitstests geht es um Merkmale wie:

- > Konzentration, Aufmerksamkeit, Willenseinsatz
- > Denkvermögen, Sprachbeherrschung, Rechengewandtheit
- > technische Begabung, Fingerfertigkeit, Geschicklichkeit
- > besondere für den Beruf erforderliche Fertigkeiten.

Solche Fähigkeitstests werden auch von Innungen oder Fachverbänden des Handwerks angeboten.
Kompetenztests verbinden Elemente von Persönlichkeits- und Fähigkeitstests. Sie werden vor allem zur Berufsorientierung eingesetzt.

> Tests dürfen jedoch nicht als alleiniger Maßstab genommen werden, weil ihre Ergebnisse vielfach nur beschränkt aussagefähig sind.

Die Teilnahme an derartigen Eignungstests muss nach herrschender Meinung für den Ausbildungsplatzbewerber kostenlos sein. Die grundsätzliche Gebührenfreiheit in der Berufsausbildung gilt auch für Maßnahmen im Vorfeld der eigentlichen Ausbildung.

2.4.5 Berufslaufbahn und Karrieremöglichkeiten

Die vielfältigen Entwicklungs- und Karrieremöglichkeiten im Handwerk lassen sich an folgenden Meilensteinen festmachen:

- > Gesellenprüfung
- > Fortbildungsabschlüsse unterhalb der Meisterebene
- > Meisterprüfung
- > Fortbildungsabschlüsse oberhalb der Meisterebene
- > Studienberechtigung für Gesellen und Handwerksmeister.

Zur detaillierten Darstellung der Möglichkeiten >> Abschnitt 4.4.

Handlungsorientierte, fallbezogene Aufgaben

1. Bei der Gewinnung von Lehrlingen empfiehlt es sich, eng mit der Berufsberatung der Agentur für Arbeit zusammenzuarbeiten und deren Aufgaben zu kennen.

   Aufgabe: Die Berufsberatung hat u.a. die Aufgabe,

   a in erster Linie eine Berufslenkung nach dem Bedarf von Wirtschaft und Gesellschaft vorzunehmen.

   b in erster Linie den jungen Menschen auf die Notwendigkeit eines mehrmaligen Berufswechsels während des Berufslebens vorzubereiten.

   c dem jungen Menschen die Erkenntnisse zu vermitteln, die für eine sachgerechte Entscheidung bei der Berufswahl nötig sind.

   d ausschließlich Hinweise über finanzielle Fördermaßnahmen der Agentur für Arbeit zur beruflichen Bildung zu geben.

   e nur über berufliche Aufstiegsmöglichkeiten in verschiedenen Berufen zu beraten.

   >> Seiten 137 |

2. Sie sind Inhaber eines Betriebes und möchten im anstehenden Ausbildungsjahr zwei Lehrlinge einstellen. Sie wissen, dass die Auswahl geeigneter Bewerber zum einen über den Ausbildungserfolg entscheidet und zum anderen auch wichtig ist, um die Auszubildenden in den Betrieb mit dem bereits vorhandenen Personal integrieren zu können.

   Aufgabe:

   a) Welche wichtigen Bewerbungsunterlagen erwarten Sie von den Interessenten für die Ausbildungsplätze in Ihrem Betrieb, und wie werten Sie diese aus?

   b) Wie führen Sie das Vorstellungsgespräch, und was versuchen Sie dabei von den Lehrstellenbewerbern besonders zu erfahren?

   >> Seiten 143 bis 146 |

3. Für das nächste Ausbildungsjahr wollen Sie zwei neue Lehrlinge einstellen. Da Sie über deren Eignung noch unschlüssig sind, wollen Sie ergänzende Informationen über einen Eignungstest gewinnen.

   Aufgabe: Beschreiben Sie, welche Testverfahren Ihnen hierfür zur Verfügung stehen und was diese jeweils über die Eignung eines Bewerbers aussagen können!

   >> Seiten 146 bis 147 |

2.5 Lernsituation: Berufsausbildungsvertrag vorbereiten und abschließen sowie die Eintragung bei der zuständigen Stelle veranlassen

Kompetenzen:

> Wesentliche Inhalte eines Ausbildungsvertrages darstellen; Ausbildungsvertrag abschließen.
> Rechte und Pflichten des Ausbildenden und des Auszubildenden aus dem Vertrag darstellen.
> Voraussetzungen für die Eintragung des Ausbildungsvertrages in die Lehrlingsrolle erläutern; Antrag auf Eintragung in das Ausbildungsverzeichnis stellen.
> Auszubildende bei der Berufsschule anmelden.
> Möglichkeiten und Grenzen der Beendigung, insbesondere der Kündigung eines Ausbildungsverhältnisses, beschreiben.

2.5.1 Rechtliche Grundlagen und Inhalte des Ausbildungsvertrages

2.5.1.1 Berufsausbildung in Vollzeitform als Regelfall

Die Berufsausbildung nach dem Berufsbildungsgesetz ist
> als Vollzeitausbildung angelegt,
> muss einen geordneten Ausbildungsgang gewährleisten,
> den Erwerb der erforderlichen Fertigkeiten, Kenntnisse und Fähigkeiten (berufliche Handlungsfähigkeit) vermitteln
> sowie erforderliche Berufserfahrungen ermöglichen.

Reguläre Arbeitszeit

Eine Ausbildung setzt also im Regelfalle eine reguläre Arbeitszeit voraus, die den Auszubildenden mit allen Betriebsabläufen, die die Ausübung des Handwerksberufs regelmäßig mit sich bringt, möglichst wirklichkeitsnah vertraut macht. Berufsausbildung kann nicht als Nebentätigkeit betrieben werden. Dementsprechend kann ein unregelmäßiges Hospitieren im Betrieb oder eine reine Praktikantentätigkeit nicht als geordneter Ausbildungsgang angesehen werden. Parallele, doppelt qualifizierende Bildungsgänge, also Verbundmodelle, bestehend aus Berufsausbildung und fachbezogenem Studium, wie z. B. an der Fachhochschule, sind möglich (kombinierter Abschluss von Bachelor und Gesellenbrief). Weitere Verbundmodelle, die in einer Vernetzung von Allgemeinbildung, Berufsausbildung, Fortbildung oder Studium bestehen können, sind für verschiedene Handwerkszweige in der Erprobung oder bereits in der Umsetzung. Unter bestimmten Voraussetzungen ist auch eine Berufsausbildung in Teilzeit möglich (>> siehe hierzu 2.5.1.11).

Verbundmodelle

2.5.1.2 Rechtscharakter des Berufsausbildungsverhältnisses

Berufsausbildungsvertrag

Der Ausbildende hat mit dem Auszubildenden einen Berufsausbildungsvertrag zu schließen.

Das Berufsausbildungsverhältnis ist ein Dauerrechtsverhältnis. Die privatrechtliche Vertragsfreiheit wird durch das Berufsbildungsgesetz, die Handwerksordnung und andere einschlägige Gesetze eingeschränkt. Eine Vereinbarung, die zuungunsten des Lehrlings von den Vorschriften des Teils 2 des Berufsbildungsgesetzes abweicht, ist nichtig.

Arbeitsvertragliche Rechtsgrundsätze

Primär sind auf den Berufsausbildungsvertrag, soweit sich aus seinem Wesen und Zweck und aus dem Berufsbildungsgesetz nichts anderes ergibt, die für den Arbeitsvertrag geltenden Rechtsvorschriften und Rechtsgrundsätze anzuwenden.

Vertragsverhältnis besonderer Art

Dennoch ist das Berufsausbildungsverhältnis kein reines Arbeitsverhältnis, sondern ein Vertragsverhältnis besonderer Art als Ausbildungs- und Erziehungsverhältnis.
Ein Mangel in der Berechtigung, Auszubildende einzustellen oder auszubilden, berührt die Wirksamkeit des Berufsausbildungsvertrages nicht.

2.5.1.3 Vertragsparteien

Vertragsparteien sind Ausbildende und Auszubildende. Allerdings muss bei Minderjährigen auch der gesetzliche Vertreter die Vertragsniederschrift unterzeichnen.

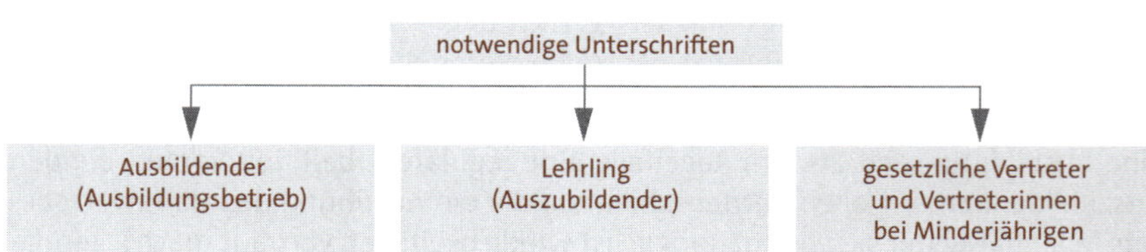

2.5.1.4 Vertragsabschluss, Formvorschriften, Musterausbildungsvertrag

Formvorschriften

Folgende Formvorschriften sind zu beachten:

> Die Vertragsniederschrift bedarf der Schriftform. Dabei ist der von der Handwerkskammer herausgegebene Vordruck, der ggf. auch elektronisch ausgefüllt werden kann, zu verwenden. Die elektronische Form ist nicht zulässig. Nach der Rechtsprechung des Bundesarbeitsgerichts ist der Berufsausbildungsvertrag auch bei Nichteinhaltung der Schriftform wirksam.

- > Der Berufsausbildungsvertrag muss spätestens vor Beginn der Berufsausbildung abgeschlossen werden.
- > Der Ausbildende muss dem Lehrling und dessen gesetzlichen Vertretern und Vertreterinnen unverzüglich eine Ausfertigung des unterzeichneten Vertrages aushändigen.

Bei minderjährigen Lehrlingen gelten als gesetzliche Vertreter und Vertreterinnen:

- > bei ehelichen Kindern die Eltern
- > bei Geschiedenen der Elternteil, der das Sorgerecht hat
- > bei Halbwaisen der lebende Elternteil
- > bei Vollwaisen der Vormund nach Genehmigung durch das Vormundschaftsgericht
- > bei unehelichen Kindern grundsätzlich die Mutter (kann durch Abgabe einer Sorgeerklärung geändert werden).

Bei Änderungen des Berufsausbildungsvertrages gelten die genannten Formvorschriften entsprechend.

2.5.1.5 Gesetzliche Mindestinhalte und ergänzende Regelungen

Die Mindestinhalte gehen aus folgender Übersicht hervor:

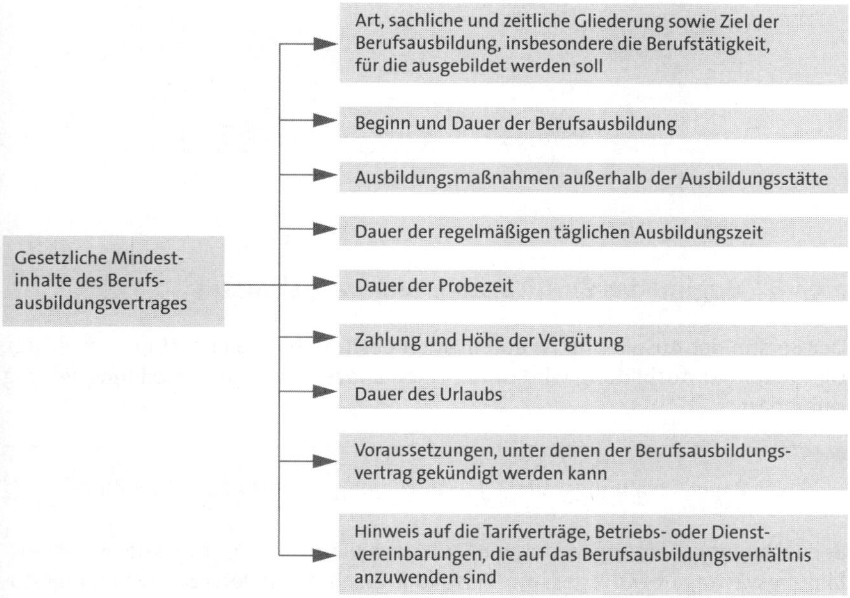

Weitere Regelungen

Darüber hinaus sind im Berufsausbildungsvertrag die wichtigsten Pflichten des Ausbildenden und des Lehrlings enthalten. Schließlich werden noch Angaben aufgenommen über das Zeugnis, die Regelung von Streitigkeiten aus dem Berufsausbildungsverhältnis, Schadenersatzansprüche sowie mit dem Ausbildungsverhältnis zusammenhängende Gebühren.
Die nachstehende Übersicht enthält den wesentlichen Gesamtinhalt des Berufsausbildungsvertrages (gesetzliche und vertragliche Bestandteile) im Überblick.

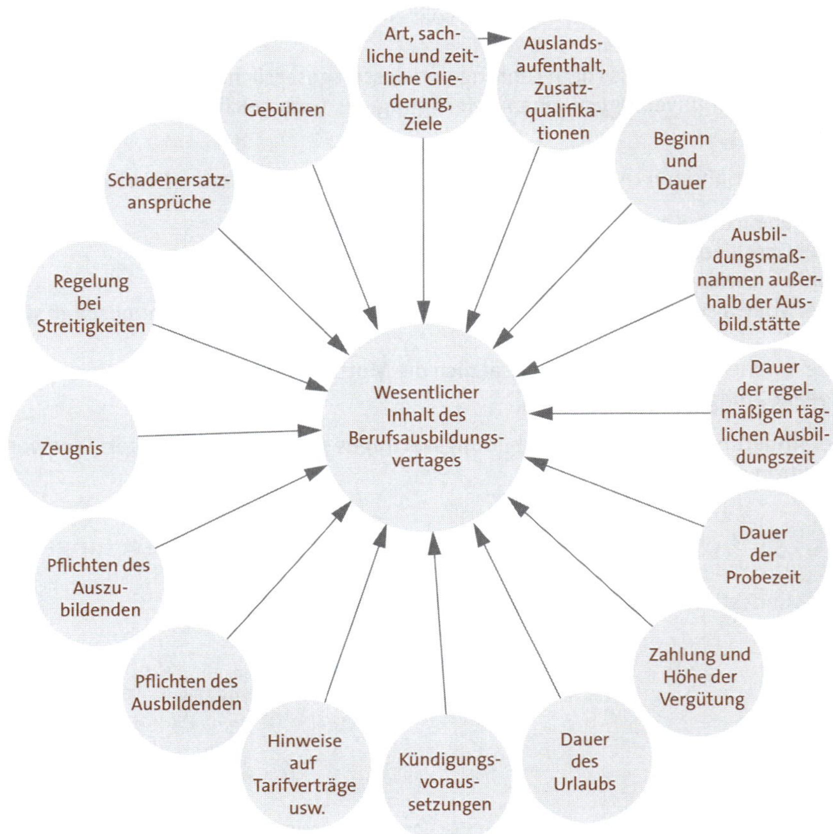

2.5.1.6 Beginn des Berufsausbildungsverhältnisses

Der Beginn der Ausbildung ist durch einen bestimmten Kalendertag festzulegen. Die Dauer der Ausbildung wird durch einen Endzeitpunkt im Ausbildungsvertrag vereinbart.

Regelausbildungszeit

Die Regelausbildungszeit ist der Ausbildungsordnung zu entnehmen.

Bei Ausbildungsordnungen, die eine Stufenausbildung regeln, muss der Berufsausbildungsvertrag über die gesamte Ausbildungszeit bis zur letzten Ausbildungsstufe abgeschlossen werden.
Eine Ausbildungsordnung kann auch vorsehen, dass eine oder mehrere einschlägige Berufsausbildungen bzw. mehrere anerkannte Berufsabschlüsse auf unterschiedlichen Niveaustufen über eine Anrechnungsregelung miteinander verbunden werden (gestufte Ausbildung).
Sieht die Ausbildungsordnung eine gestufte Ausbildungsregelung, die von einer Anrechnung einer Ausbildung auf eine höherwertige Ausbildung ausgeht (Anrechnungsmodell), vor, können die Vertragspartner frei entscheiden, ob sie Ausbil-

dungsverträge gestaffelt, d. h. bis zum ersten oder einem weiteren, darauf aufbauenden Berufsabschluss, abschließen oder ob sie einen Ausbildungsvertrag unmittelbar bis zum höchsterreichbaren Berufsabschluss abschließen.

2.5.1.7 Beendigung der Ausbildungszeit

Neben der Kündigung des Berufsausbildungsverhältnisses oder einer Aufhebungsvereinbarung (>> Abschnitt 2.5.5) gibt es folgende zwei Möglichkeiten zur Beendigung eines Ausbildungsverhältnisses:

Zwei Möglichkeiten

Ablauf der Ausbildungszeit

Das Berufsausbildungsverhältnis endet grundsätzlich mit Ablauf der Ausbildungszeit nach dem Berufsausbildungsvertrag. Dies gilt auch, wenn die Gesellen- oder Abschlussprüfung später stattfindet. Der Gesetzgeber geht von dem Normalfall aus, dass sich die Dauer des Berufsausbildungsverhältnisses nach der Dauer der Ausbildungszeit gemäß Ausbildungsordnung oder der Vereinbarung der Parteien des Berufsausbildungsvertrages zu richten hat.

Vorzeitiges Ablegen der Gesellenprüfung

Besteht der Lehrling vor Ablauf der Ausbildungszeit die Gesellenprüfung, so endet das Berufsausbildungsverhältnis mit Bekanntgabe des Ergebnisses durch den Prüfungsausschuss. Aufgrund des Bestehens der Prüfung, auch vor Ablauf der Ausbildungszeit, ist der Zweck der Ausbildung erreicht.

Beendigung bei Stufenausbildung

Das Berufsausbildungsverhältnis in Form der Stufenausbildung endet mit Ablauf der **letzten** Stufe der Ausbildung, da die Vertragspartner der Stufenausbildung gezwungen sind, einen Berufsausbildungsvertrag über die gesamte Ausbildungszeit abzuschließen. Sofern der Auszubildende seine Berufsausbildung nach Erreichen einzelner Stufen aufgeben will, kann er das Ausbildungsverhältnis nach § 22 Abs. 2 Nr. 2 des Berufsbildungsgesetzes kündigen. (auch >> Abschnitt 2.5.5.1)

Bei Stufenausbildung

2.5.1.8 Übernahme in ein Beschäftigungsverhältnis

Werden Lehrlinge im Anschluss an das Berufsausbildungsverhältnis beschäftigt, **ohne** dass hierüber ausdrücklich etwas vereinbart worden ist, gilt ein Arbeitsverhältnis auf unbestimmte Zeit als begründet.

Hat der Prüfling seine Gesellen- oder Abschlussprüfung bestanden und wollen beide Vertragspartner im Anschluss an die Ausbildung ein Arbeitsverhältnis eingehen, bestehen zwei Möglichkeiten:

Befristetes und unbefristetes Arbeitsverhältnis

- > die Vereinbarung eines befristeten Arbeitsverhältnisses
- > die Einigung auf ein unbefristetes Arbeitsverhältnis.

Bereits innerhalb der letzten sechs Monate des Berufsausbildungsverhältnisses kann sich der Lehrling verpflichten, nach dessen Beendigung mit dem Ausbildenden ein Arbeitsverhältnis einzugehen.
In der Regel wird nach Beendigung der Ausbildung ein Arbeitsvertrag auf unbestimmte Zeit abgeschlossen, der erst mit der Kündigung durch einen der beiden Vertragspartner endet.
Im Anschluss an ein Berufsausbildungsverhältnis kann auch ohne besonderen Grund einmalig ein befristetes Arbeitsverhältnis bis zur Dauer von zwei Jahren vereinbart werden. In den ersten vier Jahren **nach der Gründung** eines Unternehmens ist die kalendermäßige Befristung eines Arbeitsvertrages ohne Vorliegen eines sachlichen Grundes bis zur Dauer von vier Jahren zulässig.
Im Übrigen auch im >> Abschnitt 1.2.2.

2.5.1.9 Nichtige Vereinbarungen im Berufsausbildungsvertrag

In einem Berufsausbildungsvertrag sind folgende Vereinbarungen nicht zulässig:

Nichtige Vereinbarungen für den Berufsausbildungsvertrag

- Beschränkung des Lehrlings in seiner beruflichen Tätigkeit nach der Ausbildungszeit (siehe nachstehende Ausnahme!)
- Entschädigungszahlungen des Lehrlings für die Berufsausbildung
- Vertragsstrafen
- Ausschluss oder Beschränkung von Schadenersatzansprüchen
- Festsetzung der Höhe eines Schadenersatzes in Pauschbeträgen

Ausnahme von der Beschränkung der beruflichen Tätigkeit

Die Beschränkung des Lehrlings in der Ausübung seiner beruflichen Tätigkeit nach der Ausbildungszeit gilt nicht, wenn er sich innerhalb der letzten sechs Monate des Berufsausbildungsverhältnisses dazu verpflichtet, nach dessen Beendigung mit dem Ausbildenden ein Arbeitsverhältnis einzugehen.
Bei Verstoß gegen das Verbot, für die Berufsausbildung eine Entschädigung an den Ausbildenden zu zahlen, hat dieser nach der Rechtsprechung den erhaltenen Geldbetrag in voller Höhe zurückzuzahlen.
Dies gilt auch dann, wenn der Ausbildende das Verbot nicht kannte oder ihm die Entschädigung vom Auszubildenden oder Dritten (z. B. Eltern) zur Erlangung des Ausbildungsplatzes angeboten wurde und der Ausbildende selbst ein solches Lehrgeld nicht gefordert hat.

2.5.1.10 Anrechnung auf die Ausbildungszeit

Die Ausbildungsordnung kann vorsehen, dass auf die durch die Ausbildungsordnung geregelte Berufsausbildung eine andere, einschlägige Berufsbildung unter Berücksichtigung der hierbei erworbenen beruflichen Fertigkeiten, Kenntnisse und Fähigkeiten angerechnet werden kann.

Die Dauer der Elternzeit wird nicht auf die Berufsausbildungszeit angerechnet. Die Ausbildungszeit verlängert sich deshalb um die Elternzeit.
Auf die Ausbildungszeit kann der Besuch einer berufsbildenden Schule oder die Berufsausbildung in einer sonstigen Einrichtung ganz oder teilweise angerechnet werden.

Für das Handwerk wichtige Fälle sind:

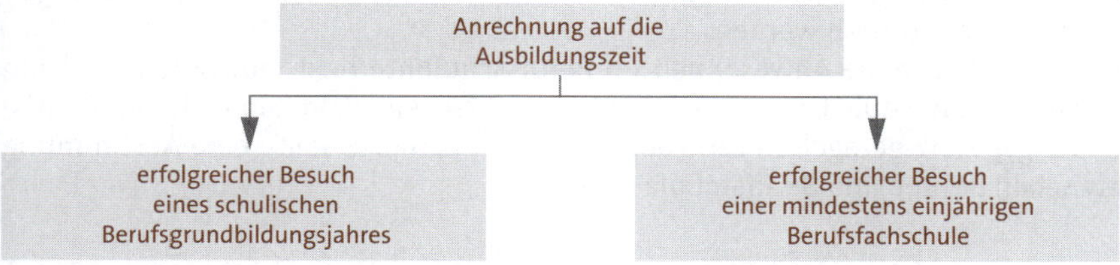

Die einzelnen Landesregierungen können durch Rechtsverordnungen bestimmen, dass der Besuch eines berufsschulischen Bildungsganges oder die Berufsausbildung in einer sonstigen Einrichtung obligatorisch oder auf gemeinsamen Antrag des Lehrlings und Ausbildenden ganz oder teilweise auf die Ausbildungszeit angerechnet wird. Da die Landesregierungen bisher nicht oder nicht einheitlich von dieser Regelungsmöglichkeit Gebrauch gemacht haben, muss also im konkreten Einzelfall geprüft werden, ob eine einschlägige Verordnung vorliegt oder nicht. Liegt keine vor, müssen auch keine Berufsgrundbildungs- bzw. Berufsfachschuljahre bzw. anderen Bildungsgänge auf die Ausbildungszeit angerechnet werden. Hat das Land von der Regelungskompetenz Gebrauch gemacht, sind diese einschlägigen Anrechnungsvorschriften zu beachten.
Die Anrechnung ist kraft Gesetzes zwingend an einen **gemeinsamen** Antrag des Lehrlings und des Ausbildenden geknüpft.
Der Antrag auf Anrechnung ist an die Handwerkskammer zu richten. Er kann sich auf Teile des höchstzulässigen Anrechnungszeitraums beschränken.

2.5.1.11 Teilzeitberufsausbildung

Teilzeitberufsausbildung

Die Verkürzung der Ausbildungszeit kann sich auch auf die tägliche und wöchentliche Ausbildungszeit beziehen. Eine solche Teilzeitberufsausbildung kommt nur dann zum Zuge, wenn dies Ausbildender und Lehrling gemeinsam bei der Handwerkskammer beantragen und erwartet werden kann, dass das Ausbildungsziel in der verkürzten Zeit erreicht werden kann. Zusätzlich muss ein berechtigtes Interesse (z. B. Betreuung eines eigenen Kindes oder eines pflegebedürftigen nahen Angehörigen oder vergleichbar schwerwiegende Gründe) nachgewiesen werden.

Mindestausbildungszeit

Das berechtigte Interesse ist durch Vorlage geeigneter Belege nachzuweisen. Da das Berufsbildungsgesetz für die Abkürzung der Ausbildungszeit keine anteilige Untergrenze festlegt, ist jeweils im Einzelfall zu prüfen, ob die Auszubildenden auch bei einer täglichen oder wöchentlichen Reduzierung der betrieblichen Ausbildungszeiten noch wirklichkeitsnah mit den wesentlichen Betriebsabläufen vertraut gemacht werden können und in dem für die Ausbildung erforderlichen Maß

in die betriebliche Praxis eingebunden werden können. Als Richtschnur soll eine wöchentliche Mindestausbildungszeit von 25 Stunden nicht unterschritten werden. Die Teilzeitberufsausbildung führt **grundsätzlich** nicht zu einer Verlängerung der kalendarischen Gesamtausbildungsdauer. Im **Einzelfall** kann eine verkürzte tägliche oder wöchentliche Arbeitszeit aber mit einer Verlängerung der kalendarischen Ausbildungsdauer verbunden werden, wenn die Verlängerung erforderlich ist, um das Ausbildungsziel zu erreichen. Die Entscheidung über die Verlängerung kann bei noch unsicherer Prognose oder bei veränderten Rahmenbedingungen auch später getroffen werden.
Ob und ggf. wie die Anwesenheit im Berufsschulunterricht reduziert wird, kann nur die Berufsschule bzw. die Schulbehörde entscheiden. Im Sinne der im Berufsbildungsgesetz geregelten Lernkooperation der Lernorte sollte eine Abstimmung zwischen Betrieb und Berufsschule erfolgen.

2.5.2 Rechte und Pflichten des Ausbildenden und des Auszubildenden

2.5.2.1 Pflichten des Ausbildenden

Auf der Grundlage des Berufsbildungsgesetzes, des Arbeitsrechts und des Berufsausbildungsvertrages ergeben sich zahlreiche Pflichten des Ausbildenden.

Die wesentlichen Pflichten des Ausbildenden

- Antrag auf Eintragung des Berufsausbildungsvertrages in die Lehrlingsrolle und Bezahlung der Gebühr
- Vermittlung der für das Ausbildungsziel erforderlichen Fertigkeiten, Kenntnisse und Fähigkeiten (berufliche Handlungsfähigkeit)
- Einhalten der geltenden Angaben zur sachlichen und zeitlichen Gliederung des Ausbildungsablaufs, planmäßige Ausbildung
- Durchführung der Ausbildung bzw. Beauftragung eines Ausbilders
- kostenlose Aushändigung der Ausbildungsordnung an den Lehrling
- kostenlose Zurverfügungstellung der Ausbildungsmittel für die Berufsausbildung sowie die Zwischen- und Gesellenprüfung bzw. den ersten und zweiten Teil der Gesellenprüfung, auch nach Beendigung des Ausbildungsverhältnisses[1)]
- charakterliche Förderung des Lehrlings, Verhinderung sittlicher und körperlicher Gefährdung
- nur Übertragung von Aufgaben, die dem Ausbildungszweck dienen
- Bescheinigungen über ärztliche Pflichtuntersuchungen nach dem Jugendarbeitsschutzgesetz vorlegen lassen
- kostenfreie Aushändigung der Ausbildungsnachweise; Anhalten zum Führen der schriftlichen Ausbildungsnachweise, Durchsicht
- Anhalten zum Besuch der Berufsschule und Freistellung zu deren Besuch
- Anmeldung des Lehrlings zur Zwischenprüfung bzw. zum ersten Teil der Gesellenprüfung, Aufforderung zur Ablegung der Gesellenprüfung bzw. zum zweiten Teil der Gesellenprüfung, Freistellung anlässlich der Teilnahme und Übernahme der Prüfungsgebühren[2)]
- Bereitstellung der Berufskleidung, sofern vom Ausbildenden vorgeschrieben
- Freistellung für angeordnete Ausbildungsmaßnahmen außerhalb der Ausbildungsstätte und Übernahme der Kosten[3)]
- Zahlung einer angemessenen Vergütung
- Ausstellung eines Zeugnisses bei Beendigung der Ausbildung
- Bemühen, den Auszubildenden bei Kündigung wegen Betriebsaufgabe oder Wegfalls der Ausbildungseignung an einer anderen Ausbildungsstätte unterzubringen

1) Entspricht der Ausbildende der Pflicht nicht, dem Auszubildenden kostenlos die Ausbildungsmittel zur Verfügung zu stellen, die für die Ausbildung notwendig sind, so kann der Auszubildende nach einem Urteil des Bundesarbeitsgerichts die Ausbildungsmittel selbst kaufen und Ersatz der dafür gemachten Ausgaben vom Ausbildenden verlangen, und zwar Zug um Zug gegen Übereignung der angeschafften Ausbildungsmittel an den Ausbildenden.

2) Zur Erstattung von Fahrt- und Verpflegungskosten – und ggf. Übernachtungskosten –, die im Zusammenhang mit der Ablegung der Gesellenprüfung entstehen, ist der Ausbildende nach der Rechtsprechung nicht verpflichtet.

[3] Der Ausbildende genügt nach der Rechtsprechung seiner Verpflichtung zur Freistellung seiner Lehrlinge für angeordnete überbetriebliche Unterweisungsmaßnahmen nicht, wenn er ihnen die Entscheidung über die Teilnahme selbst überlässt. Er hat vielmehr in seinem Einflussbereich alles Erforderliche zu veranlassen, um die Teilnahme der seinem Betrieb angehörenden Auszubildenden tatsächlich sicherzustellen.

Folgen der Verletzung der Ausbildungspflicht

Die wichtigste Pflicht des Ausbildenden ist die Ausbildungspflicht.
Nach einem Urteil des Bundesarbeitsgerichts kann die Verletzung der Ausbildungspflicht den Ausbildenden zum Schadenersatz verpflichten (zum Beispiel entgangener Verdienst). Der Auszubildende muss sich allerdings mitwirkendes Verschulden zurechnen lassen, wenn er sich nicht bemüht, das Ausbildungsziel zu erreichen. Zur Darlegung eines Mitverschuldens genügt jedoch nicht der pauschale Vorwurf der Faulheit oder Lernunwilligkeit. Der Ausbildende muss vielmehr konkret vertreten, was der Auszubildende oder dessen gesetzliche Vertreter versäumt haben.

2.5.2.2 Pflichten des Auszubildenden (Lehrlings)

Der Auszubildende hat unter Zugrundelegung der gesetzlichen Bestimmungen und des Berufsausbildungsvertrages eine Reihe von Pflichten.

Die wesentlichen Pflichten des Auszubildenden

- Pflicht zum Erwerb der beruflichen Handlungsfähigkeit, um das Ausbildungsziel zu erreichen
- Pflicht zur sorgfältigen Ausführung der aufgetragenen Aufgaben im Rahmen der Berufsausbildung
- Teilnahmepflicht am Berufsschulunterricht, an Prüfungen sowie an angeordneten Ausbildungsmaßnahmen außerhalb der Ausbildungsstätte, für die er freigestellt ist
- Befolgung der Anweisungen des Ausbildenden bzw. des Ausbilders oder anderer weisungsbefugter Personen
- Beachtung der Betriebsordnung in der Ausbildungsstätte
- Pflegliche Behandlung der Werkzeuge, Maschinen und sonstigen Einrichtungen
- Stillschweigen über Betriebs- und Geschäftsgeheimnisse wahren
- Führung des Berichtsheftes bzw. der Ausbildungsnachweise
- Benachrichtigungspflicht bei Fernbleiben von der betrieblichen Ausbildung, vom Berufsschulunterricht oder sonstigen Ausbildungsveranstaltungen unter Angabe von Gründen
- Teilnahme an den ärztlichen Pflichtuntersuchungen nach dem Jugendarbeitsschutzgesetz

2.5.2.3 Führen eines Ausbildungsnachweises (Berichtsheft)

Rechtsgrundlagen

Für die Führung des Ausbildungsnachweises gibt es zwei Rechtsgrundlagen:

> Berufsbildungsgesetz
> Ausbildungsordnung.

Pflichten der Beteiligten

- Werden Ausbildungsnachweise im Rahmen der Berufausbildung verlangt, ist der Auszubildende verpflichtet, diese in Form des schriftlichen Ausbildungsnachweises zu führen (mittlerweile werden auch geeignete elektronische Lösungen angeboten). Er muss die Ausbildungsnachweise dem Ausbildenden und soll sie ggf. dem Betriebsrat, den gesetzlichen Vertretern, der Innung und der Berufsschule vorlegen.
- Der Ausbildende hat den Lehrling zum Führen der Ausbildungsnachweise anzuhalten und die Eintragungen durchzusehen.

Der Ausbildungsnachweis hat folgende Ziele:
- Reflexion über Inhalte und den Verlauf der Ausbildung
- Ablauf der Ausbildung für Beteiligte sowie der zur Überwachung zuständigen Stellen nachvollziehbar und nachweisbar machen.

Die Ausbildungsnachweise gelten bei der Zulassung zur Gesellenprüfung als Zulassungsvoraussetzung.
Eine Bewertung in der Prüfung ist nicht zulässig, weil Ausbildungsnachweise selbst nicht Gegenstand oder Teil der Prüfung sind.

Führung während der Ausbildungszeit

Nach den Ausbildungsordnungen ist dem Auszubildenden Gelegenheit zu geben, den Ausbildungsnachweis während der Ausbildungszeit zu führen. Dabei ist unerheblich, ob er den Ausbildungsnachweis im Betrieb oder bei entsprechenden Verminderungen der betrieblichen Anwesenheitszeiten außerhalb des Betriebes führt.

2.5.2.4 Regelung der Ausbildungsvergütung

Vergütungsanspruch

Der Ausbildende hat dem Lehrling eine angemessene Vergütung zu gewähren.

Rechtsgrundlagen für die Höhe der Vergütung

Nach dem Berufsbildungsgesetz ist die Vergütung nach dem Lebensalter des Auszubildenden so zu bemessen, dass sie mit fortschreitender Berufsausbildung, mindestens jährlich, ansteigt.

Tarifliche und einzelvertragliche Regelungen

Die Rechtsgrundlagen für die Höhe der Vergütung in der Praxis sind Tarifverträge oder einzelvertragliche Regelungen.

Tarifvertragliche Regelungen

Hier hat der Ausbildende dem Lehrling mindestens die tariflichen Vergütungssätze zu zahlen.
Für die Anwendung der tariflichen Vergütungssätze muss eine der folgenden Voraussetzungen gegeben sein:

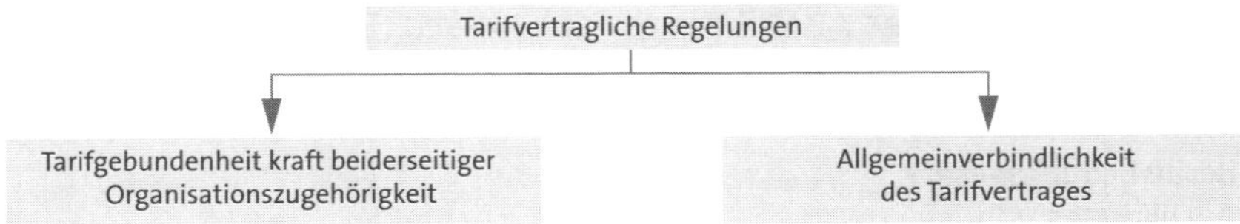

Einzelvertragliche Regelungen

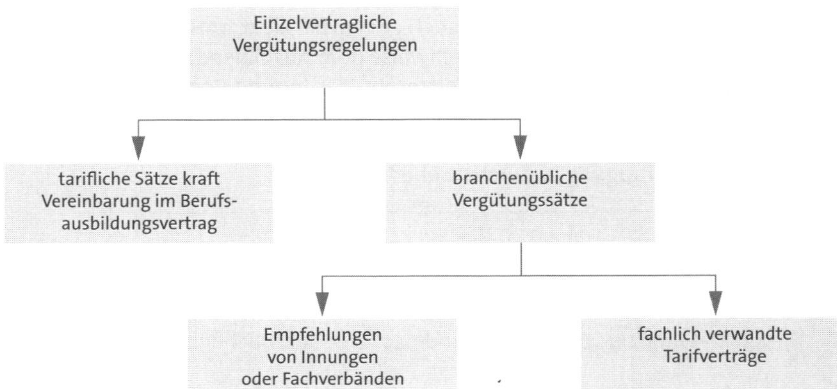

Tarifliche Möglichkeiten

Die Vergütungssätze des **einschlägigen Tarifvertrages** können, wenn die Partner des Berufsausbildungsvertrages nicht tarifgebunden sind oder der Tarifvertrag nicht für allgemein verbindlich erklärt wurde, trotzdem zur Anwendung kommen, wenn die Vertragspartner dies wollen. Dazu ist eine schriftliche Vereinbarung im Berufsausbildungsvertrag erforderlich.

Wollen die Vertragspartner bei fehlender Tarifbindung dagegen eine geringere Vergütung vereinbaren, dann darf diese, um noch dem gesetzlichen Grundsatz der Angemessenheit zu entsprechen, das tarifliche Entgelt um nicht mehr als 20 Prozent unterschreiten (Rechtsprechung des Bundesarbeitsgerichts).

Bei von der öffentlichen Hand oder von privaten Spenden voll finanzierten Berufsausbildungen (zum Beispiel zur Schaffung zusätzlicher Ausbildungsplätze) können Ausbildungsvergütungen, die **erheblich** unter den tariflichen Vergütungssätzen liegen, noch angemessen im Sinne des Berufsbildungsgesetzes sein, wenn der Ausbildungsträger die Leistungen der Auszubildenden kommerziell nicht verwerten kann und die Ausbildung ihm keinerlei finanzielle Vorteile bringt. Entscheidend bleibt auch in diesen Fällen, ob die Vergütung noch einen erheblichen Beitrag zu den Lebenshaltungskosten des Auszubildenden darstellt (Rechtsprechung des Bundesarbeitsgerichts).

Branchenüblichkeit

Gibt es in dem betreffenden Handwerkszweig keinen Tarifvertrag, richtet sich die Angemessenheit der Vergütung nach der **Branchenüblichkeit.** Hierzu können Empfehlungen der Innungen oder Fachverbände als Grundlage für die Branchenüblichkeit herangezogen werden. Diese Empfehlungssätze können selbstverständlich auch über eine Klausel im Berufsausbildungsvertrag vereinbart werden.

Sind weder branchenbezogene Tarifverträge noch **Empfehlungen von Innungen oder Fachverbänden** vorhanden, kann eine **Orientierung an fachlich verwandten Tarifverträgen** erfolgen. Die Heranziehung fachlich verwandter Tarifverträge ist aber nach der Rechtsprechung nur möglich, wenn die entsprechenden Ausbildungssituationen miteinander vergleichbar sind. Die Grenze der Angemessenheit der Vergütung ist dann unterschritten, wenn sie mehr als 20 Prozent von den branchenüblicherweise vereinbarten oder empfohlenen Vergütungssätzen abweicht.

Höhe der Vergütung in Sonderfällen

Folgende drei Sonderfälle sind für die Praxis von Bedeutung:

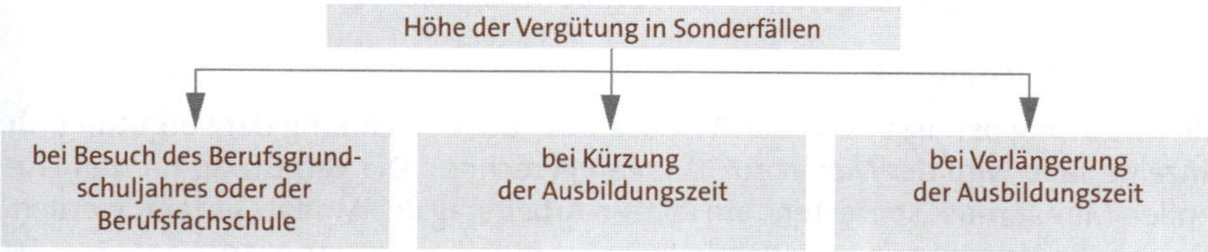

Berufsgrundschuljahr oder Berufsfachschule

Bei erfolgreichem Besuch des Berufsgrundschuljahres oder der einjährigen Berufsfachschule beginnt der Auszubildende im Betrieb im Falle der Anrechung auf die Ausbildungszeit als Folge seiner fachspezifischen Vorbildung in der Regel das zweite Ausbildungsjahr. Demzufolge ist die Vergütung für das zweite Jahr der Ausbildung zu zahlen.

Kürzung der Ausbildungszeit

Bei Kürzungen der Ausbildungszeit von Beginn des Ausbildungsverhältnisses an muss je nach Art der Vorbildung, aufgrund der die Kürzung erfolgt, zwischen berufsspezifischer, fachlicher Vorbildung (z. B. einschlägiger Berufstätigkeit oder Arbeitserfahrung im Beruf oder Berufsfeld) und allgemeiner Vorbildung (z. B. Fachoberschul- oder Fachhochschulreife oder allgemeine Hochschulreife) unterschieden werden.

Nach dem derzeitigen Stand der Rechtsprechung des Bundesarbeitsgerichts hat der Lehrling nur bei berufsspezifischer Vorbildung ein Recht auf vorgezogene Erhöhung der Ausbildungsvergütung zum Zeitpunkt des vorgezogenen Eintritts in das nächste Ausbildungsjahr. Bei Verkürzung der Ausbildungszeit wegen allgemeiner schulischer Vorbildung (mittlerer Schulabschluss, Fachhochschul- oder allgemeine Hochschulreife) beginnt die Ausbildung im Betrieb mit dem ersten Ausbildungsjahr ohne fachspezifische Vorbildung. Deshalb ist auch kein Anspruch auf eine entsprechende höhere Ausbildungsvergütung wegen fortgeschrittener Ausbildung (zum Beispiel Berufsgrundschuljahr) gegeben. Anderweitige tarifvertragliche oder einzelvertragliche Regelungen oder Vereinbarungen sind möglich.

Kürzung bei Teilzeitausbildung

Bei Verkürzung der täglichen oder wöchentlichen Ausbildungszeit (Teilzeitausbildung) kann die Vergütung entsprechend der prozentualen Verkürzung der regulären Ausbildungszeit gekürzt werden.

Verlängerung der Ausbildungszeit

Bei Verlängerung des Ausbildungsverhältnisses zur Erreichung des Ausbildungsziels oder wegen Nichtbestehens der Gesellenprüfung ist die Vergütung für den Verlängerungszeitraum in der zuletzt gewährten Höhe (nicht jedoch in Höhe der für ein viertes Ausbildungsjahr infrage kommenden Vergütung) fortzuzahlen. Dies gilt jedoch nur, sofern sich aus dem Tarifvertrag oder einer einzelvertraglichen Vereinbarung nichts anderes ergibt.

Anrechnung von Sachleistungen

Wenn ein Lehrling Sachleistungen (z. B. Kost und Wohnung) erhält, können diese in Höhe der gesetzlichen Sachbezugswerte angerechnet werden, jedoch nicht über 75 Prozent der Bruttovergütung hinaus. Der somit verbleibende Geldbetrag in bar in Höhe von 25 Prozent der Bruttovergütung kann sich jedoch nach herrschender Meinung um die Summen verringern, die aufgrund gesetzlicher Vorschriften vom Auszubildenden zu zahlen sind. Tarifvertragliche und einzelvertragliche Regelungen sind im Rahmen der gesetzlichen Vorgabe möglich.

Fälligkeit der Vergütung

Die Vergütung bemisst sich nach Monaten. Bei der Berechnung der Vergütung für einzelne Tage wird der Monat zu 30 Tagen gerechnet. Die Vergütung für den laufenden Monat muss spätestens am letzten Arbeitstag des Monats gezahlt werden. Das auf die Urlaubszeit entfallende Urlaubsentgelt muss vor Antritt des Urlaubs ausgezahlt werden.

Fortzahlung der Vergütung

Eine Verpflichtung zur Fortzahlung der Vergütung besteht in nachstehend aufgeführten Fällen.

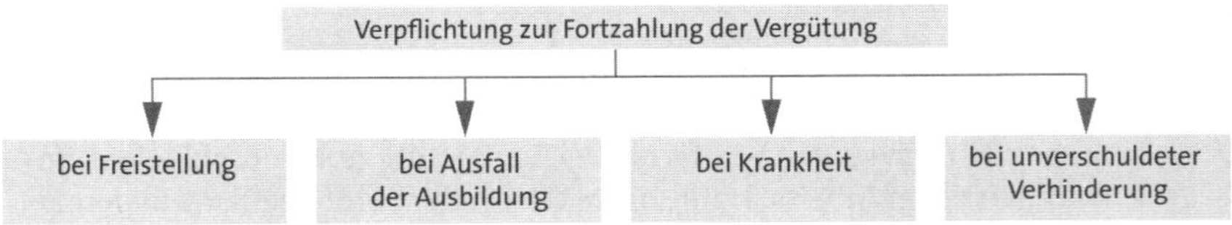

Freistellung

Bei einer Freistellung zum Besuch der Berufsschule, der Zwischen- (bzw. erster Teil der Gesellenprüfung), Berufsschul- und Gesellenprüfungen (bzw. zweiter Teil der Gesellenprüfung), der überbetrieblichen Unterweisungsmaßnahmen und sonstigen besonderen außerbetrieblichen Veranstaltungen, die dem Ausbildungszweck dienen, ist die Vergütung zu zahlen. Die Pflicht zur Fortzahlung der Vergütung gilt auch für die Freistellungen am Beschäftigungstag, der der schriftlichen Gesellenprüfung vorangeht (bei gestreckter Gesellenprüfung 2 Beschäftigungstage) und für die Zeit der Durchführung der ärztlichen Untersuchungen nach dem Jugendarbeitsschutzgesetz. Bleibt der Auszubildende dem Berufsschulunterricht, der überbetrieblichen Ausbildungsmaßnahme oder den Prüfungen **schuldhaft** fern, kann der Ausbildungsbetrieb die Fortzahlung der Vergütung verweigern bzw. die Vergütung anteilig kürzen.

Ausfall der Ausbildung

Bis zur Dauer von sechs Wochen ist die Vergütung fortzuzahlen, wenn sich der Lehrling für die Berufsausbildung bereithält, diese aber ausfällt.

Krankheit

Ebenfalls bis zur Dauer von sechs Wochen ist die Vergütung fortzuzahlen, wenn der Lehrling infolge unverschuldeter Krankheit nicht an der Berufsausbildung teilnehmen kann. Im Übrigen findet das Entgeltfortzahlungsgesetz Anwendung.

Unverschuldete Verhinderung

Schließlich ist die Vergütung bis zur Dauer von sechs Wochen fortzuzahlen, wenn der Lehrling aus einem sonstigen unverschuldeten Grund (zum Beispiel Todesfälle nächster Angehöriger) seine Pflichten aus dem Berufsausbildungsverhältnis nicht erfüllen kann.
Dagegen verpflichten zum Beispiel Verkehrsbehinderungen oder Naturkatastrophen nicht zur Fortzahlung der Vergütung.

Abgeltung von Sachleistungen

Wenn der Lehrling während der Zeit, für welche die Vergütung fortzuzahlen ist, aus berechtigtem Grunde Sachleistungen nicht abnehmen kann (zum Beispiel wegen Teilnahme am Blockunterricht, Krankenhausaufenthalt, Urlaub), so sind diese nach den festgesetzten Sachbezugswerten abzugelten. Das bedeutet, dass anstelle dieser Sachleistung dem Lehrling ein nach den Sachbezugswerten zu ermittelnder Geldbetrag zu zahlen ist.

Vergütung oder Freizeitausgleich bei zusätzlicher Arbeit

Eine über die vereinbarte regelmäßige tägliche Ausbildungszeit hinausgehende Beschäftigung ist besonders zu vergüten oder durch entsprechende Freizeit auszugleichen.

2.5.3 Eintragung in die Lehrlingsrolle

Handwerkskammer

Die Handwerkskammer hat zur Regelung, Überwachung, Förderung und zum Nachweis der Berufsausbildung in anerkannten Ausbildungsberufen ein Verzeichnis der in ihrem Bezirk bestehenden Berufsausbildungsverhältnisse nach Maßgabe der Anlage D zur Handwerksordnung einzurichten und zu führen (Lehrlingsrolle). Dies gilt auch für Umschulungsverhältnisse (Verzeichnis der Umschulungsverhältnisse).

Gebühr

Die Eintragung ist für den Lehrling gebührenfrei. Der Ausbildende hat die Gebühr zu zahlen.
Der Ausbildende hat unverzüglich nach Abschluss des Vertrags die Eintragung in die Lehrlingsrolle bei der Handwerkskammer unter Beifügung einer Vertragsniederschrift zu beantragen. Dem Vertrag sind ferner beizufügen:

- ein formularisierter Antrag auf Eintragung
- eine Aufstellung über die sachliche und zeitliche Gliederung des Ausbildungsablaufs
- bei Lehrlingen unter 18 Jahren die ärztliche Bescheinigung über die Erstuntersuchung nach dem Jugendarbeitsschutzgesetz
- bei Abkürzung der Ausbildungszeit oder vorangegangener Ausbildung die entsprechenden Unterlagen wie Schulzeugnisse, Bescheinigung über die Ausbildungszeit, Abschlussprüfungszeugnis, Gesellenprüfungszeugnis.

Ausbildende und Auszubildende sind verpflichtet, der Handwerkskammer die zur Eintragung in die Lehrlingsrolle erforderlichen Tatsachen auf Verlangen mitzuteilen.
Manche Handwerkskammern bieten auch im Rahmen ihrer elektronischen Dienste die Möglichkeit, den Berufsausbildungsvertrag „via Internet" auszufüllen und zu übermitteln. Dieser Onlineservice bewirkt sowohl für den Ausbildungsbetrieb als auch für die Handwerkskammer eine Vereinfachung und einen besseren Infor-

mationsfluss in Bezug auf den Zugriff auf gespeicherte Daten und den Stand der Bearbeitung. Auch bei diesem Verfahren müssen die Verträge aber ausgedruckt, unterschrieben und an die Handwerkskammer gesendet werden (Schriftform gesetzlich vorgeschrieben!).
Der Antrag auf Eintragung in die Lehrlingsrolle kann aber auch elektronisch erfolgen. Dann genügt auch die Beifügung einer elektronischen Kopie der Vertragsniederschrift.

Eintragungsvoraussetzungen für die Lehrlingsrolle

- Berufsausbildungsvertrag muss den gesetzlichen Vorschriften und der Ausbildungsordnung entsprechen.
- Persönliche und fachliche Eignung sowie die Eignung der Ausbildungsstätte zum Einstellen und Ausbilden müssen vorliegen.
- Ärztliche Bescheinigung über die Erstuntersuchung nach dem Jugendarbeitsschutzgesetz muss vorliegen (nur bei Lehrlingen unter 18 Jahren).

Auch Änderungen des wesentlichen Inhalts des Berufsausbildungsvertrages müssen in die Lehrlingsrolle eingetragen werden.

Ablehnung Löschung

Die Handwerkskammer muss die Eintragung ablehnen oder löschen, wenn die Eintragungsvoraussetzungen nicht vorliegen oder ein Mangel in der Berufsausbildung nicht behoben wird.
Die Eintragung ist ferner zu löschen, wenn die ärztliche Bescheinigung über die erste Nachuntersuchung nach dem Jugendarbeitsschutzgesetz nicht spätestens am Tag der Anmeldung zur Zwischenprüfung oder zum ersten Teil der Gesellenprüfung zur Einsicht vorgelegt und der Mangel nicht in der gesetzten Frist behoben wird.

Anmeldung bei der Innung

Die Handwerkskammer kann aus Zweckmäßigkeitsgründen den Berufsausbildungsvertrag über die zuständige Innung an die Vertragspartner zurücksenden. Damit ist die Innung über die bestehenden Berufsausbildungsverhältnisse informiert.

Sollten zwischen Handwerkskammer und Innungen keine entsprechenden Vereinbarungen bestehen, hat der Ausbildende das Berufsausbildungsverhältnis auch bei der Innung anzumelden, da die Innung wichtige Aufgaben in der Berufsausbildung hat. In einzelnen Handwerkskammerbezirken können diesbezüglich unterschiedliche Regelungen bestehen! (auch >> Abschnitte 1.5.4.2 und 2.3.1.4.)

2.5.4 Anmeldung bei Berufsschule und weiteren Stellen

2.5.4.1 Anmeldung bei der Berufsschule

Das Berufsausbildungsverhältnis ist vom Betrieb auch bei der zuständigen Berufsschule anzumelden.

Die Gründe hierfür sind vielfältig. Nähere Einzelheiten >> Abschnitte 1.3.3.4 und 2.3.1.1.

2.5.4.2 Anmeldung bei den Sozialversicherungsträgern

Für Zwecke der Sozialversicherung hat der Arbeitgeber die Auszubildenden bei der Einzugsstelle (Krankenkasse) anzumelden. Zuständig ist die vom Auszubildenden gewählte Krankenkasse.

Wird das Wahlrecht vom Auszubildenden nicht wahrgenommen und besteht keine Vorversicherung, wählt der Arbeitgeber eine der gesetzlich möglichen Krankenkassen und verständigt hiervon den Auszubildenden.
Die Meldefrist beträgt bei Beginn des Ausbildungsverhältnisses sechs Wochen.

2.5.4.3 Anmeldung bei der überbetrieblichen Unterweisung

Innung, Handwerkskammer

Die Ausbildungsbetriebe werden in der Regel von der Innung oder der Handwerkskammer, je nachdem, wer die überbetrieblichen Unterweisungsmaßnahmen durchführt, aufgefordert, die Teilnahme der Lehrlinge zu veranlassen.
Soweit ein anderes Verfahren zur Anwendung kommt, hat der Ausbildende die Anmeldung von sich aus vorzunehmen.

2.5.5 Rechtliche Möglichkeiten der Kündigung sowie der Beendigung von Ausbildungsverhältnissen

2.5.5.1 Kündigung

Das Berufsausbildungsverhältnis kann unter bestimmten Voraussetzungen durch Kündigung beendet werden.

Die Kündigung eines Minderjährigen wird nur wirksam, wenn sie den gesetzlichen Vertretern (Eltern) zugeht, wobei der Zugang bei einem Elternteil ausreicht.
Im Vergleich zu einem Arbeitsverhältnis bestehen aber wesentliche Einschränkungen, weil ein Berufsausbildungsverhältnis nach der Probezeit im Interesse der Ausbildung des Lehrlings für einen Beruf möglichst aufrechterhalten bleiben soll.

Kündigungsmöglichkeiten

Die folgende Darstellung gibt einen Überblick über die Kündigungsmöglichkeiten.

Kündigungsmöglichkeiten

- **vor Beginn der Berufsausbildung**
  - jederzeit
  - ohne Einhalten einer Frist
  - ohne Angabe von Gründen
  - schriftlich
  - von beiden Seiten
  - bei Kündigung durch den Ausbildungsbetrieb:
    - Anhörung des Betriebsrats
    - Beachtung des Kündigungsverbots nach dem Mutterschutzgesetz
- **während der Probezeit**
  - jederzeit
  - ohne Einhalten einer Frist
  - ohne Angabe von Gründen
  - schriftlich
  - von beiden Seiten
  - bei Kündigung durch den Ausbildungsbetrieb:
    - Anhörung des Betriebsrats
    - Beachtung des Kündigungsverbots nach dem Mutterschutzgesetz
- **nach der Probezeit**
  - **aus wichtigem Grund**
    - fristlos
    - mit Angabe von Gründen
    - schriftlich
    - von beiden Seiten
    - nach vorheriger schriftlicher Abmahnung
    - bei Kündigung durch den Ausbildungsbetrieb:
      - Anhörung des Betriebsrats
      - Beachtung von Kündigungsbeschränkungen (z. B. Schwerbehinderte, werdende Mütter usw.)
  - **bei Aufgabe der Ausbildung oder Berufswechsel**
    - mit einer Frist von 4 Wochen
    - mit Angabe von Gründen
    - schriftlich
    - nur vonseiten des Lehrlings

Bei Berufsausbildungsverhältnissen in Form der Stufenausbildung kann der Lehrling nach Erreichen einzelner Stufen die Ausbildung aufgeben. In diesem Falle ist das Ausbildungsverhältnis vom Lehrling wie bei der grundsätzlichen Aufgabe einer Ausbildung zu kündigen (siehe vorherige Darstellung, rechter Kasten).
An die Kündigung aus wichtigem Grunde werden wegen der starken Bindungswirkung des Berufsausbildungsverhältnisses strenge Maßstäbe gelegt.

Leitsatz

Als Leitsatz für das Vorliegen eines wichtigen Grundes gilt: Ein wichtiger Grund ist dann gegeben, wenn Tatsachen vorliegen, aufgrund derer dem Kündigenden unter Berücksichtigung aller Umstände des Einzelfalles und unter Abwägung der Interessen beider Vertragsparteien die Fortsetzung des Berufsausbildungsverhältnisses nach Treu und Glauben bis zum Ablauf der Ausbildungszeit nicht zugemutet werden kann.

Für die Beurteilung, ob in der Praxis ein wichtiger Grund vorliegt, ist weitgehend die Rechtsprechung maßgebend.

Nachstehende Beispiele sollen mögliche wichtige Gründe deutlich machen. Vom **Lehrling** können u. a. als wichtige Gründe angesehen werden:

Wichtige Gründe für den Lehrling

- Der Lehrling wird zur Fortsetzung der Ausbildung unfähig.
- Der Ausbildende oder dessen Vertreter oder deren Familienangehörige verleiten oder versuchen, den Lehrling zu gesetzeswidrigen oder unsittlichen Handlungen zu verleiten.
- Die Vergütung wird nicht bezahlt.
- Die Fortsetzung der Ausbildung bringt Leben und Gesundheit des Lehrlings in Gefahr.
- Der Ausbildende vernachlässigt seine Ausbildungspflicht gröblich.

Vonseiten des **Ausbildenden** sind als wichtige Gründe denkbar:

Wichtige Gründe für den Ausbildenden

- Der Lehrling macht sich eines schweren Diebstahls, eines Betruges oder einer Unterschlagung schuldig.
- Der Lehrling weigert sich beharrlich, seinen vertraglichen Verpflichtungen nachzukommen, um das Ausbildungsziel zu erreichen.
- Der Lehrling verlässt wiederholt unbefugt seine Ausbildung.
- Der Lehrling gefährdet die Sicherheit des Betriebes.
- Der Lehrling lässt sich zu groben Beleidigungen oder Tätlichkeiten gegen den Ausbildenden oder dessen Vertreter oder deren Familienangehörigen hinreißen.
- Der Lehrling begeht vorsätzlich oder auch wiederholt grob fahrlässige Sachbeschädigung zum Nachteil des Ausbildenden.
- Der Lehrling wird zur Fortsetzung des Berufsausbildungsverhältnisses unfähig infolge Krankheit oder Unfall.
- Der Lehrling vernachlässigt trotz wiederholter Aufforderung dauernd den Besuch der Berufsschule.

Bei der Kündigung aus wichtigem Grunde muss beachtet werden, dass diese unwirksam ist, wenn die ihr zugrunde liegenden Tatsachen dem zur Kündigung Berechtigten länger als zwei Wochen bekannt sind. Wenn ein Güteverfahren vor einer außergerichtlichen Stelle eingeleitet ist, so wird bis zu dessen Beendigung der Lauf dieser Frist gehemmt.

In Betrieben, die unter das Kündigungsschutzgesetz fallen, weil sie den Schwellenwert dieses Gesetzes hinsichtlich der Beschäftigten überschreiten, können Auszubildende, die bereits länger als 6 Monate dem Betrieb angehören, nur innerhalb einer Frist von 3 Wochen nach Zugang der Kündigung gegen eine Kündigung aus wichtigem Grund Klage beim Arbeitsgericht erheben. Besteht ein Schlichtungsausschuss (z. B. Lehrlingsstreitigkeitenausschuss bei der Innung) und ist dessen Zuständigkeit gegeben, muss vor Erhebung der Klage der Schlichtungsausschuss angerufen werden.

Lehrlingsstreitigkeitenausschuss

2.5.5.2 Aufhebungsvertrag

Beiderseitiges Einvernehmen

Eine Beendigung des Berufsausbildungsverhältnisses kann auch im beiderseitigen Einvernehmen zwischen den Vertragspartnern jederzeit erfolgen (Aufhebungsvertrag). Hierfür ist die Schriftform zwingend vorgeschrieben. Sofern diesbezügliche Regelungen im Tarifvertrag vorgesehen sind und für die Vertragspartner Tarifgebundenheit besteht, sind ggf. bestimmte Belehrungs-, Überlegungs- und Widerrufsfristen zu beachten.

Muster für einen Aufhebungsvertrag

Aufhebungsvertrag

Das Ausbildungsverhältnis im ______________________________
(Ausbildungsberuf)

geschlossen zwischen dem Ausbildenden (Betrieb)

____

und dem Auszubildenden (Lehrling)______________________________

wird zum ______________ im gegenseitigen Einvernehmen gelöst.
(Datum)

____
Ort, Datum

______________________	______________	______________
Unterschrift des Ausbildenden (Betrieb)	des Lehrlings	der gesetzlichen Vertreter

2.5.5.3 Schadenersatz bei vorzeitiger Beendigung des Berufsausbildungsverhältnisses

Schadenersatz

Wenn ein Berufsausbildungsverhältnis nach Ablauf der Probezeit vorzeitig gelöst wird, kann der Ausbildende oder der Lehrling Ersatz des Schadens verlangen, wenn der andere Vertragspartner den Grund für die Auflösung zu vertreten hat. Dies gilt jedoch nicht im Falle der Aufgabe der Berufsausbildung durch den Lehrling oder im Falle des Berufswechsels. Der Schaden muss in jedem Falle nachgewiesen werden.

Erlöschen des Anspruchs

Der Schadenersatzanspruch erlischt, wenn er nicht innerhalb von drei Monaten nach Beendigung des Berufsausbildungsverhältnisses geltend gemacht wird.

Handlungsorientierte, fallbezogene Aufgaben

1. Sie sind Inhaber eines Handwerksbetriebes und beabsichtigen erstmals zwei Lehrlinge einzustellen und auszubilden. Bevor Sie die beiden Berufsausbildungsverträge abschließen, wollen Sie sich Klarheit über den Rechtscharakter des Berufsausbildungsverhältnisses verschaffen.

   Aufgabe: Stellen Sie die wesentlichen Rechtskriterien fest und erläutern Sie diese!

   >> Seite 150 |

2. Sie haben als selbstständiger Handwerksmeister mehrere Vorstellungsgespräche mit Lehrstellenbewerbern geführt, da Sie zu Beginn des neuen Ausbildungsjahres zwei Auszubildende einstellen werden. Sie haben sich für zwei Bewerber entschieden und bereiten den Abschluss der Berufsausbildungsverträge vor.

   Aufgabe: Erläutern Sie die wichtigsten Handlungsschritte für den Abschluss der beiden Verträge!

   >> Seiten 150 bis 152 |

3. Sie möchten mit einem ausgewählten Bewerber einen Berufsausbildungsvertrag abschließen.

   Aufgabe: Geben Sie an, welche Formvorschriften dabei zu berücksichtigen sind!

   >> Seiten 150 bis 151 |

4. Sie haben als Inhaber eines Handwerksbetriebes ein Vorstellungsgespräch mit einem Lehrstellenbewerber erfolgreich abgeschlossen und wollen nunmehr einen Berufsausbildungsvertrag in Schriftform abschließen.

   Aufgabe: Welchen Vertragsvordruck verwenden Sie?

   >> Seite 150 |

5. Ein Handwerksmeister hat für zwei minderjährige Auszubildende, die er einstellen will, die Berufsausbildungsverträge zur Leistung der Vertragsunterschriften vorbereitet.

Aufgabe: Klären Sie, welche Unterschriften und gegebenenfalls welche Genehmigungen zu den Vertragsabschlüssen erforderlich sind! Welche Aussage trifft zu?

- a Die Berufsausbildungsverträge brauchen nur vom Ausbildenden und vom Auszubildenden unterzeichnet werden.
- b Die Berufsausbildungsverträge sind vom Ausbildenden, vom Auszubildenden und von den gesetzlichen Vertretern bzw. Vertreterinnen der Lehrlinge zu unterzeichnen.
- c Der Abschluss der Berufsausbildungsverträge bedarf in jedem Falle der Genehmigung des Vormundschaftsgerichts.
- d Der Abschluss der Berufsausbildungsverträge bedarf in jedem Falle der Genehmigung der Agentur für Arbeit.
- e Der Abschluss der Berufsausbildungsverträge bedarf in jedem Falle der Genehmigung der zuständigen Berufsschule.

>> Seiten 150 bis 151 |

6. Sie haben als Ausbildender im Rahmen eines Vorstellungsgespräches mit einem Lehrstellenbewerber vereinbart, dass Sie mit ihm einen Berufsausbildungsvertrag abschließen werden.

Aufgabe: Wann müssen Sie den Vertrag im vorliegenden Fall abschließen? Was trifft zu?

- a Vor Beginn der Berufsausbildung.
- b Am ersten Tag der Berufsausbildung.
- c Einen Monat nach Beginn des Berufsausbildungsverhältnisses.
- d Zu einem beliebigen Zeitpunkt während der Probezeit.
- e Nach Ablauf der Probezeit.

>> Seite 151 |

7. Ein Betriebsinhaber stellt erstmals Lehrlinge ein. Er weiß, dass dafür ein Berufsausbildungsvertrag abzuschließen ist, der gesetzliche Mindestinhalte aufweisen muss.

Aufgabe: Geben Sie diese gesetzlichen Mindestinhalte an!

>> Seite 151 |

8. Sie bilden als selbstständiger Handwerksmeister einen Lehrling aus, dessen Berufsausbildungsvertrag am 31. Juli endet. Alle Prüfungsmaßnahmen werden bereits im Monat Juni durchgeführt. Der Lehrling besteht in allen Prüfungsanforderungen die Prüfung.

   Aufgabe: Zu welchem Zeitpunkt endet das Berufsausbildungsverhältnis im vorliegenden Fall? Welche Aussage ist richtig?

   - [ ] a Nur mit Aushändigung des Prüfungszeugnisses.
   - [ ] b Mit dem Ablauf der Woche, in der die Prüfung bestanden wurde.
   - [ ] c Mit dem Ende der vereinbarten Ausbildungszeit.
   - [ ] d Mit Bekanntgabe des Prüfungsergebnisses durch den Prüfungsausschuss.
   - [ ] e Mit Ablauf des Monats, in dem der Auszubildende die Prüfung bestanden hat.

   >> Seite 153 |

9. Ein in Ihrem Handwerksbetrieb ausgebildeter Lehrling hat die Gesellenprüfung bestanden. Sowohl Sie als Betriebsinhaber als auch der junge Handwerker wollen im Anschluss an die Ausbildung ein Arbeitsverhältnis eingehen.

   Aufgabe: Beschreiben Sie die Gestaltungsmöglichkeiten für das geplante Arbeitsverhältnis im vorliegenden Fall!

   >> Seiten 153 bis 154 |

10. Sie wollen als Ausbildender verlangen, bei Abschluss des Berufsausbildungsvertrages eine Regelung aufzunehmen, nach der der Auszubildende bzw. dessen Eltern bei Kündigung des Vertrages – gleichgültig aus welchen Gründen – eine Vertragsstrafe von 2.000,00 EUR zu zahlen haben.

    Aufgabe: Stellen Sie fest, ob eine solche Vereinbarung rechtsgültig ist, und begründen Sie Ihr Ergebnis!

    >> Seite 154 |

11. Sie haben als Inhaber eines Handwerkbetriebes zum 01.08. zwei Lehrlinge eingestellt. Mit Abschluss der Berufsausbildungsverträge haben Sie als Ausbildender eine Reihe von Pflichten übernommen.

    Aufgabe: Erläutern Sie die übernommenen Pflichten, damit Sie diese korrekt erfüllen können!

    >> Seiten 157 bis 158 |

12. Sie haben als Betriebsinhaber mit einem volljährigen Auszubildenden einen Berufsausbildungsvertrag abgeschlossen. Bei Beginn der Ausbildung weisen Sie den Lehrling nochmals auf seine Vertragspflichten hin.

    Aufgabe: Stellen Sie diese Vertragspflichten dar!

    >> Seite 158 |

13. Sie haben als selbstständiger Handwerksmeister zwei neue Lehrlinge eingestellt. Sie wollen diese über die beiderseitigen Pflichten bei der Führung der schriftlichen Ausbildungsnachweise informieren.

Aufgabe: Erklären Sie den beiden Lehrlingen die Pflichten!

>> Seite 162 |

14. Zwischen Ihnen als Inhaber eines Handwerkbetriebes und den bei Ihnen beschäftigten Auszubildenden gibt es Meinungsverschiedenheiten, wann der Ausbildungsnachweis zu führen ist. Die Auszubildenden sind der Auffassung, dass die Aufzeichnungen während der Ausbildungszeit zu erfolgen haben, während Sie als Ausbilder diese Arbeit in der Freizeit, also außerhalb der betrieblichen Arbeitszeit, erledigt haben wollen.

Aufgabe: Wer hat recht? Wann sind die Aufzeichnungen zu erledigen?

- [ ] a Während des Berufsschulunterrichts.
- [ ] b Nur während einer überbetrieblichen Ausbildungsmaßnahme.
- [ ] c Während der betrieblichen Arbeitspausen.
- [ ] d Während der betrieblichen Arbeitszeit.
- [ ] e In der Freizeit, also außerhalb der Arbeitszeit.

>> Seite 162 |

15. Sie sind Handwerksmeister, der sich vor Kurzem selbstständig gemacht hat und nun einen Lehrling einstellen will. Sie bereiten sich auf das Einstellungsgespräch mit dem Bewerber und seinen Eltern vor. Unter anderem wollen Sie feststellen, was hinsichtlich der Ausbildungsvergütung gilt.

Aufgabe: Welche der nachfolgenden Aussagen ist zutreffend?

- [ ] a Die Höhe der Vergütung obliegt nur der freien Vereinbarung der Vertragspartner des Berufsausbildungsverhältnisses.
- [ ] b Die Vergütung muss angemessen sein und mit fortschreitender Berufsausbildung mindestens jährlich ansteigen.
- [ ] c Die Höhe der Vergütung richtet sich nur nach tarifvertraglichen Regelungen des Handwerks und der Industrie.
- [ ] d Die Höhe der Vergütung richtet sich nur nach Empfehlungen der Landesinnungsverbände.
- [ ] e Die Höhe der Vergütung richtet sich nur nach Empfehlungen der Handwerkskammern.

>> Seite 162 |

16. Der Inhaber eines Handwerksbetriebes hat mit einer weiblichen Bewerberin einen Berufsausbildungsvertrag abgeschlossen, in dem eine Verkürzung der betriebsüblichen täglichen Ausbildungszeit um 25 Prozent vorgenommen wurde. Die Handwerkskammer hat auf gemeinsamen Antrag diese abgekürzte Teilzeitberufsausbildung genehmigt, da die Auszubildende hierfür ein berechtigtes Interesse nachgewiesen hat und weil aufgrund der persönlichen Voraussetzungen zu erwarten ist, dass das Ausbildungsziel in der gekürzten Zeit erreicht wird.

    Aufgabe: Bis zu welchem Prozentsatz kann die übliche Ausbildungsvergütung gekürzt werden?

- [ ] a Überhaupt nicht.
- [ ] b Um 10 %.
- [ ] c Um 15 %.
- [ ] d Um 20 %.
- [ ] e Um 25 %.

>> Seite 161 |

17. Ein in Ihrem Betrieb beschäftigter Lehrling ist unverschuldet erkrankt und fehlt nunmehr seit sieben Wochen im Betrieb.

    Aufgabe: Wie lange müssen Sie in diesem Fall die Vergütung an den Lehrling bezahlen? Was trifft zu?

- [ ] a Bis zu einer Krankheitsdauer von zwei Wochen.
- [ ] b Bis zu einer Krankheitsdauer von sieben Wochen.
- [ ] c Bis zu einer Krankheitsdauer von vier Wochen.
- [ ] d Bis zu einer Krankheitsdauer von neun Wochen.
- [ ] e Bis zu einer Krankheitsdauer von sechs Wochen.

>> Seite 162 |

18. Sie haben als Handwerksmeister Ihre beiden Lehrlinge über die vereinbarte regelmäßige Arbeitszeit hinaus beschäftigt. Einer der beiden Lehrlinge verlangt dafür eine besondere Vergütung, der andere will die zusätzliche Arbeit durch Freizeit ausgeglichen haben.

    Aufgabe: Klären Sie, welche Regelungen in diesen Fällen möglich sind!

>> Seite 163 |

19. Sie haben als selbstständiger Handwerker erstmals mit einem jungen Mann einen Berufsausbildungsvertrag in einem Ausbildungsberuf des Handwerks abgeschlossen. Von einem Kollegen haben Sie gehört, dass für alle Berufsausbildungsverhältnisse die Pflicht zur Eintragung in ein Verzeichnis (Lehrlingsrolle) besteht und dafür eine Gebühr zu entrichten ist.

Aufgabe: Stellen Sie fest, bei welcher Einrichtung Sie die Eintragung in die Lehrlingsrolle in diesem Fall zu beantragen haben und wer die Gebühr zu entrichten hat! Welche Aussagen treffen zu?

19.1 Die Eintragung hat zu erfolgen:

a Bei der Innung.

b Bei der Berufsschule.

c Bei der Handwerkskammer.

d Bei der Agentur für Arbeit.

e Beim Amt für Berufsbildung.

>> Seiten 163 bis 164 |

19.2 Die Gebühr hat zu zahlen:

a Die Agentur für Arbeit.

b Das Amt für Ausbildungsförderung.

c Die Eltern des Lehrlings.

d Der Lehrling.

e Der Ausbildende.

>> Seite 163 |

20. Sie haben als Inhaber eines Handwerksbetriebes mit einem Lehrstellenbewerber einen Berufsausbildungsvertrag in Schriftform, wie gesetzlich vorgeschrieben, abgeschlossen. Nach dem Berufsbildungsgesetz ist die elektronische Form ausgeschlossen.

Aufgabe: Kann trotzdem der Antrag auf Eintragung in die Lehrlingsrolle und der beizufügende Berufsausbildungsvertrag elektronisch an die Handwerkskammer übermittelt werden?

a Nein, weil auch dafür die elektronische Form nach dem Berufsbildungsgesetz ausgeschlossen ist.

b Nein, weil dies nach dem „Gesetz über den Nachweis der für ein Arbeitsverhältnis geltenden wesentlichen Bedingungen" („Nachweisgesetz") nicht zulässig ist.

c Nein, weil das nach dem „Datenschutzgesetz" nicht erlaubt ist.

d Ja, das Berufsbildungsgesetz schließt die elektronische Form der Übermittlung nicht aus.

e Ja, aber nur, wenn dieses Verfahren ausdrücklich in der Satzung der Handwerkskammer ausführlich geregelt ist.

>> Seiten 164 |

21. Sie haben als Handwerksmeister zwei Berufsausbildungsverträge abgeschlossen. Die Anträge auf Eintragung der Berufsausbildungsverhältnisse in die Lehrlingsrolle haben Sie bei der Handwerkskammer schon gestellt.

Aufgabe: Stellen Sie fest, bei welchen weiteren Stellen diesbezügliche Anmeldungen vorzunehmen sind!

>> Seiten 165 |

22. Sie beschäftigen als Inhaber eines Betriebes drei Lehrlinge. Einer davon ist seit zwei Monaten im Betrieb, d. h., er befindet sich noch in der vereinbarten viermonatigen Probezeit. Dieser Lehrling kündigt von heute auf morgen, also ohne Einhaltung einer Kündigungsfrist, schriftlich das Berufsausbildungsverhältnis.

Aufgabe: Stellen Sie fest, ob diese Kündigung des Berufsausbildungsverhältnisses zulässig ist, und begründen Sie Ihr Ergebnis!

>> Seite 166 |

23. Ein in Ihrem Betrieb beschäftigter Lehrling, der sich im zweiten Ausbildungsjahr befindet, kündigt fristlos in schriftlicher Form das Ausbildungsverhältnis mit der Begründung, dass er die Berufsausbildung aufgeben will.

Aufgabe: Geben Sie an, ob diese Kündigung in der erfolgten Art und Weise zulässig ist, und begründen Sie Ihre Entscheidung!

>> Seite 166 |

24. Sie bilden als Handwerksmeister seit einem Jahr einen minderjährigen Lehrling aus. Die Ergebnisse der bisherigen Ausbildungsmaßnahmen sind absolut unzureichend. Deshalb findet zwischen dem Lehrling, seinen Eltern und Ihnen ein ausführliches Gespräch statt mit dem Ergebnis, dass es für alle Teile das Beste ist, das Berufsausbildungsverhältnis in beiderseitigem Einvernehmen zu beenden.

    Aufgabe: Erstellen Sie für diesen Fall den schriftlichen Aufhebungsvertrag!

    >> Seite 168 |

2.6 Lernsituation: Möglichkeiten prüfen, ob Teile der Berufsausbildung im Ausland durchgeführt werden können

Kompetenzen:

> Vorteile und mögliche Risiken von Ausbildungsabschnitten im Ausland für Auszubildende und den Betrieb abwägen.
> Rechtsgrundlagen für die Entscheidungsfindung zur Durchführung von Ausbildungsteilen im Ausland heranziehen.
> Formen der Berufsausbildung in anderen europäischen Ländern bei der Planung des Auslandsaufenthaltes beachten.
> Beratungs- und Unterstützungsmöglichkeiten für die Durchführung von Auslandsaufenthalten darstellen.
> Dokumentation von Auslandsaufenthalten nachvollziehen.

2.6.1 Vorteile, mögliche Risiken und rechtliche Grundlage für Ausbildungsteile im Ausland

Ausbildung im Ausland

Teile der Berufsausbildung können gemäß Berufsbildungsgesetz bzw. Handwerksordnung auch im Ausland durchgeführt werden, wenn dies dem Ausbildungsziel dient. Der Auslandsaufenthalt dient dem Ausbildungsziel, wenn im Ausland u. a. berufliche Qualifikationen vermittelt werden, die Gegenstand der Ausbildungsordnung sind. Darüber hinaus ist zu berücksichtigen, dass das Ziel eines Auslandsaufenthalts auch darauf ausgerichtet ist, andere Lebens- und Arbeitsbedingungen kennenzulernen und berufsbezogene Fremdsprachenkenntnisse zu erwerben. Alle Akteure sollten die Planung des Auslandsaufenthaltes auf das Ausbildungsziel hin ausrichten, da ansonsten das Risiko besteht, wertvolle Ausbildungszeit in Hinblick auf die Erlangung beruflicher Handlungskompetenz nicht sinnvoll zu nutzen.
Der Auslandsaufenthalt kann nur in Abstimmung mit dem Ausbildenden erfolgen. Ein Rechtsanspruch des Auszubildenden besteht nicht.
Die Gesamtdauer des Auslandsaufenthalts soll ein Viertel der in der Ausbildungsordnung festgelegten Ausbildungszeit nicht überschreiten. Bei der Berechnung sind Verkürzungen oder Verlängerungen der Ausbildungszeit nicht zu berücksichtigen. Bei einer Ausbildungszeit von 3 Jahren kann der Auslandsaufenthalt also bis zu 9 Monate betragen.
Die Vereinbarung über einen Auslandsaufenthalt kann zwischen den Vertragspartnern des Ausbildungsvertrages vor Beginn der Berufsausbildung oder während der Dauer des Berufsausbildungsvertrages getroffen werden. Die Handwerkskammer muss in jedem Falle über diese Vereinbarung informiert werden. Wenn der Ausbildungsabschnitt im Ausland mehr als vier Wochen dauert, muss der Handwerkskammer ein abgestimmter Plan vorgelegt werden.
Für die Zeit des Auslandsaufenthalts hat der Lehrling eine Beurlaubung vom Berufsschulunterricht bei der Berufsschule zu beantragen. Der versäumte Unterrichtsstoff muss aber in der Regel nachgeholt werden.

2.6.2 Berufsausbildung in anderen europäischen Ländern

Internationaler Vergleich

Aufgrund der unterschiedlichen Entwicklungen in technologischer, wirtschaftlicher, gesellschaftlicher und politischer Hinsicht bestehen in den Industriestaaten verschiedenartige Bildungssysteme.

Unterschiede

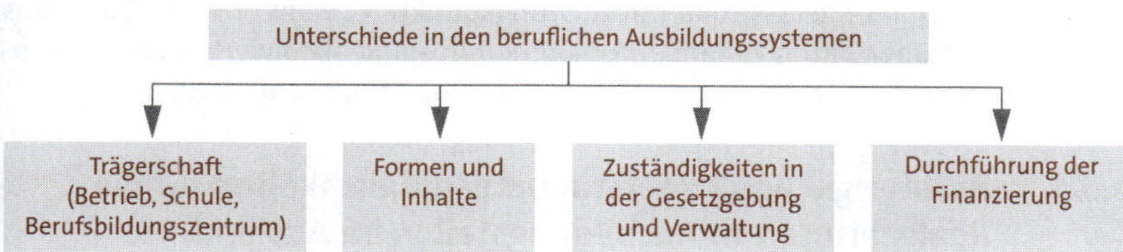

Europäische Union

Das berufliche Bildungswesen ist in den Mitgliedsstaaten der Europäischen Union recht verschieden gestaltet. Vereinfacht dargestellt lassen sich folgende Hauptsysteme unterscheiden:

- Die Lehre, also ein Ausbildungsverhältnis. Bei einem Ausbildungsverhältnis sind praktische Ausbildung in einem Betrieb und in Ausbildungszentren mit theoretischer Ausbildung an Schulen verbunden.
- Die vollzeitschulische Berufsausbildung. Diese Ausbildung kann innerhalb des allgemeinen Bildungssystems, in Bildungsgängen des Sekundarbereichs oder in gesonderten Bildungszentren stattfinden.
- Mischformen.
- Modulare Qualifikationssysteme für unterschiedliche Qualifikationsstufen.

Die EU weist dem dualen System im Rahmen der Stärkung der praxisorientierten Berufsbildung in Europa Vorbildcharakter für ganz Europa zu.

Europäischer Qualifikationsrahmen (EQR)

Um einen europäischen Bildungs- und Beschäftigungsraum zu schaffen, wurde ein auch die berufliche Bildung umfassender „Europäischer Qualifikationsrahmen" (EQR) entwickelt und beschlossen. Der EQR soll Qualifikationen in den unterschiedlichen Bildungssystemen der EU-Mitgliedsländer deutlich und verstehbar darstellen und dazu beitragen, die europäischen Aus- und Weiterbildungssysteme für die Öffentlichkeit leichter zugänglich zu machen sowie die grenzüberschreitende, internationale Mobilität und Durchlässigkeit zu fördern.

Im Einzelnen sieht der Europäische Qualifikationsrahmen vor, sämtliche Qualifikationen (Lernergebnisse) – vom Schulabschluss über Zeugnisse der beruflichen Aus- und Weiterbildung bis hin zu akademischen Abschlüssen – einem von acht Referenzniveaus zuzuordnen. Diese Qualifikationsniveaus werden durch die jeweils erworbenen Kenntnisse, Fertigkeiten und Kompetenzen definiert und sollen über verschiedene Bildungs- und Karrierewege erreichbar sein.

Der EQR dient auch zu einem erheblichen Teil als „Übersetzunghilfe" zwischen den verschiedenen europäischen Qualifikationssystemen.

Deutscher Qualifikationsrahmen (DQR)

Zur Umsetzung des EQR und zur Zuordnung der deutschen Bildungs- und Berufsabschlüsse ist die Entwicklung eines nationalen Qualifikationsrahmens für Deutschland (DQR) notwendig. Der DQR weist so wie der EQR ebenfalls acht Stufen auf. Zweijährige Berufe werden der Stufe 3 zugeordnet, drei- und dreieinhalbjährige Berufsausbildungen der Stufe 4 und die Abschlüsse Meister sowie Bachelor der Stufe 6. In der Einführungsphase erfahren die allgemeinbildenden Schulabschlüsse zunächst keine Zuordnung.

Als besondere Maßnahme zur Schaffung eines europäischen Bildungs- und Beschäftigungsraumes und zur Förderung der gegenseitigen Anerkennung von beruflichen Qualifikationen zwischen den EU-Staaten hat die EU-Kommission die Einrichtung eines Europäischen Leistungspunktesystems (ECVET) für die berufliche Bildung als Empfehlung beschlossen. Danach sollen Lernergebnissse zu Lerneinheiten zusammengefasst und mit Leistungspunkten belegt werden. Durch das ECVET soll die Bewertung von im europäischen Ausland absolvierten Bildungsabschnitten erleichtert und damit deren Anerkennung ermöglicht werden.

Europäisches Leistungspunktesystem (ECVET)

2.6.3 Beratungs- und Unterstützungsmöglichkeiten für die Realisierung von Ausbildungsteilen im Ausland

Möglichkeiten von Partnerschaften in EU-Projekten

Trotz der zum Teil unterschiedlichen Ausbildungssysteme in den Staaten Europas wird eine verstärkte Kooperation und eine gemeinsame Förderung auf allen Ebenen des Bildungswesens angestrebt. Hauptziele sind die Verbesserung des Ausbildungsniveaus, die Förderung der Mobilität der jungen Menschen in Europa, die Eingliederung Jugendlicher in die Gesellschaft, die Förderung der europäischen Zusammenarbeit, die Unterstützung von Partnerschaften und Netzen, der Erfahrungsaustausch, die gegenseitige Information sowie der Ausbau von Sprachkenntnissen.

EU-Projekte

Zahlreiche Maßnahmen und Projekte werden durch Programme der EU finanziell gefördert.

Für die Berufsausbildung bieten sich insbesondere Partnerschaften an. Interessierte Auszubildende bzw. Ausbilder sollten sich mit der Berufsausbildungsabteilung oder einem Berater der Handwerkskammer in Verbindung setzen.

2.6.4 Dokumentation von Auslandsaufenthalten

Auslandsaufenthalte können mit dem „europass Mobilität“ dokumentiert werden. Der „europass Mobilität“ dokumentiert Lernerfahrungen von Personen, die einen Lernabschnitt im Ausland absolvieren und dabei bestimmte Qualitätskriterien einhalten:

- Vereinbarung über wesentliche Kernpunkte des Lernabschnitts im Ausland zwischen Entsendeeinrichtung und Gastorganisation
- Vorliegen angemessener Sprachkenntnisse
- Betreuung im Ausland durch einen Mentor oder eine Mentorin
- Lernaufenthalt in einem der EU-Mitgliedsstaaten oder der EWR-Staaten, bei sog. Gemeinschaftsprogrammen auch in der Schweiz und der Türkei.

Der „europass Mobilität“ wird sowohl in Papierform als auch elektronisch zur Verfügung gestellt und kann beispielsweise bei der Handwerkskammer bzw. dem Zentralverband des Deutschen Handwerks bezogen werden. Der Antrag auf Ausstellung kann seitens des Betriebes erfolgen.

Handlungsorientierte, fallbezogene Aufgaben

1. Ein Ausbildender führt mit einem minderjährigen Lehrstellenbewerber und dessen Eltern ein Gespräch über den Abschluss eines Berufsausbildungsvertrages mit einer gemäß Ausbildungsordnung auf 3 Jahre festgelegten Ausbildungszeit in einem Handwerksberuf. Der Lehrling will zwölf Monate der vorgesehenen Gesamtausbildungszeit in einem dem Ausbildungsziel dienenden Auslandsaufenthalt verbringen.

   Aufgabe: Ist die gewünschte Dauer der Ausbildung im Ausland nach den Vorschriften des Berufsbildungsgesetzes möglich?

   a Nein, weil die Gesamtdauer der Ausbildung im Ausland ein Zehntel der in der Ausbildungsordnung festgelegten Ausbildungsdauer nicht überschreiten soll.

   b Nein, weil die Gesamtdauer der Ausbildung im Ausland ein Achtel der in der Ausbildungsordnung festgelegten Ausbildungsdauer nicht überschreiten soll.

   c Nein, weil die Gesamtdauer der Ausbildung im Ausland ein Sechstel der in der Ausbildungsordnung festgelegten Ausbildungsdauer nicht überschreiten soll.

   d Nein, weil die Gesamtdauer der Ausbildung im Ausland ein Fünftel der in der Ausbildungsordnung festgelegten Ausbildungsdauer nicht überschreiten soll.

   e Nein, weil die Gesamtdauer der Ausbildung im Ausland ein Viertel der in der Ausbildungsordnung festgelegten Ausbildungsdauer nicht überschreiten soll.

   >> Seite 178 |

2. Ein in einem Handwerksbetrieb beschäftigter Lehrling will im 2. Ausbildungsjahr eine Teilausbildung im Umfang von sechs Wochen im Ausland absolvieren. Der Ausbildende ist mit diesem Auslandsaufenthalt einverstanden. Nach dem Berufsbildungsgesetz und der Handwerksordnung ist für diesen Ausbildungsabschnitt ein Plan erforderlich. Außerdem muss dieser Ausbildungsabschnitt im Ausland in geeigneter Weise überwacht werden.

   Aufgabe: Welche Stelle überwacht den Auslandsaufenthalt in diesem Fall, und mit wem ist der Plan für die Teilausbildung im Ausland abzustimmen?

   a Auswärtiges Amt

   b Agentur für Arbeit

   c Gewerbeaufsichtsamt

   d Innung

   e Handwerkskammer

   >> Seite 178 |

3. Sie sind ein junger selbstständiger Handwerksmeister, der laufend Lehrlinge ausbildet. Sie verfolgen mit großem Interesse die im Zusammenhang mit der zunehmenden Verflechtung in der Europäischen Union einhergehende Diskussion über die teils unterschiedlichen Ausbildungssysteme in Europa. Der Obermeister der Innung, der Sie angehören, weiß von Ihrem Interesse und bittet Sie, darüber in der nächsten Innungsversammlung einen Vortrag zu halten.

   Aufgabe: Erstellen Sie für diesen Vortrag ein Konzept! Erläutern Sie die unterschiedlichen Systeme in Europa und gehen Sie dabei auf die Unterschiede in Bezug auf Trägerschaft, Formen und Inhalte sowie Zuständigkeiten und Durchführung der Finanzierung ein!

   >> Seiten 179 bis 180 |

3 Handlungsfeld: Ausbildung durchführen

3.1 Lernsituation: Lernförderliche Bedingungen und motivierende Lernkultur schaffen, Rückmeldungen geben und empfangen

Kompetenzen:

- Individuelle Voraussetzungen der Auszubildenden für die Gestaltung von Lernprozessen berücksichtigen.
- Entwicklung einer Lernkultur des selbst gesteuerten Lernens unterstützen sowie die Rolle des Ausbilders als Lernbegleiter reflektieren.
- Lernen durch Beachtung grundlegender didaktischer Prinzipien fördern.
- Lernprozesse durch Zielvereinbarung, Stärkung der Motivation und Transfersicherung unterstützen.
- Lernen durch Vermittlung von Lern- und Arbeitstechniken sowie durch geeignete Rahmenbedingungen fördern.
- Lernergebnisse ermitteln und dem Auszubildenden seine Kompetenzentwicklung durch geeignetes Feedback aufzeigen sowie Rückmeldungen empfangen.

3.1.1 Lernen, Lernkompetenz, Lernkultur des selbst gesteuerten Lernens

3.1.1.1 Lernen

Lernbegriff

Unter Lernen versteht man allgemein die Aneignung eines Lerngegenstandes, die langfristig auf die Veränderung von Einstellungen und Verhaltensweisen ausgerichtet ist.

Lernen ist dabei abzugrenzen von Reifungsprozessen, angeborenen Reaktionen, Verhaltensänderungen aufgrund von Krankheit oder Drogen und Medikamenten sowie von kurzfristig auftretenden Stimmungsschwankungen.

Reifung
Verhaltensänderung

Typische Lernvoraussetzungen

Erfolgreiches Lernen erfordert neben der geeigneten Lernsituation und dem angepassten Lernstoff aufseiten des Auszubildenden vor allem Lernfähigkeit und Lernbereitschaft.

Wichtige Lernvoraussetzungen (Lernanforderungen) im Handwerk sind:

> praktische und theoretische Intelligenz
> Motivation
> Eigeninitiative
> Konzentrationsfähigkeit
> Kreativität
> besondere Fähigkeiten wie Rechnen
> Hand- und Fingergeschicklichkeit.

Spezifische Lernvoraussetzungen

Lernbereitschaft

Wille zum Lernen

Die Lernbereitschaft beschreibt die Einstellung des Einzelnen zum Lernen und seine grundsätzliche Bereitschaft dazu. Ohne diesen Willen kann Lernen nicht erfolgreich sein. Er muss vom Auszubildenden selbst kommen. Der Ausbilder kann allerdings durch verschiedene Motivationsmaßnahmen versuchen, die Lernbereitschaft zu fördern (dazu auch die Ausführungen in >> Abschnitt 3.1.4.3).

Lerntempo

Lerntempo kennzeichnet die Geschwindigkeit, mit der der Lernende den Lernstoff erfasst, verarbeitet und behält. Dieses Lerntempo kann von Person zu Person sehr unterschiedlich sein, da es von zahlreichen Faktoren abhängt wie Wahrnehmungsfähigkeit, Reaktionsgeschwindigkeit, Merkfähigkeit, Konzentration und auch der jeweiligen Tagesform. Die Veranlagung – mehr praktisch oder mehr theoretisch – spielt ebenfalls eine Rolle.

Kommunikations-, Abstraktions- und Übertragungsfähigkeit

Kommunikationsfähigkeit

Erfolgreiches Lehren und Unterweisen setzen voraus, dass Ausbilder und Lehrling nicht zu unterschiedliche sprachliche Verhaltensweisen haben, sich also verstehen und miteinander verständigen können.

Abstraktionsfähigkeit

Unter Abstraktionsfähigkeit oder Möglichkeit zum abstrakten Denken ist zu verstehen, dass der Lehrling in der Lage sein sollte, das Wesentliche und Gleichbleibende unterschiedlicher Gegenstände oder komplexer Sachverhalte zu erkennen. Die Anwendung von Berechnungsformeln statt Herumprobieren zeugt beispielsweise von der Fähigkeit zu abstraktem Denken.

Übertragungsfähigkeit

Die Übertragungsfähigkeit fordert, dass der Lehrling in der Lage sein sollte, erarbeitete Lösungswege auch auf andere Problemstellungen anzuwenden. Nur dann ist auch selbstständiges Lernen möglich.

Lernsituation

Die für die berufliche Ausbildung typische Lernsituation besteht darin, dass sich der Lernende, also der Lehrling, mit dem Lerngegenstand seiner Ausbildung auseinandersetzen muss.

Lerngegenstand

Wesentliche Bestandteile des Lerngegenstandes sind dabei:

> Kenntnisse
> Fertigkeiten
> Fähigkeiten
> fachliche und soziale Verhaltensweisen.

Lerndreieck

Kommt noch eine Person dazu, die das Lernen durch „Lehren“ unterstützt, spricht man auch von einem Lerndreieck.

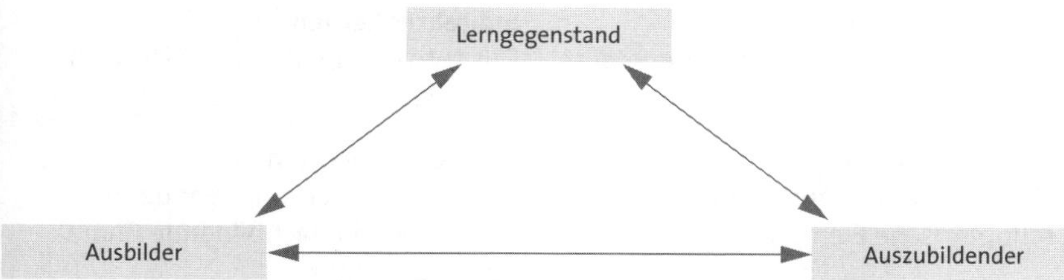

Lernarten

Geplantes Lernen Geplantes Lernen wird gesteuert, zum Beispiel am Ausbildungsplatz vom Ausbilder im Rahmen einer Unterweisung.	**Zufälliges Lernen** Zufälliges Lernen heißt, dass sich der Lernende Fertigkeiten, Kenntnisse, Fähigkeiten und Verhaltensweisen durch zufällige Beobachtung bzw. Wahrnehmung (Sehen oder Hören) aneignet.
Bewusstes Lernen Der Lernende ist sich der Tatsache des Lernens voll bewusst und steuert bzw. organisiert den Lernprozess.	**Unbewusstes Lernen** Unbewusstes Lernen erfolgt eher funktional, das heißt nachahmend und nicht besonders organisiert; es hat deshalb einen verhältnismäßig geringen Bewusstseinsgrad.
Zwischen diesen Formen ist eine Reihe verschiedenartiger Abstufungen möglich.	
Einsichtiges Lernen Lernen durch Einsicht erfordert das vollständige Erfassen von Zusammenhängen und Abläufen. Es ist die höchste Stufe des Lernens und baut oft auf recht schwierigen Denkvorgängen auf.	**Primitives Lernen** Primitives Lernen ist in erster Linie ein bloßes Reagieren auf Reize und Signale der Umwelt. Frühe Stufen des Lernens beim Kleinkind werden so genannt.
Aktives Lernen Aktives Lernen vollzieht sich durch das Handeln des Menschen.	**Passives Lernen** Passives Lernen erfolgt durch Aufnehmen und Zuhören. Aber auch dies erfordert gewisse Aktivitäten.
Theoretisches Lernen Diese Lernart baut auf der systematischen Verarbeitung von Erkenntnissen und gesetzmäßigen Aussagen auf.	**Praktisches Lernen** Bei dieser Lernart stehen praktische Erlebnisse und Erfahrungen im Vordergrund. Die betriebliche Ausbildung ist zum großen Teil praktisches Lernen.

Es muss vor dem Fehler gewarnt werden, praktischem Lernen einen niedrigeren Stellenwert beizumessen als theoretischem Lernen.	
Direktes Lernen Der Lernende steuert den Lernprozess selbst.	**Indirektes Lernen** Das Lernen wird durch die Umwelt angeregt.
Produktives Lernen Hier überwiegt beim Lernen das schöpferische Element.	**Reproduktives Lernen** Hier ist beim Lernen mehr der nachahmende und nachbildende Charakter ausgeprägt.
Individuelles Lernen Das Lernen vollzieht sich im persönlichen Bereich.	**Soziales Lernen** Das Lernen findet in Gemeinschaft statt.

Lerntypen

In der Wissenschaft werden verschiedene Lerntypen unterschieden, die für konkrete Lernleistungen und Lernbedingungen charakteristisch sind.

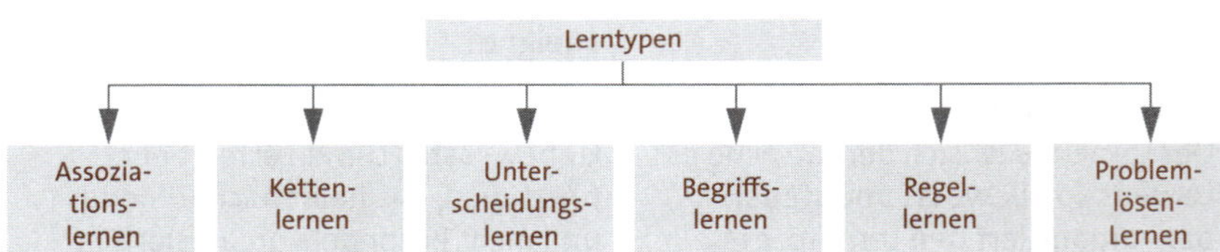

Assoziationslernen: Das Lernen besteht im Einprägen einer bestimmten Reiz-Reaktions-Verbindung.

Beispiel:

Der Lehrling lernt, eine Maschine bei Vorliegen eines Störanzeichens (optisch oder akustisch) sofort abzuschalten.

Kettenlernen: Hier werden mehrere Reiz-Reaktions-Verbindungen zu einem kompletten Handlungsablauf verknüpft.

Beispiel:

Das Inbetriebsetzen einer Maschine.

Unterscheidungslernen: Dieser Lerntyp bezeichnet die Fähigkeit, mehrere Reize genau wahrzunehmen und entsprechend der gestellten Aufgabe unterscheiden zu können.

Beispiel:

Zuordnung von Materialien anhand ihrer Oberflächenbeschaffenheit.

Begriffslernen: Der Lernende ist fähig zu erkennen, dass verschiedene Dinge einige Reize gemeinsam haben; er kann das Gemeinsame bei ähnlichen Reizen herausstellen.

Beispiel:

Die Fähigkeit, zusammengehörende Arbeitsgeräte zu erkennen.

Regellernen: Zwei oder mehrere Begriffe können zu einer Regel zusammengefasst werden.

Beispiel:

Im Elektrobereich die Widerstandsbestimmung.

Problemlösen-Lernen: Mehrere Regeln können zu einer übergeordneten Regel verknüpft werden.

Beispiel:

Die Fähigkeit, anhand von Störungsanzeichen auf die Ursachen schließen zu können.

3.1.1.2 Lernkompetenz

Unter Lernkompetenz versteht man die Bereitschaft und Befähigung, Informationen über Sachverhalte und Zusammenhänge zu verstehen, auszuwerten und einzuordnen. Dazu zählt insbesondere die Fähigkeit und Bereitschaft, im Beruf und darüber hinaus Lerntechniken und Lernstrategien zu entwickeln und diese für lebenslanges Lernen einzusetzen.

3.1.1.3 Lernkultur des selbst gesteuerten Lernens

Lernen bedeutet aktive Auseinandersetzung mit dem Lerngegenstand. Diese Auseinandersetzung kann selbst und fremdgesteuert erfolgen. Ziel der Berufsausbildung soll es sein, dass der Lehrling zu selbst gesteuertem Lernen befähigt wird.

Selbst gesteuert

Selbst gesteuertes Lernen bedeutet, dass der Lernende selbst fähig ist, seine Lernhandlung zu bestimmen. Er soll ferner so auch in der Lage sein, den Anforderungen lebenslangen Lernens gerecht zu werden. Der Lernende muss über die Kompetenzen bzw. Lernstrategien verfügen, die es ihm ermöglichen, die bestehenden Spielräume für das eigene Lernen zu nutzen. Dabei geht es vor allem um:

- das Ziel des Lernprozesses (worauf hin),
- die Inhalte des Lernprozesses (was),
- die Lernregulierung (wann, wo, wie lange),
- den Lernweg (mit welchen Mitteln, allein oder mit anderen).

Lernkultur

Die Lernkultur des selbstständigen Lernens wird gefördert unter anderem durch die rasante Fortentwicklung der Informations- und Kommunikationstechnologien, den technischen Fortschritt, Veränderungen in Wirtschaft und Gesellschaft sowie in der Arbeitswelt.

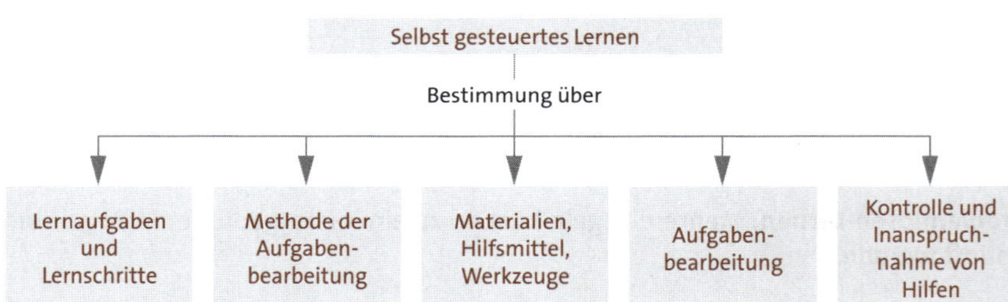

Fremdbestimmt

Wenn diese Entscheidungen – also: was, wie und womit gelernt und wie dies kontrolliert und unterstützt wird – weitgehend fremden Personen, insbesondere dem Ausbilder, vorbehalten sind, dann spricht man von fremdbestimmtem Lernen. Allerdings muss auch das selbst bestimmte Lernen sozusagen vorher erlernt werden. Die erforderlichen Fähigkeiten müssen dazu im Laufe der Ausbildung entwickelt werden.

3.1.2 Der Ausbilder als Lernbegleiter

Begleiter von Lernprozessen

Mit der Neuordnung vieler Berufe wird gefordert, dass die Auszubildenden lernen sollen, selbstständig zu planen, auszuführen und zu kontrollieren. Dies wirkt sich natürlich auf die Ausbildungspraxis aus und hat Folgen für die Rolle des Ausbilders. Er wird vom bloßen Unterweiser zum Begleiter von Lernprozessen. Lernbegleiter ist ein Ausbilder dann, wenn er seine Hauptaufgabe darin sieht, umfassende Lernprozesse bei den Lernenden zu unterstützen, in Gang zu setzen und aufrechtzuerhalten.

3.1.3 Didaktische Prinzipien zur Lernförderung

In der Wissenschaft wurden mehrere didaktische (= das Lehren und Unterweisen betreffende) Prinzipien entwickelt und abgeleitet, die bei der betrieblichen Ausbildung beachtet werden sollen.

- Prinzip der **Altersgerechtheit**
  Der Ausbilder muss immer bedenken, welcher Altersgruppe die Auszubildenden angehören. Zu Beginn der Ausbildung sind im Handwerk die meisten Lehrlinge noch Jugendliche (dazu auch >> Abschnitt 3.7.1).
- Prinzip des **handlungsorientierten Lehrens und Lernens**
  Fertigkeiten, Kenntnisse und Fähigkeiten (Handlungsfähigkeit) sollen in Handlungssituationen vermittelt werden.
- Prinzip der **Zielklarheit**
  Lehr- und Lernziele sollen so klar und eindeutig wie möglich definiert werden.
- Prinzip der **Fasslichkeit/Anschaulichkeit**
  Der gesamte Stoff muss so gegliedert und aufgebaut werden, dass er vom Lehrling „erfasst" werden kann.
- Prinzip der **Praxisnähe**
  Der Stoff soll an den praktischen Erfordernissen des Ausbildungsberufes ausgerichtet sein (auftragsorientiertes Lernen).
- Prinzip der **Förderung der Aktivität**
  Die Ausbildung soll darauf ausgerichtet sein, den Lehrling an möglichst selbstständiges Arbeiten heranzuführen.
- Prinzip der **Erfolgssicherung**
  Durch laufende Kontrollen ist sicherzustellen, dass das Ziel der Ausbildung erreicht wird.
- Didaktisches Prinzip der **Differenzierung und Individualisierung**

Differenzierung heißt, dass der Lern- und Lehrprozess möglichst weitgehend auf den einzelnen Lehrling bzw. eine gleichartig zusammengesetzte Gruppe ausgerichtet wird, um so jeden Lehrling entsprechend seinen Voraussetzungen bestmöglich zu fördern.
Individualisierung bedeutet, dass im Rahmen der Ausbildung auf den Einzelnen und seine Voraussetzungen bei der Stoffaufbereitung und der Unterweisung besondere Rücksicht genommen wird.

Für eine Differenzierung sind vor allem unterschiedliche

Formen

- Aktionsformen,
- Sozialformen,
- Lehr- und Lernformen,
- Lehrverfahren,
- Ausbildungsmittel

geeignet.

Anspruchsniveau

Bei der Differenzierung ist es aber auch möglich, das Anspruchsniveau im Rahmen der Lernziele entsprechend der jeweiligen Personengruppe – nach oben oder nach unten – anzupassen.

3.1.4 Phasen und Fördermöglichkeiten des Lernprozesses: Lernziele vereinbaren, Motivation stärken, Lernerfolge sichern

3.1.4.1 Lernprozess

Stufen des Lernprozesses

In der pädagogischen Literatur wurde eine Reihe von Modellen entwickelt, die die Stufen bzw. Phasen des Lernprozesses darstellen. Allgemein umfasst der Lernvorgang die Schritte Vorbereitung, Aneignung, Speicherung, Erinnerung.

Drei-Stufen-Modell

Für die praktische Berufsausbildung eignet sich insbesondere das sogenannte Drei-Stufen-Modell.

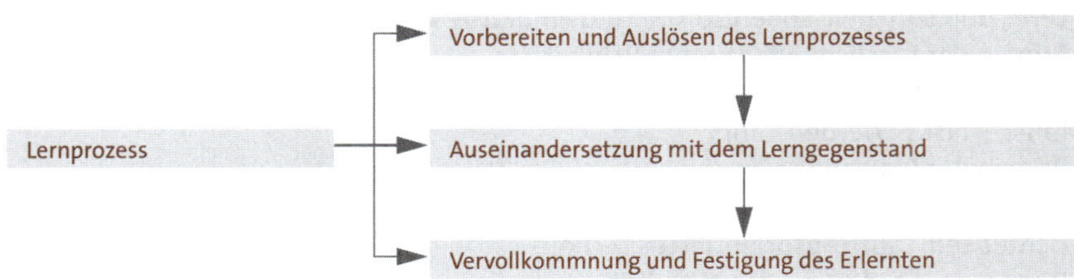

Vorbereiten und Auslösen des Lernprozesses

Wecken der Lernbereitschaft

> In dieser ersten Stufe kommt es insbesondere darauf an, beim Lernenden Beweggründe (Motive) auszulösen, die seine Bereitschaft zum Lernen wecken.

Zu bedenken ist dabei, dass mangelnde Lernbereitschaft mehrere Ursachen haben kann, insbesondere:

> mangelndes Interesse
> fehlende Einsicht in Sinn und Zweck der gestellten Aufgabe
> Überforderung des Lernenden.

(hierzu im Einzelnen >> Abschnitt 3.1.4.3)

Auseinandersetzung mit dem Lerngegenstand

In dieser zweiten Stufe tastet sich der Lernende nach und nach an die richtige Lösung heran. Fehler werden durch wiederholte Versuche und auf der Basis des bereits vorhandenen Wissens abgestellt.

> Mit der ersten Aneignung der zu erlernenden Verhaltensweise oder dem ersten selbstständigen Erwerb einer neuen Fertigkeit, Kenntnis oder Fähigkeit ist das eigentliche Lernstadium abgeschlossen.

Vervollkommnung und Festigung des Erlernten

In der dritten Stufe geht es darum, den Lernerfolg, das heißt die Speicherung und Erinnerung, durch

> mehrmalige Übungen
  und
> gestaltende Anwendung sicherzustellen.

(dazu auch >> Abschnitt 3.1.4.4)

Erfolgserlebnisse

Während des gesamten Lernprozesses sind Erfolgserlebnisse für die Lern- und Leistungsmotivation besonders wichtig.

3.1.4.2 Lernziele vereinbaren

Definition

Lernziele beinhalten beabsichtigte, angestrebte und erwünschte Ergebnisse des Lernprozesses und die Veränderung von Verhaltensweisen beim Lernenden.

Endverhalten

Lernziele sind also Beschreibungen des beobachtbaren Endverhaltens, das durch das Lernen in der Ausbildung erreicht werden soll.

Zweck

Klar festgelegte Lernziele

> informieren über die zu erwerbenden Fertigkeiten, Kenntnisse und Fähigkeiten,
> helfen, den Erfolg der Ausbildung zu beurteilen,
> zwingen den Ausbilder, seine Unterweisung zu strukturieren.

Lernzielklassifikationen

Lernzielbereiche

Ausgerichtet auf die Lernbereiche – Kenntnisse, Fertigkeiten, Fähigkeiten, Verhalten – gibt es auch entsprechende Lernzielbereiche.

Lernzielbereiche	
psychomotorische Lernziele	manuelle und andere körperliche Abläufe
affektive Lernziele	Gefühls-, Interessen-, Einstellungsbereich
kognitive Lernziele	Wahrnehmungs- und Gedächtnisbereich
kommunikative Lernziele	Reflexion des eigenen Verhaltens, Austausch mit anderen Personen
sozial-kommunikative Lernziele	Dialogfähigkeit, Kooperationsfähigkeit
anwendungsorientierte Lernziele	Qualifikationselemente für einzelne Tätigkeiten

Unterschiedliche Lernziele

Kognitive Lernziele (Kenntnisse) beziehen sich insbesondere auf Veränderungen bei:

> Wissen, Verstehen, Einsehen, Denken und Behalten.

Affektive Lernziele (Verhaltensweisen) beinhalten unter anderem Veränderungen bei:

> Empfindungen, Wertungen, Interessen, inneren Einstellungen, Motivation, sozialem Verhalten, Ordnungssinn, Bereitschaft zur Kooperation und Arbeitsfreude.

Psychomotorische Lernziele (Fertigkeiten) sind vor allem Veränderungen in den Bereichen:

> körperliches Handeln, Bewegungen und manuelle Tätigkeiten.

Zu den **kommunikativen Lernzielen** gehören:

> hinwenden, zusammen handeln und integrieren.

Sozial-kommunikative Lernziele sind:

> informieren, abstimmen und kooperieren.

Zu den **anwendungsorientierten Lernzielen** zählen:

> wissen, verstehen und anwenden.

Fähigkeiten können alle Lernzielbereiche betreffen, zum Beispiel:

> Beobachtungsgabe (kognitiv) und
> Handgeschicklichkeit (psychomotorisch).

Genauigkeit

Lernziele können auch nach dem Grad der Genauigkeit und Eindeutigkeit unterschieden werden:

> Leitziele, Richtziele, Grobziele und Feinziele.

Leitziele sind das oberste Ziel des Lernens (in eher abstrakter Form).

Beispiel:

Erfolgreiche Ausbildung im Kfz-Mechatroniker-Handwerk.

Richtziele – auch Makroziele genannt – beschreiben einen Bereich der angestrebten Fertigkeiten, Kenntnisse und Fähigkeiten. Sie weisen damit einen geringen Grad an Genauigkeit auf und lassen eine größere Zahl von Auslegungen zu.

Beispiel:

Beherrschung der notwendigen Fertigkeiten, Kenntnisse und Fähigkeiten für die Personenkraftwagentechnik.

Grobziele beschreiben Verhaltensformen eines Teils dieses Lernbereichs. Sie weisen damit einen mittleren Grad an Genauigkeit auf.

Beispiel:

Messen zum Feststellen von Störungen am Kfz.

Feinziele – auch Mikroziele genannt – beschreiben die jeweiligen Ziele einer Lerneinheit. Sie sind damit auf Exaktheit ausgerichtet und lassen nur eine Auslegung zu.

Beispiel:

Messen und Einstellen des Elektrodenabstandes an Zündkerzen.

Teillernziele

Aus Gründen einer größtmöglichen Systematik und der Notwendigkeit der Festlegung kleinerer Lern- und Unterweisungseinheiten kann man auch Teillernziele festlegen. Sie müssen allerdings den jeweiligen Endlernzielen systematisch zugeordnet sein.

Lernzielniveaus

Unter dem Gesichtspunkt des Anspruchsniveaus und der Wertigkeit des Gelernten unterscheidet man mehrere Lernzielstufen bzw. Lernzielniveaus.

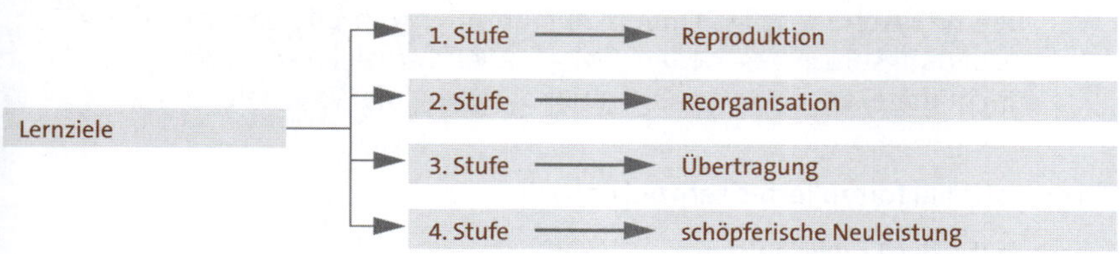

Lernzielstufen

Reproduktion bedeutet, dass das Gelernte aus dem Gedächtnis wiedergegeben werden kann.

Beispiel:

Wiedergabe von Begriffen und Regeln.

Reorganisation besagt, dass der Lernende das Wesentliche des Gelernten verstanden hat und es mit eigenen Worten, unter Umständen auch in veränderter Reihenfolge, wiedergeben kann.

Beispiel:

Zuordnung von Handlungsanleitungen auf den jeweiligen Kundenauftrag.

Bei der **Übertragung** (Transfer) kann der Lernende die Prinzipien des Gelernten auf neue, ähnliche Aufgaben anwenden.

Beispiel:

Berechnung des Materialverbrauchs für neue Aufträge anhand der Erfahrungen und Ergebnisse eines soeben beendeten Auftrages.

Schöpferische Neuleistung liegt vor, wenn der Lernende in der Lage ist, das Gelernte selbst weiterzuentwickeln, also problemlösend und problemfindend zu denken.

Beispiel:

Unterbreitung von Verbesserungsvorschlägen.

Lernzielniveaus

Eine weitere, aber der obigen vergleichbare Darstellung nach Lernzielniveaus lautet:

> Faktenwissen
> Kenntnisse über Verfahren
> Problemlösestrategien
> Fähigkeiten zur Analyse und Bewertung.

Lernzielbeschreibung (Operationalisierung)

Für eine systematische Planung, Ausführung, Kontrolle und Steuerung des Ausbildungsprozesses bedarf es genauer Lernzielbeschreibungen. Man spricht dabei auch von der Operationalisierung der Lernziele.

Inhalt

Ein operational formuliertes Lernziel enthält

> die Angabe des Endverhaltens,
> die Bedingungen, unter denen das Verhalten gezeigt werden soll,
> einen Maßstab zur Kontrolle, ob das Endverhalten erreicht wurde.

Bei der Auswahl der Lernziele müssen mehrere Faktoren berücksichtigt werden, nämlich:

> Ausbildungsrahmenplan
> Prüfungsanforderungen
> Bedeutung für die Ausbildung
> Besonderheiten des einzelnen Ausbildungsbetriebes
> Auffassungsgabe und persönliche Struktur des Auszubildenden.

Lernzielvereinbarung

Ausbilder und Auszubildende sollten sich mit den aktuellen Lernzielen der Ausbildung auseinandersetzen und sich Vorüberlegungen zur Auswahl der Ziele machen, zu ihrer Bedeutung für die Praxis und über geeignete Kriterien für die Zielerreichung.

Lerntagebuch

Die Ziele sollten schriftlich mit Vereinbarungen über Lernzeiten und Lernort festgehalten werden. In Lerntagebüchern kann gegebenenfalls – ähnlich wie im Ausbildungsnachweis – die eigene Lernpraxis dokumentiert werden, um sie zu überprüfen und möglicherweise zu verändern.

3.1.4.3 Motivation stärken

Begriff der Lernmotivation

Unter Lernmotivation versteht man grundsätzlich den Beweggrund oder Auslöser zum Lernen. Ein wesentliches Lernmotiv ist beim Menschen die Neugier.

Jedes bewusste Lernen und jede zielgerichtete Informationsaufnahme setzt ein entsprechendes Lern- bzw. Informationsinteresse, aber auch Lernfreude voraus. Lerninteresse

Arten der Lernmotivation

Hinsichtlich der Motive zum Lernen unterscheidet man zwischen

> **Aktualmotivation:** Beweggründe aus bestimmten Einzelsituationen (z.B. Erlernen einer Fremdsprache, weil man im Urlaub in ein bestimmtes Land reisen will) und
> **habitueller Motivation:** Beweggründe, die bereits zur Gewohnheit geworden sind.

Beide Motive können sich auch wechselseitig beeinflussen und ergänzen.
Hinsichtlich der Motivinhalte lassen sich zwei Gruppen bilden: Motivinhalte

> **Primäre oder direkte Motive:** Sie sind direkt auf den Lerngegenstand bezogen, zum Beispiel weil er Spaß macht oder interessant ist. Man nennt dies auch intrinsische (= von innen geleitet) Motivation.
> **Sekundäre oder indirekte Motive:** Hier liegen die Beweggründe für das Lernen außerhalb der unmittelbaren Lerntätigkeit. Gelernt wird dann zum Beispiel für gute Noten oder wegen einer finanziellen Belohnung. Man nennt dies auch extrinsische (= von außen geleitet) Motivation. Auf solche Motive hat der Ausbilder weniger Einfluss. Er sollte deshalb stets versuchen, sie zu einer intrinsischen Motivation umzuwandeln.

Faktoren und Bedingungen der Lernmotivation

Die Lernmotivation wird von mehreren Faktoren und Bedingungen maßgeblich geprägt:

> kontinuierliche (Lern-)Erfolgserlebnisse
> Anerkennung
> Selbstständigkeit
> Entfaltungsmöglichkeiten
> Selbstverwirklichung.

Maßnahmen und Hilfen zur Förderung der Arbeits- und Lernmotivation

Dem Ausbilder stehen vielfältige Möglichkeiten zur Verfügung, durch geeignete Maßnahmen und Hilfen die Lernmotivation zu fördern.

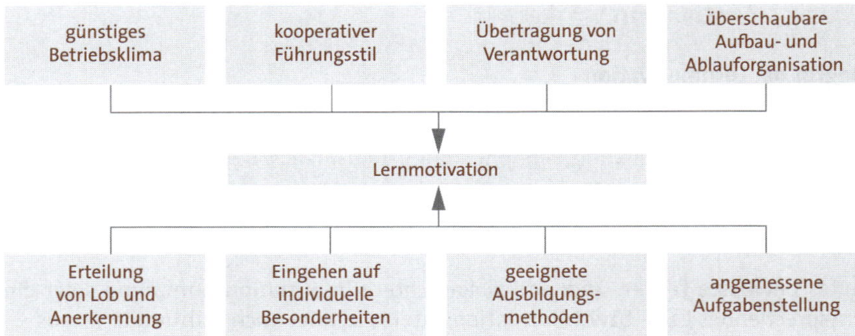

Jeder Ausbilder muss versuchen, die Motivationsförderung auch optimal zu nutzen.

Dafür stehen ihm mehrere Möglichkeiten zur Verfügung:

> ausführliche Informationen über Sinn und Zweck sowie Probleme
> realitätsnahe Einbindung in die gesamte Auftragserfüllung
> Zuweisung abwechslungsreicher Arbeiten
> vertrauensvolles Verhältnis und Übertragung von Verantwortung.

3.1.4.4 Lernerfolge sichern

Für die Fähigkeit, sich das Geübte einzuprägen und es zu behalten, ist das Gedächtnis entscheidend.

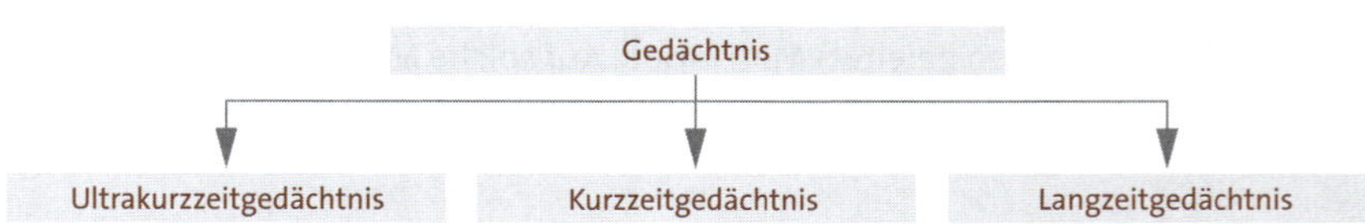

Ultrakurzzeit-gedächtnis
Kurzzeit-gedächtnis

Das Ultrakurzzeitgedächtnis nimmt eingehende Informationen auf und behält sie rund ein bis zwei Sekunden in Form von elektrischen Schwingungen. Nur das, was für wichtig gehalten wird, wird gefiltert und landet dann im Kurzzeitgedächtnis. Hier bleiben die Informationen höchstens 20 Minuten und werden ein weiteres Mal gefiltert.

Tatsächlich gelernt ist nur, was im Langzeitgedächtnis gespeichert ist.

Langzeit-gedächtnis

Man spricht in diesem Zusammenhang von Enkodierung in das Langzeitgedächtnis. Auf die dann abgespeicherten Informationen kann auch noch nach vielen Jahren zurückgegriffen werden.
Allerdings kann sich der Mensch im Zeitablauf an Gelerntes oft nicht mehr vollständig oder überhaupt nicht mehr erinnern. In der grafischen Darstellung besagt die Vergessenskurve, dass bereits unmittelbar nach dem Lernvorgang sehr viel wieder vergessen wird. Im weiteren Zeitablauf geht das Vergessen wesentlich langsamer vor sich. Allerdings kann der Behaltenseffekt durch ständiges Üben

deutlich verbessert werden. Hilfreich ist ferner, nicht alles auf einmal erlernen zu wollen, sondern den Lernstoff auf mehrere Tage oder Wochen zu verteilen.

Die Vergessenskurve

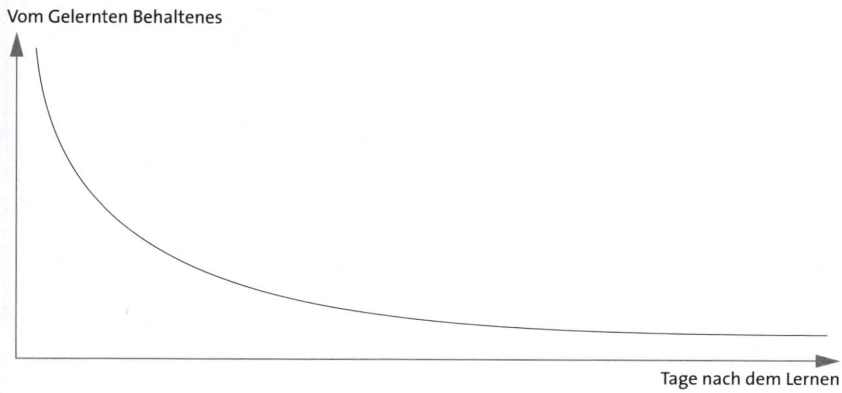

Allerdings darf auch diese Darstellung nur als allgemeines Verlaufsmuster angesehen werden. Der tatsächliche Verlauf kann bei jedem einzelnen Menschen davon erheblich abweichen. Er hängt wesentlich vom Lerngegenstand, den Lernbedingungen und der jeweiligen persönlichen Situation des Einzelnen ab.

Individuelle Gegebenheiten

Einflussfaktoren auf das Behalten

Forschungserkenntnisse zeigen, dass durch eine entsprechende Gestaltung des Lernprozesses der Behaltenseffekt wesentlich gesteigert werden kann.

Behaltenseffekt

Aus der Hirnforschung weiß man, dass der Behaltenseffekt maßgeblich davon abhängt,

- auf welche Art Informationen aufgenommen werden und
- ob neue Informationen mit bereits im Gehirn vorhandenen Informationen verknüpft werden können.

Forschungsergebnisse

Behaltensfähigkeit nach Art der Aufnahme von Informationen

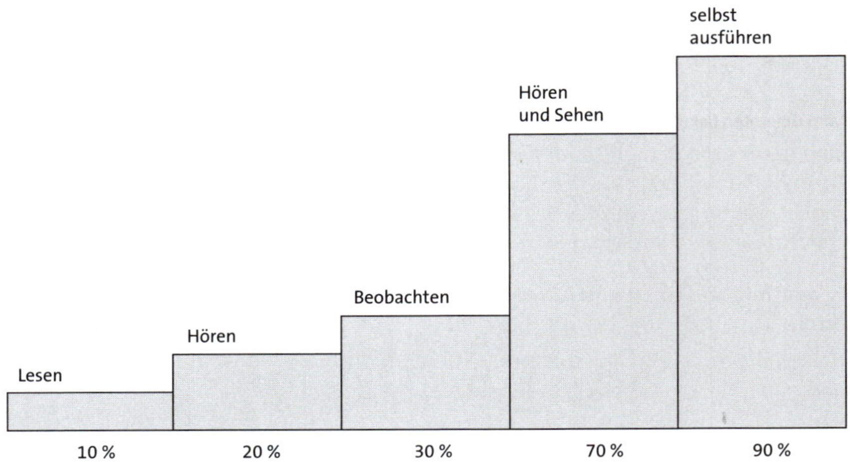

Verschiedene Kanäle

Grundsätzlich ist zu berücksichtigen, dass Informationen über verschiedene Kanäle in das Gehirn kommen können, nämlich insbesondere:

> Sehen
> Hören
> Fühlen
> Riechen und Schmecken.

Der optische Kanal ist dabei der leistungsfähigste. Grundsätzlich empfiehlt es sich jedoch, so viele Aufnahmemöglichkeiten wie möglich zu nutzen.

Linke Gehirnhälfte

Wichtig ist ferner, die beiden Hälften des Gehirns gezielt zu nutzen. Die linke Seite, die oftmals auch „männliche" Hälfte genannt wird, hat ihren Einsatz schwerpunktmäßig für:

> Fakten
> Zahlen, Wörter
> Analyse
> Taktik
> Logik.

Rechte Gehirnhälfte

Die rechte oder „weibliche" Hälfte steht für:

> Bilder
> Meinungen
> Intuition
> Visionen
> Kreativität
> Gefühl.

Es hat sich herausgestellt, dass Lernstoff umso besser behalten wird, wenn beide Hälften dafür eingesetzt werden, der Lernstoff also sowohl vom Verstand wie auch vom Gefühl her verankert ist.

Störfaktoren

Zu beachten ist außerdem, dass der Vorgang der Einprägung von Informationen im Gedächtnis anfällig für Störeinflüsse ist. So erschweren Stress, Konzentrationsstörungen und Ablenkung die Gedächtnisleistung erheblich. Dies ist bei der Gestaltung der Lernbedingungen zu berücksichtigen. Eine ruhige Arbeitsumgebung ist für das Lernen sehr hilfreich. Wichtig ist ferner eine gute körperliche und seelische Verfassung des Lernenden.

Wiederholen

Eine besondere Bedeutung für das Behalten hat das Wiederholen des Lernstoffes. Periodische Wiederholungen, beispielsweise nach einem Tag, einer Woche, einem Monat, einem Jahr, sind der beste Schutz vor dem Vergessen. Wichtig ist auch, dass Informationen gründlich und tief verarbeitet werden.

Bedeutung von Üben und Anwenden (Transfer) für den Lern- und Ausbildungserfolg

Üben, Einprägen und Anwenden sind für den Lern- und Ausbildungserfolg eine unabdingbare Voraussetzung. Stetiges Üben dient der

- Erlernung,
- Sicherung und
- Stabilisierung

von Fertigkeiten, Kenntnissen, Fähigkeiten und Verhaltensweisen.

Lerntransfer

Für den Lern- und Ausbildungserfolg ist im Weiteren von besonderer Bedeutung, dass der Lernende diese Fertigkeiten, Kenntnisse, Fähigkeiten und Verhaltensweisen auch von einer Situation auf eine andere übertragen kann. Diesen Prozess bezeichnet man als Lerntransfer.

Beachtung von Leistungsfähigkeit und Regeln bei der Gestaltung von Übungs- und Transferphasen

Bedingungen für das Einprägen und Behalten

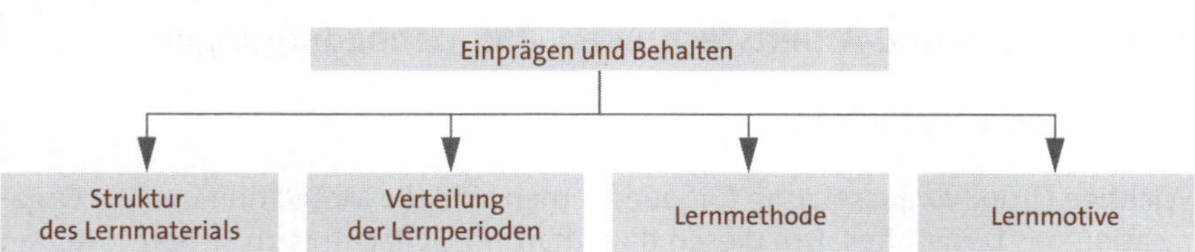

Lernkurve

Die Darstellung, wie groß der Zuwachs beim Lernen im Laufe der Übung ist, bezeichnet man als Lernkurve.

Lernkurve

Die Lernkurve ist eine grafische Darstellung der Beziehung zwischen Wissensaufnahme und zeitlichem Ablauf des Lernprozesses. Zwei Abbildungsmöglichkeiten sind dafür möglich, nämlich einerseits die Darstellung, wie die Zahl der Fehler im Verlaufe der Übung abnimmt, und andererseits die Darstellung der richtigen Bewegungen, etwa beim Erlernen einer Fertigkeit.

Lernkurven

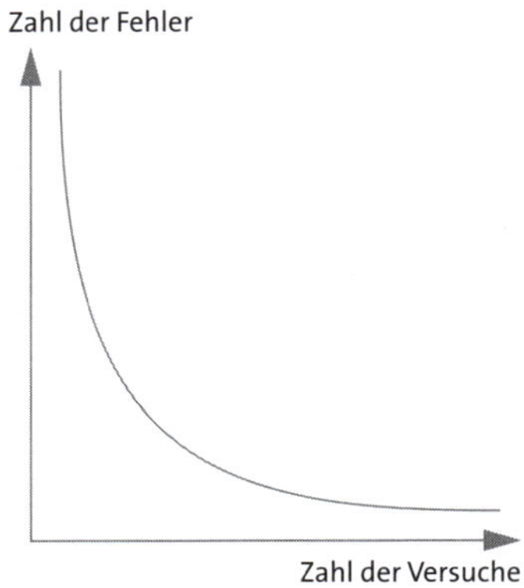

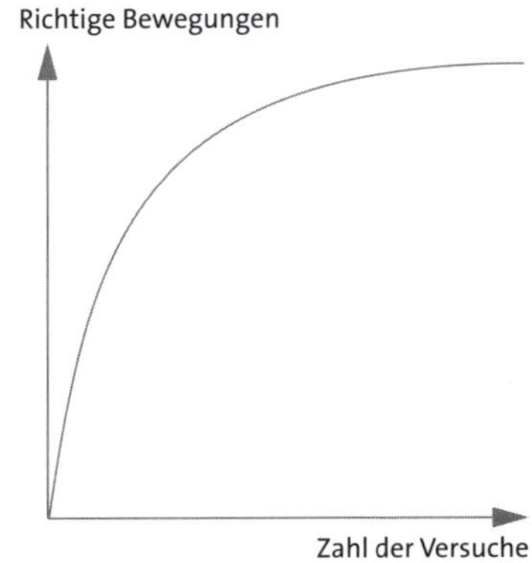

Individuelle Unterschiede

Es muss jedoch dabei darauf hingewiesen werden, dass diese Darstellungen nur das typische Verlaufsmuster wiedergeben können. Lernkurven sind bei jedem Lernenden verschieden und von einer Reihe von Faktoren abhängig, von der Begabung und Veranlagung bis hin zur jeweiligen Tagesform und Leistungsfähigkeit des Auszubildenden.

Gestaltung

Bei der Gestaltung von Übungs- und Transferphasen sollte darauf geachtet werden, dass

- die persönlichen Voraussetzungen (z. B. Motivation und Flexibilität),
- die organisatorischen Voraussetzungen (z. B. Anwesenheit und Unterstützung durch einen Vorgesetzten),
- die Umfeldbedingungen (z. B. Ausbildungsklima und Ausbildungsbedingungen)

stimmen. Wichtig ist auch, dass der Ausbilder den Nutzen klarmacht.

3.1.5 Lern- und Arbeitstechniken, Rahmenbedingungen

3.1.5.1 Lerntechniken

Wichtige Grundvoraussetzung für jedes Lernen sind die Motivation und die Organisation des Lernstoffes. Um diesen dauerhaft im Gedächtnis zu sichern, wurden daneben verschiedene Techniken entwickelt. Sie sind allerdings keine Patentrezepte. Vielmehr kommt es immer auf den Einzelfall an, welche Methode oder welche Kombination aus ihnen die geeignetste ist. Neben schon älteren Techniken wie der Führung eines Karteikastens beruhen die meisten neueren Methoden darauf, beide Gehirnhälften optimal einzusetzen und die verschiedenen Aufnahmekanäle zu kombinieren. Dies geschieht zumeist dadurch, dass die sachlichen Fakten mit emotionalen Erlebnissen verknüpft werden.

Beispiel:

Die Lerngegenstände werden mit Gegenständen aus der eigenen vertrauten Wohnung verknüpft oder mit Gebäuden auf dem täglichen Weg zur Arbeit usw.

Derartige Techniken bedingen allerdings, dass man vorher genau gelernt hat, mit ihnen umzugehen.

Mind-Mapping

Eine solche Technik ist das sogenannte „Mind-Mapping“ (= Gedanken-Landkarte). Bei dieser Lerntechnik wird das zu behandelnde Thema auf einem Blatt Papier im Zentrum durch ein einprägsames Bild oder eine kleine Skizze dargestellt. Alle damit zusammenhängenden Gedanken, Neben- oder Unterpunkte werden am Rand des Blattes Papier gruppiert und mittels Linien oder/und Pfeilen in unterschiedlichen Farben mit dem Hauptpunkt verbunden. Durch diese Verästelungen kann die relative Bedeutung der jeweiligen Gedanken und Ideen symbolisiert werden. „Mind-Maps“ eignen sich sehr gut zur Wiederholung eines bereits erlernten und so dargestellten Stoffes. Sie erleichtern es, die Gedanken zu ordnen, tragen zur Entwicklung der Vorstellungskraft bei und steigern die Merkfähigkeit.
Unabhängig von der gewählten Lerntechnik bleiben Üben, Vertiefen und Wiederholen zentrale Elemente eines erfolgreichen Lernprozesses.

3.1.5.2 Rahmenbedingungen

Für erfolgreiches Lernen sind lernförderliche Rahmenbedingungen unerlässlich. Dazu zählen:

- persönliche Rahmenbedingungen wie körperliches Wohlbefinden
- räumliche Rahmenbedingungen wie Beleuchtung, Belüftung und Geräusche
- die Einrichtung des Arbeitsplatzes wie auf die Körpergröße abgestimmte Büromöbel oder Werkstatteinrichtungen
- passende Arbeitsmaterialien.

3.1.6 Feedback-Möglichkeiten

Ausbilder und Lehrling beeinflussen sich immer gegenseitig und üben durch ihr Handeln und Verhalten bestimmte Wirkungen aufeinander aus. Um sich dieser Wirkungen bewusst zu werden und sie dann auch steuern zu können, sind wechselseitige Rückmeldungen erforderlich. Diesen Prozess umschreibt der Begriff „Feedback“. Dieses Feedback ist gerade in der Ausbildung sehr wichtig. Der Lehrling braucht die Rückmeldung des Ausbilders, um zu wissen, wie er die ihm gestellten Aufgaben erledigt. Fehlt diese, so kann Unsicherheit beim Lehrling die Folge sein. Das Feedback sollte

Regeln

- kurz,
- konkret,
- direkt
- und konstruktiv sein.

In der Ausbildung lassen sich so vor allem Verhaltensweisen steuern und erlernen.

Vertrauensvolles Verhältnis

> Feedback setzt für den Erfolg allerdings voraus, dass die Beteiligten ein weitgehend harmonisches und vertrauensvolles Verhältnis zueinander haben. Der Ausbilder sollte in der Lage sein, die Rückmeldungen des Lehrlings sensibel, verständnisvoll und situationsgerecht aufzunehmen. Gegebenenfalls muss er auch bereit sein, sein eigenes Verhalten zu ändern.

Handlungsorientierte, fallbezogene Aufgaben

1. Sie sind selbstständiger Betriebsinhaber und bilden laufend Lehrlinge aus. Als Ausbilder wissen Sie, dass erfolgreiches Lernen neben der geeigneten Lernsituation und dem angepassten Lernstoff aufseiten des Lehrlings vor allem Lernfähigkeit und Lernbereitschaft erfordert. Diese versuchen Sie während des Unterweisungsprozesses besonders zu fördern.

   Aufgabe: Beschreiben Sie die wichtigsten Lernvoraussetzungen (Lernanforderungen) für die Ausbildung Ihrer Lehrlinge!

   >> Seiten 183 bis 184 |

2. Für eine systematische Planung, Ausführung, Kontrolle und Steuerung des Ausbildungsprozesses sollen Sie als Ausbilder die Lernziele genau beschreiben und festlegen.

   Aufgabe: Unter einem Lernziel versteht man

- [ ] a ausschließlich die Beschreibung von Fertigkeiten, die in der Grundausbildung zu vermitteln sind.
- [ ] b nur die Kenntnisse, die während der Anwendungsausbildung vermittelt werden sollen.
- [ ] c die Fertigkeiten und Kenntnisse, die ausschließlich die Fachausbildung betreffen.
- [ ] d die Beschreibung des beobachtbaren Endverhaltens, das durch Lernen erreicht werden soll.
- [ ] e die Beschreibung der Prüfungsanforderungen.

   >> Seite 191 |

3. Sie bilden zwei Lehrlinge aus und stellen laufend fest, dass bei beiden immer wieder die Motivation zum Lernen unzureichend ist. Deshalb wollen Sie ein Konzept entwickeln, wie Sie diese Situation künftig verbessern können.

   Aufgabe: Stellen Sie dar, mit welchen Hilfen und Maßnahmen Sie die Motivation Ihrer beiden Lehrlinge fördern und verbessern können!

   >> Seite 196 |

4. Sie bilden zwei Lehrlinge in Ihrem Betrieb aus. Für den optimalen Ausbildungserfolg sind Sie bestrebt, die einzelnen Unterweisungen so zu gestalten, dass die Lehrlinge auch möglichst viel davon langfristig behalten und umsetzen können.

   Aufgabe: Erläutern Sie die wichtigsten Einflussfaktoren auf das Behalten von Gelerntem und erklären Sie, wie Sie diese Grundsätze in der Gestaltung der Unterweisungen Ihrer beiden Lehrlinge umsetzen!

   >> Seiten 196 bis 200 |

5. Als Ausbilder sind Sie bestrebt, im Rahmen der gesamten Ausbildung und der einzelnen Unterweisungsmaßnahmen die besten Bedingungen dafür zu schaffen, dass der Lehrling sich das Gelernte auch einprägen und es langfristig behalten kann.

   Aufgabe: Welche Bedingungen sind dabei zu beachten, und was können Sie als Ausbilder tun, um diese bestmöglich zu gestalten?

   >> Seite 201 |

3.2 Lernsituation: Probezeit organisieren, gestalten und bewerten

Kompetenzen:

> Inhaltliche und organisatorische Gestaltung der Probezeit festlegen und rechtliche Grundlagen beachten.
> Lernaufgaben zur Ermittlung von Eignung und Neigung des Auszubildenden für die Probezeit auswählen.
> Die Einführung des Auszubildenden in den Betrieb planen.
> Entwicklung des Auszubildenden während der Probezeit bewerten und mit dem Auszubildenden rückkoppeln, Durchführung und Ergebnis der Probezeit bewerten.

3.2.1 Einführung des Auszubildenden in den Betrieb

Die ersten Wochen beeinflussen maßgeblich, ob sich der Lehrling im Ausbildungsbetrieb wohlfühlt und von daher die besten Voraussetzungen hat, die Ausbildungsanforderungen zu erfüllen, zumal die neue Umgebung und die neuen Spielregeln ihm noch fremd sind.

Deshalb ist die Gestaltung der Einführung besonders wichtig.

Gestaltung der Einführungstage

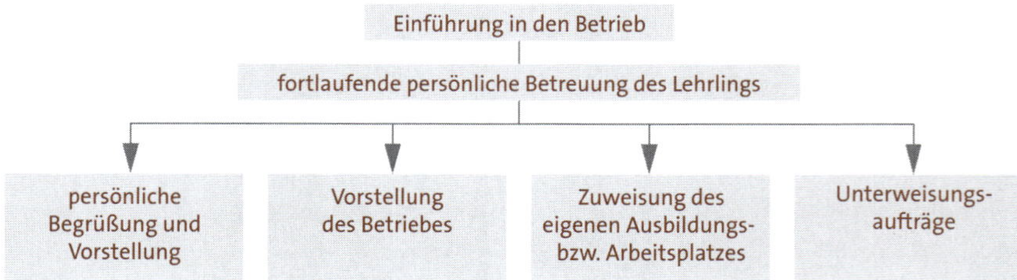

Bei der **persönlichen Begrüßung und Vorstellung** ist zu empfehlen:

> persönliche Kontaktaufnahme und Begrüßung durch den Ausbilder
> Vorstellen beim Ausbildenden, beim unmittelbaren Vorgesetzten, bei den Kollegen und bei der Jugendvertretung (nur bei größeren Betrieben)
> erste Informationen über den Ausbildungsberuf, die betriebliche Ausbildung, überbetriebliche Ausbildungsmaßnahmen und die Berufsschule
> Übergabe der einzureichenden Unterlagen des Lehrlings wie z. B. Sozialversicherungsausweis, Krankenversicherung.

Vorstellung des Betriebes

Die **Vorstellung des Ausbildungsbetriebes** sollte mindestens folgende Punkte beinhalten:

- allgemeine Informationen über den Betrieb mit seinen Haupttätigkeiten
- Erläuterung der Besonderheiten des Betriebes wie
  - örtliche Gegebenheiten und Verkehrsanbindung
  - Arbeitszeit- und Pausenregelung
  - Urlaub
  - Zahlungstermin und -weise der Ausbildungsvergütung
- Führung durch den Betrieb
- Bekanntmachen mit den Nebeneinrichtungen des Betriebes wie
  - Kantine
  - Toiletten, Waschräume
  - Garderobe mit Schrank für persönliche Gegenstände
  - Erste-Hilfe-Einrichtungen
  - „Schwarzes Brett" mit Aushängen (u. a. Jugendarbeitsschutzgesetz)
- Hinweis auf Unfallschutz, Sicherheitsbestimmungen sowie Schutzkleidung.

Bei der **Zuweisung des Ausbildungs- bzw. Arbeitsplatzes** sollte insbesondere eingegangen werden auf:

- Eigenheiten des Ausbildungs- bzw. Arbeitsplatzes
- Einbindung des Ausbildungs- bzw. Arbeitsplatzes in die betriebliche Ablauf- und Aufbauorganisation
- Erklärung wichtiger Werkzeuge
- Aushändigung der schriftlichen Ausbildungsnachweise (früher: Berichtsheft).

Bei den ersten **Unterweisungsaufträgen** ist allgemein das folgende Vorgehen zu empfehlen:

- sorgfältige Auswahl geeigneter Unterweisungsaufträge
- Ausrichtung der Unterweisungsaufträge an der betrieblichen Ernstsituation, zum Beispiel an konkreten Kundenaufträgen
- Abstimmung des Schwierigkeitsgrades auf den jeweiligen Lehrling
- ausführliche Informationen über Sicherheitsbestimmungen
- Einweisung in die Bedienung von Maschinen.

Betreuung

Besonders wichtig ist gerade in den ersten Wochen der betrieblichen Ausbildung, dass der Lehrling verstärkt durch den Ausbilder oder einen anderen ständigen Ansprechpartner als Vertrauensperson persönlich betreut wird.

3.2.2 Bedeutung, Gestaltung und Auswertung der Probezeit

3.2.2.1 Rechtliche Vorgaben

> Die Probezeit hat den Zweck, die Eignung des Lehrlings für den zu erlernenden Beruf sorgfältig zu prüfen. Jedes Berufsausbildungsverhältnis hat mit einer Probezeit zu beginnen. Sie muss mindestens einen Monat und darf höchstens vier Monate dauern.

Wichtige Regelungen zur Probezeit sind:

- Sie ist Bestandteil des Berufsausbildungsverhältnisses.
- Verpflichtungen — Während der Probezeit bestehen die vollen beiderseitigen Verpflichtungen der Vertragspartner.
- Zweck — Die Probezeit hat den Zweck, die Eignung des Lehrlings für den zu erlernenden Beruf sorgfältig zu prüfen.
- Verlängerung — Die gesetzlich vorgeschriebene Probezeit von höchstens vier Monaten verlängert sich nicht automatisch um die Dauer einer Unterbrechung. Die Vertragspartner des Ausbildungsvertrages können aber in Fällen einer bedeutsamen Unterbrechung eine Verlängerung der Probezeit vereinbaren. Bundeseinheitliche Mustervordrucke für den Berufsausbildungsvertrag enthalten eine entsprechende Vereinbarung, nach der sich die Probezeit um den Zeitraum der Unterbrechung verlängert, wenn die Ausbildung während der Probezeit um mehr als ein Drittel dieser Zeit unterbrochen wird. Der Ausbildende kann sich auf eine solche Vereinbarung jedoch dann nicht berufen, wenn er die Unterbrechung selbst vertragswidrig herbeigeführt hat.
  Wenn der Auszubildende während der Probezeit wegen Blockunterricht in der Berufsschule oder überbetrieblicher Ausbildung nur wenig im Betrieb ist, kann die Probezeit trotzdem nicht verlängert werden, da diese Maßnahmen keine Unterbrechung der Ausbildung, sondern Bestandteil der Gesamtausbildung sind.

3.2.2.2 Planung des ersten Ausbildungsabschnittes unter besonderer Berücksichtigung der intensiven Betreuung des Lehrlings durch den Ausbildenden/Ausbilder

Grundsätze

Um die Probezeit bestmöglich zu nutzen, sollte der Ausbilder einige wichtige Grundsätze bei ihrer Gestaltung beachten:

- Besonders wichtig ist, dass von der viermonatigen Probezeit mindestens ein Drittel auf die Ausbildungsphase im Betrieb entfällt.
- Der Lehrling muss in möglichst vielen Bereichen des entsprechenden Ausbildungsberufsbildes getestet werden und Gelegenheit erhalten, verschiedene Einsatzbereiche seines Berufes kennenzulernen.
- Durch Steigerung des Schwierigkeitsgrades der gestellten Aufgaben sollte geprüft werden, ob der Lehrling auch tatsächlich dem während der gesamten Berufsausbildung steigenden Niveau gewachsen ist.

> Die Probezeit muss auf jeden Fall optimal genutzt werden. Für den Ausbilder heißt dies, dass er sich in dieser Zeit intensiv um den Lehrling kümmern muss, um am Ende der Probezeit ein kompetentes Urteil über dessen Eignung abgeben zu können.

3.2.2.3 Auswertung der Probezeit

Die während der Probezeit gemachten Beobachtungen dienen als Grundlage für das Gespräch mit dem Lehrling vor Ende der Probezeit. Neben den eigenen Beobachtungen sollten dabei auch Erkenntnisse einfließen, die aus Gesprächen mit Arbeitskollegen des Lehrlings gewonnen werden.
Ziel der Auswertung der Probezeit ist es,

- die Ausbildungseignung zu klären,
- Stärken und Schwächen des Lehrlings zu diskutieren,
- für die weitere Ausbildung motivierende und fördernde Maßnahmen zu erarbeiten.

Beim Gespräch mit dem Auszubildenden sollten die Gesprächsregeln beachtet werden, die in >> Anschnitt 3.7.3.5 behandelt werden.

Handlungsorientierte, fallbezogene Aufgaben

1. Sie haben zu Beginn des Ausbildungsjahres einen Lehrling eingestellt. Als Ausbilder wissen Sie, dass bereits die ersten Tagen und Wochen maßgeblich Einfluss haben, ob sich der Lehrling, den Sie eingestellt haben, in Ihrem Betrieb wohlfühlt und von daher die besten Voraussetzungen hat, die Ausbildungsanforderungen zu erfüllen.

   Aufgabe: Wie gestalten Sie in diesem Fall den ersten Arbeitstag des Lehrlings, dem ja in der Regel die neue Umgebung und die neuen Spielregeln noch fremd sind, um ihn bestmöglich in den Betrieb einzuführen?

   >> Seite 204 |

3.3 Lernsituation: Aus dem betrieblichen Ausbildungsplan und den berufstypischen Arbeits- und Geschäftsprozessen betriebliche Lern- und Arbeitsaufgaben entwickeln und gestalten

Kompetenzen:

> Bedeutung des Lernens in Auftrags- und Geschäftsprozessen herausstellen.
> Ausbildungsplan sowie Arbeits- und Geschäftsprozesse analysieren und hieraus geeignete Lern- und Arbeitsaufgaben gestalten.
> Auszubildende unter Berücksichtigung individueller Voraussetzungen in Arbeitsaufgaben einbinden.

3.3.1 Methodenkonzept der auftrags- und geschäftsprozessorientierten Ausbildung

3.3.1.1 Auftragsorientiertes Lernen

Begriff

Kundenauftrag

Unter den verschiedenen Auftragsformen ist im Handwerk vor allem der Kundenauftrag von Bedeutung. Darunter versteht man die Aufforderung des Kunden an den Betrieb, ihm ein bestimmtes Produkt zu liefern oder eine bestimmte Leistung zu erbringen.

Wichtige Bereiche des Kundenauftrages im Handwerk

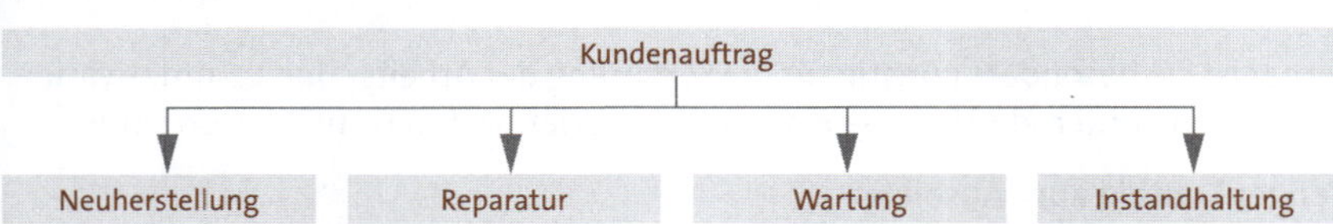

Allgemeine Merkmale

Als allgemeine Merkmale der für das Handwerk typischen Aufträge lassen sich nennen:

> unmittelbarer und direkter Kontakt zum Kunden
> breites Leistungsspektrum bei geringer Fertigungstiefe
> Anforderungen gestalterischer Art
> breites Aufgabenfeld für die einzelnen Mitarbeiter.

Bedeutung

Im Handwerk sind die Lehrlinge in der Regel in den betrieblichen Leistungsprozess eingebunden. Die Ausbildung findet in engem Zusammenhang mit der täglichen Arbeit im Betrieb, das heißt der Auftragsabwicklung, sozusagen im Ernstfall, statt.

Die besonderen Vorteile der auftragsorientierten Ausbildung liegen damit in der Kundennähe und dem Einblick in den gesamten Arbeitsprozess. Die Lehrlinge können realitätsnah, entsprechend ihrer steigenden Fertigkeiten, Kenntnisse und Fähigkeiten, bei der Erledigung der Aufträge beteiligt werden.
Diese Auftragsabwicklung weist zwar durchaus branchenmäßige Unterschiede auf. Es lassen sich jedoch wesentliche allgemeine Bestandteile herausarbeiten.

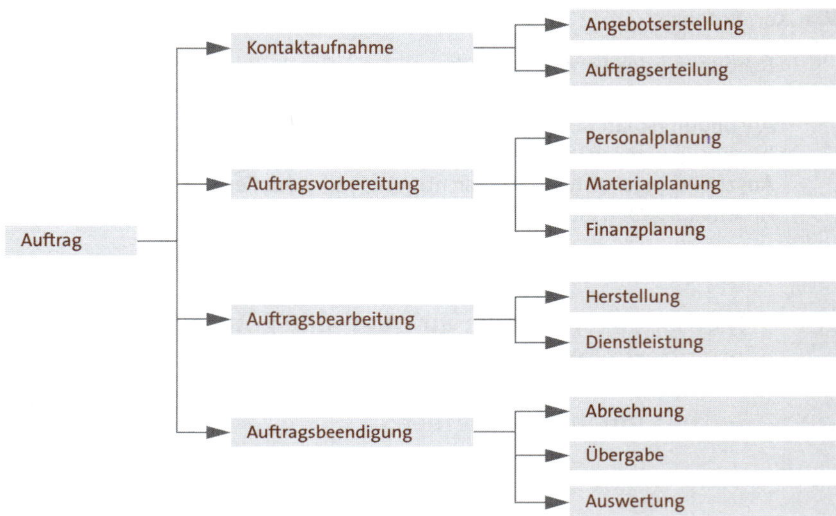

Die gesamten Arbeiten, die so im Rahmen der Auftragsabwicklung anfallen, sollen dann auch in die Ausbildung übernommen werden.

Auftragsorientierte Ausbildung

Eine auftragsorientierte Ausbildung bietet vielfältige Möglichkeiten, über die fachliche Kompetenz hinaus auch persönliche und soziale Kompetenz zu stärken und zu vermitteln.

Merkmale

Ferner ist sie besonders günstig für die Förderung der Arbeits- und Lernmotivation. Motivationsfördernde Merkmale der auftragsorientierten Lernsituation sind:

> enger Kontakt zum Ausbilder
> realitätsnahes Lernen
> breites Lernfeld im Rahmen des Gesamtauftrages
> Abwechslung und Arbeitsvielfalt
> gute Entfaltungsmöglichkeiten
> wachsendes Selbstvertrauen durch Übertragung von Verantwortung.

Struktur und didaktischer Aufbau

Unter der Struktur der betrieblichen Ausbildungsorganisation versteht man allgemein die Beschaffenheit und das Zusammenspiel der Faktoren, die das Lernen und Lehren im Betrieb kennzeichnen. Dies sind insbesondere:

> Kundenaufträge
> auftragsorientierte Arbeitsaufgaben und Arbeitstätigkeiten.

Im Rahmen dieses Umfeldes muss nun der Lehrling in didaktisch geeigneter Form in den betrieblichen Produktions- und Dienstleistungsprozess eingebunden werden. Für das auftragsorientierte Lernen wurde dafür ein vierstufiges System entwickelt:

Stufen

- > Erste Stufe: Zuordnung des Lehrlings zu produktiven Arbeitsaufgaben.
- > Zweite Stufe: Festlegung, wie der Lehrling in den Prozess der Auftragserledigung einbezogen werden soll.
- > Dritte Stufe: Formulierung konkreter Aufgaben und Unterstützung des Lehrlings bei der Aufgabenerfüllung.
- > Vierte Stufe: Angemessener Einsatz von Sonderformen des betrieblichen Lernens.

3.3.1.2 Geschäftsprozessorientierte Ausbildung

Ein Geschäftsprozess bildet alle Aktivitäten ab, die ausgeführt werden, um ein Produkt herzustellen oder eine Leistung zu erbringen (>> auch Abschnitt 2.1.3.1). Insbesondere seit Neuordnung der Metall- und Elektroberufe verfolgen Ausbildungsordnungen einen prozessorientierten Ansatz. Damit wird neuen Entwicklungen insbesondere in folgenden Bereichen Rechnung getragen:

- > neue Organisationsformen in den Betrieben
- > rascherer technischer Wandel
- > Qualitätssicherungskonzepte durch neue Normen nach ISO-Standard
- > neue lerntheoretische Konzepte
- > arbeitsplatznahe Ausbildung.

Im Vordergrund stehen weniger konkrete Fertigkeiten und Kenntnisse, sondern Kern- und Fachqualifikationen, die anhand berufstypischer Arbeitsaufgaben zu vermitteln sind. Dazu werden

Kern- und Fachqualifikationen

- > die Geschäfts-, Leistungs- und Arbeitsprozesse im Betrieb festgelegt,
- > die entsprechend der Ausbildungsordnung zu vermittelnden Qualifikationen damit abgestimmt,
- > die Arbeitsplätze und Arbeitsaufgaben ausgewählt, mit denen diese Qualifikationen vermittelt werden können.

3.3.2 Auswahl geeigneter Arbeitsaufgaben und Einbindung der Auszubildenden

3.3.2.1 Arbeitsstrukturanalyse

> Die Arbeitsstrukturanalyse ist eine Darstellung der verschiedenen Phasen der Auftragsabwicklung sowie der in den einzelnen Phasen jeweils konkret anfallenden Aktivitäten.

Dabei wird aufgezeigt,

- > woran (Objekte)
- > was (Verrichtungen)
- > wie (Informationen)
- > womit (Hilfsmittel)

gearbeitet wird.

3.3.2.2 Zuordnung des Lehrlings zu den Arbeitsaufgaben und verantwortlichen Mitarbeitern

Arten

Dem Lehrling können grundsätzlich zugeordnet werden:

- > Arbeitsaufgaben, die den ganzen Auftrag abdecken
- > Arbeitsaufgaben, die nur Teile eines kompletten Auftrags abdecken
- > Arbeitsaufgaben, die allgemein bei einzelnen Aufträgen immer wiederkehren (z. B. Rechnungsbearbeitung und Mahnwesen).

Wichtige Zuordnungsmerkmale von Arbeitsaufgaben

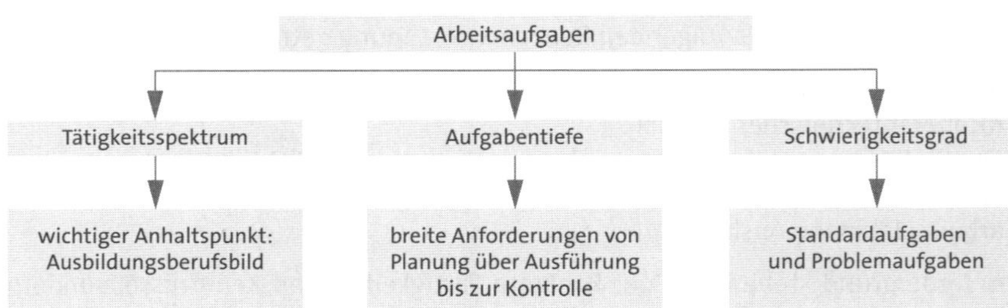

Tätigkeitsspektrum

Beim **Tätigkeitsspektrum** sollten neben den rein fachtechnischen insbesondere auch

- > betriebswirtschaftliche,
- > arbeitsorganisatorische,
- > gestalterische,
- > arbeitsökologische

Aufgaben berücksichtigt werden.

Aufgabentiefe

Durch die umfassende **Aufgabentiefe** soll erreicht werden, dass der Lehrling nicht nur Handlungen nachvollziehen, sondern selbst gestalten und kontrollieren kann. **Standardaufgaben** sind Aufgaben, die immer wieder vorkommen und mit einem einmal erlernten Verhaltens- und Lösungsmuster bewältigt werden können. **Problemaufgaben** dagegen erfordern jeweils angepasste Lösungsansätze.

3.3.2.3 Bestimmung der angemessenen Mitwirkungsformen und der erforderlichen Lernhilfen

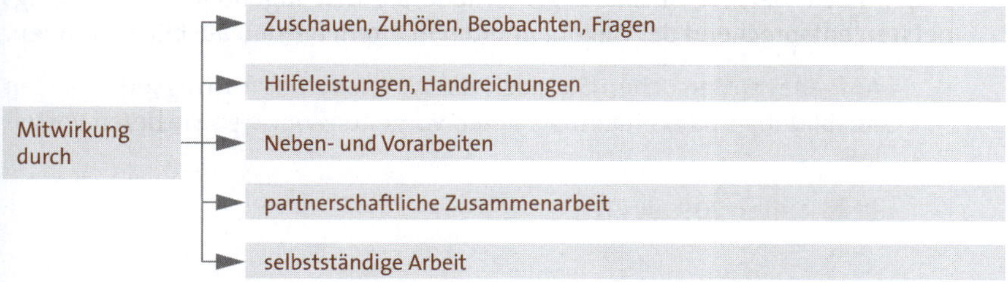

Die Form der Mitwirkung ist dabei maßgeblich abhängig vom jeweiligen Ausbildungs- und Lernstand.

Lernhilfen

Im Laufe ihrer Ausbildung im Handwerksbetrieb sollen die Lehrlinge mit allen wesentlichen berufs- und betriebsüblichen Aufgaben und Aufträgen vertraut gemacht werden. Ausbilder und Arbeitskollegen unterstützen sie dabei durch gezielte Hilfen, insbesondere durch

> fallweises Eingreifen
  und
> „Auf-die-Sprünge-Helfen".

Dabei sollen sowohl Über- wie auch Unterforderung vermieden werden (auf einzelne Lernhilfen wird in >> Abschnitt 3.5.1.3 näher eingegangen).

3.3.3 Gestaltung von Lern- und Arbeitsaufträgen

Beim **Lernauftrag** wird dem Lehrling eine reale, praxisnahe Aufgabe gestellt, die auf einem **Arbeitsauftrag** aufbaut. Der Lehrling hat diese Aufgabe möglichst selbstständig nach dem Konzept der vollständigen Handlung zu erledigen. Lernen und Arbeiten finden dabei gleichzeitig statt. Es bietet sich – um Aufwand und Kosten gering zu halten – an, vor allem aus öfter durchgeführten Standardaufträgen (Kundenaufträgen) Lernaufträge zu gestalten.

Bei **Erkundungsaufträgen** müssen die Lehrlinge bestimmte Informationen durch eigene Beobachtungen sammeln.

Anwendungsaufträge haben zum Ziel, bereits vorhandene Fertigkeiten, Kenntnisse und Fähigkeiten auf neue Aufgabenstellungen anzuwenden.

Um von einem Kundenauftrag zu einem Lernauftrag zu kommen, sind folgende Schritte hilfreich:

Schritte

> Zerlegung des Auftrags in Teilaufgaben
> Zuordnung der Teilaufgaben zu den im Ausbildungsplan geforderten Kenntnissen und Fertigkeiten
> Abgleich der Kenntnisse und Fertigkeiten mit dem Stand des Lehrlings
> Auswahl einer zum Stand des Lehrlings passenden Teilaufgabe
> Darstellung der Aufgabe als Auftrag
> Zurverfügungstellung der entsprechenden Arbeitshilfen.

Handlungsorientierte, fallbezogene Aufgaben

1. Sie bilden in Ihrem Betrieb zum ersten Mal aus und setzen sich damit auseinander, nach welcher Ausbildungsmethode Sie den Jugendlichen am geeignetsten entsprechend der Gegebenheiten in Ihrem Betrieb ausbilden können.

   Aufgabe: Untersuchen Sie dazu die Methode der auftragsorientierten Ausbildung und schildern Sie deren Vorgehensweise sowie deren Vorteile!

   >> Seiten 209 bis 211 |

3.4 Lernsituation: Ausbildungsmethoden und -medien zielgruppengerecht auswählen und situationsspezifisch einsetzen

Kompetenzen:

> Wesentliche Ausbildungsmethoden und deren Einsatzmöglichkeiten darstellen.
> Kriterien für die Auswahl von Methoden beschreiben; Methodenauswahl begründen.
> Lehrgespräch und Arbeitsunterweisung planen und bewerten.
> Methodische Gestaltung von Ausbildungsinhalten zielgruppengerecht planen, umsetzen und bewerten.
> Funktion von Ausbildungsmedien und -mitteln beschreiben und diese methodengerecht auswählen.
> Einsatz von E-Learning für die Ausbildung beurteilen.

3.4.1 Überblick über Ausbildungsmethoden und Kriterien für die Methodenwahl

3.4.1.1 Aktions- und Sozialformen

Aktionsformen

Als Aktionsformen bezeichnet man die Art und Weise, wie Ausbilder und Lehrlinge im Rahmen der Ausbildung zur Stoffvermittlung tätig werden.

Häufige Aktionsformen sind: Häufige Formen

> Zeigen
> Vormachen
> Vorführen
> Erklären
> Fragen
> Anerkennen
> Ermutigen
> Tadeln.

Sozialformen

Als Sozialformen bezeichnet man in diesem Zusammenhang die nach sozialen Gesichtspunkten ausgerichteten Formen der Lehrtätigkeit.

Frontalunterricht

Beim **Frontalunterricht** (die Lehrperson steht vor der Klasse oder Lerngruppe) steht die Vermittlung gleicher Kenntnisse an alle Lernenden im Vordergrund. Aktivität und Beteiligung der Lernenden sind weniger gefragt. Wichtig ist vielmehr nur das Beherrschen des für alle Lernenden gleichen Lernstoffs.

Einzelarbeit

Einzelarbeit in der Ausbildung bedeutet, dass der Ausbilder mit jedem Auszubildenden einzeln arbeitet.

Gruppenarbeit

Gruppenarbeit (auch Teamarbeit genannt) bedeutet, dass mehrere Lehrlinge für die Unterweisung zusammengefasst werden. Sind nur zwei Teilnehmer beteiligt, spricht man von **Partnerarbeit**. Auf Einzelheiten der Gruppenarbeit wird in >> Abschnitt 3.8 ausführlich eingegangen.

3.4.1.2 Überblick über die verschiedenen Ausbildungsmethoden und Lehrverfahren

Methodensysteme und Methodenkonzeptionen

Methoden

> Der Begriff Methode dient in der Regel zur Kennzeichnung geregelter Verfahren und Abläufe. Eine Methodenkonzeption der betrieblichen Ausbildung umfasst demnach deren gesamten Ablauf und Prozess.

Darunter fallen unter anderem:

- Lernziele
- Aufbau und Ablauf der Ausbildung
- organisatorische und institutionelle Einbettung der Ausbildung
- Eigenheiten, Verhalten und Aktivitäten von Ausbildern und Lehrlingen.

Methoden-konzeptionen

In der Wissenschaft wurden dazu verschiedene Konzepte entwickelt.
Bei der **lehrgangsorientierten Ausbildung** werden für die Lernziele und den entsprechenden Lehrstoff eine genaue Abfolge und Zeitspanne vorgegeben. Der Lehrgang in der betrieblichen Ausbildung ist sozusagen das Gegenstück des Lehrplans in der Schule.
Das wesentliche Merkmal der **projektorientierten Ausbildung** besteht darin, dass die Lernenden eine umfangreiche und konkrete Arbeitsaufgabe erhalten. Für die Durchführung und Lösung wird ihnen ein hohes Maß an Selbstständigkeit eingeräumt.
Die **auftragsorientierte Ausbildung** ist als weiterentwickelte Stufe durch das Lernen und Lehren anhand echter Arbeitsaufgaben und Arbeitssituationen im Rahmen eines Kundenauftrages gekennzeichnet.
Diesen Methodenkonzeptionen entsprechen die Methodensysteme

- Lehrgangsmethode,
- Projektmethode und
- Auftragsmethode.

Lehrverfahren

> Die grundlegenden Lehrverfahren beziehen sich auf den Gesamtprozess des Lehrens, insbesondere die Stellung und das Verhältnis von Lehrenden, Lernenden und Lernstoff.

Beim darbietenden Lehrverfahren wird der Stoff vom Lehrenden vorgetragen, gezeigt und dargestellt. Der Lehrling verhält sich eher passiv und nimmt den Stoff auf.
Beim **erarbeitenden Lehrverfahren** beteiligt der Lehrende den Lernenden durch Fragen und Diskussionen am Finden und Erarbeiten des neuen Lehrstoffes.
Beim **entdeckenden Lehrverfahren** eignet sich der Lernende den Stoff mit geeignetem und anregendem Lernmaterial weitgehend selbstständig an.

Kombinationen

In der Praxis werden oftmals auch einzelne Elemente der Lehrverfahren miteinander kombiniert.

Einzelne Methoden des Lehrens und Lernens im Betrieb

Auf systematische Arbeitsunterweisungen, Lehrgespräche und Lernaufträge wird in >> Abschnitt 3.4.2 näher eingegangen.

Fachvortrag

Im Rahmen von ausbildungsbezogenen Fachvorträgen wird ein Thema oder ein Themenbereich in einer auf den Lehrling zugeschnittenen Gliederung, Darstellung und Ausdrucksform abgehandelt. Der Zuhörer spielt hier eher eine passive, aufnehmende Rolle.

Fallmethode

Ziele

Im Rahmen dieser Methode sollen durch Bearbeitung konkreter Fälle

- vorhandenes Wissen und Können angewandt und
- noch fehlendes Wissen und Können angeeignet werden.

Fallstudien

Fallstudien ermöglichen dem Lehrling das Lernen in wirklichkeitsnaher und praxisähnlicher Form und fördern durch die notwendigen Aktivitäten

> Information
> Problemfindung
> Problemlösung

in besonderer Form das selbstständige Handeln.

Moderation (z. B. Metaplantechnik)

Moderationsmethode

Die Moderationsmethode hat das Ziel, die Kommunikation und Zusammenarbeit von Gruppen zu verbessern. Sie kombiniert verschiedene Erkenntnisse aus Pädagogik, Soziologie und Psychologie, um bestmögliche Voraussetzungen dafür zu schaffen, dass sich Menschen in der Gruppe wohlfühlen, damit motiviert sind und so auch bessere Leistungen erbringen. Die Gruppen sollen lernen, ihre Probleme selbst zu lösen. Wichtig ist, dass dazu alle Mitglieder einbezogen werden. Um die Kommunikation der Gruppenmitglieder untereinander und das gemeinsame Bearbeiten vorhandener Probleme zu fördern, wird ein Gruppenmitglied zum Moderator ernannt oder ein von außen kommender Moderator hinzugezogen. Er leitet die Treffen der Gruppe methodisch, aber nicht inhaltlich; das heißt, er soll mit seinen Kenntnissen eine Atmosphäre schaffen, in der die Anwesenden sich wohlfühlen und bereitwillig sowie offen an den Diskussionen teilnehmen.

Moderator

Um die Teilnehmer einzubeziehen, bedient sich der Moderator folgender Regeln:

Techniken

> Zurufabfragen (die Teilnehmer äußern sich nach Zuruf durch den Moderator)
> Punktetechnik (die Teilnehmer kennzeichnen ihre Betroffenheit z. B. mit Klebepunkten an einer Skala)
> Kartenabfrage (die Teilnehmer schreiben ihre Vorstellungen und Ideen auf Karten).

Die Moderationsmethode ist gut für die Suche nach Problemlösungen, eignet sich jedoch nicht für die reine Wissensvermittlung. Eine moderierte Diskussion sollte folgende Phasen enthalten:

> Einführung und Einstimmung
> Vertiefung und Differenzierung
> Ergebnissicherung
> Abschlussgespräch.

Moderationsmaterial

Zu jeder Moderation gehören die geeigneten Moderationsmaterialien. Dies sind insbesondere Flip-Chart und Pinnwand, da es wichtiges Element der Moderationsmethode ist, die einzelnen Beiträge festzuhalten und immer wieder sichtbar zu machen.

Gruppenarbeit

Darunter ist zu verstehen, dass mehrere Lehrlinge zusammenkommen, um einen vorgegebenen Auftrag oder eine vorgegebene Aufgabe gemeinsam zu erledigen bzw. zu lösen.

Die Vorzüge liegen in einer höheren Lernmotivation, aber auch in der Förderung der Bereitschaft zur Zusammenarbeit und sozialer Verhaltensweisen.

Gruppengröße

Hinsichtlich der Gruppengröße wird zumeist eine Teilnehmerzahl zwischen drei und acht Lehrlingen empfohlen.

Ablauf der Gruppenarbeit

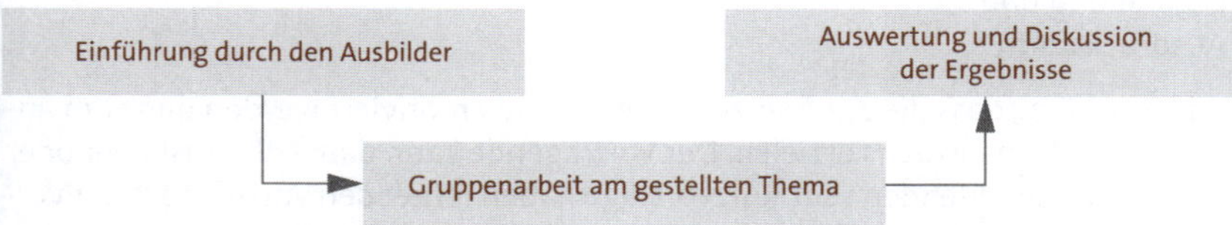

Dabei kann der Ausbilder der gesamten Gruppe

Themengleich

> ein Thema (themengleiche Gruppenarbeit)
  oder

Arbeitsteilig

> mehrere Themen zugleich (arbeitsteilige Gruppenarbeit)

zur Bearbeitung geben.

Grundsätze

Für eine erfolgreiche Gruppenarbeit sind für die Planung und Durchführung wichtige Grundsätze zu beachten:

- sorgfältige Vorbereitung
  - bei der Zusammensetzung einer Gruppe
  - bei der Auswahl der Lehr- und Lernmittel
- klare Aufgabenstellung
- Abstimmung der Aufgabe auf den Leistungsstand der Teilnehmer
- Benennung eines oder mehrerer Gruppensprecher mit der Verantwortung für eine sachliche und themenbezogene Diskussion und Arbeit.

Entscheidungskriterien

Wichtige Faktoren, die bei der Entscheidung für Einzel- oder Gruppenarbeit eine Rolle spielen, sind unter anderem:

- Lernprobleme
- Basiskenntnisse der Lehrlinge
- Zusammensetzung der Lehrlingsgruppe.

Gruppendiskussion

Zweck

Diskussionen verfolgen den Zweck, durch Meinungsaustausch eine Aufgabe zu untersuchen und Lösungsmöglichkeiten dafür aufzuzeigen. Dabei sollen die verschiedenen Ansichten der Diskussionsteilnehmer einfließen.

Für den Erfolg ist es empfehlenswert, dass sich die Gruppenmitglieder auf die Diskussion vorbereiten, um dort ihre Ansichten vortragen zu können.

Diskussionsleiter

Der Diskussionsleiter hat darauf zu achten, dass sachorientiert diskutiert wird und möglichst alle an der Diskussion teilnehmen. Ferner soll er zwischendurch und am Ende den Diskussionsstand zusammenfassen.

Kurzvorträge

Kurzvorträge haben das Ziel, ein Thema aus dem Bereich der Ausbildung durch entsprechende

Vortragstechnik

- Gliederung,
- Darstellung und
- Ausdrucksform

so darzustellen, dass die Zuhörer zum einen positiv motiviert werden und zum anderen einen Lernzuwachs erzielen. Der Vortragende kann dabei der Ausbilder oder einer der Auszubildenden sein. Kurzvorträge haben ferner den Vorteil, dass der Vortragende seine Ausdrucksfähigkeit und die Sicherheit des Auftretens vor anderen schulen kann. Dies gelingt besser, wenn der Vortragende seinen Text nicht nur abliest, sondern anhand von Stichworten teilweise frei vorträgt.
Bei Vorträgen und Referaten ist aber darauf zu achten, dass die Informationsmenge von den Zuhörern auch verarbeitet werden kann. Für den Erfolg von Vorträgen können folgende Regeln empfohlen werden:

Regeln

- klare Zielsetzung
- gute Gliederung des Vortrages
- Einsatz von Darstellungsmitteln wie Flip-Chart oder Tageslichtprojektor/Beamer (der Einsatz dieser Mittel sollte aber nicht im Vordergrund stehen, da die Zuhörer sonst eher vom Hören abgelenkt werden)
- Einbeziehung der Teilnehmer durch Fragen
- Kombination mit Beispielen aus der täglichen Ausbildungspraxis.

Brainstorming

Ziel

> Ziel des Brainstormings ist es, innerhalb kurzer Zeit zu einem Thema möglichst viele Ideen oder Lösungsmöglichkeiten zu finden.

Stufen

In der ersten Stufe teilen alle Teilnehmer das mit, was ihnen zu dem gestellten Thema einfällt. Dies wird von einem Leiter notiert, aber nicht weiter kritisiert oder diskutiert. Erst in der zweiten Stufe, wenn keine Ideen mehr kommen, werden die Vorschläge bearbeitet, strukturiert und gegebenenfalls ausgesondert.

Rollenspiel

Soziale Verhaltensweisen

Rollenspiele (z. B. Handwerker – Kunde) sind insbesondere zum Lernen sozialer Verhaltensweisen geeignet, indem sie auf die berufliche Wirklichkeit vorbereiten.

> Rollenspiele haben ihren Schwerpunkt im Bereich von Einstellungen und Verhaltensweisen.

Dazu sollen sich die Teilnehmer vor Beobachtern in andere Personen (z. B. Handwerker und Kunde) hineinversetzen und deren Verhalten darstellen. Die Beobachtung durch Gruppenmitglieder kann durch Videoaufzeichnungen ergänzt werden. Für Rollenspiele empfiehlt sich folgende Vorgehensweise:

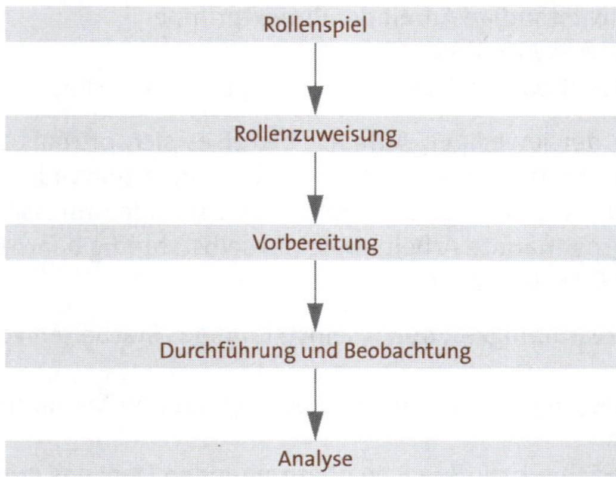

Empfehlungen

Bei Rollenspielen ist allerdings darauf zu achten, dass

> niemand zu einer bestimmten Rolle gezwungen wird,
> zuvor Hemmschwellen beispielsweise vor Videoaufzeichnungen abgebaut werden,
> keine „Hänseleien“ oder Verspottungen stattfinden,
> eine gründliche Vor- und Nachbereitung vorgenommen wird.

Rollenspiele eignen sich damit gut zum Verhaltenstraining. Dafür sind folgende Schritte zu empfehlen:

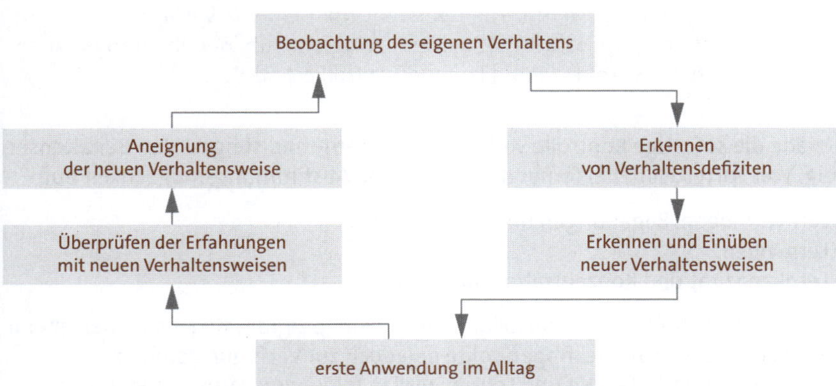

Projektausbildung

Unter einem Projekt versteht man eine umfangreichere, aber fest umrissene, in vielen Fällen auch relativ komplizierte und zeitlich befristete Aufgabe bzw. Tätigkeit.

Merkmale

Projektarbeit ist durch folgende Merkmale gekennzeichnet:

> fächer- bzw. bereichsübergreifende Arbeit
> Methodenvielfalt

- weitgehend selbstständige Arbeit der Projektgruppe
- ergebnisorientiertes Arbeiten
- Verknüpfung von theoretischer Analyse und praktischer Umsetzung.

Kombinationen

Zur Bearbeitung der jeweiligen Aufgabe bietet es sich oftmals an, Einzelarbeit, Gruppenarbeit und Arbeit im gesamten Projektteam miteinander zu kombinieren. Im Rahmen dieser Ausbildungsform sollen die Lehrlinge umfassendere, realitätsnahe Aufgaben (sogenannte Arbeitsprojekte) selbstständig bearbeiten. Damit soll schwerpunktmäßig Folgendes erreicht werden:

Effekte

- Förderung der Teamfähigkeit durch selbstständiges Erarbeiten von Lösungsmöglichkeiten
- kritische und kooperative Auseinandersetzung mit den Meinungen anderer Projektmitarbeiter
- Förderung des Fächer bzw. Bereiche übergreifenden Denkens durch unterschiedliche Sichtweisen einer Fragestellung.

Demonstration

Die Demonstration ist ein Verfahren zur anschaulichen Darstellung abstrakter, mit Schwierigkeiten verständlicher und nur schwer wahrnehmbarer Arbeitsvorgänge. Der Ausbildungserfolg hängt dabei entscheidend vom richtigen, das heißt situationsangepassten Einsatz der Demonstrationsmittel ab.

Programmierte Unterweisung, programmierter Unterricht, mediengestützte Aus- und Fortbildung

> Unter programmiertem Lernen versteht man ein Lehrverfahren, bei dem der Lernstoff in verhältnismäßig kleinen, logisch aufeinander aufbauenden Lernschritten vermittelt und laufend kontrolliert wird.

Vorteile

Gerade die sofortige Kontrolle verbessert den Lern- und steigert den Behaltenserfolg. Von Vorteil ist dabei ferner die individuelle Abstimmungsmöglichkeit auf

- Lernvermögen, Begabungen und Neigungen,
- Lernwillen,
- Lernkapazität und Konzentrationsfähigkeit.

Die Person des Lehrers oder Ausbilders rückt beim programmierten Lernen eher in den Hintergrund. Für Rückfragen sollte er jedoch zur Verfügung stehen.
Das programmierte Lernen und Lehren wird in folgenden Formen angeboten:

- Bücher
- Lehrmaschinen (z. B. Sprachlabors)
- Videoaufzeichnungen
- Computer
- Online-Anwendungen.

Formen

Beim linearen Programm muss der Lernende Lernschritt für Lernschritt vorgehen. Beim verzweigten Programm wird er je nach Antwort auf den nächsten Lernschritt verwiesen.

Grundsätzlich hängen die Einsatzmöglichkeiten des programmierten Lernens und Lehrens von

Einsatzmöglichkeiten

- > dem jeweiligen Lern- und Lehrstoff sowie
- > der Veranlagung des Lernenden ab.

> Programme eignen sich beispielsweise eher für exakte technische Stoffgebiete als für soziales Lernen sowie vorwiegend für die theoretische Ausbildung, weniger dagegen für die praktische Berufsausbildung.

Programmiertes Lernen und Lehren können in der Einzelausbildung, Gruppenausbildung und im Selbstunterricht eingesetzt werden.

Einzelausbildung

Die Vorteile des programmierten Lernens und Lehrens in der Einzelausbildung sowie im Selbstunterricht liegen vor allem in folgenden Punkten:

- > Durchführung des Unterrichts losgelöst von einer Klasse oder Gruppe
- > individuelle Bestimmung des Lerntempos, Lernrhythmus und der Lernzeiten
- > lernzielflexibles und nach Schwierigkeitsgraden abgestimmtes Lernen
- > Möglichkeit, die Lern- und Lehreinheiten jederzeit und mehrmals zu wiederholen.

Gruppenausbildung

In der Gruppenausbildung hat das programmierte Lernen und Lehren folgende Vorzüge:

- > Entlastung des Ausbilders oder Lehrers
- > Förderung der Lernaktivität des Einzelnen durch Bestätigung in der Gruppe
- > Vertiefung des Lern- und Lehrstoffes durch begleitende Diskussionen.

Programmierte Prüfung

Das programmierte Lernen erleichtert zudem das programmierte Prüfen, das in weiten Bereichen der Aus- und Fortbildung zum Einsatz kommt. Die Vorteile einer programmierten Prüfung sind vor allem:

- > gleicher Prüfungsstoff für jeden Prüfling
- > Ausschluss von Bevorzugung und Benachteiligung bei der Stoffauswahl
- > breitere Streuung der Stoffgebiete
- > Erhöhung der Chancengerechtigkeit
- > Abbau von Sprachbarrieren.

Dem stehen als Nachteile gegenüber:

- > hoher Aufwand für Entwicklung geeigneter Aufgaben
- > keine Erarbeitung eigener Lösungsansätze.

Computerunterstütztes Lernen

>> Abschnitt 3.4.5

3.4.1.3 Kriterien zur Auswahl der geeigneten Ausbildungsmethoden

Kriterien, die bei der Auswahl der wichtigsten der erwähnten Organisationsformen des Lehrens und Lernens im Betrieb von Bedeutung sein können, sind beispielsweise:

> Systematische Arbeitsunterweisung:
  - geeignet zur Vermittlung von Grundfertigkeiten und auch komplexeren Fertigkeiten, Kenntnissen und Fähigkeiten
  - Anpassungsmöglichkeiten an individuelle Voraussetzungen der Teilnehmer (Lerntempo u. Ä.).

> Leittextmethode:
  - geeignet zur Vermittlung von Qualifikationen verschiedenster Art
  - strukturierter Lernprozess
  - umfangreicher Vorbereitungsaufwand.

> Auftragsorientiertes Lernen:
  - gut geeignet zur Vermittlung fachlicher, sozialer und persönlicher Kompetenz
  - praxisnahe Ausbildung
  - Heranführung an selbstständiges Handeln.

> Lehrgespräch:
  - Konzentration auf einen eingegrenzten Lerngegenstand.

> Lernauftrag:
  - umfassendere und anspruchsvolle Auseinandersetzung mit einem Lerngegenstand
  - Ausbilder wird weniger gefordert.

> Programmiertes Lernen, computerunterstütztes Lernen, Telelearning (E-Learning bzw. Blended Learning):
  - vorausgesetzt werden geeignete Angebote
  - Teilnehmer brauchen Medienkompetenz
  - individuelle Gestaltungsmöglichkeiten
  - eventuell hoher Aufwand für Ausstattung und Programme.

> Projektausbildung:
  - geeignete Gruppenzusammensetzung
  - hoher Vorbereitungsaufwand
  - fördert Kreativität und soziales Lernen.

> Fachvortrag:
  - ermöglicht schnelle Information einer größeren Anzahl von Teilnehmern
  - erfordert geringe Kapazitäten an Ausbildern, Unterweisungsräumen und Unterweisungszeit
  - lässt aber andererseits nur wenig Spielraum für Individualisierung und Differenzierung.

> Fallmethode:
  - höherer Vorbereitungsaufwand
  - gute Kenntnisse über Arbeiten mit Gruppen.

> Rollenspiel:
  - oft schwierige Auswahl geeigneter Situationen
  - Motivation der Teilnehmer
  - mit viel Aufwand verbunden.

Im Einzelnen wurde und wird darauf bei den einzelnen Organisationsformen teilweise noch näher eingegangen.

3.4.2 Planung und Realisierung von Lehrgesprächen und Arbeitsunterweisungen

Während des Ausbildungsprozesses kann es zur besseren Sicherstellung des Ausbildungserfolges notwendig werden, manche Lern- und Lehraktivitäten aus dem am konkreten Auftrag orientierten Verbund herauszulösen und sie in anderer Form durchzuführen.

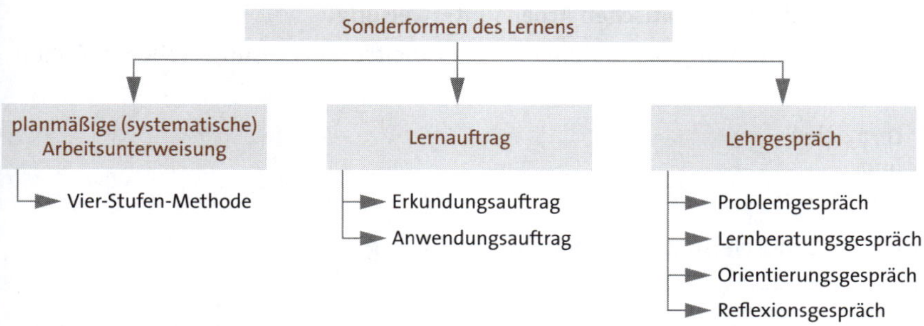

3.4.2.1 Systematische Arbeitsunterweisung

Zum Konzept

> Die systematische Arbeitsunterweisung ist eine besondere Form des planmäßigen Lehrens und Lernens in der betrieblichen Ausbildung. Neben fachlichen Fertigkeiten, Kenntnissen und Fähigkeiten zielt sie auch auf die Vermittlung sozialer Verhaltensweisen.

Unterweisungslehre

Das Lehren erfolgt bei der systematischen Arbeitsunterweisung in Stufen. Der Ausbilder muss dazu die wichtigsten Inhalte der Unterweisungslehre beherrschen. Diese hat die Aufgaben,

- den Unterweisungsvorgang zwischen Ausbilder und Lehrling darzustellen,
- den Unterweisungsvorgang zu systematisieren,
- dem Ausbilder Hilfen für eine methodische Durchführung der Unterweisung zu vermitteln.

Grundsätze

Wichtige Grundsätze für die Durchführung der Unterweisung sind:

- geeigneter Unterweisungsstoff
- lebensnahe Unterweisung
- zukunftsorientierte Unterweisung
- anschauliche Unterweisung
- keine Überforderung oder Unterforderung des Lehrlings
- ständige Übung und Vertiefung
- Unterweisung am Arbeits- bzw. Ausbildungsplatz oder in besonderem Unterrichtsraum
- Einzel- oder Gruppenunterweisung.

Vorteile

Bei Beachtung dieser Grundsätze ermöglicht die systematische Arbeitsunterweisung folgende wesentliche Vorteile:

> Steigerung des Lerninteresses
> gründliches und rationelles Lernen
> nachhaltiger Lernerfolg
> Genauigkeit der Arbeit bzw. der Leistung
> Einschränkung der Unfallgefahr.

Methoden der systematischen Arbeitsunterweisung

Für die Durchführung der systematischen Arbeitsunterweisung stehen in Abhängigkeit von

> Lernzielen
und
> Lernprozess

mehrere Unterweisungsmethoden zur Verfügung.

Vier-Stufen-Methode

Die bekannteste Methode für die systematische Arbeitsunterweisung ist nach wie vor die Vier-Stufen-Methode. Allerdings steht hier zu sehr der Ausbilder im Vordergrund.

Dabei geht man bei der Vermittlung einer Fertigkeit in vier Stufen und innerhalb dieser wiederum nach einzelnen Schritten vor.

1. Stufe: Vorbereitung des Auszubildenden
↓
2. Stufe: Vormachen und Erklären durch den Ausbilder
↓
3. Stufe: Ausführungsversuche machen lassen
↓
4. Stufe: Üben und Festigen des Gelernten

Einzelschritte

Bei der **Vorbereitung des Auszubildenden** sind folgende Schritte wichtig:

> Befangenheit nehmen und Kontakt herstellen
> Weckung von Interesse, Leistungs- und Aufnahmebereitschaft
> Vermittlung von Lernmotiven
> Beseitigung von Hemmungen
> Unsicherheit nehmen durch Ermutigung
> Bezeichnung der zu erlernenden Fähigkeit, damit der Lehrling weiß, worum es geht
> Anknüpfung an den vorhandenen Erfahrungs- und Wissensstand (Vorkenntnisse und Vorfertigkeiten)
> Vermeidung von langatmigen Einführungen
> Prüfung der Arbeits- und Ausbildungsplatzausstattung (Werkzeuge)
> Überprüfung der Ausbildungsplatzgestaltung
> richtige Aufstellung am Ausbildungsplatz.

Beim **Vormachen und Erklären** des Vorgangs sollte der Ausbilder nach folgenden Schritten vorgehen:

> kurz und verständlich erklären und zeigen
> genauere Erklärungen geben
> Vorgehen begründen (was, wie, warum)
> wichtige Teilvorgänge bzw. Lernschritte hervorheben
> Kernpunkte betonen und besonders unterstreichen
> Zeichnungen und Muster benutzen.

Bei **Ausführungsversuchen** sind folgende Einzelschritte besonders wichtig:

> den Auszubildenden zum Durchdenken der Aufgaben und Lösungsmöglichkeiten veranlassen
> den Lehrling selbst ausführen lassen
> Unterweisungsvorgang erklären und begründen lassen
> Kernpunkte als Orientierungshilfen und Gedächtnisstützen herausstellen
> Hilfen geben (aber nur, wenn wirklich nötig)
> Fehler verbessern.

Einzelmaßnahmen

Üben und Festigen des Gelernten erfordert insbesondere folgende Einzelmaßnahmen:

> Ziel der Festigung herausheben
> bei der Festigung und Sicherung des Gelernten Hilfestellungen geben
> ausreichende Gelegenheiten zum Üben geben
> Übungsfortschritte kontrollieren und anerkennen
> Probeaufträge erteilen
> Fehler rechtzeitig abstellen
> auf Arbeitsgenauigkeit und Arbeitsqualität achten
> Arbeitsschnelligkeit bzw. Arbeitstempo durch Intervalltraining fördern
> Übungsbedingungen abwandeln.

Drei-Stufen-Methode

Man kann die vier Stufen entsprechend der Aufteilung des Lernprozesses auch zur **Drei-Stufen-Methode** zusammenfassen, und zwar:

> 1. Stufe: Vorbereiten des Lehrlings
> 2. Stufe: Auseinandersetzung mit dem Lerngegenstand
> 3. Stufe: Vervollkommnung und Festigung des Gelernten.

Um den veränderten Anforderungen und Arbeitsbedingungen gerecht zu werden, wird auch der Ausbau der Vier-Stufen- zur Sechs-Stufen-Methode vorgeschlagen.

Sechs-Stufen-Methode der Unterweisung

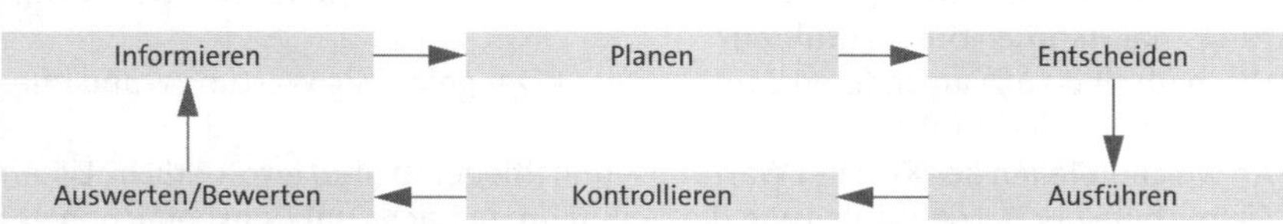

Vollständige Handlung

Diese Sechs-Stufen-Methode wird auch als Modell der vollständigen Handlung bezeichnet.
Derartige Erweiterungen der Vier-Stufen-Methode tragen der veränderten Vorbildungsstruktur der Lehrlinge (mehr Realschüler und Abiturienten), der geänderten

Altersstruktur sowie dem steigenden Anteil von Jugendlichen mit Migrationshintergrund besser Rechnung.

Eine Weiterentwicklung der Vier-Stufen-Methode ist auch die sogenannte Leittextmethode. Bei ihr stehen die Auszubildenden im Vordergrund.

Leittexte

Leittexte sind schriftliche Anleitungen zum Lernen. Ihr Ziel ist es, selbst gesteuertes Lernen über Planung, Ausführung und Kontrolle zu ermöglichen und die Handlungskompetenz des Lehrlings zu fördern.
Die Leittextmethode ist deshalb auch anspruchsvoller und zeitintensiver als andere Unterweisungsmethoden.

Aufbau und Hilfsmittel der Leittextmethode

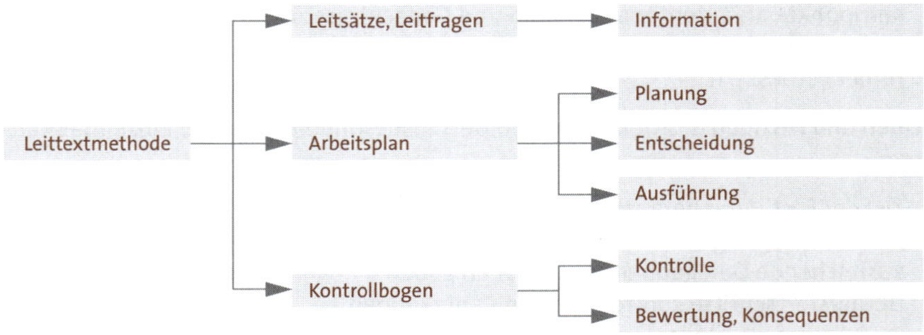

Die **Leitfragen** sollen das notwendige Grundwissen zur Aufgabenlösung vermitteln. Die **Leitsätze** sollen darüber informieren, was getan werden soll. Im **Arbeitsplan** werden die notwendigen Schritte von den Auszubildenden fest- und dargelegt. Der **Kontrollbogen** schließlich hat die Funktion, zur systematischen Fehlersuche und Fehlerbeseitigung mit den entsprechenden Konsequenzen anzuleiten.

Beispiel:

Mögliche Leitfragen für den Teil „Durchführung von Service- und Wartungsarbeiten; c) Wartungsarbeiten nach Vorgabe durchführen ...“ des Berufsbildes Kraftfahrzeugmechatroniker sind:

> Warum sind in regelmäßigen Abständen an Motor und Getriebe Pflege- und Wartungsmaßnahmen durchzuführen?
> Weshalb sind auch an anderen Bauteilen des Kfz regelmäßig Wartungs- und Pflegearbeiten durchzuführen?
> An welchen Teilen des Kfz sind Wartungs- und Pflegearbeiten erforderlich? Listen Sie mithilfe der Betriebsanleitung die Maßnahmen nach Funktionsbereichen geordnet auf! Ergänzen Sie die Liste gegebenenfalls!

Ob die Leittextmethode auch im Handwerksbetrieb angewandt werden kann, hängt immer vom jeweiligen Einzelfall ab.

Erfahrungen haben gezeigt, dass dafür folgende Faktoren bedacht werden müssen:

> Die Leittextmethode erfordert, dass ein Ausbilder als „Lernberater/-begleiter" zur Verfügung steht, der genügend Zeit für die Auszubildenden, die möglichst eigenständig die Aufgaben lösen, hat. Gerade der Informationsprozess kann sehr zeitintensiv sein.

Zeitaufwand

> Die Leittextmethode setzt ferner im Rahmen der Ausbildung entsprechende zeitliche und räumliche Möglichkeiten voraus; so kann diese Methode auf Baustellen oder im Rahmen von Arbeiten bei Kunden nicht angewandt werden.

Räumliche Gegebenheiten

> Die Leittextmethode bedingt schließlich auch Gruppenausbildung; das heißt, sie eignet sich weniger für den typischen Handwerksbetrieb, der nur wenige Lehrlinge hat oder sie jeweils an verschiedenen Lernorten einsetzt. In der überbetrieblichen Ausbildung allerdings sind diese Voraussetzungen gegeben.

Gruppenausbildung

Es ist jedoch auch möglich, nur einzelne Elemente der Leittextmethode in die Handwerksausbildung zu übernehmen.
Eine aktuelle Anwendung ist auch die erarbeitende Unterweisungsmethode mit den Schritten:

Erarbeitende Unterweisung

> Vorbereitungsphase
> Erarbeitungsphase
> Kontrollphase
> Übungsphase.

Die Vorgehensweise ist dabei ähnlich wie bei der Vier-Stufen-Methode.

Vermeidung typischer Unterweisungsfehler

Trotz der genauen Aufteilung des Unterweisungsvorganges in die einzelnen Schritte können Fehler bei der Unterweisung nicht ausgeschlossen werden. Es gibt typische, immer wiederkehrende Unterweisungsfehler, die sich vor allem bei Routinearbeiten einschleichen. Dies sind insbesondere:

> starres Festhalten an einem Orientierungsschema
> Über- oder Unterforderung des Lernenden
> keine Rücksicht auf die individuelle Lernweise des Lehrlings
> ungenügende Vorbereitung und Motivation des Lehrlings
> Vernachlässigung des Lehrlings.

Jeder Ausbilder muss bestrebt sein, solche Unterweisungsfehler zu vermeiden bzw. zu beseitigen.

Didaktische Hilfsmittel

Arbeitsaufgabenanalyse (Arbeitszergliederung)

> Die Arbeitsaufgabenanalyse (Arbeitszergliederung) ist ein wichtiges Hilfsmittel, den Ablauf der zu erlernenden Fertigkeiten in lernbaren Schritten zu gewährleisten.

Sie bestimmt damit weitgehend den Unterweisungserfolg.
Schwerpunkte der Arbeitszergliederung sind:

Arbeitszergliederung
- → Festlegung der Lernabschnitte bzw. Teilvorgänge
- → Herausstellung der Kernpunkte
- → Begründungen

> Bei der Festlegung der Lernabschnitte bzw. Teilvorgänge steht die Frage im Vordergrund: Was mache ich?

Teilvorgänge

Dabei ist jeder Teilvorgang ein logischer Abschnitt des gesamten Arbeitsprozesses, der diesen jeweils einen Schritt weiterbringt. Durch die Zerlegung in Teilvorgänge lässt sich ferner feststellen, wie viel man dem Lehrling bei der Unterweisung auf einmal zumuten kann.

> Die Herausstellung der Kernpunkte gibt Antwort auf die Frage: Wie mache ich es?

Für jeden festgelegten Teilvorgang sind im zweiten Schritt entsprechende Kernpunkte festzulegen. Während der Arbeitsausführung sollen die mit dem jeweiligen Kernpunkt zusammenhängenden Fragen immer wieder gestellt werden.

Auswirkungen

Die genaue Festlegung von Kernpunkten

- bestimmt den Erfolg der Unterweisung,
- verringert die Unfallgefahren,
- erleichtert die Arbeit,
- hilft, Materialverschwendung und Beschädigung von Werkzeugen, Maschinen und Geräten zu verhindern.

> Bei den Begründungen geht es um die Frage: Warum mache ich es?

Zu jedem Kernpunkt gehört auch stets eine Begründung. Gute Begründungen erleichtern das Verstehen und damit das Lernen und Behalten des Lernvorgangs. Die Begründung muss nachvollziehbar sein und sich an der zweckmäßigsten, leichtesten und sichersten Art, den Auftrag durchzuführen, orientieren.
Für die Aufstellung einer Arbeitszergliederung bietet sich folgendes Schema an:

Bezeichnung der Arbeit:	Abteilung/Arbeitsgruppe: Ausbilder: Unterweisung am:	Benötigte Maschinen: Werkzeuge: Materialien:
Lernschritte (Was?)	Kernpunkte (Wie?)	Begründung (Warum?)
Besondere Unfallgefahren:		

Unterweisungsentwürfe und Lehrgesprächsskizzen

Unterweisungsentwürfe Lehrgesprächsskizzen

Es ist jedem Ausbilder zu empfehlen, zumindest für die wichtigen und immer wiederkehrenden Lehrvorgänge das gesamte Vorgehen sowohl bei Arbeitsunterweisungen wie auch bei Lehrgesprächen zu notieren. Meistens, zumindest beim erfahrenen Ausbilder, genügen dafür kurze stichpunktartige Aufzeichnungen, sogenannte

> Unterweisungsentwürfe bzw. Lehrgesprächsskizzen.

Beide geben dem Ausbilder wichtige Anhaltspunkte und einen Leitfaden nicht nur für die gerade stattfindende, sondern auch für spätere Lehrveranstaltungen.

3.4.2.2 Lehrgespräche

Ausbildungs-, Unterweisungs- und Arbeitsablauf erfordern ständig Gespräche zwischen Ausbilder und Lehrlingen, aber auch den Lehrlingen untereinander, zur optimalen Wissensvermittlung und Erkenntnisgewinnung. Solche Gespräche nennt man Lehrgespräche.

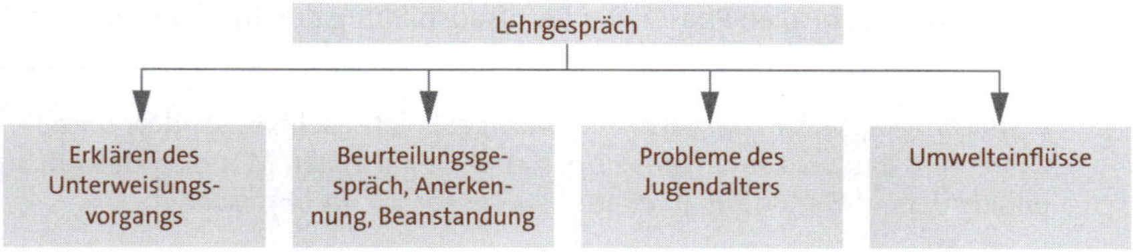

Wegen ihrer besonderen Bedeutung muss jeder Ausbilder über Arten, Formen und Einsatzmöglichkeiten des Lehrgesprächs informiert sein.

Lehrgespräche

Wichtige Arten von Lehrgesprächen sind:

> **Unterweisungsgespräch:** Im Gespräch werden einerseits Inhalte vermittelt und andererseits von Ausbilder und Lehrling in die Praxis umgesetzt.

> **Problemgespräch:** Damit soll dem Lehrling vor allem vermittelt werden, wie man am geeignetsten mit Problemen umgeht, die während der Auftragserledigung auftauchen.

> **Lernberatungsgespräche:** Sie befassen sich mit grundsätzlichen Fragen, die beim Lehrling auftauchen, zum Beispiel über den Lernstand, Konfliktbewältigung oder auch berufliche Perspektiven.

> **Orientierungsgespräch:** Vielfach ist es dem Lehrling nicht möglich, alle Zusammenhänge an und um seinen Arbeits- bzw. Ausbildungsplatz zu durchschauen

und zu verstehen. Hier soll das Orientierungsgespräch, nach Möglichkeit ausgehend von einem konkreten Auftrag, helfen.
> **Reflexionsgespräche (Reflexion = Nachdenken/Überdenken):** Sie haben das Ziel, Lernprozesse nachzubereiten und aus den gewonnenen Erfahrungen zu lernen.

Formen des Lehrgesprächs

Das **Gruppengespräch** kommt zur Anwendung, wenn in der Gruppe ausgebildet wird. Es hat vor allem den Zweck,

> die Unterweisung vorzubereiten und
> den Meinungsaustausch innerhalb der Gruppe in Gang zu bringen.

Voraussetzungen

Für den optimalen Erfolg sollten folgende Voraussetzungen gegeben sein:

> geeignete Auswahl der Gruppenmitglieder
> bestmögliche Vorbereitung durch den Ausbilder mit Festlegung von Themen, Zeitpunkt und Ort
> Bereitstellung des notwendigen Anschauungsmaterials
> Gesprächsleitung durch den Ausbilder
> genügend Zeit für die freie Aussprache
> angemessene Herausstellung und Zusammenfassung der Ergebnisse.

Das **Einzelgespräch** richtet sich an den einzelnen Auszubildenden. Es hat immer auch einen vertraulichen Charakter und gibt dem Lehrling das Gefühl, dass seine Probleme innerhalb des Gesprächs im Vordergrund stehen. Einzelgespräche sollten, falls notwendig, in allen Phasen der Berufsausbildung durchgeführt werden.

Zwiegespräch

Beim Lehrgespräch in der Form des Einzelgesprächs ist insbesondere darauf zu achten, dass es keinen einseitigen und langatmigen Monolog des Ausbilders darstellt, sondern als echtes Zwiegespräch geführt wird.

Sorgfältig vorbereitete und regelmäßig durchgeführte sowie in sachlichem und in richtigem Ton geführte Lehrgespräche tragen wesentlich dazu bei,

Positive Auswirkungen

> die Lernmotivation zu steigern,
> Unklarheiten rechtzeitig zu beseitigen,
> selbstständiges Handeln, Arbeitsfreude sowie ähnliche positive Verhaltensweisen zu fördern.

3.4.3 Präsentation einer Ausbildungssituation

Neben der Möglichkeit der praktischen Durchführung einer Ausbildungssituation kann im Rahmen der praktischen Prüfung zum Teil IV der Meisterprüfung bzw. der AdA-Prüfung auch die Präsentation einer Ausbildungssituation vorgenommen werden. Das sollte im Rahmen der Ausbildung erlernt werden.

Erfolgt die Prüfung der Ausbildungssituation in Form der Präsentation, stellt der Prüfling dar, wie er die Ausbildungssituation lehren bzw. wie er bei der Planung, Durchführung und Kontrolle der Ausbildungssituation vorgehen würde.

Schriftlicher Entwurf

Er hat in der Regel einen schriftlichen Entwurf der Planung der Präsentation selbstständig anzufertigen und dann die Präsentation der Ausbildungssituation auszuführen.

Es ist zweckmäßig, auf dem Deckblatt des Entwurfs folgende Rahmendaten anzugeben:

> Prüfungstag
> Prüfungsort (Ort der Präsentation)
> Name des Prüflings, Prüfungsnummer
> Ausbildungsberuf
> Thema der Präsentation mit Hinweis auf den Ausbildungsrahmenplan und das Lernziel.

Inhalt

Der Inhalt des schriftlichen Präsentationsentwurfs kann wie folgt gegliedert werden:

Planung

> **Planung der Präsentation der Ausbildungssituation (schriftlicher Entwurf)**
- Thema der Ausbildungssituation präzise formulieren.
- Präsentationsziel darstellen.
- Zeitlichen Rahmen festlegen.
- Ausgangsvoraussetzungen in Bezug auf die Zielgruppe erfassen.
- Gliederung des Aufbaus der Präsentation in:
  - Einleitung (Eröffnung, Einführung)
  - Darstellung der Ausbildungseinheit (Hauptteil)
  - Abschluss, Zusammenfassung.
- Erläuterung der Vorbereitung und Umsetzung der Ausbildungssituation mit Beschreibung der Voraussetzungen der Zielgruppe, des Ablaufs, des Methodeneinsatzes, der Kontrolle des Ausbildungserfolgs und der Erfolgssicherung.
- Festlegung des Medieneinsatzes für die Präsentation.

Durchführung

> **Durchführung der Präsentation der Ausbildungssituation**
- **Eröffnung und Einführung in die Präsentation:**
  - Begrüßung und Vorstellung des Präsentierenden.
  - Hinführung zum Thema und Erläuterung des Präsentationszieles.
  - Vermittlung eines Überblicks über Inhalte und Ablauf.
  - Ermittlung der Vorkenntnisse und der Anknüpfungspunkte.
  - Wecken des Interesses bei den Zuhörern, Schaffung einer positiven Stimmung.
- **Darstellung der Ausbildungssituation** (Hauptteil):
  - Logischen Aufbau der Darstellung entsprechend dem Entwurf vornehmen.

   - Genaue und überzeugende Darbietung der Vorbereitung und Gestaltung der Ausbildungssituation vornehmen und dabei auf Wahl der Methode und Methodeneinsatz, Ablaufgestaltung, Ausbildungserfolgskontrolle und Erfolgssicherung eingehen.
- **Abschluss und Zusammenfassung der Präsentation**:
   - Kernaussagen zusammenfassen.
   - Prüfen, ob das geplante Ausbildungsziel erreicht und gesichert wurde.
   - Anregungen zum Nachdenken, Diskutieren und Handeln sowie Ausblick auf weitere Arbeitsaufgaben geben.

Medieneinsatz

- **Medieneinsatz bei der Präsentation:**
   - Themenbezogen und zielorientiert Medien gestalten und einsetzen; zum gesprochenen Wort passend, gut lesbar und, wenn geeignet, mit Farben und Bildern im sinnvollen Mix zum Thema und zur Situation einsetzen; auf freien Blick zu den Medien achten.

Rhetorische Umsetzung

- **Rhetorische Umsetzung (wirkungsvolle Gestaltung der Rede):**
   - Situationsgemäßes Sprachniveau wählen und einsetzen.
   - Auf Lautstärke, Stimmlage, Wortwahl (Sprachtempo), Verständlichkeit und Wirkung der Sprache achten.
   - Körpersprache, Blickkontakt, Haltung, Gestik, Mimik, wo sinnvoll, unterstützend einsetzen.
   - Auf sicheres Auftreten achten.

Bewertungskriterien

Die Bewertung der Präsentation der Ausbildungssituation (Entwurf und Durchführung) erfolgt in der Prüfungspraxis im Wesentlichen nach den bereits dargestellten Gliederungspunkten und den nachstehenden zusätzlichen Bewertungskriterien:

> Einhaltung des zeitlichen Rahmens
> Übereinstimmung des schriftlichen Präsentationsentwurfs mit der Durchführung der Präsentation der Ausbildungssituation.

3.4.4 Funktionen und Auswahl von Ausbildungsmedien

3.4.4.1 Erscheinungsformen

Ausbildungsmedien

Ausbildungsmedien (Ausbildungsmittel) sind wichtige Hilfen bei der Unterweisung und zur Förderung des Lernprozesses.

Sie ermöglichen es, neben der Sprache, die bei der Unterweisung im Vordergrund steht, andere Sinneskanäle der Lehrlinge – wie zum Beispiel Sehen, Hören, Fühlen – anzusprechen, um so den Lernerfolg zu verbessern. Sie veranschaulichen den Lernstoff und sind geeignet, das selbst gesteuerte Lernen zu fördern.

Arten von Ausbildungsmitteln

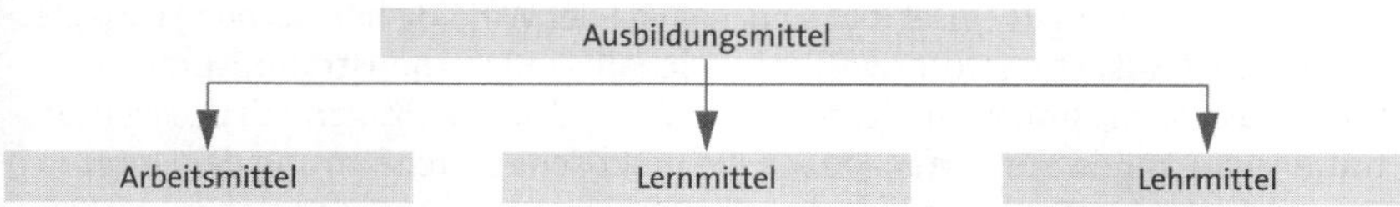

Die elementarsten Ausbildungsmittel sind die unmittelbaren **Arbeitsmittel** wie

> Arbeits- und Ausbildungsplätze,
> Maschinen,
> Werkzeuge und andere Arbeitsmaterialien.

Wichtige **Lernmittel** zur Förderung des Lernens beim Lehrling:

Lehr- und Fachbücher Anforderungen

> Lehr- und Fachbücher dienen der Vorbereitung von Unterweisungsprozessen oder der Vertiefung von erworbenen Fertigkeiten, Kenntnissen und Fähigkeiten. Wichtige Anforderungen an Lehr- und Fachbücher sind:
  - klare Systematik und Gliederung
  - knappe, aber dennoch informative Darstellungen
  - dem Verständnis des Lernenden angepasste Sprache
  - Hilfen zur Übung und Vertiefung des Stoffes wie Zusammenfassungen und optische Darstellungen.

Fachzeitschriften

> Fachzeitschriften weisen gegenüber Fach- und Lehrbüchern vor allem den Vorteil größerer Aktualität auf. Sie sind ein hervorragendes Informationsmittel über die aktuellen technischen, wissenschaftlichen und wirtschaftlichen Entwicklungen. Vielfach werden aktuelle Beiträge auch über das Internet veröffentlicht.

Arbeitsblätter

> Aufgaben-, Arbeitsblätter, Merkblätter:
  Aufgaben- und Arbeitsblätter fördern die Auseinandersetzung mit dem Lerngegenstand. Geeignete Merkblätter, die die wesentlichen Kernpunkte enthalten, erhöhen die Merkfähigkeit.
> Buchauszüge, Grafiken, Tabellen, Skizzen, Diagramme, Flussdiagramme, Schaubilder:
  Systematische und überschaubare Darstellungen in Form dieser Ausbildungsmittel erleichtern den Lernprozess.

Bedienungsanleitungen

> Betriebs- und Bedienungsanleitungen, Schalt- und Funktionspläne:
  Diese Ausbildungsmittel fördern neben dem Verständnis des jeweiligen Sachverhaltes vor allem auch das funktionelle Denken.
> Regelwerke, Arbeitsanweisungen.

Lehrmittel werden bei Unterricht und Unterweisung als Hilfsmittel des Ausbilders eingesetzt:

> Schreibtafeln, Hafttafeln, Stecktafeln, Pinnwand, Flip-Chart (die Tafel wird durch große Papierblätter ersetzt):
  Diese Ausbildungsmittel haben den Vorteil, dass die Aufmerksamkeit des Lernenden beim Vortrag gleichzeitig über Auge und Ohr (Optik und Akustik) angesprochen wird. Vor allem, wenn während des Unterrichts und der Unterweisung die entsprechenden Ausbildungsmittel mit der Hand beschriftet werden, ist auf gute Lesbarkeit und Übersichtlichkeit zu achten. Bei Hafttafeln mit Druckbuchstaben lassen sich diese Probleme umgehen.

Tageslicht-projektoren

> Tageslichtprojektoren, Diaprojektoren, Präsentation per Computer/Beamer: Für diese Ausbildungsmittel, die zwar viel Vorbereitung erfordern, aber in der Unterweisung dann sehr gut einsetzbar sind, gilt von der Wirkung her das oben Gesagte.
> Modelle, Schaukästen, Unterweisungs-, Schalt- und Demonstrationsbretter: Diese Ausbildungsmittel erleichtern das „Zeigen" als wichtigen Teil des Demonstrationsvorganges. Sie dürfen jedoch die praktische Durchführung der Unterweisungsarbeit, also das selbstständige Durchführen und eigene Erleben, nicht ersetzen. Modellhaftes Zeigen kann auch anhand von Maschinen und Geräten aus dem Programm der Ausbildungsstätte erfolgen.
> Videorecorder, DVD-Recorder, Lehrfilme, Funk und Fernsehen, Internet: Diese Ausbildungsmittel helfen dem Ausbilder bei der Demonstration und Darstellung des Unterweisungsstoffes. Auch die Rundfunk- und Fernsehanstalten haben verschiedene Aus- und Fortbildungssendungen entwickelt, die in die betriebliche Unterweisung einbezogen werden können. Die Möglichkeit der Aufzeichnung bietet hier wesentliche Vorteile.

Video

> Videorecorder/DVD-Recorder, Videokamera, Bildschirmgerät (Fernseher), Multimedia-PC:
Durch diese Hilfsmittel ist es möglich, im Rahmen von Rollenspielen typische Situationen des Berufslebens zu trainieren. Das Lernen erfolgt vor allem durch Auswertung der Aufnahmen und darauf aufbauende Korrekturen.
> Unterrichts- und Ausbildungsprogramme
(hierzu >> Abschnitt 3.4.1.2)

Computer

> Computerprogramme
(hierzu >> Abschnitt 3.4.5)

3.4.4.2 Didaktisch-methodische Funktionen

Wesentliche Funktionen von Ausbildungsmitteln sind:

Funktionen

> Vermittlung klarer Vorstellungen von realen Objekten oder Vorgängen
> Verdeutlichung des Wesentlichen
> Darstellung abstrakter Zusammenhänge
> Systematisierung von Einzelwissen
> Vergrößerung des Behaltenseffekts
> Verhaltenstraining
> Förderung der Lernmotivation und der Aufgeschlossenheit für Unterweisungsvorgänge.

3.4.4.3 Allgemeine Hinweise für den lernspezifischen Einsatz und die Gestaltung von Ausbildungsmitteln

Bei richtigem Einsatz helfen Ausbildungsmittel dem Ausbilder wesentlich bei der Vermittlung von Fertigkeiten, Kenntnissen und Fähigkeiten.

Positive Auswirkungen des Einsatzes von Ausbildungsmitteln

Bei der Auswahl der geeigneten und richtigen Ausbildungsmittel sollte sich der Ausbilder folgende Fragen stellen:

Fragen

- > Welche Ausbildungsmittel stehen jeweils zur Verfügung?
- > Wie können die Lehrlinge bei der Planung des Einsatzes von Ausbildungsmitteln angemessen berücksichtigt werden?
- > Wie stellen die jeweiligen Ausbildungsmittel den Lerninhalt dar?
- > Welche Lernziele lassen sich mit den Ausbildungsmitteln erreichen?
- > Ist es möglich und nützlich, das Ausbildungsmittel selbst oder gemeinsam mit den Lehrlingen zu erstellen, bzw. wie hoch sind die Kosten einer Beschaffung?
- > Welche Voraussetzungen stellen die jeweiligen Ausbildungsmittel an die Lehrlinge?
- > Welche Auswirkungen haben die jeweiligen Ausbildungsmittel auf die Motivation der Lehrlinge?
- > Welche Sinnesorgane werden angesprochen und aktiviert?
- > Welche technischen und räumlichen Voraussetzungen sind vorhanden?

Grundsätze

Für den bestmöglichen Erfolg ist es ferner notwendig, einige Grundsätze beim Einsatz von Ausbildungsmitteln zu beachten:

- > Lernzielangemessenheit
- > Lehrlingsangepasstheit
- > Zuverlässigkeit
- > dem Unterweisungszweck dienlich
- > an Lehrmethoden, Lehrverfahren und Sozialformen des Lehrens ausgerichtet
- > der Individualisierung und Differenzierung dienlich.

Ausbildungsmittel dürfen nicht zum Hauptzweck oder Selbstzweck der Unterweisung werden. Der Lehrling darf durch Ausbildungsmittel außerdem nicht abgelenkt oder überfordert werden.

Lerntransfer

Bei optischen Ausbildungsmitteln ist gleichzeitig zu erklären, worauf das Augenmerk in besonderem Maße zu richten ist. Auch bei der Verwendung von Ausbildungsmitteln sollten die Erkenntnisse über den Lerntransfer (dazu >> Abschnitt 3.1.4.4) mitverwertet werden; das heißt, es ist beispielsweise zu berücksichtigen, dass Informationen, die über Wort und Bild zusammen vermittelt werden, den Lernerfolg erheblich steigern.

3.4.5 E-Learning in der Ausbildung

Computerunterstütztes Lernen ist vor allem dadurch geprägt, dass hier die Lernprogramme auf CDs, DVDs oder über Internet nicht nur Informationen über Text, sondern auch über Grafik, Sprache, Musik, Film und Video (Multimedia) vermitteln.

Lernen mit dem Computer ermöglicht

- zeitliche und räumliche Unabhängigkeit der Aus-, Fort- und Weiterbildungsaktivitäten,
- stärkere Anpassung an die Lernvoraussetzungen des Einzelnen,
- intensives und praxisnahes Lernen (beispielsweise durch Simulationen).

Medienkompetenz

Kritisch wird bei dieser Lernform gesehen, dass die unmittelbare Rückkoppelungsmöglichkeit zu einer Lehrperson nicht gegeben ist und soziale Kontakte zu anderen Auszubildenden und Kollegen fehlen. Außerdem verlangt Lernen am Computer auch die entsprechende Medienkompetenz, das heißt das Wissen über den bestmöglichen Umgang mit dieser Form der Wissensaneignung.

E-Learning

Unter den gleichen Aspekten ist auch E-Learning (auch Telelearning oder Blended Learning genannt) übers Internet zu bewerten. Die Eckpfeiler des Telelearnings bestehen aus der Kombination einer Präsenzlernphase und einer Fernlernphase. Dabei bestehen die Angebote zu ca. 30 % aus einer Präsenzausbildung, beispielsweise im Bildungszentrum, und zu ca. 70 % aus E-Learning zu Hause oder auch am Arbeitsplatz. Für die Lehrgangsteilnehmer stehen insbesondere im Vordergrund:

- Aktualität
- schnelle Kommunikation
- geringer Aufwand für die Informationsbeschaffung
- die zeitlich-räumliche Unabhängigkeit bei der persönlichen Weiterbildung.

Die neue Freiheit, ohne Festlegung von Zeit und Raum zu lernen, ermöglicht dementsprechend mehr Menschen als je zuvor, sich weiterzubilden. Vor allem besteht somit die Möglichkeit, sich ohne eine feste Bindung an Kurszeiten und ohne Störung der betrieblichen Abläufe weiterzubilden.
Für den aktiven Austausch der Lernenden werden künftig Instrumente wie Weblogs (= Veröffentlichung von Beiträgen zu bestimmten Themen), Wikis (= Beiträge für Lexika durch Internetnutzer) und Podcasts (= Audio- oder Videodateien, die über das Internet bezogen werden können) eine zunehmende Bedeutung spielen. Auch ermöglicht die Technik den direkten Austausch von Dozenten und Lernenden, ohne dass beide am selben Ort sein müssen (z. B. über Chat).

Handlungsorientierte, fallbezogene Aufgaben

1. Im Rahmen der Ausbildung steht Ihnen als Ausbildungsmethode auch die programmierte Unterweisung zur Verfügung.

   Aufgabe: Was versteht man unter programmiertem Lernen und Lehren?

- [ ] a Lern- und Lehrverfahren mit verhältnismäßig großen Schritten.
- [ ] b Nur das Lernen mit Lehrmaschinen auf der Basis der Elektronik.
- [ ] c Lern- und Lehrverfahren mit verhältnismäßig kleinen, logisch aufeinander aufbauenden Schritten.
- [ ] d Eine moderne, noch nicht voll entwickelte Ganzheitsmethode im Bildungswesen.
- [ ] e Eine Unterrichtstechnologie, die nur an Hochschulen, Fachhochschulen und Fachakademien eingesetzt werden kann.

>> Seite 222 |

2. Als Inhaber eines Betriebes bilden Sie vier Lehrlinge aus. Sie wenden in der Ausbildung die systematische Arbeitsunterweisung als eine besondere Form des planmäßigen Lehrens und Lernens an. Neben fachlichen Fertigkeiten, Kenntnissen und Fähigkeiten können Sie damit auch soziale Verhaltensweisen vermitteln.

   Aufgabe:

   a) Welche wichtigen Grundsätze wenden Sie bei der Durchführung von Unterweisungen bei den vier Lehrlingen an?

   b) Beschreiben Sie die von Ihnen eingesetzte Form der systematischen Arbeitsunterweisung näher!

>> Seiten 225 bis 227 |

3. Sie bereiten sich sehr genau auf die Unterweisung der Lehrlinge in Ihrem Betrieb vor. Sie wissen aber, dass Sie trotzdem darauf achten müssen, Unterweisungsfehler zu vermeiden.

   Aufgabe: Welches sind typische Unterweisungsfehler, die bei Unterweisungen immer wieder vorkommen, und wie können Sie diese vermeiden?

>> Seite 229 |

4. Sie bilden drei Lehrlinge aus. Den im Rahmen einer Unterweisung geplanten Arbeitsablauf stellen Sie in Form einer Arbeitszergliederung dar.

   Aufgabe: Welche Vorteile hat es für Sie, solche Arbeitszergliederungen in Form eines Schemas festzuhalten?

- [ ] a Keine, weil ein erfahrener Ausbilder für die Aufstellung einer sinnvollen Arbeitszergliederung kein Schema braucht.
- [ ] b Keine, weil schematische Arbeitszergliederungen grundsätzlich von den Beteiligten als schablonenhaft empfunden und abgelehnt werden.
- [ ] c Keine, weil sich nur theoretische Ausbildungsinhalte in ein Schema einordnen lassen.
- [ ] d Keine, weil sich nur wenige Arbeitsvorgänge bei der betrieblichen Ausbildung in ein Schema einordnen lassen.
- [ ] e Es ermöglicht die schnellere Erstellung von Arbeitszergliederungen und deren Wiederverwendung für spätere Unterweisungsarbeiten.

>> Seite 231 |

5. Der Prüfungsausschuss hat im Rahmen der Ablegung der Meisterprüfung im Prüfungsteil IV, praktische Prüfung, festgelegt, dass die Ausbildungssituation in Form der Präsentation geprüft wird. Sie werden als Prüfling aufgefordert, einen schriftlichen Entwurf vorzulegen, der alle wesentlichen Inhalte zur Planung und Durchführung der Präsentation enthält.

   Aufgabe: Erstellen Sie den im vorliegenden Fall geforderten Präsentationsentwurf für die von Ihnen ausgewählte Ausbildungssituation!

>> Seiten 233 bis 234 |

6. Sie bilden drei Lehrlinge aus. Als Ausbilder setzen Sie Ausbildungsmittel ein, um damit die Vermittlung von Fertigkeiten, Kenntnissen und Fähigkeiten zu erleichtern.

   Aufgabe:

   a) Stellen Sie dar, welche Faktoren und Gegebenheiten Sie bei der Auswahl der geeigneten Ausbildungsmittel beachten!

   b) Erläutern Sie die Grundsätze, die Sie beim Einsatz von Ausbildungsmitteln bei der Ausbildung Ihrer drei Lehrlinge beachten, um den bestmöglichen Erfolg zu erreichen!

>> Seite 237 |

3.5 Lernsituation: Auszubildende bei Lernschwierigkeiten durch individuelle Gestaltung der Ausbildung und Lernberatung unterstützen, ausbildungsunterstützende Hilfen einsetzen und Möglichkeiten zur Verlängerung der Ausbildungszeit prüfen

Kompetenzen:

- Typische Lernschwierigkeiten in der Ausbildung erkennen und mögliche Ursachen feststellen, Lernvoraussetzungen überprüfen.
- Individuelle Hilfestellung bei Lernschwierigkeiten geben und Fördermaßnahmen einleiten.
- Bedarf von ausbildungsbegleitenden Hilfen (abH) erkennen und Maßnahmen organisieren.
- Möglichkeit zur Verlängerung der Ausbildungszeit prüfen.

3.5.1 Erscheinungsformen sowie Ursachen von Lernschwierigkeiten und darauf abgestimmte Lernhilfen und Fördermaßnahmen

3.5.1.1 Begriff und Eingrenzung von Lernschwierigkeiten sowie deren Ursachen

Typische Lernschwierigkeiten ergeben sich dann, wenn der Lernende den Lernanforderungen nicht gerecht werden will oder kann.

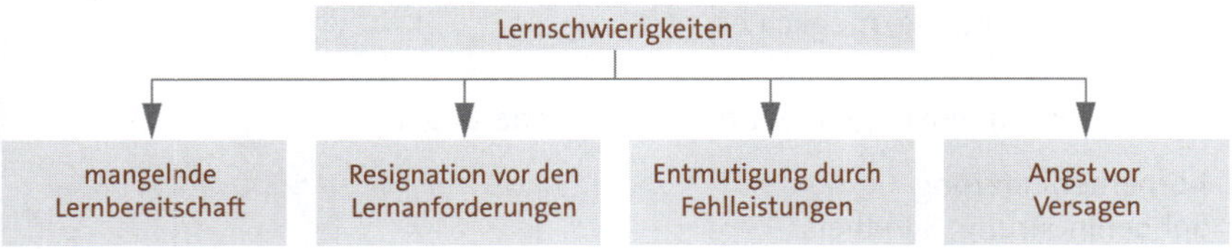

Wissenslücken

Lernschwierigkeiten beruhen vielfach auf Wissenslücken, das heißt, früherer Lernstoff wurde versäumt, nicht verstanden oder nicht richtig verarbeitet. Sie können durch geeignete Nachhilfemaßnahmen ausgeglichen werden.

3.5.1.2 Ursachen für typische Lernschwierigkeiten

Lernbeeinträchtigungen und Behinderungen spielen dabei eine besondere Rolle.

Lernbeeinträchtigt sind all diejenigen, die die üblichen Lernanforderungen der betrieblichen Ausbildung insgesamt oder wesentliche Teile davon nicht erfüllen können.

Lernbeeinträchtigungen

Lernbeeinträchtigungen äußern sich unter anderem in

> unterdurchschnittlichem Intelligenzniveau,
> verminderter Konzentrationsfähigkeit,
> geringerer Merkfähigkeit,
> mangelndem abstraktem Denkvermögen,
> geringerem Wortschatz,
> Schreib- und Leseschwierigkeiten.

Die Ursachen dafür können sehr vielfältig sein.

Lernbeeinträchtigungen durch

- mangelnde Begabung
- krankheits- oder unfallbedingte Schädigungen
- Entwicklungsstörungen (z. B. in der Adoleszenz)
- Erziehungsfehler durch die Eltern
- mangelnde Förderung in der Schule
- falschen Ausbildungsstil

Praktische Fähigkeiten

Die Chance für eine berufliche Ausbildung im Handwerk liegt bei vielen Lernbeeinträchtigten darin, dass sie zwar einerseits Probleme beim Erfassen theoretischer Sachverhalte haben, aber andererseits oft über bemerkenswerte praktische Fähigkeiten verfügen.

Menschen mit Behinderungen sind Personen, bei denen infolge schwerwiegender Beeinträchtigungen eine Ausbildung und Beschäftigung nur unter erschwerten Bedingungen, insbesondere unter besonderer pädagogischer Betreuung, möglich ist.

Es gibt insbesondere folgende Arten von Behinderungen:

> Körperbehinderung
> Sehbehinderung, Blindheit
> Schwerhörigkeit, Gehörlosigkeit
> Sprachbehinderung
> Lernbehinderung
> Verhaltensstörungen
> geistige Behinderung.

Viele betroffene Personen weisen Mehrfachbehinderungen auf.

Auswirkungen

Im Rahmen einer beruflichen Ausbildung müssen insbesondere folgende mögliche Auswirkungen von Behinderungen berücksichtigt werden:

> geringere Intelligenz
> verlangsamte oder eingeschränkte psychomotorische Fähigkeiten („Handfertigkeiten")
> geringe Motivation
> Schwierigkeiten, sich sprachlich mitzuteilen
> Verständnis- und Auffassungsprobleme.

3.5.1.3 Lernhilfen und Fördermaßnahmen

Lernhilfen

Lernhilfen

Es ist Aufgabe des Ausbilders, durch geeignete Lernhilfen solche Lernschwierigkeiten von vornherein zu verhindern bzw. sie rasch zu beseitigen.

Lernhilfen sind abhängig von Lernziel, Lerngegenstand und Lernschwierigkeiten. Sie helfen bei richtiger Gestaltung wesentlich

Nutzen

> beim Einprägen von Wissen,
> bei der Vermittlung von Fertigkeiten,
> bei der Befähigung zur Problemlösung.

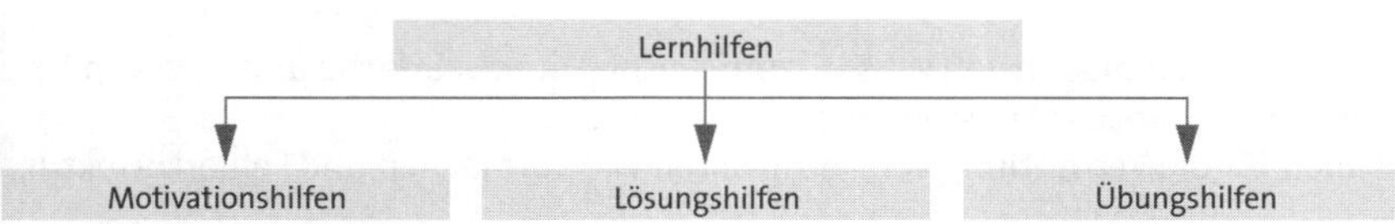

Motivationshilfen dienen der Förderung der Lernbereitschaft, um den Lernprozess optimal in Gang bringen zu können.

Motivationshilfen

Wichtige Motivationshilfen sind:

> Steigerung des Selbstwertgefühls
> Beseitigung von Hemmungen
> Weckung des Interesses
> Herausstellen der Bedeutung und Aufgabe des Lerngegenstandes.

Lösungshilfen verfolgen den Zweck, dem Lehrling bei Problemen während der Lösung gestellter Aufgaben zu helfen.

Lösungshilfen

Dies ist beispielsweise möglich durch:

> Einräumen von genügend Zeit zum Probieren
> Vermittlung von Anregungen zum Durchdenken der Aufgabe
> gemeinsame Diskussion über Alternativlösungen
> Vormachen, Demonstrieren und Erklären.

Übungshilfen dienen dem Ziel, den Übungsvorgang optimal und erfolgsorientiert zu gestalten.

Übungshilfen

Wichtige Übungshilfen sind:

- Bereitstellen von Übungsaufgaben
- rechtzeitiges Abstellen von Fehlern
- Verändern der Übungsaufgaben
- Gedächtnisstützen.

Spezielle Lernhilfen

Spezielle Lernhilfen wurden auch für die einzelnen Lerntypen (dazu >> Abschnitt 3.1.1.1) entwickelt. Es sind dabei insbesondere zu nennen:

- Hilfen zum Unterscheidungslernen; eine solche Hilfe ist zum Beispiel dann gegeben, wenn dem Lehrling bestimmte optische und akustische Reize immer wieder demonstriert werden.
- Hilfen zum Begriffslernen; das Lernen kann dem Lehrling beispielsweise dadurch erleichtert werden, dass zusammengehörende Arbeitsgeräte immer wieder in der täglichen Praxis eingesetzt werden.
- Hilfen für das Erlernen von Regeln, zum Beispiel durch laufende Erklärung an konkreten Fällen aus der betrieblichen Praxis.
- Befähigung zum Problemlösen, wenn möglich durch Erarbeiten aus dem Ernstfall.
- Hilfen zum Einprägen von Wissen, zum Beispiel durch einfache und verständliche oder auch grafische Darstellungen (Schaubilder).
- Hilfen für die Vermittlung von Fertigkeiten wie Vormachen und Fehlerkorrektur.

Möglichkeiten der Individualisierung und Differenzierung

Für Menschen mit **Lernbeeinträchtigungen** und **mit Behinderung:**

- besondere Eignung des Ausbildungsbetriebes hinsichtlich der personellen und räumlichen Gegebenheiten
- besondere sozialpädagogische Betreuungsmaßnahmen
- Stützkurse
- Förderkurse
- Einsatz besonderer Lernhilfen
- Anpassung der Unterweisung.

Fördermaßnahmen

Bund und Länder unterstützen die Ausbildung von Menschen mit Lernbeeinträchtigungen und Behinderungen durch finanzielle Fördermaßnahmen. Als besondere Einrichtungen gibt es Förderberufsschulen und Berufsbildungswerke. In diesem Zusammenhang gewinnt das Konzept der Inklusion an Bedeutung. Es fördert die uneingeschränkte Teilhabe aller Menschen auch am Berufsleben.
Das Bundesprogramm „Initiative Inklusion“ hat die Förderung der beruflichen Orientierung für schwerbehinderte Schüler sowie die Förderung von betrieblichen Ausbildungsplätzen und der Hinführung zu Ausbildung zum Ziel.

3.5.2 Ausbildungsbegleitende Hilfen (abH)

Ausbildungsbegleitende Hilfen sind eine Leistung der Bundesagentur für Arbeit. Sie zielen darauf ab, Jugendlichen, die besonderer Hilfen bedürfen, die Aufnahme,

Fortsetzung sowie den erfolgreichen Abschluss einer erstmaligen betrieblichen Berufsausbildung in anerkannten Ausbildungsberufen oder das erfolgreiche Absolvieren einer betrieblichen Einstiegsqualifizierung zu ermöglichen. Dies geschieht durch Förderung des Erlernens von Fachtheorie und Fachpraxis, Stützunterricht zum Abbau von Sprach- und Bildungsdefiziten sowie durch sozialpädagogische Begleitung. Ausbildungsbegleitende Hilfen müssen über betriebs- und ausbildungsübliche Inhalte hinausgehen. Für die Durchführung erhalten die Bildungsträger die erforderlichen Maßnahmekosten.

Besondere Fördermaßnahmen

3.5.3 Verlängerung der Ausbildungszeit

Grundsatzregelung

Neben der Verlängerungsmöglichkeit der Ausbildungzeit bei Nichtbestehen der Gesellen- oder Abschlussprüfung (>> Abschnitt 4.2.3) besteht in Ausnahmefällen auf Antrag des Lehrlings auch die Möglichkeit der Verlängerung der Ausbildungszeit, wenn diese notwendig ist, um das Ausbildungsziel zu erreichen.

Verfahren

Der Antrag ist vom Auszubildenden schriftlich bei der Handwerkskammer zu stellen. Bei Minderjährigen ist die entsprechende Zustimmung der gesetzlichen Vertreter erforderlich. Der Antrag soll rechtzeitig vor Ablauf des Berufsausbildungsverhältnisses gestellt werden. Vor der Entscheidung über den Antrag ist der Ausbildende (Betrieb) zu hören. Die Berufsschule kann gehört werden. Der Auszubildende muss glaubhaft machen, dass die Verlängerung erforderlich ist, um das Ausbildungsziel zu erreichen. Eine Verlängerung soll nur ausnahmsweise bei Vorliegen besonderer Gründe erfolgen.

Verlängerungsgründe

Nachfolgende Gründe können eine Verlängerung erforderlich machen:

> erkennbare schwere Mängel in der Ausbildung
> Nichterreichen des Leistungszieles der Berufsschulklasse
> längere vom Auszubildenden nicht zu vertretende Ausfallzeiten (z. B. infolge Krankheit)
> körperliche, geistige und/oder seelische Behinderung des Auszubildenden, die dazu führt, dass das Ausbildungsziel nicht in der vereinbarten Ausbildungszeit erreicht werden kann
> Betreuung des eigenen Kindes oder von pflegebedürftigen Angehörigen
> verkürzte tägliche oder wöchentliche Ausbildungszeit.

Bei Festlegung der Verlängerungszeit sind die Prüfungstermine zu berücksichtigen.

Inhaltlich verknüpfte Anträge auf Verkürzung der täglichen oder wöchentlichen Ausbildungszeit und auf Verlängerung der kalendarischen Gesamtausbildungsdauer sollen im Sinne förderlicher Bedingungen für die Vereinbarkeit von Berufsausbildung und Familie entschieden werden.

Handlungsorientierte, fallbezogene Aufgaben

1. Sie sind Ausbilder. Im neuen Ausbildungsjahr nehmen Sie einen lernbeeinträchtigten Jugendlichen zur Ausbildung auf.

   Aufgabe: Stellen Sie dar, wie Sie für diesen Jugendlichen die Ausbildung in Ihrem Betrieb gestalten!

   >> Seiten 243 bis 244 |

2. Ein in Ihrem Betrieb in Berufsausbildung stehender Auszubildender weist eine körperliche Behinderung auf, die dazu führt, dass das Ausbildungsziel nicht in der vereinbarten Ausbildungszeit erreicht werden kann. Er stellt daher den Antrag, die Ausbildungszeit um sechs Monate zu verlängern, weil diese Verlängerung erforderlich ist, um das Ausbildungsziel zu erreichen.

   Aufgabe: Stellen Sie fest, ob eine solche Verlängerung der Ausbildungszeit in diesem Falle rechtlich gesehen möglich ist, und begründen Sie Ihr Ergebnis!

   >> Seite 245 |

3.6 Lernsituation: Für Auszubildende zusätzliche Ausbildungsangebote, insbesondere Zusatzqualifikationen, prüfen und vorschlagen; Möglichkeiten der Verkürzung der Ausbildungsdauer und die vorzeitige Zulassung zur Abschluss- oder Gesellenprüfung prüfen

Kompetenzen:

> Besondere Voraussetzungen und Begabungen bei Auszubildenden erkennen und sie durch geeignete Angebote z. B. von Zusatzqualifikationen fördern.
> Möglichkeiten der Verkürzung der Ausbildungsdauer sowie der vorzeitigen Zulassung zur Abschluss-/Gesellenprüfung für diese Auszubildenden klären sowie den restlichen Ausbildungszeitraum gestalten.

3.6.1 Förderangebote für leistungsstarke Auszubildende

3.6.1.1 Anzeichen für spezifische Begabungen

Begabung

Grundsätzlich versteht man unter Begabung die Leistungs- und Lernfähigkeit einer Person auf den verschiedensten Gebieten. Begabung ist zu einem wesentlichen Teil durch die Erbanlagen vorbestimmt und begrenzt. Ihre Entfaltung kann jedoch durch äußere Einflüsse, günstige Bedingungen und auch durch Schule sowie Betrieb gefördert werden.

Begabung ist also zum Beispiel die Fähigkeit zum Erlernen von Fremdsprachen, manuelles Geschick, herausragende Merkfähigkeit oder besondere Kontaktfähigkeit.

Spezifische Begabungen

Spezifische Begabungen können unter anderem liegen in

> erkenntnisorientierter, forschender Begabung,
> sprachlicher Begabung,
> mathematisch-logischer Begabung,
> mechanisch-technischer Begabung,
> musisch-künstlerischer Begabung.

Sie lassen sich durch Tests, im Rahmen der Beurteilung und durch Beobachtung in der Berufsschule feststellen. Besondere Begabung wird heute nicht mehr mit hoher Intelligenz gleichgesetzt. Sie kann sich vielmehr in verschiedenen Formen äußern. Solche spezifischen Ausprägungen können sein:

Besondere Formen

> Kreativität
> Organisationsfähigkeit des Lernens
> Effizienz der Informationsverarbeitung
> leistungsorientierte Arbeitshaltung.

3.6.1.2 Schüler mit Hochschul- oder Fachhochschulreife

Abiturienten

Etwa zehn Prozent der Ausbildungsanfänger im Handwerk besitzen die Hochschul- oder Fachhochschulreife. Ihr Anteil ist in den kunsthandwerklichen Berufen sowie bei den Gesundheitshandwerken und einigen Berufen der Elektro- und Metallhandwerke besonders hoch. Da heute bereits über 50 % eines Jahrgangs die Hochschul- oder Fachhochschulreife erwerben, ist es für das Handwerk wichtig, auch diese Gruppe stärker in die Ausbildungsanstrengungen einzubeziehen. Dies gilt aber auch, weil die fachlichen Anforderungen in vielen Handwerksberufen ständig zunehmen.

3.6.1.3 Fördermöglichkeiten

Besonders begabte Auszubildende können zum einen durch Individualisierung und Differenzierung des Ausbildungsprozesses gezielt gefördert werden. Zum anderen gibt es folgende Möglichkeiten:

- Beschleunigung des Lernprozesses, also höheres Lerntempo für besonders Begabte.
- Anreicherung des Lernstoffes durch erweiternde und vertiefende Lernangebote sowie Übertragung spezieller und zusätzlicher Aufgaben; dabei kann es sich vor allem um schwierigere, anspruchsvollere, komplexere und verantwortungsvollere Aufgaben innerhalb des Ausbildungsberufsbildes wie auch um Zusatzqualifikationseinheiten aus anderen Ausbildungs- und Fortbildungsordnungen handeln.
- Zusammenfassung von besonders Begabten. Da dies bei Handwerksbetrieben wegen der geringen Betriebsgröße kaum infrage kommt, bieten sich dazu überbetriebliche Einrichtungen oder auch die Berufsschule mit Spitzenleistungskursen und Arbeitsgemeinschaften an.

Förderprogramm

Das Bundesbildungsministerium hat ein Programm „Begabtenförderung Berufliche Bildung“ aufgelegt, das allerdings erst für Absolventen einer Berufsausbildung gilt. Danach werden gefördert

- fachbezogene berufliche Weiterbildung und
- fach- oder berufsübergreifende Weiterbildung.
  (auch >> Abschnitt 4.4.5.4)

Für Jugendliche mit (Fach-)Hochschulreife:

- Angebot zusätzlicher Wahlqualifikationseinheiten, die über die in der Ausbildungsordnung vorgesehenen Mindestanforderungen hinausgehen, ferner Zusatzqualifikationseinheiten aus anderen Ausbildungs- und Fortbildungsordnungen sowie Berufsakademien und Verbundmodelle Handwerk/(Fach-)Hochschule, bei denen parallel eine berufliche Ausbildung in einem Handwerksberuf und ein (Fach-)Hochschulstudium zum Bachelor ermöglicht wird.

3.6.2 Verkürzung der Ausbildungsdauer und vorzeitige Zulassung zur Abschluss-/Gesellenprüfung

Die Handwerkskammer hat auf **gemeinsamen schriftlichen Antrag** des Lehrlings und des Ausbildenden die Ausbildungszeit zu kürzen, wenn zu erwarten ist, dass das Ausbildungsziel in der gekürzten Zeit erreicht wird. Bei Minderjährigen ist die entsprechende Zustimmung der gesetzlichen Vertreter erforderlich.

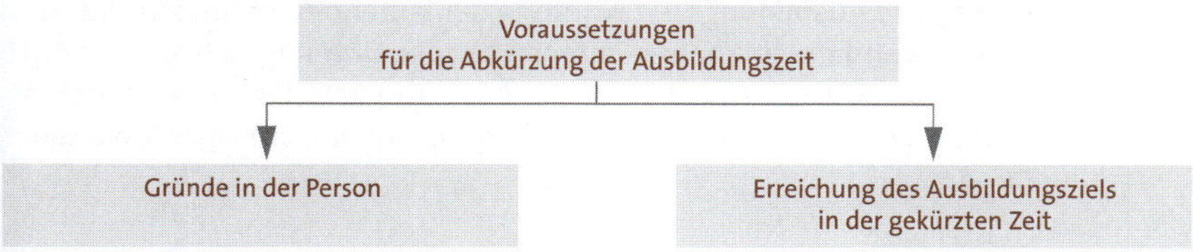

Die Antragsteller müssen glaubhaft machen, dass das Ausbildungsziel in der gekürzten Zeit erreicht werden kann, z. B. durch Vorlage von (Berufs-)Schul- und Prüfungszeugnissen, Leistungsbeurteilungen, Berufsausbildungsverträgen und betrieblichen Ausbildungsplänen.

Zeitpunkt

Hinsichtlich des möglichen Zeitpunktes für die Abkürzung der Ausbildungszeit gibt es grundsätzlich zwei Möglichkeiten.

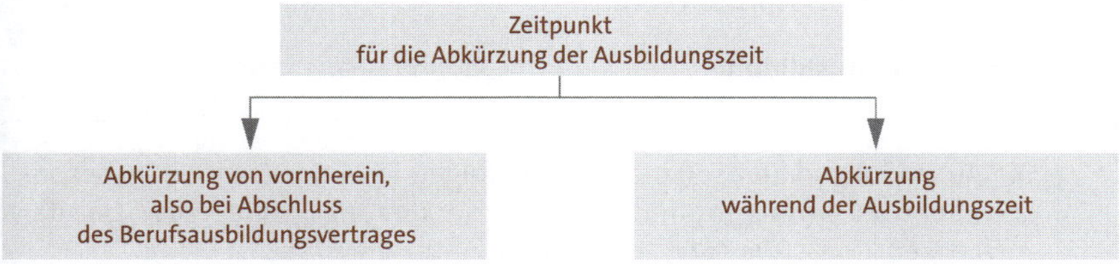

Die Kürzung der Ausbildungszeit soll möglichst bei Vertragsschluss, spätestens jedoch so rechtzeitig beantragt werden, dass noch mindestens ein Jahr Ausbildungszeit verbleibt.

Abkürzung bei Vertragsabschluss

Abkürzungsgründe

Nachfolgende Gründe können zu einer Verkürzung in dem angegebenen Zeitrahmen führen:

- mittlerer Schulabschluss oder gleichwertiger Abschluss bis zu 6 Monate
- Nachweis der Fachhochschulreife
- allgemeine Hochschulreife
- abgeschlossene Berufsausbildung

} bis zu 12 Monate

Im Einzelfall kann die Ausbildungszeit auch wegen eines Lebensalters von mehr als 21 Jahren um bis zu 12 Monate verkürzt werden. Darüber hinaus kann bei Nachweis einer einschlägigen beruflichen Grundbildung oder einschlägigen Berufstätigkeit oder Arbeitserfahrung im Berufsfeld diese angemessen berücksichtigt werden. Bei Fortsetzung der Berufsausbildung in demselben Beruf kann die zurückgelegte Ausbildungszeit ganz oder teilweise für eine Kürzung in Ansatz kommen. Soweit festgestellt wird, dass nach Abschluss des ersten Ausbildungsjahres bei einem Berufswechsel die Grundausbildung des Erstberufes im Wesentlichen identisch ist mit der Grundausbildung des neuen Ausbildungsberufes, so kann diese in vollem Umfang (12 Monate) berücksichtigt werden.

Abkürzung während der Ausbildungszeit

Voraussetzungen

Die Kürzung der Ausbildungszeit während der laufenden Berufsausbildung ist möglich, wenn durch Vorlage entsprechender Unterlagen (siehe oben!) glaubhaft nachgewiesen wird, dass das Ausbildungsziel in der verkürzten Zeit erreicht werden kann und die Ausbildungsinhalte vermittelt werden können.

Wird der Antrag erst im Laufe der letzten 12 Monate der Ausbildungszeit gestellt, so soll dieser vorrangig als Antrag auf vorzeitige Zulassung zur Abschluss-/Gesellenprüfung behandelt werden.

Zusammentreffen mehrerer Verkürzungsgründe

Treffen mehrere Verkürzungsgründe zusammen, können sie nebeneinander berücksichtigt werden. Eine vorzeitige Zulassung zur Prüfung ist auch bei verkürzter Ausbildungsdauer möglich, wenn dadurch die nachstehende Mindestdauer der Ausbildung nicht unterschritten wird.

Mindestdauer der Ausbildung

Die Ausbildungsdauer soll in der Regel folgende Mindestzeiten, insbesondere beim Zusammentreffen mehrerer Verkürzungsgründe bzw. bei der vorzeitigen Zulassung zur Prüfung, nicht unterschreiten:

Regelausbildungszeit	Mindestzeit der Ausbildung
3 ½ Jahre	24 Monate
3 Jahre	18 Monate
2 Jahre	12 Monate

Handlungsorientierte, fallbezogene Aufgaben

1. Sie bilden in Ihrem Betrieb drei Lehrlinge aus, von denen einer besondere Begabungen erkennen lässt und besondere Leistungen erbringt. Diesen wollen Sie gezielt fördern.

   Aufgabe: Stellen Sie dar, wie dieser Lehrling im betrieblichen Ausbildungsprozess und auch außerbetrieblich gefördert werden kann!

   >> Seite 248 |

2. Am Ende eines Vorstellungsgesprächs mit einem Lehrstellenbewerber und dessen Eltern reden Sie als Ausbildender mit den Gesprächspartnern über Einzelheiten des abzuschließenden Berufsausbildungsvertrages. Dabei bringt der künftige Auszubildende den Wunsch zum Ausdruck, die Regelausbildungszeit der Ausbildungsordnung von vornherein um 6 Monate zu verkürzen, weil er als Schulabschluss einen mittleren Schulabschluss nachweisen könne.

   Aufgabe: Stellen Sie fest, ob Sie dem Wunsch des Auszubildenden nach den einschlägigen Rechtsvorschriften entsprechen können und wer über den Antrag entscheidet!

   >> Seite 249 |

3. Mitte des zweiten Ausbildungsjahres kommt ein Lehrling, der in Ihrem Betrieb ausgebildet wird (vereinbarte Ausbildungszeit 3 ½ Jahre), wegen seiner sehr guten Leistungen zu Ihnen als Ausbildendem mit der Bitte, einer Abkürzung des Berufsausbildungsverhältnisses um 12 Monate zuzustimmen und einen entsprechenden gemeinsamen Antrag an die Handwerkskammer zu stellen.

   Aufgabe: Kann die Ausbildungszeit im vorliegenden Fall gekürzt werden? Was trifft zu?

- [ ] a Nein, weil dem Lehrling sonst wichtige Ausbildungsinhalte vorenthalten werden.
- [ ] b Nein, weil eine Verkürzung nur vor Beginn der Ausbildung möglich ist.
- [ ] c Ja, wenn zu erwarten ist, dass der Lehrling das Ausbildungsziel in der gekürzten Zeit erreicht und die Ausbildungsinhalte vermittelt werden können.
- [ ] d Ja, wenn der Lehrling von der Berufsschule bestätigt bekommt, dass er überdurchschnittlichen Erfolg in der betrieblichen Ausbildung hat.
- [ ] e Ja, wenn die Berufsschule und die Berufsberatung der Agentur für Arbeit einer Verkürzung zustimmen.

>> Seite 250 |

3.7 Lernsituation: Soziale und persönliche Entwicklungen von Auszubildenden fördern, Probleme und Konflikte rechtzeitig erkennen und auf Lösungen hinwirken

Kompetenzen:

- > Entwicklungsaufgaben Jugendlicher in der Ausbildung beschreiben, entwicklungstypisches Verhalten von Auszubildenden sowie maßgebliche Umwelteinflüsse bei der Gestaltung der Ausbildung berücksichtigen.
- > Bedeutung des Betriebes für die Sozialisation Auszubildender beschreiben.
- > Kommunikationsprozesse während der Ausbildung gestalten, Kommunikationsfähigkeit der Auszubildenden fördern.
- > Auffälliges Verhalten und typische Konfliktsituationen in der Ausbildung rechtzeitig erkennen, analysieren und Strategien zum konstruktiven Umgang mit Konflikten anwenden.
- > Interkulturell bedingte Ursachen für Konflikte erkennen und vermeiden.
- > Häufige Ursachen für drohende Ausbildungsabbrüche reflektieren und Maßnahmen zu ihrer Vermeidung ergreifen.
- > Schlichtungsmöglichkeiten für Streitigkeiten während der Ausbildung nutzen.

3.7.1 Entwicklungsaufgaben im Jugendalter und entwicklungstypisches Verhalten Auszubildender sowie Umwelteinflüsse

3.7.1.1 Lebenssituation der Jugendlichen

Umwelteinflüsse

Die Umwelteinflüsse auf die Entwicklung junger Menschen waren zu keiner Zeit so stark wie heute. Dies ist auch darauf zurückzuführen, dass Freizeitdauer und Möglichkeiten ihrer Gestaltung in einem enormen Ausmaß gewachsen sind. Diese Faktoren haben auch maßgeblichen Einfluss auf das berufliche Lernen. Der Ausbilder sollte insbesondere folgende Bereiche als wesentliche Beeinflussungsfelder für Jugendliche und junge Erwachsene berücksichtigen und sich bei der Ausbildung daran orientieren:

- > Familie
- > Schule
- > Betrieb
- > Freundeskreis
- > Jugendgruppen
- > Freizeitangebote
- > Massenmedien.

Wirtschaftliche und soziale Situation der Familie

Hier sind insbesondere die Bedingungen, innerhalb derer sich der Jugendliche entwickeln kann und konnte (sogenannte Sozialisationsbedingungen), sowie die wirtschaftlichen und sozialen Verhältnisse von Bedeutung. Merkmale dafür können u. a. sein:

> Erziehung durch beide Elternteile oder Aufwachsen bei Alleinerziehenden
> Vorhandensein von Geschwistern
> berufliche Situation der Eltern; Arbeitslosigkeit oder Beschäftigung
> Vorhandensein von Suchtverhalten in der Familie
> Vorbildfunktion der Eltern
> Wohnumfeld
> kultureller Hintergrund.

Der letztgenannte Faktor ist vor allem bei Jugendlichen mit Migrationshintergrund (zur Definition >> Abschnitt 3.10.1) wichtig. Sie kennen teilweise wesentlich andere Lehr- und Erziehungsstile.

Familie

Bei der Familie ist ferner danach zu unterscheiden, ob es sich dabei um Eltern und Geschwister handelt oder ob der Lehrling eventuell schon eine eigene Familie gegründet hat. Dann ist der Einfluss der Familie naturgemäß wesentlich stärker als im anderen Fall, wo die Loslösung vom Elternhaus zumeist schon wesentlich fortgeschritten ist.

Freundesgruppen

Unter Gruppe versteht man den Zusammenschluss zweier oder mehrerer Personen, die sich gegenseitig beeinflussen und steuern und damit besondere zwischenmenschliche Beziehungen sowie einen inneren Zusammenhalt aufweisen. Typische Eigenschaften einer Gruppe sind:

> gemeinsames Gruppenziel
> Gruppenbewusstsein (Zusammengehörigkeit)
> Gruppennormen (Verhaltensmuster)
> Gruppenstruktur (Aufgaben- und Rollenzuweisungen)
> Gruppenbeziehungen (gegenseitige Abhängigkeit)
> regelmäßige und länger andauernde Zugehörigkeit.

Freundeskreis und Jugendgruppen nehmen bei Jugendlichen eine wichtige Rolle bei der Loslösung vom Elternhaus ein. Sie haben auf Jugendliche großen Einfluss.

Sie äußern sich aber nur selten in negativen Entwicklungen wie

Extreme Jugendgruppen

> der Zugehörigkeit zu extremen Jugendgruppen (z. B. Skinheads, Punks, Hooligans u. Ä.),
> der Jugendkriminalität,
> dem Anschluss an Sekten
und

Drogen

> der Hinwendung zu Drogen und Suchtmitteln, die letztendlich zur völligen Leistungsunfähigkeit und zum körperlichen Verfall führen können.

Medien

Reizeinflüsse

Die Reizeinflüsse, denen die Jugend heute ausgesetzt ist, werden immer vielfältiger. Beispielhaft sind zu nennen:

- Werbung
- immer weiter zunehmende Mobilität
- Filme, Fernsehen, Video
- Computerspiele
- Internet
- Zeitschriften
- Porno- und Gewaltdarstellungen
- Stresswirkungen sonstiger Art.

Zu beobachten ist als Folge vielfach ein Nachlassen der Konzentrationsfähigkeit durch die Reizüberflutung. Besonders weitreichend sind die Beeinflussungsmöglichkeiten bei Jugendlichen, die selbst noch keine fest gefügten Wertvorstellungen für ihr Leben entwickelt haben. Übermäßiger Medienkonsum, insbesondere von Gewaltdarstellungen, kann zu Isolation sowie zu Angst- und Schockreaktionen führen. Nicht gering schätzen darf man ferner den Einfluss von Vorbildern oft negativer Art aus Fernsehserien, Filmen, Videos und Computerspielen, beispielsweise hinsichtlich der Rauch- und Trinkgewohnheiten oder auch der Art, Konflikte zu lösen.

Betrieb

Auch durch die betriebliche Umwelt, die sachlichen Gegebenheiten wie auch insbesondere die sozialen Beziehungen zu Ausbilder, Kollegen und Kunden werden junge Menschen maßgeblich geprägt.

3.7.1.2 Grundzusammenhänge

Handeln und Verhalten als Funktion von Person und Umwelt

Individuum

> Jede Person ist in ihrem Wesen einmalig (Individuum). Sie verwirklicht sich letztlich aber erst im Kontakt mit ihrer Umwelt, das heißt dem gesamten äußeren Umfeld, das uns umgibt.

Handeln
Verhalten

Umwelt bedeutet hier sowohl die Natur um uns herum wie auch andere Menschen, insbesondere die Familie und weitere Gruppen, denen man angehört; also die natürliche, kulturelle, wirtschaftliche und soziale Umwelt. Für das Zusammenleben spielen Handeln und Verhalten des Einzelnen eine wichtige Rolle. Handeln heißt, zweckgerichtet etwas zu bewirken. Unter Verhalten versteht man bewusste (kognitive), bewegungsmäßige (motorische) und gefühlsmäßige (affektive) Reaktionen und Bewegungen, die angeboren oder erlernt sein können. Sie prägen das Handeln wesentlich.

Das Zusammenwirken von Person und Umwelt:

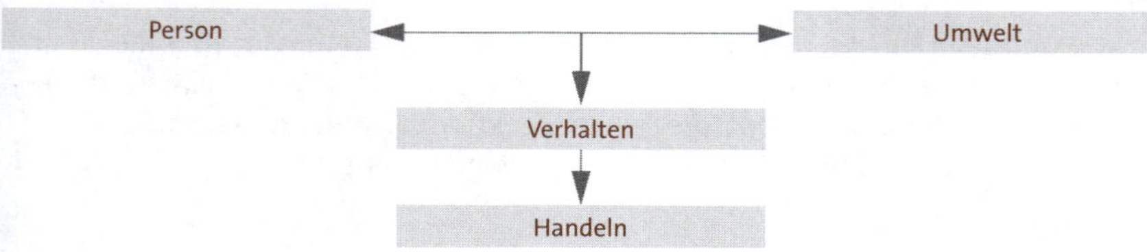

Begriff und Faktoren der Entwicklung

Entwicklungsbegriff

> Als Entwicklung bezeichnet man im Rahmen der Berufspädagogik die laufend fortschreitende Veränderung des einzelnen Menschen hinsichtlich körperlicher Merkmale und in Bezug auf seine Verhaltensweisen.

Die gesamte Entwicklung lässt sich dabei in verschiedene Abschnitte einteilen. Für den Bereich der Berufsausbildung sind von besonderer Bedeutung:

Adoleszenz

- frühe Adoleszenz (Adoleszenz = Phase des Erwachsenwerdens)
- mittlere Adoleszenz
- spätere Adoleszenz.

Faktoren der Entwicklung

Erbanlagen

> Hinsichtlich der Entwicklung wird danach unterschieden, welcher Anteil durch die Erbanlagen und welcher durch Umwelteinflüsse bedingt ist. Im ersten Fall handelt es sich um Reifungsprozesse, im zweiten um Lernen. Hinzu kommt die aktive Selbststeuerung des Einzelnen. Im Wechselspiel ergeben sie den Aufbau einer Persönlichkeit.

Reifung

Reifung beschreibt also die Entwicklung des Menschen bezüglich

- seiner äußeren Erscheinung,
- seines Verhaltens,
- seiner Leistungsfähigkeit,
- seiner Intelligenz,
- seiner Persönlichkeit,

soweit sie bereits in den Erbanlagen festgelegt ist.

Umwelteinflüsse

Die Steuerungsmöglichkeit durch Umwelteinflüsse ist in Teilbereichen wie der äußeren Erscheinung (Körpergröße u.Ä.) nur in geringem Umfang möglich, während bei Intelligenz, Verhalten und Leistungsfähigkeit die Einflussnahme durch Lernen in größerem Umfange gegeben ist. Beim Menschen ist das Verhalten kaum instinktiv ausgeprägt, vielmehr entwickelt es sich durch aktive Anpassung an die jeweiligen Umstände und sozialen Gegebenheiten.

Allerdings bestimmen die Erbanlagen gewisse Grenzen, die dann auch durch Lernprozesse nicht überschritten werden können.

Entwicklung von habituellen Personeneigenschaften

Reiz-Reaktions-Verbindungen

Habituelle Personeneigenschaften sind solche Verhaltensformen, die durch bestimmte Reiz-Reaktions-Verbindungen entstehen, das heißt, auf bestimmte Reize folgen entsprechende Reaktionen. Man unterscheidet dabei mehrere derartiger habitueller Personeneigenschaften:

> Fähigkeiten
> Fertigkeiten
> Gewohnheiten
> Bedürfnisse
> Interessen
> Motive.

Fähigkeiten: Sie ermöglichen es, auftretende Probleme durch Lernprozesse oder entsprechende Leistungen bewältigen zu können. Wichtige Grundfähigkeiten sind zum Beispiel logisches Denken, abstraktes Denken, Raumvorstellungsvermögen und Merkfähigkeit.
Fertigkeiten: Mit Fertigkeiten können Aufgaben und Anforderungen durch bereits erlernte Reaktionsmuster ohne größere Probleme und möglichst schnell bewältigt werden. Beispiele dafür sind Handgriffe, die zur Bedienung einer Maschine erforderlich sind.
Gewohnheiten: Gewohnheiten ergeben sich aus ständigem Lernen und Üben. Beispiele sind routinemäßige Handlungen und immer wiederkehrende Denkmuster.
Bedürfnisse: Bedürfnisse ergeben sich aus dem Spannungsfeld zwischen Reiz und Reaktion, also beispielsweise dem Hunger und dem Bestreben, diesen Mangel zu beheben.
Interessen: Sie können sich äußern als Anteilnahme, Aufmerksamkeit oder Neigung und werden vom Verhältnis der Person zu den jeweiligen Gegenständen bestimmt, also beispielsweise Interesse des Jugendlichen an seiner Berufsausbildung.
Motive: Motive sind treibende Elemente für ein bestimmtes Handeln. Wenn jemand beispielsweise eine bestimmte Anschaffung tätigen will, so kann dies für ihn Anlass sein, mehr zu sparen oder Überstunden zu leisten.

3.7.1.3 Entwicklungserscheinungen

Pubertät, Adoleszenz

Reifungsprozess

Bei der Entwicklung vom Kind zum Erwachsenen findet beim Menschen ein entscheidender und einschneidender Reifungsprozess statt.
Dieser Reifungsprozess ist sowohl körperlicher, psychischer wie auch sozialer Art. Ausgelöst werden die Veränderungen insbesondere durch hormonale Einflüsse, gesteuert durch die Hirnanhangdrüse. Auch genetische, geografische und ernährungsbedingte Faktoren spielen dabei eine wichtige Rolle.

Adoleszenz

Pubertät

Man bezeichnet diese Phase als Jugendalter oder auch als Adoleszenz. In ihr findet auch die sexuelle Reifung des Menschen statt. Deren verschiedene Stadien werden als Pubertät bezeichnet.

Die Phasen des Jugendalters

Frühe Adoleszenz	ca. 10. bis 13. Lebensjahr
Mittlere Adoleszenz	ca. 14. bis 16. Lebensjahr
Späte Adoleszenz	ca. 17. bis 21. Lebensjahr

Die Dauer des Stadiums der sexuellen Reifung, die mit der frühen Adoleszenz beginnt und in der Regel während der mittleren Adoleszenz abgeschlossen wird, schwankt zwischen 3 und 6 Jahren und startet bei Mädchen 0,5 bis 1,5 Jahre früher als bei Jungen. Dies sind allerdings nur Durchschnittswerte, da die Entwicklung bei jedem Menschen letztendlich unterschiedlich verläuft.

Akzeleration

Allgemein lässt sich feststellen, dass sich die körperliche Entwicklung in den letzten Jahrzehnten spürbar beschleunigt hat. Die Geschlechtsreife wird heute um drei bis vier Jahre früher erreicht als noch vor 100 Jahren. Man nennt dies Akzeleration. Diese Akzeleration ist vermutlich eine Folge von Änderungen in der Ernährung und in der gesamten Umwelt.

Körperliche und soziale Entwicklung während der Adoleszenz

Wichtige Bereiche der Entwicklung während der Adoleszenz

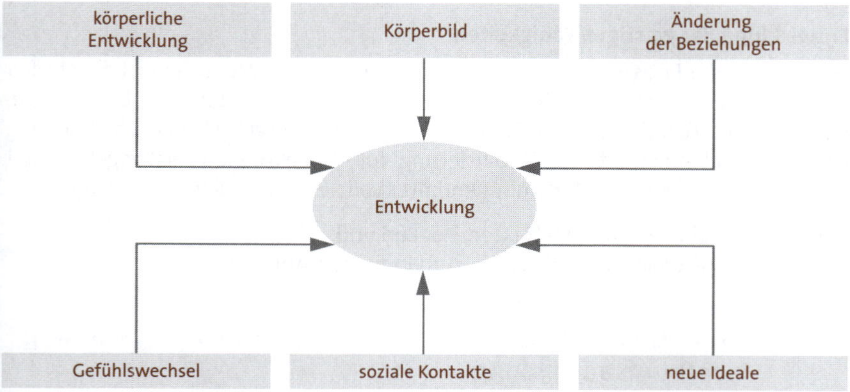

Körperliche Entwicklung

Die Pubertät bringt einen deutlichen Wachstumsschub. Außerdem ist diese Phase durch eine Zunahme der Knochendichte geprägt.

Körperbild

Infolge des Wachstumsschubes fühlen sich Jugendliche oft unsicher hinsichtlich der Wirkung ihres Erscheinungsbildes auf die Umwelt. Sie können versuchen, dies mit ausgefallener Kleidung oder besonderen Frisuren zu überdecken. Erst im Laufe der späten Adoleszenz wird dann der eigene Körper akzeptiert. Folgen dieser Schwierigkeiten können Fehlentwicklungen wie die Magersucht sein.

Änderung der Beziehungen

Mit zunehmendem Alter werden Jugendliche unabhängiger und selbstständiger. Dies bedingt die Loslösung von den Eltern als den bis dahin wichtigsten Bezugspersonen. Dieser Prozess ist bisweilen verbunden mit offener Aufsässigkeit, Trotz und Rebellion gegenüber den Einstellungen der Eltern.

Gefühlswechsel

Die Zeit des Heranwachsens ist von raschen Gefühlswechseln gekennzeichnet. Stimmungshochs und Stimmungstiefs können sich schnell ablösen. Jugendliche, die damit nicht zurechtkommen, können sehr leicht in Depressionen verfallen. In dieser Zeit steigt auch die Konfliktbereitschaft.

Soziale Kontakte

Während sich die Jugendlichen vom Elternhaus lösen, bauen sie gleichzeitig Kontakte zu Gleichaltrigen, Gleichgesinnnten (man spricht auch von Cliquen) und später dann zu Partnern auf.

Neue Ideale

Die Phase der Jugend ist auch eine Phase der Auflehnung gegen die Vorstellungen der älteren Generation. Die Jugendlichen entwickeln ihre eigenen Ideale und moralischen Werte und zeigen diese teilweise in offenem Protest gegenüber dem Althergebrachten. In dieser Zeit suchen sich die Jugendlichen vielfach besondere Leitfiguren und Idole wie Sportler, Popsänger, Schauspieler oder auch Figuren aus Computerspielen. Die Auseinandersetzung mit der Realität führt aber recht bald zur Bereitschaft, Kompromisse einzugehen und Grenzen zu akzeptieren.

Entwicklung der geistigen Fähigkeiten

Intelligenz

Hinsichtlich der Entwicklung der Intelligenz eines jungen Menschen ist ein starker Anstieg der Kurve intellektueller Leistungen während der ersten zehn bis zwölf Lebensjahre festzustellen. Gegen Ende des Jugendalters ergibt sich eine Abflachung der Kurve und eine deutliche Stabilisierung der intellektuellen Leistungsfähigkeit im jungen Erwachsenenalter. Im Jugendalter vollzieht sich auch der Wandel

Abstraktes Denken, Logik

- vom anschaulichen zum abstrakten Denken und
- vom mechanischen Nachvollziehen zum logischen Ableiten.

3.7.1.4 Konsequenzen für eine entwicklungsgemäße Gestaltung der Berufsausbildung

> Nach wie vor sind im Handwerk viele Auszubildende Jugendliche. Bei den Übrigen handelt es sich überwiegend um junge Erwachsene. Für die erfolgreiche Arbeit als Ausbilder ist daher das Verstehen und das Eingehen auf die Probleme und Eigenheiten dieser Altersgruppe eine elementare Voraussetzung.

Entwicklungsgemäße Gestaltung der Berufsausbildung

Ausbildung
- → Beachtung von Adoleszenzstörungen
- → Beachtung arbeitsmedizinischer Erkenntnisse
- → pädagogische Hinweise und Grundregeln

Störungen der Adoleszenz

Zu den häufigsten Adoleszenzstörungen, über die der Ausbilder Bescheid wissen sollte, gehören:

> Auftauchen psychosomatischer Beschwerden; d. h., vorhandene psychische Entwicklungsprobleme äußern sich in körperlichen Beschwerden wie Kopfschmerzen oder Bauchschmerzen
> Depressionen mit den Folgen: fehlende Initiative und Motivation, Entscheidungsschwäche und mangelnde Konzentration sowie Krankheiten
> übertriebenes Risikoverhalten, wenn Jugendliche – auch körperlich – ihre Grenzen ausloten wollen
> Jugendaggressivität und Jugendkriminalität
> Suchtverhalten bei Alkohol, Tabak oder Drogen
> Pubertätsmagersucht.

Suchtverhalten

Der Ausbilder kann sich dazu sowohl bei Ärzten wie auch verschiedenen Selbsthilfeorganisationen oder Jugendbehörden Rat holen.

Besonders gefordert ist er bei Drogenkonsum durch den Lehrling. Da bei einer Drogenabhängigkeit sowie anderem Suchtverhalten nicht nur das weitere Berufs-, sondern auch das Privatleben in höchstem Maße gefährdet ist, sollte der Ausbilder bei entsprechendem Verdacht sofort das Gespräch mit dem Auszubildenden selbst, aber auch mit den Eltern, der Berufsschule, dem Gesundheits- und Jugendamt sowie Beratungsstellen suchen.

Beachtung entwicklungspsychologischer und arbeitsmedizinischer Erkenntnisse

Jeder Ausbilder sollte ferner wissen, dass sowohl die körperliche wie auch die geistige Leistungsfähigkeit bestimmten Schwankungen unterliegen, da sie wie das gesamte menschliche Leben von rhythmischen Abläufen abhängen. Dies gilt sowohl in kurz- wie auch in längerfristiger Betrachtung.

Schwankungen der Leistungsfähigkeit

Leistungsprofil im Tagesablauf

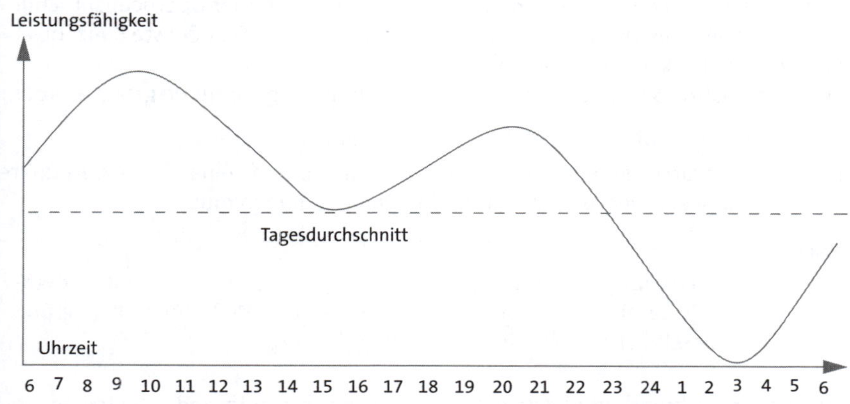

Zahlreiche Tests und Versuche haben obigen Verlauf der Leistungsbereitschaft und Leistungsfähigkeit ergeben. Sie zeigt folgende markante Werte:

Leistungs-
höhepunkte

- Der Gipfel der Leistungsfähigkeit liegt bereits am frühen Vormittag gegen 9 Uhr.
- Danach ist bis 15 Uhr ein Absinken zu beobachten.
- Ein weiterer Höhepunkt, allerdings auf niedrigerem Niveau, wird in den Abendstunden gegen 21 Uhr erreicht.

Leistungs-
tiefpunkte

- Danach fällt die Leistungskurve bis in die frühen Morgenstunden gegen 3 Uhr steil ab.
- Darauf folgt ein ebenso steiler Anstieg.

Körper-
temperatur

Forschungsergebnisse haben gezeigt, dass dieser Verlauf der Leistungskurve zugleich ziemlich genau den Schwankungen der Körpertemperatur und der Konzentration bestimmter Hormone entspricht.

Individuelle
Abweichungen

Selbstverständlich gibt es von diesen wissenschaftlich fundierten Erhebungen bei Einzelpersonen nicht unerhebliche Abweichungen, so zum Beispiel bei sogenannten „Morgenmuffeln".
Für Arbeit und Leistung ist jedoch die Tatsache wichtig, dass in den üblichen Arbeitszeiten – ohne Schichtarbeit – das Durchschnittsleistungsniveau eines 24-Stunden-Tages übertroffen wird.

Tagesrhythmus

> Es ist zu empfehlen, den Tagesrhythmus bei der Erteilung von Aufträgen und bei Unterweisungen zu berücksichtigen. Werden diese in die Phasen höchster Leistungsbereitschaft und Leistungsfähigkeit gelegt, wird der Ausbildungserfolg im Regelfall am größten sein. Die beste Zeit dafür liegt nach der Leistungskurve zwischen 8 und 11 Uhr.

Wird ständig von diesem Rhythmus abgewichen, so folgen

- Überforderung,
- Ermüdung,
- Erkrankung,
- Arbeitsunfälle.

Leistungskurve

Aufgabe des Ausbilders ist es deshalb, die Leistungskurve bei der Gestaltung der Ausbildung zu berücksichtigen und in ungünstigeren Tageszeiten mögliche Unfallgefahren immer wieder in besonderer Art und Weise sichtbar zu machen.
In den leistungsschwächeren Rhythmusphasen sollten ferner Überbeanspruchungen wie dauerndes Stehen, unnatürliche Körperhaltung oder höchste Konzentration nach Möglichkeit vermieden werden.
Die Tagesleistungskurve sollte auch der Pausenregelung zugrunde gelegt werden.

Zeitpunkte der Ermüdung und Phasen der Erholung

Die Leistungskurve verdeutlicht auch, dass sich im Verlaufe eines Tages Zeitpunkte der Ermüdung ergeben, denen Phasen der Erholung folgen müssen.

Gesunde Lebens-
führung

> Pausen, Erholung, Freizeit und Schlaf müssen in den richtigen Tagesrhythmus eingepasst werden, um auf Dauer eine gesunde Lebensführung und die optimale Leistungsfähigkeit zu gewährleisten.

Kurzpausen

Für Pausen während eines Ausbildungstages werden aufgrund arbeitsmedizinischer Kenntnisse mehrere Kurzpausen empfohlen; denn es hat sich gezeigt, dass der Erholungseffekt nicht geradlinig zunimmt, sondern dass er zu Beginn einer Er-

holungspause größer ist und sich mit zunehmender Dauer nicht mehr nennenswert steigern lässt.
Deshalb sind mehrere Kurzpausen erholsamer als eine einzige Pause von längerer Dauer. Allerdings wird der Einzelne aus dem Arbeitsrhythmus gebracht und verliert eventuell die Motivation zum Weiterarbeiten, wenn Kurzpausen zu lange dauern. Nach dem Jugendarbeitsschutzgesetz gelten als Pausen jedoch nur Arbeitsunterbrechungen von mindestens 15 Minuten.
Die Hauptpause sollte nach Möglichkeit eher in der zweiten Hälfte der täglichen Arbeitszeit liegen und nicht am Arbeitsplatz oder im Arbeitsraum verbracht werden, um eine echte Ablenkung und Entspannung zu gewährleisten. Hauptpause
Die richtige Pausengestaltung bewirkt

Pausengestaltung

- Erholung,
- ein nicht zu starkes Abfallen der Leistungskurve,
- die bessere Verarbeitung der aufgenommenen Informationen und
- die Verringerung der Unfallgefahr.

Verlauf der Erholung bei Pausen

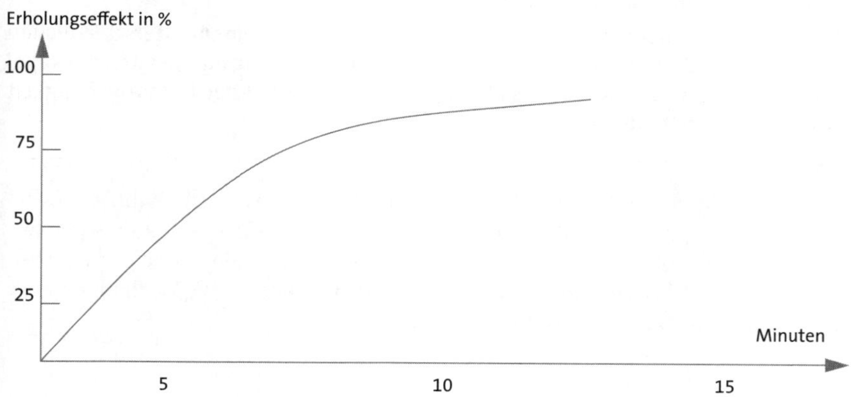

Leistungsfähigkeit im Wochenverlauf
Die Leistungsfähigkeit unterliegt auch im Verlauf einer Woche typischen Schwankungen.

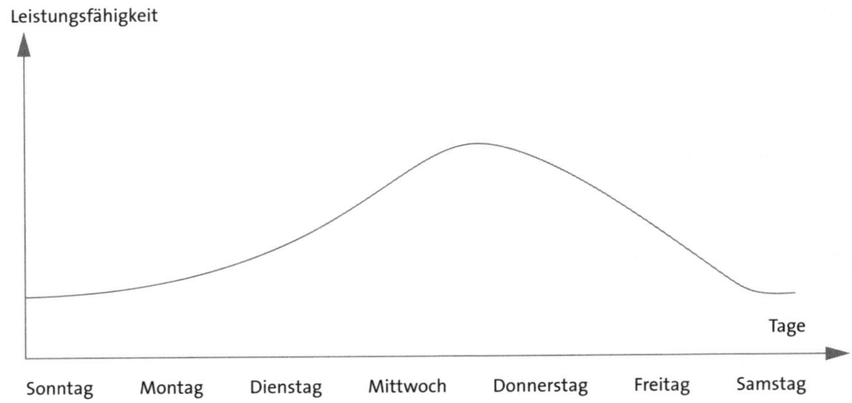

Höhepunkt

Der Kurvenverlauf zeigt, dass in der Regel die Leistungsfähigkeit zur Wochenmitte – am Mittwoch und Donnerstag – ihren Höhepunkt erreicht. Dies sollte bei der Aufstellung des Wochenunterweisungsplanes durch den Ausbilder berücksichtigt werden.

Leistungsprofil im Ablauf des Lebens

Hier gilt, dass körperliche und geistige Leistungsfähigkeit einen unterschiedlichen Verlauf haben. Während der Gipfel der körperlichen Leistungsfähigkeit in der Regel zwischen dem 20. und 30. Lebensjahr liegt, hält sich die geistige Leistungsfähigkeit länger auf einem hohen Niveau.

> In der für die Berufsausbildung typischen Altersphase zeigt sowohl die Kurve der körperlichen wie auch der geistigen Leistungsfähigkeit aufsteigende Tendenz, wobei die Leistungssteigerung im körperlichen Bereich im Durchschnitt stärker ausgeprägt ist. Darauf sollte im Rahmen der Ausbildung besondere Rücksicht genommen werden.

Wichtige pädagogische Hinweise und Grundregeln für den Ausbilder

Für eine entwicklungsgemäße Ausbildung, die der sozial-kulturellen Lebenssituation des Jugendlichen und jungen Erwachsenen Rechnung trägt, sollte jeder Ausbilder einige Hinweise und Grundregeln beachten.

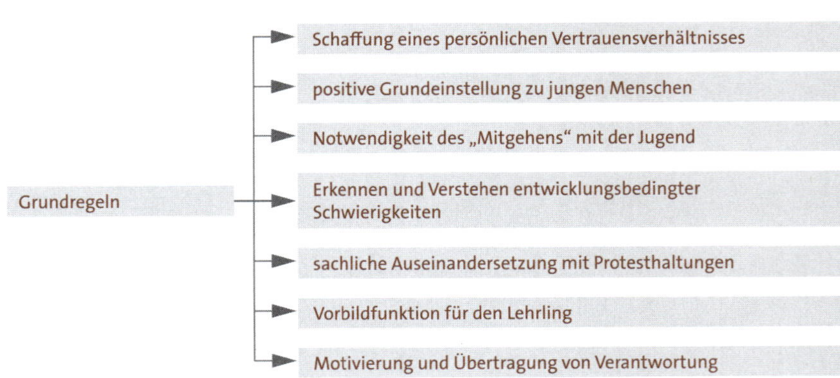

Die Schaffung eines persönlichen Vertrauensverhältnisses auf der Basis von fachlicher und persönlicher Autorität ist eine unabdingbare Voraussetzung für eine erfolgreiche Arbeit mit jungen Menschen und für die Berufsausbildung. Jugendliche wenden sich gerade an Personen, die sie einerseits als gleichberechtigte Partner behandeln, ihnen aber andererseits auch Schutz und Hilfe anbieten. Der Lehrling muss darauf vertrauen können, dass der Ausbilder bereit ist, ihm zu helfen, sich in allen Lebenslagen, vor allem bei Konflikten, zurechtzufinden. Dies ist jedoch nur möglich, wenn für den Ausbilder die positive Einstellung zu Jugendlichen und jungen Erwachsenen eine Selbstverständlichkeit und er in der Lage ist, mit ihnen „mitzugehen", das heißt, die Ansichten der Jugendlichen zu verstehen und zu unterstützen, jedoch ohne sich anzubiedern. Nur wer die Ideale der Heranwachsenden mitträgt, kann sie auch für andere Ideale begeistern.

Vertrauensverhältnis

Dabei sollte der Ausbilder auf jeden Fall den Fehler vermeiden, die heutige Jugend an seinen eigenen Erfahrungen und Erinnerungen zu messen oder Klischeevorstellungen oder Pauschalurteilen zu unterliegen.

Klischeevorstellungen

> Vor verallgemeinernden Urteilen und Vorurteilen sollte sich jeder Ausbilder hüten. Sie erweisen sich fast immer als psychologische Barriere für eine entwicklungsgemäße und somit erfolgreiche Ausbildung.

Genauso wird von einem qualifizierten Ausbilder erwartet, dass er die entwicklungsbedingten Schwierigkeiten eines Lehrlings versteht und mit ihnen angemessen umgehen kann.

> Bei Lehrlingen, die noch die Phase der mittleren Adoleszenz (also bis etwa zum Ende des 16. Lebensjahres) durchlaufen, kommt auf den Ausbilder eine hohe Verantwortung zu. Gerade in dieser Zeit zeigen sich bei den Jugendlichen einerseits noch eine besondere Erziehungsbedürftigkeit, andererseits aber auch weitreichende Erziehungs- und Bildungsmöglichkeiten. Grundvoraussetzung ist, dass der Ausbilder die möglichen Verhaltensweisen kennt und Verständnis dafür aufbringt.

Ferner sollte er

Regeln

- in der Aufgaben-, Auftrags- und Arbeitsverteilung auf die körperliche Entwicklung Rücksicht nehmen,
- Unbeholfenheit und Ungeschicklichkeit als Auswirkungen dieser Entwicklungsphase erkennen,
- Streit und unbeherrschtes Verhalten vermeiden,
- immer das sachliche Gespräch suchen,
- selbst Vorbild sein.

Bei Lehrlingen in der späten Adoleszenz sollte der Ausbilder

- die Anforderungen bei Vermeidung von Unter- und Überforderungen steigern,
- das selbstständige Arbeiten fördern,
- zunehmend Verantwortung übertragen,
- zur Verantwortung gegenüber Kollegen aufrufen,
- klar die Grenzen bei unangepasstem Verhalten aufzeigen.

Vorbild

Der Lehrling wird den Ausbilder und seine Anweisungen umso besser akzeptieren, als dieser selbst durch einwandfreies Verhalten im persönlichen wie im beruflichen Lebensbereich ein gutes Vorbild abgibt und damit beim Jugendlichen besondere Wertmaßstäbe setzt.

Motivation
Verantwortung

Bei der Ausbildungsarbeit selbst kommt es insbesondere darauf an, die entsprechende Motivation zu geben und den Sinn der Arbeit zu vermitteln. Sobald ferner aufgrund der Kenntnisse und der persönlichen Reife des Lehrlings Verantwortung übertragen werden kann, sollte dies geschehen. Verantwortung hebt die Freude an der Arbeit, fördert die Aufgeschlossenheit und erhöht die Selbstsicherheit.

Eigenschaften

Den besten Ausbildungserfolg wird insgesamt der Ausbilder erzielen, der über

> Selbstdisziplin,
> Autorität und
> Kontaktfreudigkeit

verfügt.

3.7.2 Sozialisation des Auszubildenden im Betrieb

3.7.2.1 Zusammenhang zwischen Betriebskultur, Betriebsorganisation und betrieblichem Führungssystem

Betriebskultur

Der Begriff Betriebs- oder Unternehmenskultur kennzeichnet grundlegende Annahmen und Überzeugungen darüber, wie ein Betrieb sich selbst und seine Umwelt sieht. Diese Annahmen und Überzeugungen werden von den Betriebsangehörigen erlernt, von ihnen geteilt und im Laufe der Zeit oft zur Selbstverständlichkeit.

Gerade Handwerksbetriebe bieten in der Regel aufgrund ihrer geringen Betriebsgröße gute Voraussetzungen für die Herausbildung einer Betriebskultur. Prägende Elemente der Betriebskultur (man spricht auch vom Leitbild) können u. a. sein:

Elemente

> Kundenorientierung
> Mitarbeiterorientierung
> Innovationsorientierung
> Umweltorientierung
> Qualitätsorientierung
> Leistungsorientierung.

Für den Ausbilder muss es ein besonderes Anliegen sein, auch den Lehrling möglichst rasch in diese betriebliche Identitätsfindung einzubeziehen.

Betriebsorganisation

Der Begriff Betriebsorganisation kennzeichnet die Gestaltung des betrieblichen Geschehens und Ablaufs nach bestimmten Ordnungsprinzipien, also vorgegebenen Regelungen.

Durch entsprechende aufbau- und ablauforganisatorische Regelungen werden die grundlegenden Bedingungen für das Verhältnis

Organisatorische Regelungen

- zwischen Ausbildendem/Ausbilder und Lehrling sowie
- zwischen Lehrling und Kollegen gelegt; beispielsweise durch
  - Beschreibung der zu erfüllenden Aufgaben,
  - Regelung der innerbetrieblichen Kommunikation,
  - Schaffung von Anreizsystemen.

Betriebliches Führungssystem

> Führung bedeutet die Steuerung des Handelns von Personen oder Gruppen zur Verwirklichung der gesetzten oder vorgegebenen Ziele.

Unter Führungssystem versteht man die optimale Kombination der Mittel, die der Unterstützung der Führung dienen. Dazu zählen z. B.

- Planungs- und Kontrollsysteme,
- Anreizsysteme,
- Regeln zur Beeinflussung des Verhaltens.

Die bestmögliche Abstimmung zwischen Betriebskultur, Betriebsorganisation und Führungssystem sowie deren Einzelmaßnahmen ist für den betrieblichen Erfolg insgesamt wie auch für den Erfolg der Berufsausbildung eine wichtige Voraussetzung.

3.7.2.2 Bedeutung von Menschenbild und Autorität für das Führungsverhalten

Menschenbild

Als Menschenbild bezeichnet man die Vorstellungen über den Menschen, und zwar hinsichtlich seiner verschiedenen Wesensausprägungen, so z. B. als

Wesensausprägungen

- kulturelles,
- soziales,
- wirtschaftliches Wesen.

Das Menschenbild bestimmt die Verhaltensweisen des Ausbilders gegenüber seinen Lehrlingen.

> Für Führungspersonen ist es wichtig, diese vielfältigen Ausprägungen insgesamt zu sehen. Gerade für den Erfolg einer Berufsausbildung kommt es auf ein sogenanntes dynamisches Menschenbild an; d.h., der Ausbilder sollte den jungen Menschen als individuelle Persönlichkeit sehen mit unterschiedlichen Bedürfnissen in den jeweiligen Lebenslagen und Lebensphasen.

Dynamisches Menschenbild

Das Menschenbild prägt den Führungsstil. Ein Ausbilder, der davon überzeugt ist, dass die jungen Menschen heute der Arbeit lieber aus dem Wege gehen und Verantwortung scheuen, wird eher zu einem autoritären Führungsstil greifen. Hingegen wird der Ausbilder, der junge Menschen für verantwortungsbewusst hält und davon ausgeht, dass sie Selbstdisziplin und Selbstkontrolle besitzen, einen kooperativen Führungsstil wählen (hierzu auch >> Abschnitt 3.7.2.4).

Begriff und Arten der Autorität

Autorität bezeichnet die herausgehobene Stellung einer Person gegenüber anderen. Sie reicht bis zur Möglichkeit, andere beeinflussen und so seine Absichten durchsetzen zu können.

Person

Autorität durch die Person leitet sich von Merkmalen ab wie:

> Alter
> körperliche Verfassung
> Intelligenz
> Erfahrung
> Leistung.

Funktion

Autorität durch die Funktion beruht auf besonderen und überragenden

> Kenntnissen,
> Fähigkeiten,
> Fertigkeiten.

Position

Autorität durch die Position richtet sich nicht nach der Person, sondern nach Merkmalen wie

> berufliche Stellung oder
> Rang innerhalb der Unternehmenshierarchie.

3.7.2.3 Bestimmungsfaktoren der Ausbildungs- und Berufszufriedenheit

Leistungsbereitschaft und Leistungsfähigkeit der Mitarbeiter werden maßgeblich durch ihre Zufriedenheit sowie durch das Betriebsklima, also den gesamten Bereich der zwischenmenschlichen Beziehungen im Betrieb, beeinflusst.

Dabei sind sowohl gute Beziehungen der Mitarbeiter untereinander wie auch zwischen Mitarbeitern und Vorgesetzten wichtig. Diese sind in der Regel besser, wenn die Führungsperson über Autorität verfügt, die durch persönliche Eigenschaften begründet ist. Insgesamt sollten Freundlichkeit und Sachlichkeit vorherrschen.
Beobachtungen haben gezeigt, dass die Zufriedenheit eines Arbeitnehmers auch eng damit zusammenhängt, wie er in der Gruppe und von seinen Kollegen akzeptiert wird.

Betriebsklima

Zufriedenheit sowie ein gutes Betriebsklima wirken nicht nur leistungsfördernd, sondern sie beeinflussen auch

> die Höhe der Fehlzeiten,
> die Neigung zum Arbeitsplatzwechsel,
> die Häufigkeit von Betriebsunfällen.

Deshalb ist es eine wichtige Aufgabe, das betriebliche Sozial- und Führungsverhalten dementsprechend auszugestalten.

3.7.2.4 Ausbildungs- und Führungsstile

Unterscheidungsmerkmale

> Der Ausbildungs- oder Führungsstil kennzeichnet die Art und Weise, wie der Ausbilder auf den Lehrling als Einzelperson oder mehrere Lehrlinge als Gruppe Einfluss nimmt.

Am weitesten verbreitet ist die Unterscheidung folgender drei Grundformen von Führungsstilen:

- autoritärer Führungsstil
- Laissez-faire-Führungsstil (Führung durch Nichteinmischen und Gewährenlassen)
- demokratischer (partnerschaftlicher, kooperativer) Führungsstil.

Autoritärer Führungsstil

Der autoritäre Führungsstil geht von einem fast absoluten Verhältnis des Über- und Untergeordnetseins zwischen Ausbilder und Lehrling aus. Die Ausbildungssituation ist dabei durch übermäßige Lenkung und Kontrolle gekennzeichnet.

Laissez-faire-Stil

Beim Laissez-faire-Stil ist der Lehrling weitgehend sich selbst überlassen. Er kann Aufträge zum großen Teil selbstständig durchführen und erhält vom Ausbilder Informationen vor allem nur auf sein eigenes Verlangen.

Demokratischer Führungsstil

Beim demokratischen Führungsstil behandelt der Ausbilder den Lehrling als gleichwertigen Partner, um den er sich optimal bemüht und mit dem er gemeinsam den bestmöglichen Ausbildungserfolg erzielen will.

Auswirkungen auf Verhalten und Leistung der Lehrlinge und Mitarbeiter

Die einzelnen Führungsstile wirken sich sehr unterschiedlich auf Verhalten und Leistung von Lehrlingen und Mitarbeitern aus.

Autoritärer Führungsstil führt zu

- mangelnder Eigeninitiative,
- Unselbstständigkeit,
- Interesselosigkeit,
- niedrigem Leistungsniveau,
- geringer Leistungsmotivation,
- aggressiven und feindseligen Verhaltensweisen.

Beim **Laissez-faire-Stil** kann die Kreativität gesteigert werden. Ansonsten sind oftmals bezüglich Verhalten und Leistung der Lehrlinge und Mitarbeiter die Folge:

- Lustlosigkeit
- Unzufriedenheit
- Orientierungslosigkeit
- Unsicherheiten
- niedriges Leistungsniveau
- schlechtes Gruppen- und Betriebsklima
- Neigung zu Neurosen.

Der **demokratische Führungsstil** hat folgende Auswirkungen auf Verhalten und Leistung der Lehrlinge und Mitarbeiter:

> höhere Motivation
> mehr Spontanität und Kreativität
> höhere Eigeninitiative
> Verantwortungsbewusstsein
> gegenseitiges Verständnis
> Kooperationsbereitschaft
> hohes Leistungsniveau.

Frage nach dem „richtigen" Stil

Die Frage nach dem richtigen Führungsstil lässt sich nicht allgemein beantworten. Für diese Entscheidung sind mehrere Gesichtspunkte zu beachten, insbesondere:

Ausbildungssituation
> die jeweilige Ausbildungssituation (es ist beispielsweise ein Unterschied, ob schwierige Fertigkeiten an einer komplizierten Maschine oder Kenntnisse im Unterrichtsraum zu vermitteln sind)

Ausbildungsort
> der jeweilige Ausbildungsort (auf einer Baustelle ist in der Regel anders zu verfahren als in Werkstatt und Büro)

Ausbildungsziel
> das jeweilige Ausbildungsziel (Kenntnisse, Fertigkeiten, Fähigkeiten, soziale Verhaltensweisen)

Gruppenstruktur
> die Zusammensetzung der Gruppe (hierbei sind vor allem Vorbildung, Reife und eventuelle Verhaltensauffälligkeiten zu berücksichtigen).

Insgesamt lässt sich jedoch feststellen, dass der demokratische (partnerschaftliche) Führungsstil den Anforderungen an eine zeitgemäße Mitarbeiterführung und an eine Erfolg versprechende Ausbildungsatmosphäre im Betrieb allgemein am besten entspricht.

3.7.2.5 Notwendigkeit einer situativen Anpassung

Es ist allerdings in der Regel nicht möglich, einen einmal gewählten Führungs- und Ausbildungsstil konsequent beizubehalten. Es können beispielsweise im Rahmen der Ausbildung Gefahrensituationen (an Maschinen, auf Baustellen o. Ä.) auftreten, die es erforderlich machen, dass eine Entscheidung nicht mehr partnerschaftlich gefällt werden kann, sondern autoritär vorgegangen werden muss.

Kombination

Diese Möglichkeit des situationsangepassten Wechsels des Führungs- und Ausbildungsstils muss sich jeder Ausbilder offen halten. Dabei können die einzelnen Stile zum Teil nebeneinander, aber auch in Kombination angewendet werden.

3.7.2.6 Managementkonzepte für Berufsausbildung und Menschenführung

Managementkonzepte bzw. betriebliche Führungsmodelle verfolgen das Ziel, das Verhalten der Mitarbeiter so zu steuern, dass für den Betrieb der bestmögliche Erfolg erzielt werden kann.

Auf die Berufsausbildung übertragen heißt dies, durch Steuerung des Verhaltens und entsprechende Führung zu guten Voraussetzungen für einen erfolgreichen Abschluss der Ausbildung beizutragen.
Auch für den Handwerksbetrieb eignen sich einige der zahlreichen betrieblichen Führungsmodelle, die für die Mitarbeiterführung als zielgerichtete und pragmatische Verhaltensanweisungen im Sinne von Handlungsempfehlungen und Problemlösungen entwickelt wurden.

Verhaltensanweisung

Führung durch Zielvereinbarung (in der Fachsprache Management by Objectives [MbO] genannt): Wesentliche Bestandteile dieses Führungsmodells sind:

Management by Objectives

> Bestimmung von Zielen und Teilzielen durch Vorgesetzte und Mitarbeiter
> Festlegung und Durchführung der Maßnahmen zur Erreichung der Zielvorgaben durch die Mitarbeiter
> Kontrolle der Zielerreichung.

Durch die partnerschaftliche Einbeziehung sowohl der Vorgesetzten wie auch der Mitarbeiter ist MbO ein Führungsmodell, das eng mit dem demokratischen Führungsstil in Verbindung steht. Es erbringt die besten Ergebnisse, wenn sich persönliche und Unternehmensziele in Einklang bringen lassen.
MbO setzt allerdings Verantwortungsbewusstsein und einen hohen Kenntnisstand voraus. Deshalb ist dieses Managementkonzept zwar auch in der Ausbildung gut anwendbar; aber es erfordert wegen der hohen Anforderungen eine längere Einweisungs- und Eingewöhnungsphase.

Führung nach dem Ausnahmeprinzip (Management by Exception [MbE]): In diesem System der Führung erhalten die Mitarbeiter sehr viel Freiraum. Der Vorgesetzte greift nur in besonderen Situationen oder bei mangelhafter Zielerfüllung ein.
Die Führung nach dem Ausnahmeprinzip ist allerdings nur dann Erfolg versprechend, wenn folgende Voraussetzungen erfüllt sind:

Management by Exception

> eindeutige Vorgabewerte für die jeweiligen Zuständigkeitsbereiche
> klare Trennung von Routine- und Führungsaufgaben
> eindeutige Regeln für die Information bei Ausnahmesituationen
> Errichtung eines strengen Kontrollsystems.

MbE birgt die Gefahr, dass bei den Mitarbeitern durch zu enge Beschränkung auf Routineaufgaben Eigeninitiative und Verantwortungsbewusstsein beeinträchtigt werden. Dies muss auch beim Einsatz von MbE im Rahmen der Ausbildung berücksichtigt werden.

Gefahren bei MbE

Führung durch Aufgabendelegation (Management by Delegation [MbD]): Durch die Übertragung von Aufgaben und die damit verbundene Verantwortung erhalten die Mitarbeiter ein Tätigkeitsgebiet in eigener Handlungsverantwortung. Die Führungsverantwortung bleibt beim Vorgesetzten. Man spricht in diesem Zusammenhang vielfach auch vom „Harzburger Modell".
Für den Erfolg dieses Managementkonzepts sind insbesondere

Übertragen von Verantwortung

> eindeutige Stellenbeschreibungen und
> klare Handlungsanweisungen (im „Harzburger Modell" allgemeine Führungsanweisungen genannt)

eine wichtige Voraussetzung.

Daraus ergibt sich zugleich die Gefahr, dass dieses Führungsmodell bei allzu vielen und zu engen Vorgaben die notwendige Flexibilität beeinträchtigt. Im Rahmen der Berufsausbildung muss dies auf jeden Fall vermieden werden.

Kombination

Die einzelnen Managementtechniken lassen sich in der Regel nicht scharf voneinander abgrenzen. Vielmehr beinhaltet die Betriebsführung meist Elemente mehrerer Managementtechniken und versucht, diese in Abhängigkeit von den betrieblichen Gegebenheiten optimal zu kombinieren. Dies gilt auch im Hinblick auf das Verhältnis von Ausbildern und Lehrlingen.

3.7.2.7 Einsatz und Gestaltung von Führungsmitteln

Für die Durchführung der Ausbildung stehen dem Ausbilder mehrere allgemeine Führungsmittel zur Verfügung.

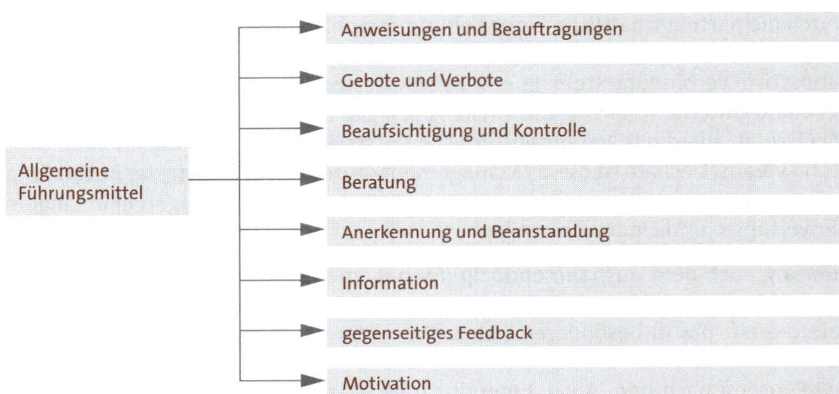

Anweisungen und Beauftragungen (Kompetenzübertragung)

Anweisungen und Beauftragungen sind jeweils wichtige Mittel der Menschenführung auch im Rahmen der Ausbildung.

Der Auszubildende wird dabei vom Ausbilder mit der Ausführung einer bestimmten Tätigkeit beauftragt bzw. zu bestimmtem Verhalten bzw. Handeln angewiesen. Damit werden dem Lehrling auch bestimmte Kompetenzen, das heißt Zuständigkeiten und damit verbundene Verantwortung, übertragen.

Voraussetzungen

Für den optimalen Einsatz von Anweisungen und Beauftragungen sind als besondere Voraussetzungen und Anforderungen zu beachten:

- verständliche Begründung
- klare und psychologisch richtige Dosierung
- Verwendung verständlicher und leicht im Gedächtnis zu behaltender Formulierungen
- rechtzeitige Übermittlung
- Vermeidung von Überforderungen und Überbelastungen
- Einräumung von ausreichend Kompetenzspielraum (Spielraum für eigenes Denken und Handeln)

> sichtbares Vertrauen in die Leistungsfähigkeit des Lehrlings
> Vermeidung der Befehlsform.

Ausnahmen

Anweisungen und Beauftragungen, die diese Anforderungen erfüllen und damit einem partnerschaftlichen Ausbildungsstil entsprechen, lassen im Rahmen einer zeitgemäßen Ausbildung die besten Erfolge erwarten. Allerdings darf dies nicht ausschließen, dass in manchen Situationen beispielsweise doch Befehle gegeben werden müssen, etwa in Gefahrensituationen.

Gebote und Verbote

Gebote und Verbote können und müssen manchmal zur Regelung bestimmter Einzelfälle ausgesprochen werden. Dies kann zum Beispiel in Form von Betriebsvorschriften und Unfallverhütungsvorschriften geschehen.

Der Vorteil allgemeiner Verbote und Gebote besteht darin, dass dadurch zahlreiche Einzelanweisungen und ihre ständige Wiederholung überflüssig werden.

Anforderungen

Auch beim Einsatz von Geboten und Verboten sind bestimmte Anforderungen zu beachten:

> Beschränkung auf wirklich schwerwiegende Fälle
> sachliche Formulierungen
> ausreichende und verständliche Begründungen
> laufende Kontrolle der Einhaltung.

Beaufsichtigung und Kontrolle

Die pädagogische Bedeutung von Beaufsichtigung und Kontrolle besteht im Beobachten und Überwachen sowohl des fachlichen Lernfortschritts wie auch der Persönlichkeitsentwicklung des Lehrlings und der Ableitung der daraus erforderlichen Konsequenzen.

Anforderungen an Beaufsichtigung und Kontrolle

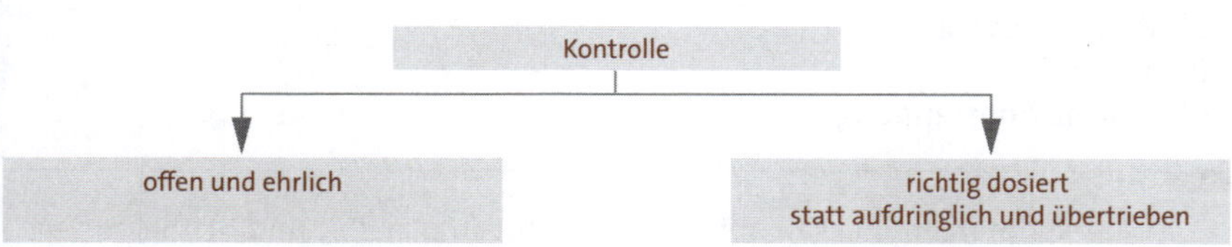

Richtige Dosierung

Auf die richtige Dosierung kommt es insbesondere an, wenn neben der sachlichen Leistung auch persönliche und charakterliche Eigenschaften wie Ehrlichkeit und Zuverlässigkeit bewertet werden.

Hilfsmittel

Als Hilfsmittel stehen für Beaufsichtigung und Kontrolle der Lehrlingsausbildung unter anderem

> schriftliche Ausbildungsnachweise sowie
> Beurteilungsbogen

zur Verfügung (dazu auch >> Abschnitt 3.9.3 und 3.9.6).

Beratung

Der Lehrling wird in der Regel während seiner Ausbildung vor viele Probleme im persönlichen und betrieblichen Bereich gestellt. Deren Bewältigung kann ihm über eine geeignete Beratung durch den Ausbilder oftmals erleichtert werden.

Vertrauensbasis

Für den Ausbilder bedeutet dies, dass er neben der rein fachlichen Ebene auch in der Lage sein muss, sich in die Bedürfnisse und Interessen der Lehrlinge hineinzuversetzen. Besonders wichtig für ein Beratungsgespräch ist eine gute Vertrauensbasis, damit der Lehrling seine Probleme offen darlegen kann.

Anerkennung und Beanstandung (Kritik)

Anerkennung

Die Anerkennung ist eine wichtige Voraussetzung für die Motivation und den Erfolg einer Ausbildung.

Positive Effekte

Die Anerkennung

> ist Erfolgsbestätigung,
> fördert die Lernbereitschaft,
> ist Ansporn für bessere Leistungen,
> weckt Initiativen,
> schafft Sicherheit und Selbstvertrauen,
> fördert das Vertrauensverhältnis zwischen Ausbilder und Lehrling.

Dem Ausbilder stehen dabei mehrere Formen der Anerkennung zur Verfügung:

> Zustimmung
> ausdrückliches Lob
> Belohnung
> öffentliche Anerkennung.

Richtige Dosierung

Anerkennungen müssen auf jeden Fall ehrlich gemeint und richtig dosiert sein. Sie sollten nur ausgesprochen werden, wenn sie tatsächlich verdient sind. Dabei ist jeder Lehrling nach seinen individuellen Gegebenheiten zu behandeln.

Beispiele:

Unsicheren Lehrlingen sollte schon eine Anerkennung ausgesprochen werden, wenn sichtbar ist, dass sie sich aufrichtig angestrengt und bemüht haben.

Bei zurückhaltenden Lehrlingen ist eher eine großzügige Anerkennung zu empfehlen, während bei mehr selbstgefälligen Auszubildenden eher Zurückhaltung angebracht ist.

Anerkennungen sollten erfolgen: Regeln

> Unmittelbar, also sehr zeitnah am Anlass der Anerkennung.
> Ausdrücklich, d. h., der Ausbilder sollte sich auch äußern und nicht davon ausgehen, dass es der Lehrling bereits als Anerkennung empfindet, solange der Ausbilder nicht kritisiert.
> Angemessen, d. h., die Art der Anerkennung muss zur erbrachten Leistung passen.
> Konsequent, d. h., mit den Anerkennungen verbundene Zusagen müssen auch eingehalten werden.
> Sach- und leistungsorientiert, d. h., Gegenstand der Anerkennung sind Leistungen und Verhalten in der Ausbildung, aber nicht die Person des Lehrlings.

Beanstandung

Die Beanstandung ist das Gegenstück zur Anerkennung, aber für den Erfolg der Ausbildung nicht minder wichtig. Die Beanstandung

> macht den Lehrling auf seine Fehler aufmerksam und
> schafft so die Voraussetzungen für deren Abstellung bzw. Korrektur.

Formen der Beanstandung sind:

> bloßer Fehlerhinweis
> sachliche Kritik
> persönlicher Tadel.

Die Beanstandung ist allerdings nur dann zweckdienlich und positiv für das Verhältnis von Ausbilder und Lehrling, wenn sie bestimmte Voraussetzungen erfüllt. Sie wird vom Lehrling auch umso eher akzeptiert, als der Ausbilder, der sie vorbringt, über persönliche und nicht bloß positionsbezogene Autorität verfügt.

Anforderungen an die Beanstandung:

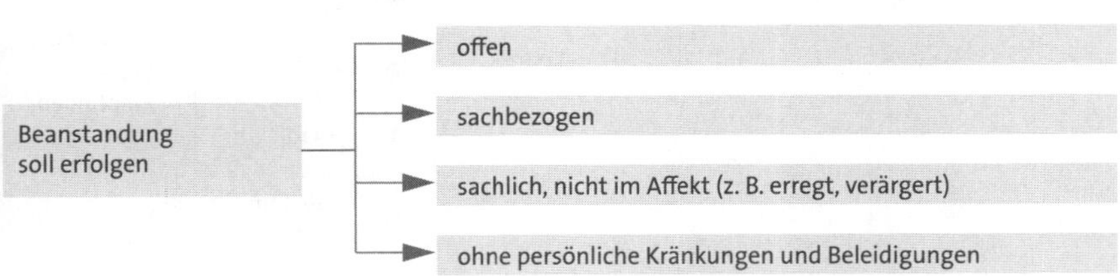

Information (Orientierung, Aufklärung)

Der Lehrling braucht im Verlaufe seiner Ausbildung viele Informationen, sei es

> zur Orientierung, um sich in neuen oder ungewohnten Situationen zurechtfinden zu können, oder (Orientierung)
> zur Aufklärung, um neuen Lernstoff besser verstehen und nachvollziehen zu können. (Aufklärung)

Auch hierbei kommt es darauf an, dass der Ausbilder in der Lage ist, sich neben der rein fachlichen Ebene in den Auszubildenden hineinzuversetzen und dementsprechend zu reagieren.
Die Motivation ist sehr eng mit der Führung von Mitarbeitern, also auch Lehrlingen, verbunden. Im Blick sind hier vor allem die Leistungen und Verhaltensweisen des Lehrlings, die nur dann optimal gegeben sind, wenn er weiß, dass diese vom Vorgesetzten wahrgenommen und bewertet werden. Die vorher genannten Führungsmittel spielen dabei – wie beschrieben – eine wichtige Rolle.

3.7.3 Kommunikation in der Ausbildung

3.7.3.1 Kommunikationsarten

Als Kommunikation bezeichnet man allgemein die Vermittlung, Aufnahme und den Austausch von Informationen zwischen zwei oder mehreren Personen.

Individualkommunikation
Massenkommunikation

Beim Informationsaustausch zwischen zwei Personen spricht man von Individualkommunikation. Werden viele andere Personen angesprochen, so wird dies als Massenkommunikation bezeichnet. Die Kommunikation kann erfolgen

> sprachlich (verbal)
oder
> nichtsprachlich (nonverbal).

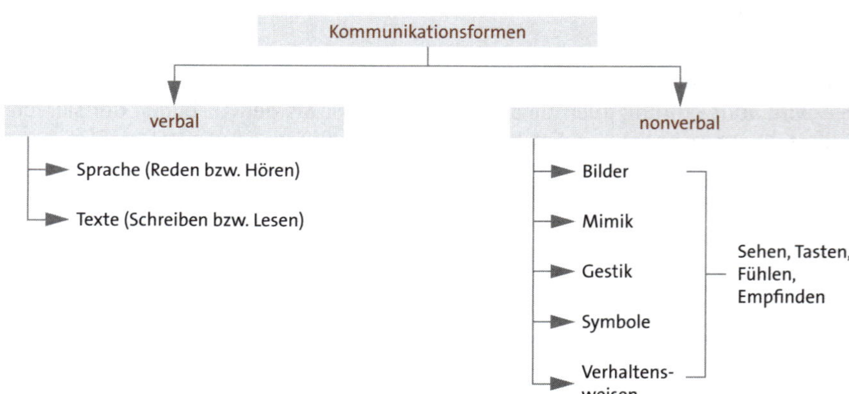

Kommunikation ist eng mit Interaktion verbunden.

Interaktion

Als Interaktion bezeichnet man jede Beziehung von zwei oder mehr Menschen, die deren Verhalten und Handeln in irgendeiner Form beeinflusst, also zum Beispiel zwischen Ausbilder und Lehrling. Menschen reagieren in unterschiedlicher Weise aufeinander und beeinflussen und steuern sich gegenseitig.

Eine abgestimmte Kommunikation und Interaktion sind gerade in einer hoch entwickelten und arbeitsteiligen Wirtschaft und Gesellschaft von besonderer Bedeutung. Sie sind unabdingbare Voraussetzung für eine optimale Koordination und zur Vermeidung von Reibungsverlusten.

3.7.3.2 Einfaches Modell einer Kommunikationssituation

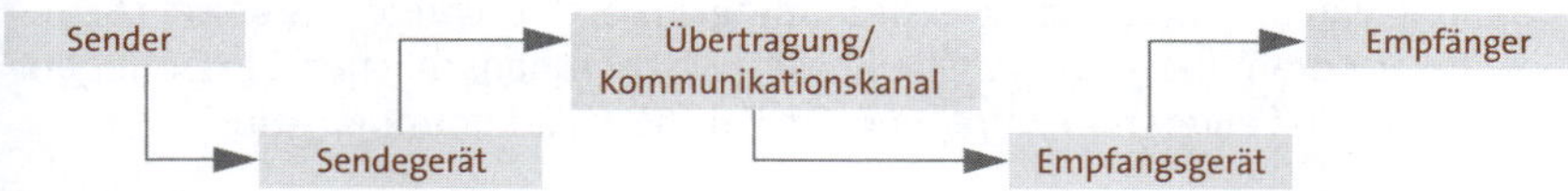

In diesem Kommunikationsmodell ist der **Sender** diejenige Person, die einer oder mehreren anderen Personen eine Information übermitteln will.
Die Adressaten der Information werden als **Empfänger** bezeichnet.

Formen

Um die Information zwischen Sender und Empfänger vermitteln zu können, wird ein sogenannter **Kommunikationskanal** eingerichtet. Die gebräuchlichsten Formen sind dabei:

- Sehen
- Schreiben bzw. Lesen
- Sprechen bzw. Hören.

Sendegerät
Empfangsgerät

Je nach dem gewählten Kommunikationskanal muss die Information entsprechend vom Sender in die jeweiligen Signale akustischer oder optischer Art durch das **Sendegerät** umgewandelt und vom Empfänger mittels des **Empfangsgerätes** wieder zurückverwandelt werden. In der Fachsprache nennt man diesen Prozess „Verschlüsselung“ und „Entschlüsselung“.

Signale

Eine erfolgreiche Informationsvermittlung setzt voraus, dass es im Informationskanal zu keinen Störungen kommt (Beispiel: Zusammenbruch der Verbindung beim Telefon) und dass Empfänger und Sender die jeweiligen Signale gleich deuten, indem sie zum Beispiel dieselbe Sprache sprechen.

Feedback

Zur Kontrolle empfiehlt sich eine Rückkopplung des Empfängers zum Sender (Feedback). Auf derartige Rückmeldungen ist man grundsätzlich auch angewiesen, um sein Kommunikationsverhalten gegebenenfalls korrigieren zu können.

Beispiel:

Der Lehrling will dem Ausbilder telefonisch mitteilen, dass er erkrankt ist und nicht in den Betrieb kommen kann.

Nach dem beschriebenen Kommunikationsmodell ergeben sich dann folgende Beziehungen und Abläufe:

- Sender ist der Lehrling.
- Empfänger ist der Ausbilder.
- Kommunikationskanal ist die Sprache über das Telefon.
- Sendegerät ist das Sprechen des Lehrlings über das Mikrofon des Telefons.
- Empfangsgerät ist das Hören des Ausbilders über den Hörer/Lautsprecher des Telefons.
- Rückkopplung ist die Mitteilung des Ausbilders, dass er die Information (Krankmeldung) verstanden hat.

3.7.3.3 Kommunikationsaspekte

Jede Kommunikation besitzt sowohl einen Sach- oder Inhalts- wie auch einen Beziehungsaspekt.

Inhaltsaspekt
Beziehungsaspekt

Der Inhaltsaspekt kennzeichnet die sachliche Ebene, nämlich die Übermittlung von Informationen. Der Beziehungsaspekt beschreibt die soziale Seite jeder Kommunikation, das heißt die zwischenmenschlichen Beziehungen zwischen Sender und Empfänger im Rahmen der Kommunikation.

In der Regel kann davon ausgegangen werden, dass der Beziehungsaspekt im Vordergrund steht. Auch die alltägliche Erfahrung bestätigt nämlich, dass eine Einigung über Sachverhalte oftmals nur dann, zumindest aber leichter möglich ist, wenn zwischen den Gesprächspartnern eine günstige Atmosphäre herrscht.

Gesprächsklima

Deshalb werden viele sachlich wichtige Gespräche oftmals eher mit einer Unterhaltung über vermeintliche Belanglosigkeiten wie Hobbys oder Urlaubserfahrungen und Ähnliches begonnen, um ein angenehmes Gesprächsklima zu schaffen.
Es kommt also nicht nur darauf an, **was** besprochen wird, sondern vor allem auch darauf, **wie** es besprochen wird. Dieser Beziehungsaspekt der Kommunikation kann sich zeigen

> in der Art, wie gesprochen wird,
> in der Art zu formulieren und die Worte zu wählen,
> in Mimik und Gestik.

Ausprägungen

Bei jeder Kommunikation sollte deshalb bedacht werden, dass der Partner nicht nur die Botschaft, sondern auch diese genannten sozialen Ausprägungen aufnimmt und das Gesagte danach bewertet.

3.7.3.4 Auswirkungen von Kommunikationsstörungen auf die Leistungen

Störfaktoren

Störungen in der Kommunikation können nie völlig ausgeschlossen werden. Alle Beteiligten sollten daran interessiert sein, sie möglichst gering zu halten, da derartige Störungen nicht nur die Leistungsfähigkeit mindern, sondern im Extremfall sogar leistungsunfähig machen können. Kommunikationsstörungen können sich insbesondere ergeben durch:

> belastete Beziehungen einzelner Beteiligter
> beeinträchtigte Kommunikationsfähigkeit (z. B. durch Erkrankungen oder Sprachstörungen)
> entwicklungs- oder krankheitsbedingte Kommunikationshemmungen
> Sprachprobleme
  - Fachausdrücke werden nicht von allen verstanden
  - Lehrlinge kommen aus unterschiedlichen Kulturkreisen und haben von daher Sprach- und Verständigungsschwierigkeiten oder deuten Verhaltensweisen unterschiedlich
> Störungen der Kommunikation durch äußere Einflüsse wie einen hohen Geräuschpegel.

3.7.3.5 Gestaltung von Gesprächssituationen

Gesprächsanlässe und Gesprächsarten

Gespräche sind eine der wichtigsten Formen der Kommunikation der Menschen und wichtiger Bestandteil der Arbeit in Gruppen und Teams.

Zwecke

Gespräche sind das bedeutendste Mittel für die

- Meinungsmitteilung,
- gegenseitige Meinungsbildung,
- Weitergabe von Informationen,
- Diskussion umstrittener Sachverhalte.

Sie stellen damit insgesamt eine wichtige Voraussetzung für das funktionierende Zusammenleben in einer Gemeinschaft dar.

Unterscheidungskriterien

Gespräche lassen sich unterscheiden nach

- Anlass
- Austragungsart und
- sozialer Form.

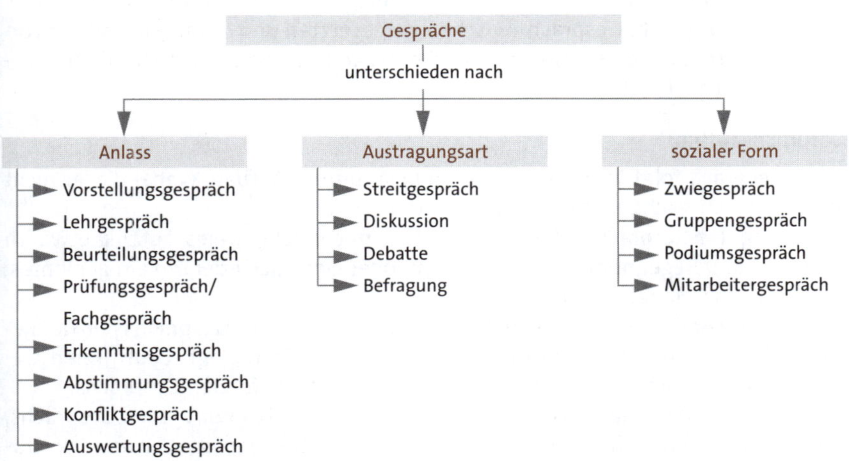

Gespräche

Vorstellungsgespräch: Gespräch zum gegenseitigen Kennenlernen und zur Information vor Abschluss eines Ausbildungs- oder Arbeitsvertrages.
Lehrgespräch: Gespräch zur Unterstützung der Erkenntnistätigkeit des Lernenden mit den Unterformen Problemgespräch, Lernberatungsgespräch, Orientierungsgespräch und Reflexionsgespräch (Reflexion = Nachdenken/Überdenken).
Beurteilungsgespräch: Gespräch zur Erörterung der Ergebnisse der Bewertung und Beurteilung des Lehrlings durch den Ausbilder.
Prüfungsgespräch/Fachgespräch: Form der mündlichen Prüfung, in der der Stoff über ein problemorientiertes Gespräch und nicht nach Stichworten abgefragt wird.
Erkenntnisgespräch: Gespräche zum Erkennen und Erarbeiten von neuen Sachverhalten.

Gespräche

Abstimmungsgespräch: Gespräch zur Abstimmung/Koordination geplanter Maßnahmen in den verschiedensten Bereichen.
Konfliktgespräch: Gespräch zur Erörterung der Ursachen und der Maßnahmen zur Beseitigung von Konflikten.
Auswertungsgespräch: Gespräche zur Aufarbeitung von abgelaufenen Lernprozessen, die der Vertiefung sowie der Aufdeckung von Lerndefiziten dienen.
Streitgespräch: Gespräch, in dem die Teilnehmer offensiv gegensätzliche Positionen und Argumente vertreten.
Diskussion: Ebenfalls eine Form des Streitgesprächs, in dem gegensätzliche Meinungen ausgetauscht werden, das aber letztlich auf eine Einigung bzw. Lösung abzielt.
Debatte: Ebenfalls eine Form von Streitgespräch/Diskussion, die in der Absicht geführt wird, den eigenen Standpunkt bei einer anschließenden Abstimmung durchzusetzen. Sie wird von einem Leiter klar strukturiert und möglichst sachlich geleitet.
Befragung: Gespräch, bei dem ein Experte einem Interessentenkreis für ausführliche Fragen zur Verfügung steht.
Zwiegespräch: Gespräch mit nur zwei Teilnehmern.
Gruppengespräch: Gespräch zwischen einem größeren gleichwertigen Teilnehmerkreis.
Podiumsgespräch: Gespräch einzelner herausgehobener Teilnehmer vor einem größeren Zuhörerkreis, dessen Gesprächsbeteiligung untergeordnet ist.
Mitarbeitergespräch: Gespräch zwischen Vorgesetzten und Mitarbeitern über vorwiegend betriebliche Belange, in dem die aktive Beteiligung der Mitarbeiter besonders erwünscht ist.

Gesprächsaufbau

Gesprächsaufbau

Jedes Gespräch folgt in der Regel einem bestimmten Aufbau, wobei dieser nicht immer alle der nachgenannten Stufen enthalten muss:
Auslösung des Gesprächs: Hier kann es sich um ein völlig freies, zufällig etwa im Rahmen einer Begegnung zustande kommendes Gespräch oder um ein geplantes, verabredetes Gespräch handeln.
Eingrenzung des Gesprächsgegenstandes: Für ein geplantes Gespräch ist in der Regel zugleich auch bereits der Gesprächsgegenstand festgelegt. Beim freien Gespräch ergibt er sich oftmals erst während des bereits laufenden Gesprächs.
Austausch der Argumente: Dabei handelt es sich um den Kern jedes Gesprächs, wenn die Teilnehmer ihre Sichtweise zum jeweiligen Gesprächsgegenstand vortragen und die gegenseitigen Positionen kritisch hinterfragen.
Ordnung des Gesprächs: Umfangreichere Gespräche mit mehreren Teilnehmern sollten bereits vorstrukturiert werden. In anderen Fällen empfiehlt es sich, nach dem Austausch der Argumente diese nach bestimmten Gesichtspunkten zu ordnen.
Zusammenfassung des Gesprächs: Die Ordnung des Gesprächs bietet eine gute Voraussetzung, um ein Gespräch dann auch zielgerichtet zusammenfassen zu können.
Entscheidung: Soweit eine Einigung möglich ist, sollten Gespräche auch mit einer Entscheidung oder Einigung abgeschlossen werden.

Gesprächsverhalten und Gesprächsführung

Für die Führung eines Gesprächs und das Verhalten dabei lassen sich folgende Empfehlungen geben:

Gesprächsregeln

- Offenheit und Unvoreingenommenheit gegenüber jedem Gesprächspartner
- Achtung und Wertschätzung gegenüber jedem Gesprächspartner; ihn als Person akzeptieren
- aktives und aufmerksames Zuhören (auch durch die Mimik, also den Gesichtsausdruck) bei Beiträgen anderer Gesprächsteilnehmer
- den Gesprächspartner nicht unterbrechen, sondern ausreden lassen, also sich Zeit nehmen
- sich auf die Sache konzentrieren und nicht am Thema vorbeireden
- gezeigte Gefühle ernst nehmen und auch selbst keine Scheu zeigen, Gefühle zu äußern
- keine Überlegenheit demonstrieren, etwa durch Fragen, die bereits die Antwort vorgeben, oder durch Gebrauch vieler Fremdwörter
- jeden Gesprächsteilnehmer so nehmen und akzeptieren, wie er ist.

3.7.4 Verhaltensauffälligkeiten und Konfliktsituationen in der Ausbildung

3.7.4.1 Begriff und Eingrenzung von Verhaltensauffälligkeiten sowie deren Ursachen

Begriff

Verhaltensauffälligkeiten scheinen bei den Jugendlichen in den vergangenen Jahren zugenommen zu haben. Vor übereilten Urteilen ist hier allerdings zu warnen. Typische Formen solcher Fehlformen des Leistungs- und Sozialverhaltens sind:

Formen

- Disziplinlosigkeit
- Arroganz
- Trotz und Aufsässigkeit
- Lügen
- geringe Motivation
- Desinteresse, Unlust
- Faulheit
- Oberflächlichkeit
- mangelnde Konzentrationsfähigkeit
- Angst zu versagen und Verunsicherung
- Aufmerksamkeitsdefizit und Hyperaktivitätsstörung (ADHS)
- Kontaktarmut und Kontaktunfähigkeit
- Hemmungen und Angst
- Aggression, Streitsucht
- Zerstörung von Gegenständen, Vandalismus
- Verwahrlosung

> Suchtverhalten
> Neurosen (seelisch/psychisch bedingte Verhaltensstörungen).

Diese Fehlhaltungen können vielerlei Ursachen haben.

Ursachen für typische Verhaltensauffälligkeiten

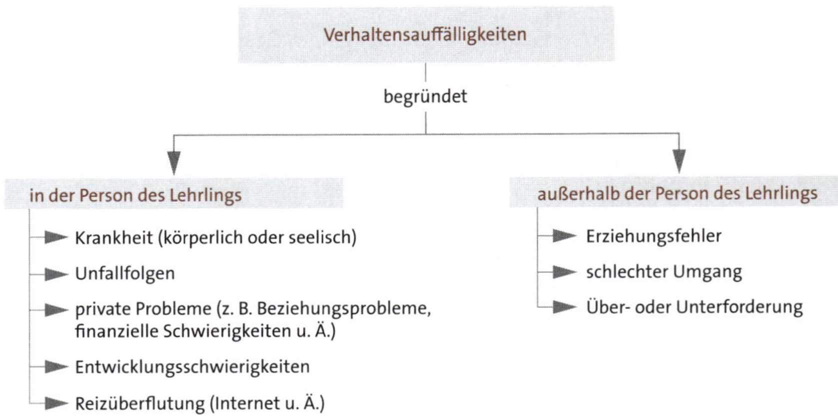

Möglichkeit der sozialpädagogischen Unterstützung und Betreuung

Sofern es sich nicht um Verhaltensauffälligkeiten und Erziehungsschwierigkeiten handelt, die die Hinzuziehung externer Stellen (wie z. B. Jugendämter, sozialpsychologische Dienste, Ärzte, Sozialarbeiter, Beratungsstellen kommunaler oder freier Träger) erforderlich machen, stehen auch dem Ausbilder einige Mittel zu ihrer Beseitigung oder zumindest ihrer Minderung zur Verfügung. Dazu zählen:

Maßnahmen des Ausbilders

> Aufbau eines wechselseitigen Vertrauensverhältnisses
> Stärkung des Selbstvertrauens des Lehrlings
> verstärkte Gesprächs- und Kontaktbereitschaft
> Vornahme eventuell erforderlicher Korrekturen im Ausbildungsplan
> kritische Überprüfung des Ausbildungsstils
> organisatorische Maßnahmen am Arbeits- oder Ausbildungsplatz.

Bei der Festlegung der geeigneten Maßnahmen zur Beseitigung von Verhaltensauffälligkeiten sollte der Ausbilder zumindest in schwierigen Fällen planmäßig vorgehen.

Dabei empfehlen sich die Schritte, die auch bei der Lösung von Konflikten hilfreich sind, also:

Planmäßiges Vorgehen

> Ermittlung des Sachverhalts
> Erforschung der Ursachen und Zusammenhänge
> Festlegung geeigneter Maßnahmen
> Durchführung der Maßnahmen
> Kontrolle der Maßnahmen.

Dabei ist es besonders wichtig, sachorientiert vorzugehen.
(dazu >> Abschnitt 3.7.5.3)

3.7.4.2 Konfliktbegriff

Konflikte entstehen dann, wenn man sich zwischen einander widersprechenden Motiven, Einstellungen und Interessen entscheiden muss.

Ein Konflikt kann entweder eine Person allein betreffen oder aber zwischen mehreren Personen, Gruppen oder Institutionen ausgetragen werden.
Im ersten Fall spricht man von einem intrapersonalen, im zweiten von einem interpersonalen Konflikt.

Intrapersonal
Interpersonal

Beispiel:

Ein intrapersonaler Konflikt liegt vor, wenn ein Jugendlicher bei der Berufswahl wegen der Höhe der Ausbildungsvergütung (finanzielle Überlegungen) einen anderen Beruf ergreift, als es eigentlich seinen Neigungen entspricht. Ein interpersonaler Konflikt besteht, wenn die Mitglieder einer Gruppe verschiedener Auffassung sind. Dabei kann der jeweilige Konflikt sach- oder personenbezogen sein. Vielfach aber ist beides nur schwer zu trennen.

Sach- oder personenbezogen

3.7.4.3 Ursachen und Anlässe von Konflikten

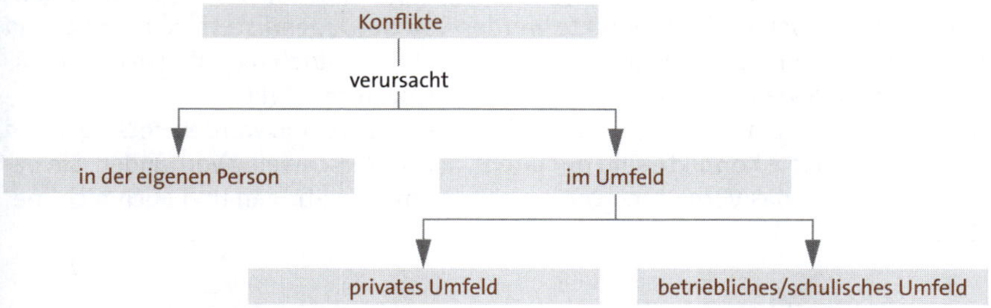

Zu den Konfliktursachen aus dem **Bereich der eigenen Person** zählen u. a.:

> Unterschiede gegenüber anderen in
  - Wertvorstellungen
  - Einstellungen
  - politischen Auffassungen
  - Interessen
  - Bedürfnissen
  - Vorlieben.
> Unterschiede in
  - Begabung
  - Bildungsniveau.
> Probleme im
  - körperlichen Bereich (z. B. Belastbarkeit, Konstitution)
  - emotionalen Bereich (z. B. Stimmungen).

Im **privaten Umfeld** sind häufige Konfliktursachen und -anlässe:

- Spannungen mit Freund/Freundin
- Spannungen innerhalb von Gruppen
- Spannungen innerhalb der eigenen Familie
- Spannungen mit den Eltern.

Im **betrieblichen und schulischen Umfeld** ergeben sich Konflikte aus:

- den jeweiligen Anforderungen,
- dem Umgang mit Kollegen, im Arbeitsteam, der Schulklasse,
- dem Verhältnis zum Ausbilder oder Lehrer.

3.7.4.4 Konfliktarten

Aus diesen Ursachen heraus ergeben sich verschiedene typische Konfliktarten, wobei die folgenden drei im Vordergrund stehen:

Zielkonflikte

Entscheidungs- und Zielkonflikte: Sie liegen vor, wenn sich mehrere Alternativen, die als Entscheidungsmöglichkeiten oder als Ziele vorliegen, widersprechen.

Rollenkonflikte

Rollenkonflikte: Sie ergeben sich, wenn beispielsweise ein Lehrling zu Beruf und Freizeit widersprüchliche Einstellungen hat bzw. von ihm jeweils andere Verhaltensweisen erwartet werden. Er ist dann gezwungen, sich immer wieder neu anzupassen und seine Leistungskraft sowie seine Interessen entsprechend darauf abzustimmen.

Generationskonflikte

Generationskonflikte: Die Auffassungen von Eltern oder Ausbilder und Lehrling weichen aufgrund von altersbedingten Erfahrungen und Einstellungen voneinander ab. Solche Generationskonflikte werden von der Jugend stets neu erlebt, und es hat sie zu allen Zeiten gegeben. Sie werden heute durch die intensiven Einwirkungen der Umwelt und sonstige Reizeinflüsse noch verstärkt.

Latente Konflikte

Nicht alle Konflikte treten auch tatsächlich offen zutage und werden entsprechend ausgetragen. Viele Konflikte sind nur latent, also unterschwellig vorhanden. Sie beeinflussen zwar das Verhalten, werden aber nicht ausgetragen und auch nicht gelöst.

3.7.5 Konfliktvermeidung und Strategien zum konstruktiven Umgang mit Konflikten

3.7.5.1 Konfliktbewertung

Konflikte sind nicht von vornherein negativ zu beurteilen. Vielmehr ist festzustellen, dass Konflikte alltäglich sind, ja zum Leben gehören. Überall, wo Menschen zusammenleben und ihre unterschiedlichen Interessen aufeinanderprallen, entstehen Gegensätze, mithin auch Konflikte.
Zu den negativen Auswirkungen von Konflikten können unter anderem gehören:

Negative Auswirkungen

- Reibungsverluste
  und
- Beeinträchtigung des zwischenmenschlichen Verhältnisses.

Positive Auswirkungen

Auf der anderen Seite dagegen sind Konflikte ein wichtiger Steuerungsfaktor für Lernprozesse jedes Einzelnen für sich, aber auch in der Gruppe und in der gesamten Gesellschaft.

Konflikte sind hier ein bedeutender Motor für die Fortentwicklung. Viele für das Überleben einer Gesellschaft elementare Verhaltensweisen werden erst durch Konflikte und deren (gewaltfreie) Bewältigung erlernt.
Die Auseinandersetzung mit dem Konfliktstoff fördert ferner die Selbstsicherheit und ist letztlich unerlässlich für die Herausbildung der eigenen Persönlichkeit.

Gruppenidentität

In der Gruppe steigert sie den Zusammenhalt und ermöglicht außerdem leichter die Abgrenzung zu anderen Gruppen. Man nennt diesen Prozess auch Herausbildung einer Gruppenidentität.

Lösungskompetenz

Jeder sachbezogene Konflikt fördert die Auseinandersetzung mit dem jeweiligen Problem wie auch die Lösungskompetenz und regt neue Entwicklungen und neue Verfahren an.

Konflikte können bewirken
- Steuerung persönlicher Lernprozesse
- Steuerung sozialer Lernprozesse
- Förderung der Selbstsicherheit
- Steigerung des Gruppenzusammenhalts
- Förderung von Veränderungen und Fortschritt

3.7.5.2 Möglichkeiten der Konfliktlösung

Um überhaupt die positiven Auswirkungen von Konflikten zu ermöglichen, ist die erfolgreiche Konfliktlösung und Konfliktbewältigung Voraussetzung. Nicht bewältigte Konflikte führen in der Regel zu Frustration und den damit verbundenen negativen Auswirkungen.

Frustration

Unter Frustration versteht man das Erleben einer Enttäuschung oder Spannung, die dadurch auftritt, dass jemand ganz oder teilweise daran gehindert wird, ein gesetztes Ziel zu erreichen.

Zu Ursachen dafür, die tatsächlich oder aber auch nur vermutet sein können, gehören unter anderem

Ursachen

- das Erlebnis wirklicher oder vermeintlicher Benachteiligung bzw. Zurücksetzung,
- enttäuschte Erwartungen,
- erlittene Ungerechtigkeit.

Jede Frustration kann sich durch verschiedene Verhaltensformen äußern:
Aggressionen: Darunter versteht man ein feindliches Verhalten gegen andere Menschen oder gegen sich selbst. Die Aggression kann sich in Worten (Beschimpfung) oder Intrigen und Verleumdung bis hin zu tätlichen Angriffen und Zerstörung äußern. Gerade im Jugendalter besteht eine erhöhte Gewaltbereitschaft.

Verdrängung: Dabei werden Erlebnisse und Einstellungen aus dem Bewusstsein ins Unbewusste verdrängt. Sie können aber weiterhin das Verhalten in Form von Fehlhandlungen, Fehlanpassungen oder der Entwicklung von Neurosen beeinflussen. Neurosen bezeichnen einen durch unverarbeitete seelische/psychische Konflikte mit der Umwelt entstandenen krankhaften Zustand ohne erkennbare organische Ursachen.
Resignation: Der Betroffene ergibt sich sozusagen in sein Schicksal, gibt entmutigt auf und handelt nur noch zwanghaft, starr und sinnlos.
Regression: Damit bezeichnet man ein Verhalten, bei dem der Betreffende auf ein früheres Stadium der Entwicklung zurückfällt. Dies macht sich dann auch in kindlichem Verhalten und den entsprechenden Einstellungen und Ausdrucksweisen bemerkbar.
Ausweich- und Fluchtreaktionen: Folge der Frustration sind hier verzweifelte Versuche, Ersatzlösungen zu finden, um aus einer bedrängenden Situation herauszukommen; zum Beispiel über Alkohol- oder Drogenmissbrauch sowie Anschluss an Sekten. Die Folge sind oftmals weitere und noch schwerere Konflikte.

Konfliktlösungsmöglichkeiten

Für die Lösung von Konflikten und damit die Vermeidung dieser negativen Auswirkungen gibt es zahlreiche Möglichkeiten bzw. Strategien, die allerdings nicht immer befriedigend sind.
Am bekanntesten sind die Varianten, die die amerikanischen Autoren Blake und Mouton aufgezeigt haben. Dazu zählen:

- Konflikte unter den Teppich kehren
- nachgeben/sich unterwerfen
- durchsetzen/erzwingen
- Kompromiss schließen
- gemeinsames Problemlösen.

Zwischen diesen Varianten sind jeweils noch verschiedene Kombinationen möglich.

3.7.5.3 Kooperative Bewältigung von Konfliktsituationen

Am erfolgversprechendsten bei der Bewältigung von Konflikten sind sicherlich Strategien, bei denen es zu einer Zusammenführung der widersprüchlichen Auffassungen kommt; das heißt, alle Beteiligten suchen gemeinsam eine Lösung, die jeder mittragen kann.

Dafür empfiehlt sich ein mehrstufiges Vorgehen.

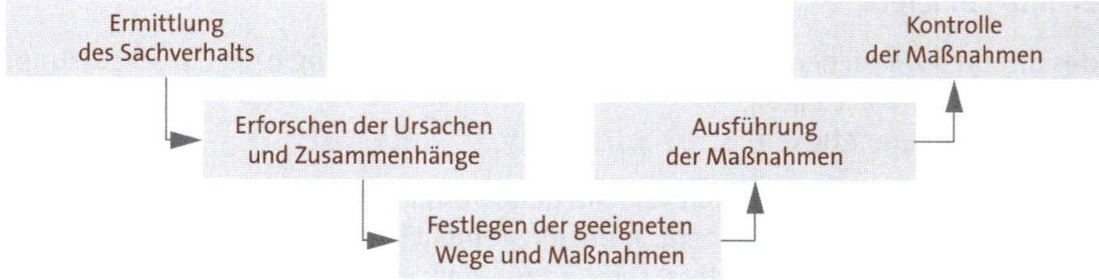

Ermittlung des Sachverhalts: Es sollte genau festgestellt werden, was wirklich die Ursache eines Konflikts ist. Dabei darf man sich nicht mit Vermutungen begnügen, sondern muss versuchen, die bedeutsamen Tatsachen zu erfassen. Dazu sollte man mit allen Beteiligten ausreichend sprechen. Im Rahmen der Berufsausbildung sind dies vor allem Ausbilder, Lehrling, Eltern, Kollegen und Berufsschullehrer. Auch die Berater der Handwerkskammern können hinzugezogen werden. Sachverhalt

Es muss in Abhängigkeit vom jeweiligen Konfliktgegenstand und von den beteiligten Personen entschieden werden, ob diese Gespräche als Einzelgespräche oder als Gruppengespräche geführt werden.

Erforschung der Ursachen und Zusammenhänge: Bei diesem Schritt muss man sich zunächst auf die Frage konzentrieren, wie es überhaupt zu dem Konflikt gekommen ist. Der Ausbilder darf dabei nicht außer Acht lassen, dass auch er selbst dazu beigetragen haben kann. Außerbetriebliche Verhältnisse und Vorgänge müssen ebenfalls mit einbezogen werden. In den Fällen, in denen einzelne Beteiligte nur ungern oder nicht offen über die Konfliktursachen sprechen, haben sich auch Rollenspiele (>> auch Abschnitt 3.4.1.2) bewährt, die bei entsprechender Auswertung in der Regel zuverlässige Rückschlüsse zulassen. Ursachen

Festlegung der Wege und Maßnahmen zur Behebung des Konflikts: Ausgangspunkt ist das Ziel, das man erreichen will, wobei alle bekannten Fakten sowie mögliche Ursachen und Folgen in die Überlegungen einzubeziehen sind. Anschließend muss geprüft werden, welche Wege zur Erreichung des Zieles geeignet sind und welche Handlungsalternativen es gibt. Dabei spielt auch die Frage eine Rolle, wie die beabsichtigten Maßnahmen auf die Beteiligten, aber auch auf Außenstehende wirken werden. Maßnahmen

Ausführung der Maßnahmen: Dafür ist wichtig, dass geklärt ist, **wer** von den Beteiligten **wie** zu handeln hat. Entscheidend ist ferner, dass zur rechten Zeit gehandelt wird. Ausführung

Kontrolle der Maßnahmen: Jede Maßnahme zur Konfliktlösung muss auf ihren Erfolg hin kontrolliert werden. Dabei gilt es zu berücksichtigen, dass vielfach ein Erfolg erst nach einer gewissen Zeitspanne möglich ist. Von besonderer Bedeutung ist die Entscheidung darüber, Kontrolle

- durch wen
- wann
- wie
- wie oft

kontrolliert werden soll.

Dabei sollte ferner beobachtet werden, ob günstige oder ungünstige Auswirkungen auch bei anderen auftreten. Die Ergebnisse der Kontrolle liefern wiederum wichtige Erkenntnisse, die bei neuen Konflikten im Rahmen der Festlegung und Ausführung von Maßnahmen berücksichtigt werden sollten.

Die Konfliktbewältigung kann selbstverständlich nicht erst während der Berufsausbildung erlernt werden. Sie muss ein wichtiger Bestandteil des gesamten Erziehungsprozesses sein. Die Konfliktbewältigung steht ferner in engem Zusammenhang mit dem betrieblichen Führungsstil. Sie wird bei partnerschaftlichem Führungsstil wesentlich erfolgreicher gelingen als bei autoritärer Führung. Konfliktbewältigung

Da den jungen Menschen in der Regel die Lebenserfahrung fehlt, sollte gerade die mittlere und ältere Generation zur Lösung von Konflikten beitragen. Dies gilt insbesondere beim sogenannten Generationskonflikt.

3.7.5.4 Ablauf von Konflikt- und Schlichtungsgesprächen

Konfliktgespräche zwischen den im Streit befindlichen Parteien sollten grundsätzlich vor folgendem Hintergrund stattfinden:

Rahmenbedingungen

- gemeinsames Interesse am Fortbestehen eines guten zwischenmenschlichen Klimas
- sachlich-inhaltliches Austragen der gegenseitigen Standpunkte
- Suche nach Lösungen, die beiden Seiten gerecht werden, also Konfliktregelung ohne Niederlagen.

Ähnlich dem bereits dargestellten mehrstufigen Vorgehen zur Lösung von Konflikten sollten Konflikt- und Schlichtungsgespräche folgende Stufen enthalten:

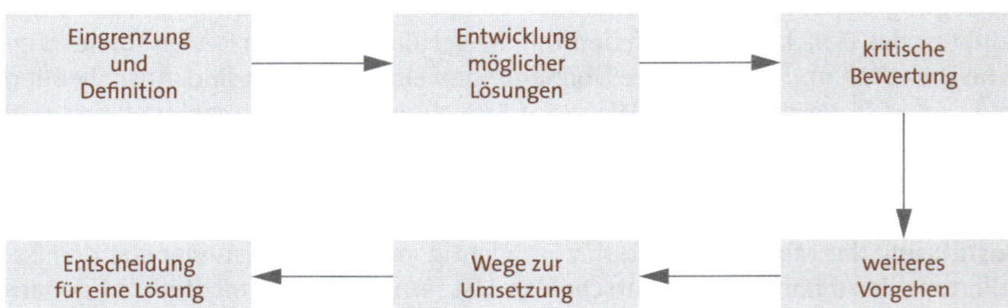

Das Konfliktgespräch setzt voraus, dass die Teilnehmer auch offen ihre Wünsche und Bedürfnisse äußern.

3.7.5.5 Mitwirkung von Beratern der Handwerkskammer oder des Lehrlingswarts

Bei Konflikten rund um die Ausbildung können sich sowohl Ausbildender und Ausbilder wie auch Lehrling an die Beratung der zuständigen Handwerkskammer und/oder an den Lehrlingswart der Innung wenden.

3.7.6 Vermeiden interkultureller Konflikte

Interkulturelle Konflikte entstehen unter anderem aus unterschiedlichen Auffassungen über:

Konfliktursachen

- die Rolle von Mann und Frau
- religiöse Sachverhalte
- Traditionen in einer Gesellschaft
- Ideologien und politische Sachverhalte
- Regeln und Normen des Zusammenlebens in einer Gesellschaft.

Sie können sich unter anderem äußern durch:

Erscheinungsformen

> Bedrohungen, Machtgehabe
> Ausgrenzungen, Demütigungen
> körperliche Gewalt
> bewusste Missachtung geltender Regeln und Gesetze
> organisierte Bandenbildung und Kriminalität.

Als Maßnahmen dagegen kommen infrage:

Maßnahmen

> Klarstellung der geltenden Spielregeln
> klares Aufzeigen von Grenzen, verbunden mit Sanktionen
> Herstellung von Kommunikation und gegenseitigem Kennenlernen
> Vermittlung, Mediation
> Einschaltung zuständiger Institutionen
> Anti-Gewalt-Trainings
> gezielte Fortbildung der mit der Ausbildung betrauten Personen.

Gerade kleine Betriebe sind in solchen Situationen oftmals überfordert und brauchen die Hilfen externer Stellen und Ansprechpartner. Die Ausbildungsberatung der Handwerkskammern kann hier in der Regel die richtigen Kontakte herstellen.

3.7.7 Ausbildungsabbrüche: Ursachen und Lösungsansätze zur Vermeidung

Die Zahl der jungen Menschen, die ihre zuerst begonnene Berufsausbildung wechseln oder nicht beenden, hält sich auf einem hohen Niveau. Allerdings muss darauf hingewiesen werden, dass nicht jede Lösung eines Ausbildungsvertrages einem tatsächlichen und endgültigen Abbruch der Berufsausbildung entspricht. Vielmehr handelt es sich oft um Ausbildungswechsler, die den Beruf, den Betrieb oder beides wechseln.
Gerade weil das Handwerk auch langfristig auf qualifizierte Fachkräfte angewiesen ist, muss es ein besonderes Anliegen sein, den Lehrling nicht nur während der Ausbildung, sondern auch danach an den Betrieb zu binden.

3.7.7.1 Gründe für einen Ausbildungsabbruch

Die Gründe für eine vorzeitige Lösung des Ausbildungsvertrages können sehr vielfältig sein. Meistens spielen dabei mehrere Ursachen aus der Sicht des Lehrlings oder des Ausbilders eine Rolle.

- Betrieblicher Bereich
  - Schwierigkeiten mit Ausbildern und Kollegen
  - fachliche und pädagogische Mängel der Ausbildung
  - Beschäftigung mit ausbildungsfremden Tätigkeiten
- Schulischer Bereich
  - fachliche Überforderung
  - Wissenslücken
- Persönlicher Bereich
  - Ausbildungsberuf als Notlösung
  - falsche Vorstellungen vom Inhalt der Ausbildung
  - mangelnde Zukunftsperspektiven in Beruf und Betrieb
  - Wohnortwechsel, Änderungen im Familienstand
  - gesundheitliche Gründe
  - Wechsel auf Schule oder Hochschule

→ Ausbildungsabbruch durch Lehrling

Häufige Ursachen für einen Ausbildungsabbruch aus der Sicht des Ausbildenden sind:

> zu geringe Ausbildungsfähigkeit des Lehrlings
> mangelnde Leistungen des Lehrlings
> fehlende Motivation des Lehrlings
> häufige Abwesenheit des Lehrlings
> Verfehlungen des Lehrlings
> Betriebsaufgabe oder Wegfall der Ausbildungseignung.

3.7.7.2 Konsequenzen von Ausbildungsabbrüchen

Nachteile

Ausbildungsabbrüche bedeuten

> nachteilige Veränderungen im beruflichen Lebensweg der Jugendlichen,
> finanzielle Verluste durch Fehlinvestitionen auf betrieblicher Ebene,
> volkswirtschaftliche Kosten durch Mangel an entsprechend qualifizierten Fachkräften und durch nicht besetzte Ausbildungsplätze.

3.7.7.3 Lösungsansätze zur Vermeidung von Ausbildungsabbrüchen

Der Hauptausschuss des Bundesinstituts für Berufsbildung hat eine Empfehlung mit Vorschlägen vorgelegt, wie Ausbildungsabbrüche verhindert oder zumindest verringert werden können.

Handlungspartner für zweckmäßige Maßnahmen zur Verringerung von Ausbildungsabbrüchen:

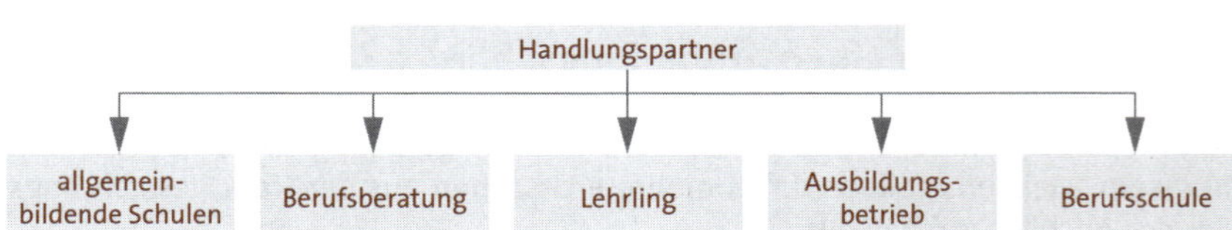

Wichtige Maßnahmen im **Bereich der allgemeinbildenden Schulen** sind:

> bessere Informationen über die Berufs- und Arbeitswelt
Betriebspraktika
> Betriebspraktika für alle Schüler
> stärkere Berücksichtigung von Fragen der Berufs- und Arbeitswelt in der Aus- und Fortbildung der Lehrer.

Im **Bereich der Berufsberatung** werden folgende Maßnahmen empfohlen:

> qualifizierte, gezielte und praxisnahe Informationen und Beratung
Eignung
> frühzeitige und umfassende Klärung der Eignung, auch hinsichtlich der Gesundheit
> jugendgerechte und aktuelle Informationen über Berufsaussichten und Weiterbildungsmöglichkeiten

- verstärkte Zusammenarbeit der Berufsberater mit den Beratern der Handwerkskammern und den Trägern der Jugend- und Sozialhilfe
- schnelle und unbürokratische Beratung und Vermittlung der Ausbildungsabbrecher.

Vonseiten der **Lehrlinge** selbst sind folgende Beiträge möglich:

Beratungsangebote

- frühzeitige Inanspruchnahme von Beratungsangeboten vor und während der Ausbildung durch Berufsberater, Berater der Handwerkskammern, Lehrlingswarte und Ausbilder

Probezeit

- intensivere Nutzung der Probezeit zur Überprüfung der Eignung und der Neigung.

Auf **betrieblicher Seite** sind als Maßnahmen möglich:

- verstärkte Berücksichtigung des Themas „Ausbildungsabbruch" in der Ausbilderqualifizierung

Übergangshilfen

- Hilfen für den Übergang von der Schule in den Beruf und zur Integration der Lehrlinge in den Ausbildungs- und Betriebsablauf
- stärkere Gesprächsbereitschaft bei der Entstehung und Bewältigung von Konflikten

Motivation

- Steigerung der Ausbildungsmotivation durch den Einsatz moderner Lehr- und Lernmethoden
- Steigerung der Ausbildungseffektivität durch weitere Verbesserung des betrieblichen Lernangebotes sowie der personellen und sachlichen Rahmenbedingungen für die Durchführung der Berufsausbildung

Ausbildungsbegleitende Hilfen

- verstärkte Nutzung ausbildungsbegleitender Hilfen bei lernschwachen Jugendlichen und Jugendlichen mit Migrationshintergrund
- rechtzeitiger Einsatz von Beratern der Handwerkskammern und Lehrlingswarten (Informations- und Beratungsangebote für die Jugendlichen)
- zeitlich flexible Einstellung von Lehrlingen nach erfolgtem Ausbildungsabbruch
- Verbesserung der Abstimmung mit den Berufsschulen vor Ort.

Im **Bereich der Berufsschulen** sind folgende Maßnahmen wichtig:

Kontakte

- intensivere Kontakte zwischen Berufsschullehrern, Ausbildern, Ausbildungsberatern und Eltern
- bessere Abstimmung mit den Ausbildungsbetrieben vor Ort

Fördermaßnahmen

- Stütz- und Fördermaßnahmen für Lehrlinge
- Sicherung des Berufsschulbesuchs nach erfolgtem Ausbildungsabbruch, insbesondere unverzügliche Aufnahme bei neuem Ausbildungsvertrag.

3.7.8 Schlichtungsverfahren für Lehrlingsstreitigkeiten

Bei Streitigkeiten zwischen dem Ausbildenden und dem Auszubildenden ist vor Inanspruchnahme des Arbeitsgerichts der Ausschuss zur Beilegung von Lehrlingsstreitigkeiten der örtlich zuständigen Innung anzurufen.

Voraussetzung ist, dass

Ausschuss der Innung

- bei der Innung ein Ausschuss besteht und
- es sich um einen Ausbildungsberuf im Sinne der Handwerksordnung handelt. Bei Streitigkeiten von nichthandwerklichen Auszubildenden sind die bei den Innungen errichteten Lehrlingsstreitausschüsse nicht zuständig.

Die Zuständigkeit des Ausschusses entfällt, wenn das Berufsausbildungsverhältnis zur Zeit der Schlichtung der Streitigkeit nicht mehr besteht.
Der Ausschuss ist bei folgenden Streitigkeiten zwischen Ausbildenden und Lehrlingen zuständig:

Zuständigkeit des Ausschusses zur Beilegung von Lehrlingsstreitigkeiten

- aus dem Berufsausbildungsverhältnis
- über das Bestehen oder Nichtbestehen eines Berufsausbildungsverhältnisses
- aus Verhandlungen über die Eingehung eines Berufsausbildungsverhältnisses
- aus unerlaubten Handlungen, soweit diese mit dem Berufsausbildungsverhältnis in Zusammenhang stehen

Klage beim Arbeitsgericht

Wird der ergangene Schiedsspruch nicht innerhalb einer Woche nach Zustellung oder, wenn die Zustellung unterbleibt, nach Verkündigung von beiden Beteiligten anerkannt, so kann binnen zwei Wochen nach Zustellung oder Verkündigung Klage beim zuständigen Arbeitsgericht erhoben werden.

Grundsätzlich sollten sich alle an der Berufsausbildung Beteiligten und Mitwirkenden bemühen, Differenzen und Streitigkeiten durch entsprechendes Verhalten und rechtzeitige Vermittlung zu vermeiden.

Berater und Vermittler

Als Berater und Vermittler bieten sich insbesondere an:

- die Berater der Handwerkskammern
- die Lehrlingswarte der Innungen
- die Berufsberater der Agentur für Arbeit
- die Eltern
- die Lehrer der Berufsschule
- der Betriebsrat sowie die Jugend- und Auszubildendenvertretung.

Handlungsorientierte, fallbezogene Aufgaben

1. Als Ausbilder haben Sie es vielfach mit jungen Menschen zu tun, bei denen die Reifung als wichtige Phase der Entwicklung noch nicht abgeschlossen ist.

Aufgabe: Welche Aussage ist richtig?

Reifung beschreibt die Entwicklung des Menschen, soweit sie

☐ a durch Umwelteinflüsse bedingt ist.

☐ b durch Umwelteinflüsse und Erbanlagen bedingt ist.

☐ c durch Erbanlagen bedingt ist.

☐ d überhaupt nicht beeinflusst werden kann.

☐ e instinktiv ausgeprägt ist.

>> Seite 255 |

2. Sie sind Ausbilder. Unter Ihren Lehrlingen befinden sich zwei Jugendliche. Sie wissen, dass für die erfolgreiche Arbeit als Ausbilder das Verstehen und das Eingehen auf die entwicklungsbedingten Probleme und Eigenheiten dieser Altersgruppe elementare Voraussetzungen sind.

Aufgabe:

a) Erläutern Sie, welche Störungen bei dieser Altersgruppe auftreten können und wie Sie als Ausbilder darauf reagieren!

b) Erklären Sie, wie Sie die sogenannten Leistungsprofile bei der Planung und Gestaltung der Ausbildung berücksichtigen!

>> Seiten 258 bis 262 |

3. Als Ausbilder haben Sie im Umgang mit Ihren Lehrlingen eine besondere Verantwortung. Der von Ihnen gewählte und angewandte Ausbildungs- und Führungsstil bestimmt maßgeblich den Erfolg der Ausbildung.

Aufgabe: Beschreiben Sie den Führungsstil, den Sie am geeignetsten für die Ausbildung halten und seine Auswirkungen auf das Verhalten und die Leistung Ihrer Lehrlinge!

>> Seiten 267 bis 268 |

4. Sie sind Inhaber eines Betriebes und bilden zwei Lehrlinge aus. Als allgemeines Führungsmittel wenden Sie sehr häufig Anweisungen an.

   Aufgabe: Was ist bei der Anweisung an die beiden Lehrlinge besonders zu beachten?

- [ ] a Dass man sie in Befehlsform bringt, weil diese am besten verstanden wird.
- [ ] b Dass sie rechtzeitig erfolgt und keine Überforderung mit sich bringt.
- [ ] c Dass sie möglichst wenig Spielraum für eigenes Denken lässt.
- [ ] d Dass sie wenig Spielraum für eigenes Handeln lässt.
- [ ] e Dass sie gar keinen Spielraum für eigenes Handeln lässt.

>> Seiten 270 bis 271 |

5. Probleme gibt es in allen Bereichen menschlichen Zusammenlebens, so auch in Betrieben. Daraus können sich Konflikte entwickeln.

   Aufgabe: Was versteht man ganz allgemein unter einem Konflikt?

- [ ] a Einen Zustand, in dem man sich zwischen einander widersprechenden Motiven, Einstellungen und Interessen entscheiden muss.
- [ ] b Den Ablauf eines Streitgesprächs zwischen zwei Personen.
- [ ] c Den Ablauf eines Streitgesprächs zwischen mehreren Personen.
- [ ] d Persönliche materielle Schwierigkeiten eines Menschen.
- [ ] e Unterschiedliche Auffassungen zwischen politischen Parteien.

>> Seite 281 |

6. Sie sind Inhaber eines Betriebes, der laufend Lehrlinge ausbildet, und zwar sowohl Jugendliche wie auch bereits Volljährige. Im Betrieb kommt es immer wieder zu Konflikten zwischen den Lehrlingen, aber auch gegenüber erwachsenen Mitarbeitern und mit Ihnen als Ausbilder. Deshalb wollen Sie ein Konzept entwickeln, das die Ursachen für Konflikte besser erforschen lässt und systematische Möglichkeiten der Konfliktlösung aufzeigt.

   Aufgabe:

   a) Stellen Sie dar, wo in Ihrem Betrieb Ursachen und Anlässe für Konflikte liegen können!

   b) Erläutern Sie fünf Möglichkeiten zur Konfliktlösung!

   c) Erklären Sie, wie Sie ein Gespräch zum Abbau und zur Lösung von Konflikten aufbauen!

>> Seiten 281 bis 286 |

7. Zahlreiche Auszubildende brechen ihre Ausbildung nicht nur während der Probezeit, sondern auch noch später ab. Ihnen als Betriebsinhaber können dadurch erhebliche finanzielle Verluste entstehen. Es besteht ferner die Gefahr, dass Ihnen später dann im Betrieb zu wenige Fachkräfte zur Verfügung stehen.

   Aufgabe:

   a) Mit welchen betrieblichen Maßnahmen können Sie dazu beitragen, dass derartige Ausbildungsabbrüche möglichst selten vorkommen?

   b) Welchen Beitrag erwarten Sie dazu von der Berufsschule?

   >> Seiten 288 bis 289 |

8. Sie bilden seit einem Jahr in Ihrem Handwerksbetrieb einen Lehrling aus. Vermehrt kommt es zwischen dem Auszubildenden und Ihnen zu Differenzen und Streitigkeiten. Sie wollen den Ausschuss zur Beilegung von Lehrlingsstreitigkeiten bei der Innung, soweit möglich, nicht anrufen, sondern versuchen, die Probleme durch entsprechendes eigenes Verhalten und durch andere externe Beratung und Vermittlung zu lösen.

   Aufgabe: Stellen Sie fest, welche Möglichkeiten in dieser Situation bestehen, einen Rechtsstreit zu verhindern, und welcher Personenkreis sich als Berater und Vermittler in diesem Fall anbietet!

   >> Seite 290 |

3.8 Lernsituation: Lernen und Arbeiten im Team entwickeln

Kompetenzen:

- Teams anhand ausgewählter Kriterien bilden.
- Zusammenarbeit im Team fördern.

3.8.1 Kriterien für die Bildung von Teams

3.8.1.1 Teamarbeit

Bei Teamarbeit werden Verantwortung und Entscheidungsbefugnis nicht an Einzelpersonen, sondern an ein gesamtes Team übertragen. Statt von Teamarbeit wird vielfach auch von Gruppenarbeit gesprochen, da eine Abgrenzung zwischen Team und Gruppe nur schwer möglich ist. Beim Begriff „Team“ wird aber oftmals unterstellt, dass hier ein noch engerer Zusammenhalt besteht. Im Allgemeinen unterscheidet man

- Teamarbeit, die eher kurzfristiger Art und nicht in den regulären Arbeitsprozess eingebunden ist, und
- Teamarbeit, die längerfristig angelegt und Bestandteil des regulären Arbeitsprozesses ist.

Zum ersten Bereich zählen insbesondere Qualitätszirkel und Projektteams.

Qualitätszirkel

Gegenstand der Arbeit von Qualitätszirkeln sind insbesondere

- technische,
- personelle und
- organisatorische Fragestellungen.

Für die Arbeit von Qualitätszirkeln wird allgemein empfohlen:

- kleine Gruppengröße
- regelmäßige, aber nicht allzu lange dauernde Treffen
- möglichst homogener Teilnehmerkreis, das heißt, Teilnehmer vergleichbarer Qualifikation und vergleichbarer beruflicher Position
- Betreuung durch einen Vorgesetzten oder Berater von außen.

Projektgruppe

Eine Projektgruppe widmet sich einer umfangreicheren, aber fest umrissenen, in vielen Fällen auch relativ komplizierten und zeitlich befristeten Aufgabe bzw. Tätigkeit.

Merkmale

Projektarbeit ist durch folgende Merkmale gekennzeichnet:

- fächerübergreifende Arbeit
- Methodenvielfalt
- weitgehend selbstständige Arbeit der Projektgruppe
- ergebnisorientiertes Arbeiten
- Verknüpfung von theoretischer Analyse und praktischer Umsetzung.

Arbeitsgruppe

Längerfristig angelegt sind beispielsweise Arbeitsgruppen und Fertigungsteams, die gemeinsame Aufgaben arbeitsteilig durchführen.

3.8.1.2 Teameigenschaften

Typische Eigenschaften eines Teams bzw. einer Gruppe sind:

- gemeinsames Gruppenziel
- Gruppenbewusstsein (Zusammengehörigkeit)
- Gruppennormen (Verhaltensmuster)
- Gruppenstruktur (Aufgaben- und Rollenzuweisungen)
- Gruppenbeziehungen (gegenseitige Abhängigkeit).

Die inneren Gruppenbeziehungen hängen von der jeweiligen Gruppenform ab und weisen dementsprechend unterschiedliche – feste oder lockere – Bindungen auf. Jedes Mitglied der Gruppe nimmt in ihr einen bestimmten Platz ein. Dieser ist insbesondere abhängig von

- dem Beitrag des einzelnen Gruppenmitglieds zum Gruppenziel und
- seinem Beliebtheitsgrad bei den anderen Gruppenmitgliedern.

Jedes Gruppenmitglied nimmt eine oder mehrere bestimmte Rollen ein. Die Rollenträger können dabei jederzeit wechseln. Man unterscheidet drei besondere Rollen:

Aufgabenrollen

- Aufgabenrollen: Sie sind für die Auswahl und Durchführung der Arbeiten innerhalb einer Gruppe verantwortlich. Unterschiedliche Ausprägungen sind beispielsweise:
  - Aktivität
  - Initiative
  - Information
  - Koordination.

Erhaltungsrollen

- Erhaltungsrollen: Sie sind dafür zuständig, dass Interesse und Engagement der Gruppenmitglieder trotz auftretender Probleme aufrechterhalten bleiben. Unterschiedliche Ausprägungen dafür sind unter anderem:
  - Diagnose
  - Vermittlung
  - Spannungsabbau.

Störende Rollen

- In ihrer Funktion störende Rollen: In jeder Gruppe gibt es auch Rollen, die störend oder im Extremfall zerstörend wirken. Sie äußern sich beispielsweise in:
  - Blockade
  - Selbstdarstellung auf Kosten anderer
  - Rivalitäten.

> Bei Gruppen von Auszubildenden sollte der Ausbilder stets darauf achten, dass Aufgabenrollen und Erhaltungsrollen überwiegen.

3.8.1.3 Teambildung

Grundsätze

Damit Teams erfolgreich sein können, sind bei der Bildung folgende Grundsätze zu beachten:

- Die optimale Größe – in Abhängigkeit von der Schwierigkeit und Komplexität der Aufgabe etwa drei bis acht Mitglieder – sollte nicht überschritten werden.

> Die Teammitglieder müssen zusammenpassen; zwischen ihnen dürfen keine größeren Konflikte bestehen.
> Für die gestellte Aufgabe muss hinreichend Verständnis vorhanden sein.
> Fähigkeiten und Kenntnisse müssen bei jedem ausreichen, um zur Problemlösung beitragen zu können.

3.8.2 Zusammenarbeit im Team

3.8.2.1 Ablauf der Teamarbeit

Bei Teamarbeiten kommen mehrere Lehrlinge zusammen, um einen vorgegebenen Auftrag oder eine vorgegebene Aufgabe gemeinsam zu erledigen bzw. zu lösen.

Ablauf der Gruppenarbeit

Dabei kann der Ausbilder der gesamten Gruppe

Themengleich

> ein Thema (themengleiche Gruppenarbeit)
oder

Arbeitsteilig

> mehrere Themen zugleich (arbeitsteilige Gruppenarbeit)
zur Bearbeitung geben.

3.8.2.2 Anforderungen an Teamarbeit

Grundsätze

Für eine erfolgreiche Gruppenarbeit sind für die Planung und Durchführung wichtige Grundsätze zu beachten:

> sorgfältige Vorbereitung
  - bei der Zusammensetzung einer Gruppe
  - bei der Auswahl der Lehr- und Lernmittel
> klare Aufgabenstellung
> Abstimmung der Aufgabe auf den Leistungsstand der Teilnehmer
> Benennung eines oder mehrerer Gruppensprecher mit der Verantwortung für eine sachliche und themenbezogene Diskussion und Arbeit.

Entscheidungskriterien

Wichtige Faktoren, die bei der Entscheidung für Einzel- oder Gruppenarbeit eine Rolle spielen, sind unter anderem:

> Lernprobleme
> Basiskenntnisse der Lehrlinge
> Zusammensetzung der Lehrlingsgruppe.

3.8.2.3 Förderung der Teamarbeit

Für eine erfolgreiche Teamarbeit sollte der Ausbilder folgende Voraussetzungen schaffen:

Voraussetzungen

- Vorgabe von eindeutig definierten Zielen und klaren Spielregeln
- Benennung einer Person (kann auch der Ausbilder selbst sein), die das Team führt
- gemeinsame Planung von zu erledigenden Aufgaben und dafür vorgesehenem Zeitrahmen
- Verteilung der Aufgaben auf die einzelnen Teammitglieder mit ausreichend Entscheidungskompetenz, wie diese dann ihre Aufgaben erledigen
- Sicherstellung von gegenseitiger Information und Abstimmung
- Sicherstellung eines vertrauensfördernden Arbeitsklimas, das auch wechselseitige Unterstützung einschließt.

Unter diesen Voraussetzungen bringt Teamarbeit in der Ausbildung unter anderem folgende Vorteile:

Vorteile

- geringerer Planungs- und Kontrollaufwand des Ausbilders
- Steigerung der Fähigkeit der Auszubildenden, Probleme und Aufgaben zu bewältigen
- höhere Motivation und Arbeitszufriedenheit
- Förderung der Bereitschaft zur Zusammenarbeit und sozialer Verhaltensweisen.

Handlungsorientierte, fallbezogene Aufgaben

1. Teamarbeit hat für Sie als Ausbilder eine hohe Bedeutung. Für Ihren Betrieb, in dem vier Lehrlinge im zweiten Ausbildungsjahr ausgebildet werden, prüfen Sie die Möglichkeit, Teamarbeit umzusetzen.

   Aufgabe:

   a) Erläutern Sie, welche Grundsätze bei der Teambildung beachtet werden sollten!

   b) Schildern Sie, welche Voraussetzungen Sie für eine erfolgreiche Teamarbeit schaffen sollten!

   >> Seiten 295 bis 297 |

3.9 Lernsituation: Leistungen von Auszubildenden feststellen und bewerten, Leistungsbeurteilung Dritter und Prüfungsergebnisse auswerten, Beurteilungsgespräche führen, Rückschlüsse für den weiteren Ausbildungsverlauf ziehen

Kompetenzen:

- > Geeignete Formen der Erfolgskontrolle zur Feststellung und Bewertung von Leistungen in der Ausbildung auswählen und dabei grundlegende Anforderungen an Ausbildungserfolgskontrollen beachten.
- > Erfolgskontrollen durchführen und daraus Rückschlüsse für die weitere Ausbildung ziehen.
- > Verhalten der Auszubildenden regelmäßig anhand geeigneter Kriterien beurteilen und dazu Beurteilungsgespräche führen.
- > Ergebnisse der außerbetrieblichen Erfolgskontrollen auswerten.
- > Ausbildungsnachweise zur Kontrolle und Förderung sowie zum Abgleich mit dem Ausbildungsplan nutzen.

3.9.1 Formen und Funktionen von Erfolgskontrollen in der Ausbildung

Ausbildungserfolgskontrollen (Ausbildungsstandskontrollen, Lernerfolgskontrollen) dienen generell dazu, erworbene Fertigkeiten, Kenntnisse, Fähigkeiten und Verhaltensweisen ausbildungsbegleitend ständig nachzuweisen und zu erproben.

Ausbildungserfolgskontrollen sind für die betriebliche wie für die schulische Berufsausbildung gesetzlich vorgeschrieben.

Vorgeschriebene Ausbildungserfolgskontrollen während der Berufsausbildung:

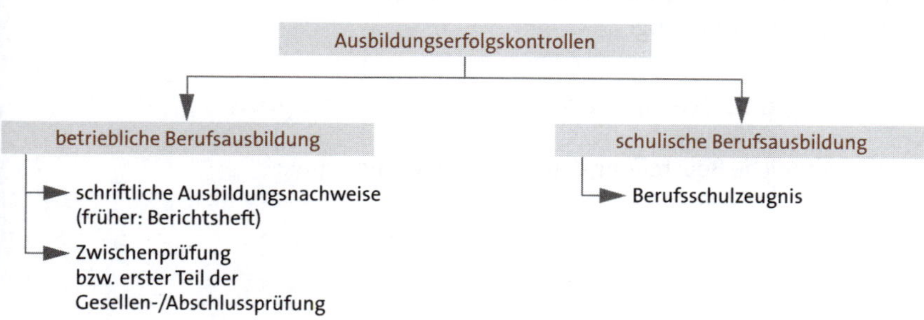

Übungsarbeiten

Andererseits finden im Ausbildungsbetrieb selbst ständig zusätzliche Kontrollen des Ausbildungserfolges statt, zum Beispiel als Übungsarbeiten und Tests.

Funktionen

Wesentliche Funktionen von Ausbildungserfolgskontrollen sind vor allem:

- > Feststellung der Eignung für den gewählten Beruf (Probezeit)
- > Überwachung der Berufsausbildung hinsichtlich Planung, Durchführung und Ausbildungsmethoden
- > Feststellung des jeweiligen Lernstandes
- > Steuerung des Lehr- und Lernprozesses
- > Weckung von Lernanreiz und Lernmotivation
- > Kontrolle der Durchführung der Ausbildung (Medieneinsatz, Ausbildungsstil u. a.)
- > Bestimmung eines möglichen Arbeitseinsatzes nach der Ausbildung
- > Nachweis bestimmter Berechtigungen.

3.9.1.1 Leistungsfeststellung und -beurteilung

Bewerten
Beurteilen

Leistungsfeststellung (auch Bewertung genannt) und -beurteilung sind während der gesamten Ausbildung notwendig. Auf der Grundlage der jeweiligen Ergebnisse können rechtzeitig erforderliche Korrekturen im gesamten Ausbildungsprozess vorgenommen werden.
Damit sind Bewertung und Beurteilung entscheidend für den Erfolg der Berufsausbildung.

Faktoren

Grundlage jeder Bewertung und Beurteilung ist die Feststellung von folgenden Faktoren:

- > Lernergebnisse bei Fertigkeiten, Kenntnissen und Fähigkeiten
- > Leistungen
- > Leistungs- und Lernverhalten
- > Leistungs- und Lernschwächen
- > Interessen
- > Verhaltensformen.

Zeitpunkte

Eine Bewertung und Beurteilung dieser Faktoren ist zu verschiedenen Zeitpunkten möglich und erforderlich:

- > am Ende der Probezeit
- > nach Beendigung eines Ausbildungsabschnittes
- > am Ende der Ausbildung.

3.9.1.2 Beobachtungs- und Beurteilungskategorien

Es gibt zahlreiche Beurteilungskategorien und -merkmale.

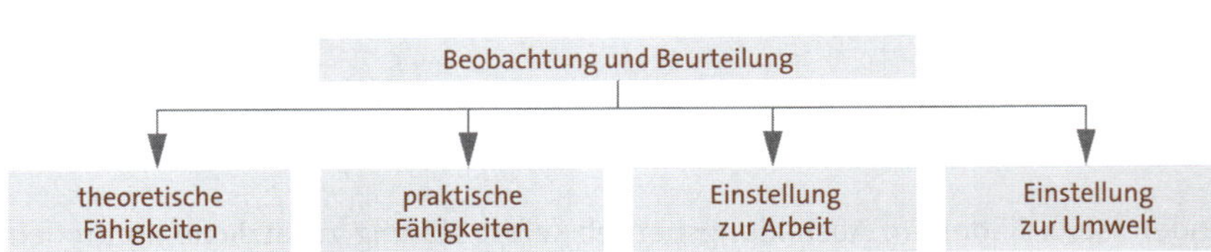

Beurteilungsmerkmale

Im Einzelnen zählen zu diesen Kategorien unter anderem folgende Merkmale:

> **Theoretische Fähigkeiten**
  - Auffassungsgabe
  - Ausdauer und Konzentration
  - Beobachtungsgabe
  - Denkfähigkeit
  - Lernfähigkeit
  - Merkfähigkeit
  - Umsetzungsfähigkeit (Transfervermögen).

> **Praktische Fähigkeiten**
  - Fachkenntnisse
  - manuelle Geschicklichkeit.

> **Einstellung zur Arbeit**
  - Arbeitstempo
  - Fleiß
  - Kreativität
  - Sorgfalt
  - Zuverlässigkeit
  - Initiative (z.B. Verbesserungsvorschläge).

> **Einstellung zur Umwelt**
  - Bereitschaft zur Zusammenarbeit
  - Hilfsbereitschaft
  - Kontaktfähigkeit
  - soziales Verhalten gegenüber Vorgesetzten, Kollegen und Kunden.

3.9.1.3 Bewertungssysteme

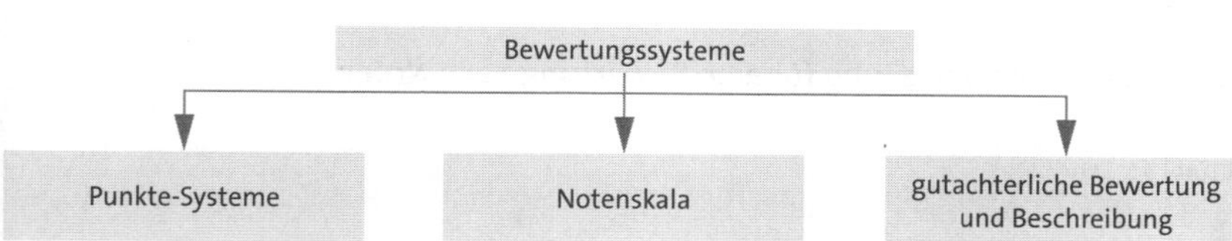

100-Punkte-System

Am objektivsten ist die Bewertung, wenn eine exakte Fehler- und Punktezahlermittlung möglich ist. Dies ist zum Beispiel bei der programmierten Prüfung der Fall. Dann bietet sich das sogenannte 100-Punkte-System an, innerhalb dessen die Prüfungsleistung eingeordnet wird. Die persönlichen Erfahrungen des Ausbilders und Lehrenden gehen in die Bewertung ein, wenn beispielsweise Textaufgaben im Rahmen der üblichen Notenskala (1–6) beurteilt werden sollen. Bei der gutachterlichen Beschreibung kommt es darauf an, durch eine entsprechende Wortwahl die Beurteilung und Bewertung so abzufassen, dass sie in ihrem Sinngehalt auch von Dritten nachvollzogen werden kann.

Notenskala

3.9.1.4 Beurteilungs- bzw. Bewertungsmaßstäbe

Jede Bewertung erfordert auch Maßstäbe, damit sie von jedermann möglichst objektiv nachvollzogen werden kann.

Vergleichsweise unproblematisch ist dies beim 100-Punkte-System möglich. Hier hat sich allgemein eine Skala mit den folgenden Zuordnungen durchgesetzt:

100–92 Punkte:	sehr gut (1)	66–50 Punkte:	ausreichend (4)
91–81 Punkte:	gut (2)	49–30 Punkte:	mangelhaft (5)
80–67 Punkte:	befriedigend (3)	29–0 Punkte:	ungenügend (6)

Sechs-Noten-System

Schwieriger gestaltet sich das Finden eines entsprechenden Maßstabes bei der freien Benotung im Rahmen des Sechs-Noten-Systems. Hier muss sich der Ausbilder entweder vor der Bewertung einen Maßstab zurechtlegen, den er konsequent einhält, beispielsweise die Zahl richtiger Lösungen mit der jeweiligen Notenzuordnung; oder aber der Maßstab wird erst nach Durchsicht der Prüfung festgelegt. Dann kann beispielsweise so verfahren werden, dass als befriedigende Leistung (= Note 3) die durchschnittliche Fehlerzahl pro Prüfungsteilnehmer zugrunde gelegt wird. An diesem Maßstab werden dann die einzelnen Prüfungsleistungen gemessen.

Normalverteilung

Bei diesen Verfahren gilt es, besonders einseitige Bewertungen zu vermeiden. In der Praxis ist man bestrebt, bei einer größeren Anzahl von zu Bewertenden bezüglich der einzelnen Noten eine sogenannte Gauß'sche Normalverteilung (benannt nach dem Mathematiker Gauß) zu erreichen. Grafisch lässt sich dies folgendermaßen darstellen:

Kurve der Normalverteilung für eine Bewertung nach Noten

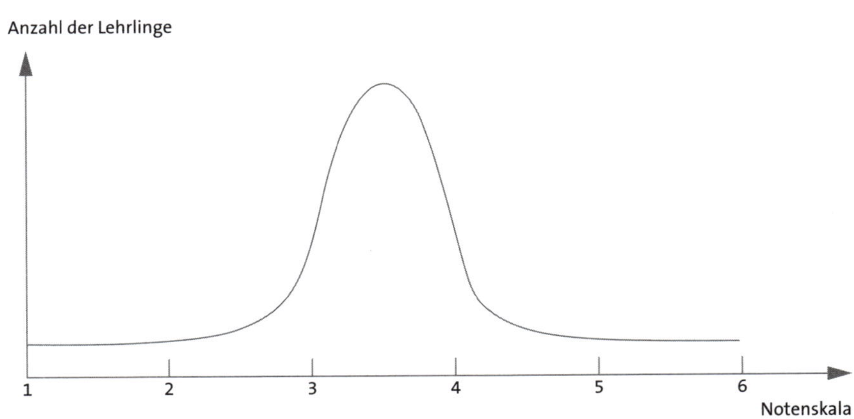

Diese Verteilung darf aber nicht als strikte Vorgabe angesehen werden. Vielmehr sind immer die Eigenheiten des Lernstoffs und der Prüflinge und deren Anzahl zu berücksichtigen.

3.9.2 Grundlegende Anforderungen an Erfolgskontrollen

Voraussetzungen

Ausbildungserfolgskontrollen sollen in der Regel folgende Voraussetzungen erfüllen:

> Eignung als Instrument der Lernhilfe
> Gewährleistung der Transparenz (Nachvollziehbarkeit)
> Objektivität der Beurteilung, das heißt, das Ergebnis einer Kontrolle darf nicht von der Person des Prüfers abhängen
> Beachtung des Grundsatzes der Validität (Gültigkeit), das heißt, die angewandten Verfahren zur Kontrolle des Ausbildungserfolges müssen zuverlässig sein
> Übereinstimmung der Kontrolle mit dem Ausbildungszweck
> Verbindung der Beurteilung mit einem Beurteilungsgespräch.

3.9.3 Durchführung innerbetrieblicher Erfolgskontrollen

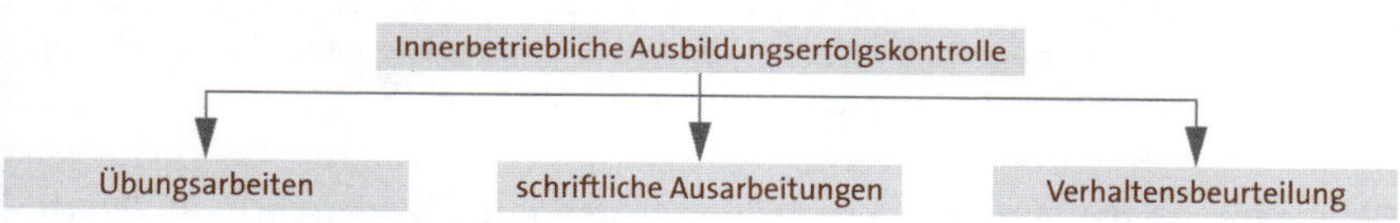

3.9.3.1 Übungsarbeiten (Arbeitsproben)

Bei Übungsarbeiten oder Arbeitsproben bzw. Arbeitsaufgaben wird der Lehrling im betrieblichen Alltag beobachtet. Es geht dabei weniger um bestimmte Einzelleistungen, sondern darum, wie der Lehrling an die gestellte Arbeit herangeht und wie er sie zu lösen versucht.

Arbeitsproben

Während der Übungsarbeiten soll also das Gesamtverhalten nach Fertigkeiten, Kenntnissen und Fähigkeiten beobachtet werden. Übungsarbeiten und Arbeitsproben bzw. Arbeitsaufgaben zählen damit zu den prozessualen Lernstandskontrollen, da der gesamte Prozess (Verlauf) des Arbeitens beim Auszubildenden während der gestellten Aufgabe beobachtet wird.

3.9.3.2 Schriftliche Ausarbeitungen

Schriftliche Ausarbeitungen sind resultative Lernstandskontrollen, das heißt, es werden die Ergebnisse beurteilt, die der Lehrling erzielt.

Dazu dienen vor allem Fragen, mit deren Hilfe das bis zum Prüfungszeitpunkt erworbene Wissen kontrolliert wird. Dafür sind insbesondere drei Formen geeignet:

> Textfragen
> standardisierte oder programmierte Fragen oder Aufgaben
> fallbezogene Aufgaben.

Textfragen

Bei Textfragen bzw. fallbezogenen Aufgaben wird ausführlich der infrage stehende Sachverhalt handlungsorientiert abgehandelt. Dies kann im Rahmen von Stichworten, Leitfragen oder ausführlicheren Aufsätzen erfolgen. Wichtig ist, dass der Lehrling die Lösungen selbst formulieren muss.

Standardisierte Fragen

Bei standardisierten oder programmierten Fragen oder Aufgaben müssen aus mehreren vorgegebenen Lösungen eine oder mehrere als richtig erkannt werden.

3.9.4 Beurteilungsbogen und Beurteilungsgespräch

3.9.4.1 Verhaltensbeurteilung

Im Rahmen der Verhaltensbeurteilung beobachtet der Ausbilder unter anderem, wie der Lehrling an die gestellten Aufgaben herangeht und wie er sich gegenüber Vorgesetzten und Kollegen verhält. Die Verhaltensbeurteilung enthält sowohl Elemente einer resultativen, das heißt vom Leistungsergebnis abhängigen, wie auch Elemente einer situativen, das heißt von Lage und Umfeld abhängigen, Lernstandskontrolle.

Die Ergebnisse der Verhaltensbeurteilung finden ihren Niederschlag im Beurteilungsbogen.

Beurteilungsbogen

Die Führung solcher Beurteilungsbögen ist jedem Ausbildenden bzw. Ausbilder dringend zu empfehlen. Denn sie sind eine wichtige Basis für eine erfolgreiche Ausbildung. Außerdem dienen sie als Entscheidungsgrundlage für die Gestaltung der Ausbildung, sodass für jeden Lehrling der bestmögliche Erfolg erreicht werden kann. Ferner können gut geführte Beurteilungsbögen auch herangezogen werden, wenn der Ausbilder dazu Stellung nehmen soll, ob eine Lehrzeitverkürzung infrage kommt.

Werden die Beurteilungsbögen ebenso wie das Abgangsschulzeugnis und die Ergebnisse in der Berufsschule zur Personalakte genommen, so kann sich der Ausbilder bzw. Ausbildende stets ein umfassendes Bild über den Ausbildungsstand des Lehrlings verschaffen.

Die Erstellung eines Beurteilungsbogens ist weniger kompliziert, als viele Ausbildungsbetriebe befürchten. Es kommt dabei vor allem darauf an, dass der Beurteilungsbogen mit seinem wesentlichen Inhalt auf den einzelnen Beruf und dessen Anforderungen abgestimmt wird. Dazu orientiert man sich am besten am betrieblichen Ausbildungsplan. Dabei sollte auch auf die sogenannten Schlüsselqualifikationen eingegangen werden. Da der Berufsausbildung nach dem Berufsbildungsgesetz ferner ein persönlichkeitsbezogenes Ziel vorgegeben ist, ist es empfehlenswert, auch allgemeine Eigenschaften und dementsprechende Verhaltensweisen in den Beurteilungsbogen aufzunehmen.

Ein Beurteilungsbogen enthält in der Regel in der Senkrechten die Beurteilungsbereiche bzw. Beurteilungsmerkmale und in der Waagerechten die Ergebnisse der Beurteilung. Hierzu wird eine klare und nachvollziehbare Abstufung empfohlen. Sie sollte mindestens dreistufig sein, also etwa: erreicht, teilweise erreicht, nicht erreicht. Noch besser allerdings ist eine mindestens fünfstufige Bewertung. Der Ausbilder kreuzt dann entsprechend seiner Bewertung die entsprechende Stufe an.

Inhalt

Jeder Beurteilungsbogen kann selbstverständlich in Bezug auf die einzelnen Beurteilungsmerkmale noch tiefer und hinsichtlich der Ergebnisse nach Ausbildungsabschnitten gegliedert werden.
Wichtig ist auf jeden Fall, dass für den Beurteiler der Beurteilungsbogen verständlich, nachvollziehbar und praktikabel ist, sodass er damit umgehen kann.

Bei der Beurteilung sollten folgende Regeln eingehalten werden:

Regeln

- Beobachtungen sollten sofort schriftlich im Beurteilungsbogen festgehalten werden.
- Bei mehreren Auszubildenden sollte nach Möglichkeit das gleiche Verhalten in der gleichen Situation beobachtet werden.
- Die Aufzeichnungen sollten rein sachlich sein. Erklärungen und Bewertungen sind Gegenstand des Beurteilungsgesprächs.
- Beobachtungen des Lehrlings sollten regelmäßig erfolgen und nicht auf Einzelvorfälle beschränkt sein.

Der folgende Beurteilungsbogen, der sich am Beispiel für einen einzelbetrieblichen Ausbildungsplan (>> Abschnitt 2.1.4) orientiert, gibt beispielhaft Aufschluss über die Möglichkeiten der Beurteilung von Lehrlingen. Für die Beurteilung gilt dabei eine sechsstufige Skala, die auch mit Punktwerten versehen werden kann, also:

Punkteskala

- sehr gute Leistung (= 6 Punkte)
- gute Leistung (= 5 Punkte)
- durchschnittliche Leistung (= 4 Punkte)
- ausreichende Leistung (= 3 Punkte)
- schlechte Leistung (= 2 Punkte)
- sehr schlechte Leistung (= 1 Punkt).

Beurteilungsbogen:

Ausbildungsabschnitt: 1. Ausbildungsjahr Bewertung der einzelnen Merkmale nach Punkten, wobei das beste Urteil die Punktzahl 6 und das schlechteste die Punktzahl 1 ergibt	6	5	4	3	2	1
1. Fertigkeiten, Kenntnisse und Fähigkeiten lt. Ausbildungsplan > Solldaten ermitteln, Messverfahren und Messgeräte auswählen > Schutzmaßnahmen gegen elektrische Körperdurchströmung und Störlichtbögen anwenden > Messwerte erfassen und mit Solldaten vergleichen, insbesondere elektrische sowie elektronische Größen und Signale an Bauteilen, Baugruppen und Systemen messen, prüfen und beurteilen > elektrische Verbindungen, Leitungen und Leitungsanschlüsse auf mechanische Schäden sichtprüfen > Funktion elektrischer Bauteile, Leitungen und Sicherungen prüfen > Messzeuge zum Messen und Prüfen von Längen, Winkeln und Flächen auswählen und anwenden > Längen, insbesondere mit Messschiebern, Messschrauben und Messuhren, messen, Einhaltung von Toleranzen und Passungen prüfen > Werkstücke mit Winkeln, Grenzlehren und Gewindelehren prüfen > physikalische Größen, insbesondere Drücke und Temperaturen, messen und prüfen > Prüfergebnisse dokumentieren						
Summe (falls gewünscht)						
2. Persönliche Eigenschaften des/der Auszubildenden > Theoretische Fähigkeiten – Auffassungsgabe – Ausdauer und Konzentration – Beobachtungsgabe – selbstständiges Denken – Lernfähigkeit – Merkfähigkeit – Umsetzungsfähigkeit (Transfervermögen)						
Summe (falls gewünscht)						

Ausbildungsabschnitt: 1. Ausbildungsjahr Bewertung der einzelnen Merkmale nach Punkten, wobei das beste Urteil die Punktzahl 6 und das schlechteste die Punktzahl 1 ergibt	6	5	4	3	2	1
> Praktische Fähigkeiten – Fachkenntnisse – manuelle Geschicklichkeit						
Summe (falls gewünscht)						
> Einstellung zur Arbeit – Arbeitstempo – Fleiß – Kreativität – Sorgfalt – Zuverlässigkeit						
Summe (falls gewünscht)						
> Soziales Verhalten – Bereitschaft zur Zusammenarbeit – Hilfsbereitschaft – Verantwortungsbewusstsein – Kontaktfähigkeit – Teamfähigkeit – Verhalten gegenüber Vorgesetzten – Verhalten gegenüber Kollegen – Verhalten gegenüber Kunden						
Summe (falls gewünscht)						
Gesamtsumme (falls gewünscht)						

3.9.4.2 Beurteilungsgespräch

Der Beurteilungsbogen ist Basis für ein ausführliches Gespräch mit dem Lehrling, das sogenannte Beurteilungsgespräch.

Das Beurteilungsgespräch hat wichtige Aufgaben zur — Aufgaben

- Motivation,
- Beratung und
- Förderung

des Auszubildenden.
Für ein erfolgreiches Beurteilungsgespräch sind mehrere Regeln zu beachten: — Regeln

- rechtzeitige Terminabsprache, damit alle Beteiligten sich auf das Gespräch vorbereiten können
- ausreichende inhaltliche Vorbereitung des Gesprächs

> kein Beurteilungsgespräch unter Zeitdruck oder etwa in schlechter Stimmung
> Schaffung einer lockeren und angenehmen Gesprächsatmosphäre.

Das Gespräch selbst sollte folgenden Aufbau haben:

- Beurteilungsgespräch
  - Einleitung mit Klärung des Zwecks des Treffens
  - Vortragen der Beurteilung durch den Ausbilder und Stellungnahme des Lehrlings
  - gemeinsame Suche nach den Ursachen eventueller Defizite
  - Festlegen von erforderlichen Maßnahmen unter Berücksichtigung der Vorstellungen des Lehrlings
  - Vereinbarung des nächsten Treffens zur Kontrolle der vereinbarten Schritte

3.9.4.3 Beurteilungsfehler

Objektive Beurteilung

Bei jeder Beurteilung ist es wichtig, sich von gefühlsmäßigen Eindrücken weitestgehend frei zu machen und das Urteil auf
> tatsächliche und
> nachweisbare
Einzelbeobachtungen zu gründen.

Persönliche Besonderheiten

Jede Beurteilung muss zu jedem Zeitpunkt und im konkreten Einzelfall den persönlichen Ausbildungsstand des Betroffenen berücksichtigen. Sind beispielsweise durch Abwesenheit des Lehrlings Lücken entstanden, die er nicht zu vertreten hat, so darf der Ausbilder dies nicht außer Acht lassen.
Ansonsten läuft er Gefahr, bei der Beurteilung weitreichende Fehler zu machen.
Aus der **persönlichen Situation des Ausbilders** heraus können sich vor allem folgende Faktoren fehlerhaft auf die Beurteilung auswirken:

> Interessen und Bedürfnisse (z. B. gemeinsame Hobbys)
> Gefühle und Stimmungen (Sympathie, Antipathie)
> Voreingenommenheit und Vorurteile (z. B. wegen Kleidung, Frisur u. Ä.).

Beurteilungsfehler im Rahmen der **betrieblichen Ausbildungssituation** ergeben sich aus dem Spannungsverhältnis zwischen Ausbilder, Lehrling sowie der Lern- und Prüfungssituation.
Sie können ihre Ursache in der Person des Beurteilenden haben, aber auch in unterschiedlichen Wahrnehmungen oder im zugrunde gelegten Maßstab.

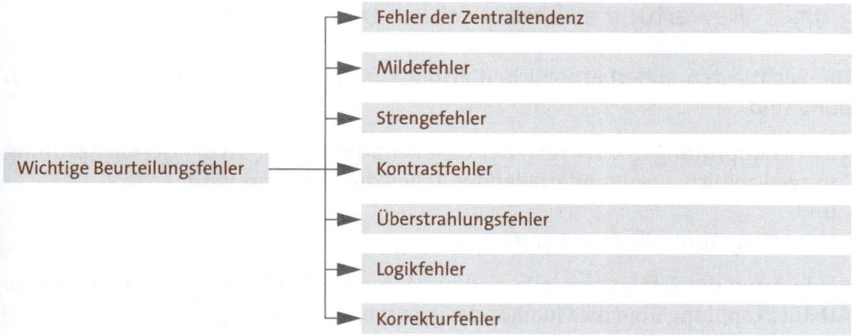

Fehler der Zentraltendenz oder der Tendenz zur Mitte: Der Ausbilder neigt dazu, alle Auszubildenden etwa gleich zu beurteilen (deshalb auch Tendenz zum Durchschnitt genannt).
Mildefehler: Vor allem wenn sich der Ausbilder den Lehrlingen gegenüber zu kollegial verhält und sich zu sehr mit ihnen identifiziert, besteht die Gefahr einer zu milden und wohlwollenden Einstellung sowie Beurteilung. Der Ausbilder sieht dabei auch zu sehr in seinen Ausbildungsbemühungen den eigenen Leistungserfolg.
Strengefehler: Aufgrund eines zu hohen und für die Lehrlinge kaum erreichbaren Beurteilungsmaßstabes werden diese zu streng beurteilt.
Kontrastfehler: Der Ausbilder misst die Lehrlinge an den Anforderungen, die er an sich selbst stellt. Meistens ist damit die Gefahr einer zu strengen Bewertung verbunden.
Überstrahlungsfehler (auch Halo-Effekt genannt): Der einmal gewonnene, von einer auffälligen Verhaltensweise bzw. Eigenschaft bestimmte Eindruck vom Lehrling ist beim Ausbilder häufig so ausgeprägt, dass er andere Eigenschaften nicht mehr erkennt. Daraus kann der Eindruck entstehen, dass die anderen Beurteilungsmerkmale genauso ausgeprägt sind.
Logikfehler: Der Ausbilder begeht den Fehler, von einigen Merkmalen auf andere zu schlussfolgern, anstatt auch diese Merkmale gründlich zu beobachten.
Korrekturfehler: Der Ausbilder zieht immer wieder frühere Beurteilungen heran, anstatt aktuelle Verbesserungen oder Verschlechterungen des Lehrlings angemessen zu berücksichtigen.

Beurteilungsgespräch

Um solche Fehler vermeiden zu helfen und aus jeder Bewertung und Beurteilung die entsprechenden Schlussfolgerungen für die weitere betriebliche Ausbildung ziehen zu können, ist jedem Ausbilder dringend zu empfehlen, die Beurteilungs- und Bewertungsergebnisse mit allen Beteiligten, also insbesondere mit dem Lehrling, dessen Eltern und den Berufsschullehrern, zu besprechen. Notfalls können auch Berater der Handwerkskammer und der Lehrlingswart hinzugezogen werden.

Im Einzelfall kann auch eine Schulung hilfreich sein, um besser, aber auch neutraler, beurteilen zu können.

3.9.5 Bewertung außerbetrieblicher Erfolgskontrollen

Die wichtigsten außerbetrieblichen Erfolgskontrollen während der Berufsausbildung sind

> Zwischenprüfungen oder Teil 1 der Gesellenprüfung, sofern die Gesellenprüfung in zwei zeitlich auseinanderfallenden Teilen durchgeführt wird,
und
> Lernerfolgskontrollen der Berufsschule.

Beide Arten der Erfolgskontrolle sind nicht nur für den Lehrling, sondern als eine Art Rückkopplung über die Qualität der gesamten Ausbildung auch für den Betrieb von großer Bedeutung.

3.9.5.1 Zwischenprüfung bzw. Teil 1 der Gesellenprüfung

Die Zwischenprüfung bzw. der Teil 1 der Gesellenprüfung ist ein Kontrollinstrument für den jeweiligen Ausbildungsstand des Lehrlings im Rahmen der betrieblichen Ausbildung.

(hierzu im Einzelnen >> Abschnitt 4.1.1.1)

3.9.5.2 Lernerfolgskontrollen in der Berufsschule

Schriftliche und mündliche Kontrollen

In den Berufsschulen werden zahlreiche schriftliche oder mündliche Kontrollen durchgeführt, die in das Berufsschulzeugnis eingehen und damit die Leistungen des Lehrlings in den fachtheoretischen und allgemeinbildenden Teilen widerspiegeln.

Man könnte auch sagen, dass es sich dabei um eine Art schulischen Beurteilungsbogen handelt.
Der Ausbilder sollte auch diese Beurteilungsergebnisse in sein Gesamtbild über den Lehrling und in die Gestaltung der betrieblichen Ausbildung einbeziehen.

3.9.6 Ausbildungsnachweis/Berichtsheft

Schriftliche Ausbildungsnachweise (früher: Berichtsheft), die im Wesentlichen in tabellarischer Form die an einem Ausbildungstag ausgeübten Tätigkeiten enthalten, sind für den Ausbilder anhand der Darstellung und Beschreibung durch den Lehrling ein wichtiges Kontrollmittel, ob der Lehrling die zu vermittelnden Fertigkeiten, Kenntnisse und Fähigkeiten auch tatsächlich erfasst und verarbeitet hat. Auch der Lehrling selbst kann bei einer gewissenhaften Führung der schriftlichen Ausbildungsnachweise kontrollieren, ob er alles verstanden hat, und gegebenenfalls den Ausbilder nochmals um Erklärung bitten. Mittlerwile werden dazu auch geeignete elektronische Lösungen angeboten. Zur Dokumentation und Vorlage muss allerdings ein Ausdruck erfolgen.

Handlungsorientierte, fallbezogene Aufgaben

1. Sie haben in Ihrem Betrieb zwei Lehrlinge, über deren Ausbildungserfolg Sie während der gesamten Ausbildung mehrfach Kontrollen durchführen.

   Aufgabe:

   a) Stellen Sie dar, welche Ausbildungserfolgskontrollen im vorliegenden Fall vorgeschrieben sind!

   b) Beschreiben Sie die wesentlichen Funktionen von Ausbildungserfolgskontrollen!

   >> Seiten 299 bis 300 |

2. Sie möchten als Ausbilder die Bewertung der Leistungen Ihres Lehrlings so darstellen, dass sie auch von einem Dritten möglichst objektiv nachvollzogen werden kann.

   Aufgabe: Schildern Sie ein Bewertungsverfahren, anhand dessen Ihnen dies möglich ist!

   >> Seite 301 |

3. Sie bilden in Ihrem Betrieb einen Lehrling aus. Im Rahmen Ihrer innerbetrieblichen Ausbildungserfolgskontrollen haben Sie eine Beurteilung Ihres Lehrlings vorgenommen. Danach führen Sie mit diesem ein Beurteilungsgespräch zur Erörterung der Ergebnisse Ihrer Bewertung und Beurteilung.

   Aufgabe:

   a) Stellen Sie dar, welche Regeln Sie beachten, um ein erfolgreiches Beurteilungsgespräch zu führen!

   b) Beschreiben Sie den Aufbau Ihres Beurteilungsgesprächs!

   >> Seiten 307 bis 308 |

3.10 Lernsituation: Interkulturelle Kompetenzen im Betrieb fördern

Kompetenzen:

- Anderen Kulturkreisen offen begegnen und kulturell bedingte Unterschiede positiv aufgreifen (interkulturelles Lernen).
- Auszubildende mit Migrationshintergrund spezifisch fördern.

3.10.1 Grundlegende kulturelle Unterschiede und interkulturelle Kompetenzen

Migrationshintergrund hat die Bevölkerungsgruppe, die aus eingewanderten Personen besteht. Neben Ausländern können dies auch Personen aus diesem Kreis sein, die mittlerweile die deutsche Staatsbürgerschaft angenommen haben. Auch Aussiedler und deren Nachkommen zählen zu den Personen mit Migrationshintergrund. Der Anteil ausländischer Jugendlicher an den Auszubildenden im Handwerk beträgt gegenwärtig gut sechs Prozent. Türkische Lehrlinge bilden dabei mit Abstand die größte Gruppe der ausländischen Lehrlinge. Es folgen Jugendliche aus Italien und aus dem ehemaligen Jugoslawien.

Bei der Ausbildung Jugendlicher mit Migrationshintergrund sind mehrere Besonderheiten zu beachten:

- Herkunft aus einem völlig anderen Kulturkreis
- religiöse Einstellungen
- landesspezifische Gegebenheiten
- andere Wertvorstellungen und Rollenzuweisungen.

Diese Faktoren dürften teilweise dann nicht mehr so stark zum Tragen kommen, wenn es sich um ausländische Jugendliche handelt, die selbst oder bei denen sogar schon die Eltern in Deutschland geboren wurden.

3.10.2 Spezifische Förderung von Auszubildenden mit Migrationshintergrund

Integration

Mit der Ausbildung von Jugendlichen mit Migrationshintergrund leistet das Handwerk einen wichtigen Beitrag zu deren sozialer, wirtschaftlicher und politischer Integration. Es muss ein besonderes Anliegen sein, das Potenzial von ausländischen Jugendlichen, Aussiedlern und berufsschulpflichtigen Asylbewerbern und Flüchtlingen für eine Ausbildung im Handwerk noch deutlicher auszuschöpfen.

Spezifische Förderansätze für Jugendliche mit Migrationshintergrund sind:

- ausbildungsbegleitende Hilfen
- Hinweis auf Stützkurse, insbesondere in Deutsch und Rechnen bei den Berufsschulen und Bildungszentren des Handwerks.

Vor der Bildung von Gruppen nur mit ausländischen Auszubildenden muss allerdings gewarnt werden, da dies für das Betriebsklima und auch für die Integration nicht zweckdienlich wäre.

Handlungsorientierte, fallbezogene Aufgaben

1. Sie möchten für das anstehende Ausbildungsjahr in Ihrem Betrieb einen Lehrling einstellen. Unter den Bewerbern sind auch Jugendliche mit Migrationshintergrund. Ehe Sie die Bewerber zum Vorstellungsgespräch einladen, setzen Sie sich intensiver damit auseinander, welche Anforderungen auf Sie zukommen könnten, wenn Sie sich für einen Jugendlichen mit Migrationshintergrund entscheiden.

   Aufgabe:

   a) Beschreiben Sie, welche Besonderheiten bei der Ausbildung von Jugendlichen mit Migrationshintergrund zu beachten sind!

   b) Welche spezifischen Förderansätze für Jugendliche mit Migrationshintergrund stehen Ihnen zur Verfügung?

   >> Seite 312 |

4 Handlungsfeld: Ausbildung abschließen

4.1 Lernsituation: Auszubildende auf die Abschluss- oder Gesellenprüfung unter Berücksichtigung der Prüfungstermine vorbereiten und die Ausbildung zu einem erfolgreichen Abschluss führen

Kompetenzen:

> Aus der Ausbildungsordnung die wesentlichen Anforderungen der Zwischen- und Abschluss-/Gesellenprüfung herausstellen sowie die Besonderheiten einer Prüfungssituation vermitteln.
> Bedeutung und Ablauf der gestreckten Abschluss-/Gesellenprüfung beschreiben.
> Geeignete Hilfen zur Prüfungsvorbereitung und zur Vermeidung von Prüfungsversagen aufzeigen sowie Bereitstellung erforderlicher Prüfungsmittel begründen.

4.1.1 Prüfungsanforderungen und Prüfungsablauf

4.1.1.1 Rechtsgrundlagen für die Zwischenprüfung

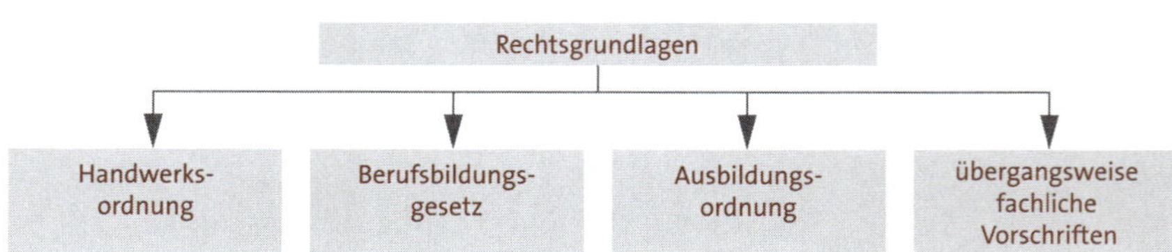

Ziel der Zwischenprüfung

Zwischenprüfung

Während der Berufsausbildung ist zur Ermittlung des Ausbildungsstandes eine Zwischenprüfung entsprechend der Ausbildungsordnung durchzuführen. Die Ablegung der vorgeschriebenen Zwischenprüfung ist Voraussetzung für die Zulassung zur Gesellenprüfung. Sofern die Ausbildungsordnung vorsieht, dass die Gesellenprüfung in zwei zeitlich auseinanderfallenden Teilen durchgeführt wird, entfällt die Zwischenprüfung. An ihre Stelle tritt der erste Teil der Gesellenprüfung.

Zwischenprüfungsausschuss

Der Zwischenprüfungsausschuss wird bei der Handwerkskammer oder bei der Innung errichtet.
Mindestzusammensetzung des Zwischenprüfungsausschusses für zulassungspflichtige Handwerke:

Zusammensetzung

- 1 Arbeitgeber oder Betriebsleiter
- 1 Arbeitnehmer
- 1 Lehrer einer berufsbildenden Schule.

Die Arbeitgeber müssen in dem zulassungspflichtigen Handwerk, für das der Prüfungsausschuss errichtet ist, die Meisterprüfung abgelegt haben oder zum Ausbilden berechtigt sein. Die Arbeitnehmer müssen die Gesellenprüfung in dem zulassungspflichtigen Handwerk, für das der Prüfungsausschuss errichtet ist, oder eine entsprechende Abschlussprüfung in einem anerkannten Ausbildungsberuf nach § 4 des Berufsbildungsgesetzes bestanden haben und in diesem Handwerk tätig sein.

Mindestzusammensetzung des Zwischenprüfungsausschusses für zulassungsfreie Handwerke oder handwerksähnliche Gewerbe:

- 1 Beauftragter der Arbeitgeber
- 1 Beauftragter der Arbeitnehmer
- 1 Lehrer an einer berufsbildenden Schule.

Die Beauftragten der Arbeitgeber und Arbeitnehmer müssen in dem zulassungsfreien Handwerk oder in dem handwerksähnlichen Gewerbe, für das der Prüfungsausschuss errichtet ist, die Gesellenprüfung oder eine entsprechende Abschlussprüfung in einem anerkannten Ausbildungsberuf nach § 4 des Berufsbildungsgesetzes bestanden haben und in diesem Handwerk oder in diesem Gewerbe tätig sein.
Der Prüfungsausschuss wählt aus seiner Mitte einen Vorsitzenden und einen Stellvertreter.

Vorsitzender

Prüfungsgegenstand

Die Zwischenprüfung erstreckt sich auf die beruflichen Fertigkeiten, Kenntnisse und Fähigkeiten (berufliche Handlungsfähigkeit) sowie auf den im Berufsschulunterricht entsprechend den Rahmenlehrplänen zu vermittelnden Lehrstoff, soweit dieser für die Berufsausbildung wesentlich ist. Die näheren Einzelregelungen ergeben sich aus der jeweiligen Ausbildungsordnung.

Prüfungsgebühr

Für die Abnahme der Zwischenprüfungen können Gebühren erhoben werden. Die Höhe der Gebühr richtet sich nach der Gebührenordnung der Handwerkskammer oder nach der Beschlussfassung durch die Innungsversammlung, die jedoch durch die Handwerkskammer zu genehmigen ist.

Gebühren-schuldner

> Gebührenschuldner ist der Ausbildende. Der Lehrling darf nicht mit den Kosten der Zwischenprüfung belastet werden.

Dem Ausbildenden werden auf dessen Verlangen die Ergebnisse der Zwischenprüfung der Lehrlinge übermittelt.

4.1.1.2 Rechtsgrundlagen für die Gesellenprüfung

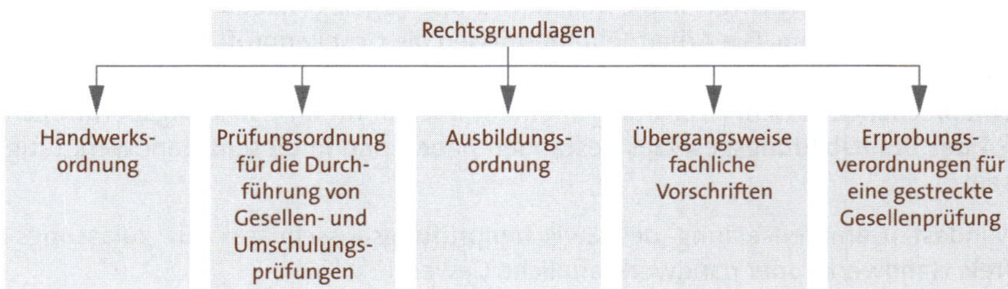

Jede ordnungsgemäße Berufsausbildung sollte ihren Abschluss durch die Gesellenprüfung bzw. Abschlussprüfung finden. Gesellenprüfungen werden in anerkannten Ausbildungsberufen der Gewerbe der Anlagen A und B der Handwerksordnung durchgeführt. Für anerkannte nichthandwerkliche Berufe gibt es die Abschlussprüfung nach dem Berufsbildungsgesetz.
Ein Zwang zur Ablegung der Gesellenprüfung besteht nicht. Die Ablegung der Gesellenprüfung ist unbedingt zu empfehlen, weil deren Nachweis bei Stellenbewerbungen von ausschlaggebender Bedeutung ist. Die Gesellenprüfung oder Abschlussprüfung ist außerdem eine wichtige Voraussetzung für die Zulassung zur Meisterprüfung und für die Ausbildungsberechtigung in zulassungsfreien Handwerken und handwerksähnlichen Gewerben.

Prüfungsgegenstand

Berufliche Handlungsfähigkeit

> Durch die Gesellenprüfung ist festzustellen, ob der Prüfling die berufliche Handlungsfähigkeit im Sinne des Berufsbildungsgesetzes erworben hat.
> In der Gesellenprüfung soll der Prüfling nachweisen, dass er
>
> - die erforderlichen beruflichen Fertigkeiten beherrscht,
> - die notwendigen beruflichen Kenntnisse und Fähigkeiten besitzt,
> - mit dem im Berufsschulunterricht zu vermittelnden, für die Berufsausbildung wesentlichen Lehrstoff vertraut ist.
>
> Die Ausbildungsordnung des jeweiligen Ausbildungsberufes ist zugrunde zu legen.

4.1.1.3 Rechtsgrundlagen für die Abschlussprüfung

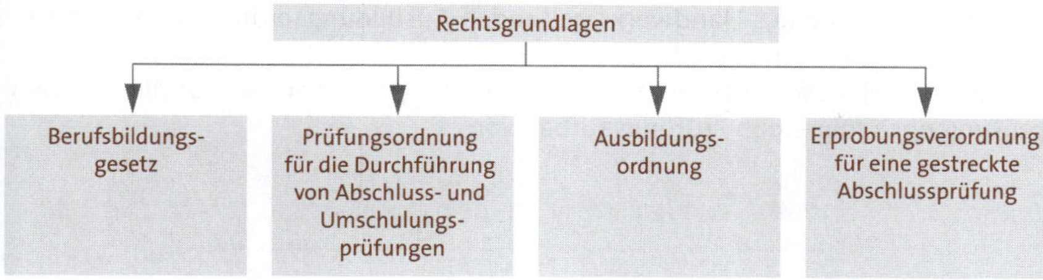

Prüfungsgegenstand

Hier gilt das unter 4.1.1.2 Dargestellte entsprechend.

4.1.1.4 Prüfungsordnungen

> Für die Gesellenprüfung gilt die Prüfungsordnung für die Durchführung von Gesellen- und Umschulungsprüfungen, für die Abschlussprüfung die Prüfungsordnung für die Durchführung von Abschluss- und Umschulungsprüfungen.

Regelungsbereiche

Die Prüfungsordnungen werden von der Handwerkskammer erlassen und können bei dieser beschafft werden. Sie regeln im Wesentlichen folgende Bereiche:

- Prüfungsausschüsse
- Vorbereitung der Prüfung
- Durchführung der Prüfung
- Prüfungszulassung
- Bewertung, Feststellung und Beurkundung des Prüfungsergebnisses
- Wiederholungsprüfung
- Rechtsbehelfsbelehrung, Prüfungsunterlagen, Prüfungen von Zusatzqualifikationen.

Jeder Ausbildungsbetrieb muss sich die Prüfungsordnungen und die Ausbildungsordnungen für den jeweiligen Ausbildungsberuf, in dem ausgebildet wird, beschaffen.

4.1.1.5 Prüfungsanforderungen, Prüfungsaufbau, Prüfungsinhalte, Prüfungsfächer

Prüfungsanforderungen

Die näheren Einzelheiten der Prüfungsanforderungen und des Prüfungsverfahrens richten sich nach der Handwerksordnung, der Prüfungsordnung für die Durchführung von Gesellen- und Umschulungsprüfungen und der Prüfungsordnung für die Durchführung von Abschluss- und Umschulungsprüfungen der zuständigen Handwerkskammer sowie nach der Ausbildungsordnung des jeweiligen Ausbildungsberufs.

Prüfungsaufbau, Prüfungsfächer, Qualifikationsnachweise nach Handlungsfeldern

Die Gliederung der Prüfung richtet sich nach der Ausbildungsordnung. Die für die Ausbildungsberufe des Handwerks geltenden Ausbildungsordnungen haben derzeit keinen einheitlichen Prüfungsaufbau.

Aufbau der Gesellenprüfung

In manchen Handwerksberufen sehen die Prüfungsvorschriften für die Gesellenprüfung noch folgenden Prüfungsaufbau vor:

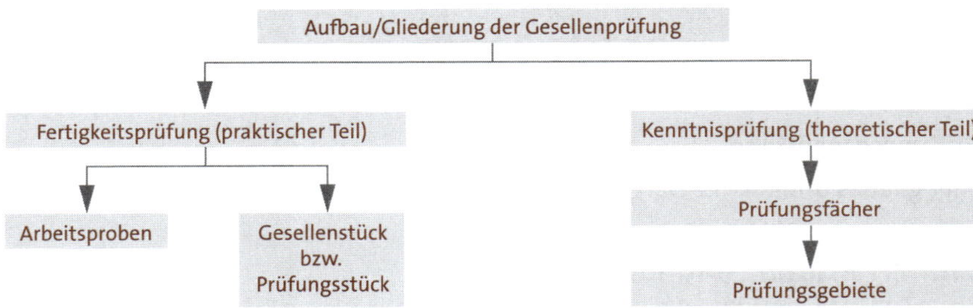

Sowohl der praktische Teil (Fertigkeitsprüfung) als auch der theoretische Teil (Kenntnisprüfung) können gemäß der jeweiligen Ausbildungsordnung aus einzelnen, in sich abgeschlossenen Prüfungsleistungen bestehen. Der theoretische Teil ist schriftlich durchzuführen. Der theoretische Teil ist durch eine mündliche Prüfung zu ergänzen, sofern die Ausbildungsordnung dies vorschreibt.

Handlungsfelder

Handlungskompetenz

> Die Ausbildungsordnung kann abweichend von der obigen Darstellung auch eine Prüfungsgliederung nach Qualifikationsnachweisen in Handlungsfeldern regeln, um die berufliche Handlungskompetenz der Prüfungsteilnehmer im Sinne von selbstständigem Planen, Durchführen und Kontrollieren zu erfassen.

Die neueren Ausbildungsordnungen gehen zum überwiegenden Teil von nachstehender Grundstruktur für den Aufbau und die Gliederung der Gesellenprüfung/Abschlussprüfung aus:

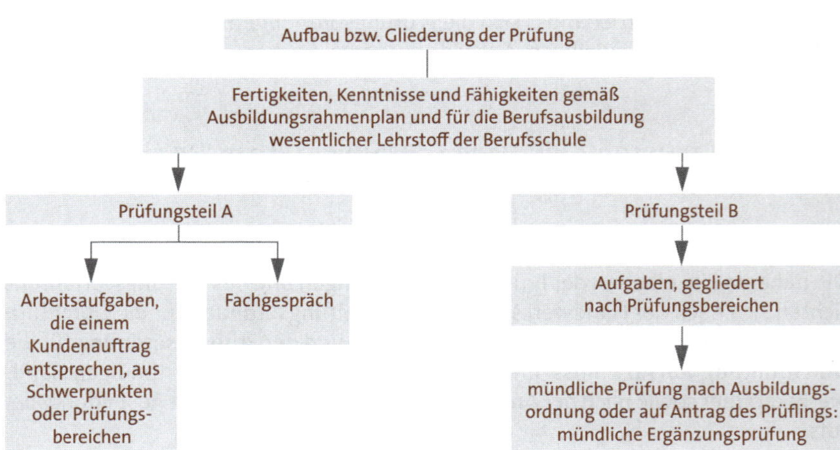

Einzelne Ausbildungsordnungen gliedern nicht nach den zwei oben dargestellten Prüfungsteilen A und B, sondern nur nach Prüfungsbereichen.
Der Hauptausschuss des Bundesinstituts für Berufsbildung hat zur Vereinheitlichung von Prüfungsanforderungen in Ausbildungsordnungen am 13.12.2006 eine Empfehlung beschlossen. Sie bezieht sich auf die Zwischenprüfung, Gesellen- und Abschlussprüfung und die gestreckte Abschluss- bzw. Gesellenprüfung.
In der Empfehlung wird die Gliederung der Gesellen- bzw. Abschlussprüfungen in Fertigkeits- und Kenntnisprüfungen aufgegeben. Prüfungen sollen sich künftig an den jeweiligen beruflichen Handlungskompetenzen ausrichten. Ferner wird ein einheitlicher Katalog von Prüfungsinstrumenten folgenden Inhalts empfohlen:

- schriftliche Aufgaben
- fallbezogenes Fachgespräch
- auftragsbezogenes Fachgespräch
- situatives Fachgespräch
- Prüfungsprodukt/Prüfungsstück
- Arbeitsprobe
- betrieblicher Auftrag
- Arbeitsaufgabe.

Für Ausbildungsordnungen ab dem Jahr 2015 hat der Hauptausschuss des Bundesinstituts für Berufsbildung am 26. Juni 2014 eine Empfehlung herausgegeben. Demnach sollen Ausbildungsberufe durch Handlungsfelder strukturiert werden. Handlungsfelder sind dabei typische Aufgabenbündel, deren Kompetenzen im Ausbildungsrahmenplan beschrieben werden. Auf diese Weise erfolgt auch eine Verbindung zur entsprechenden Einstufung im Deutschen Qualifikationsrahmen.

> Werden während der Berufsausbildung zusätzliche, über das Ausbildungsberufsbild des Ausbildungsberufs hinausgehende Fertigkeiten, Kenntnisse und Fähigkeiten (Zusatzqualifikationen) vermittelt, müssen diese als Zusatzqualifikationen gesondert geprüft und bescheinigt werden.

Prüfung von Zusatzqualifikationen

Die Prüfung dieser Zusatzqualifikationen kann organisatorisch gesehen im Zusammenhang mit der Gesellenprüfung von diesem Prüfungsausschuss durchgeführt werden. Es gilt auch hierfür die Prüfungsordnung für Gesellen- und Abschlussprüfungen.
Der Aufbau der Abschlussprüfung gliedert sich grundsätzlich in analoger Weise wie die Gesellenprüfung, soweit die Ausbildungsordnung nichts anderes bestimmt.

Aufbau der Abschlussprüfung

Prüfungsergebnis

> Jede Prüfungsleistung ist von jedem Mitglied des Prüfungsausschusses selbstständig zu bewerten. Der Prüfungsausschuss stellt durch Beschluss die Ergebnisse der einzelnen Prüfungsleistungen sowie der Prüfung insgesamt und das Bestehen oder Nichtbestehen der Prüfung fest. Bei der gemeinsamen Feststellung der Ergebnisse dienen die Einzelbewertungen der Prüfungsausschussmitglieder als Grundlage.

Beschluss

Vorbewertung

Zur Vorbereitung der Beschlussfassung kann der Vorsitzende des Prüfungsausschusses mindestens zwei Prüfungsausschussmitglieder mit der Bewertung (Vorbewertung) einzelner, nicht mündlich zu erbringender Prüfungsleistungen beauftragen (Berichterstatterprinzip). Die Beauftragten sollen nicht derselben Mitgliedergruppe angehören.
Die Beauftragten müssen die wesentlichen Abläufe der Prüfung dokumentieren und die für die Bewertung erheblichen Tatsachen festhalten. Der Prüfungsausschuss bleibt aber für die endgültige Bewertungsentscheidung verantwortlich.

Gutachterliche Stellungnahmen

Der Prüfungsausschuss kann ferner zur Bewertung einzelner, nicht mündlich zu erbringender Prüfungsleistungen gutachterliche Stellungnahmen Dritter, insbesondere berufsbildender Schulen, einholen. Dadurch wird die Möglichkeit eröffnet, berufsschulische Leistungen des Lehrlings in die Bewertung der Gesellenprüfung einfließen zu lassen.
Die Gutachter müssen wesentliche Abläufe der Prüfung und für die Bewertung erhebliche Tatsachen dokumentieren. Für die Bewertung bleibt aber allein der Prüfungsausschuss, ohne Bindung an die Ergebnisse der Gutachter, verantwortlich.
Dem Prüfling soll unmittelbar nach Feststellung des Gesamtergebnisses der Prüfung mitgeteilt werden, ob er die Prüfung „bestanden" oder „nicht bestanden" hat (Bescheinigung). Dem Ausbildenden werden auf Verlangen die Ergebnisse der Prüfung des Lehrlings übermittelt.
Bei nicht bestandener Prüfung erhalten der Lehrling und seine gesetzlichen Vertreter einen schriftlichen Bescheid. In diesem ist anzugeben, welche Prüfungsleistungen in einer Wiederholungsprüfung nicht mehr wiederholt werden müssen.

4.1.2 Gestreckte Abschluss-/Gesellenprüfung

Gestreckte Gesellenprüfung

In der Ausbildungsordnung kann geregelt werden, dass die Gesellenprüfung in zwei zeitlich auseinanderfallenden Teilen durchgeführt wird (gestreckte Gesellenprüfung). Der erste Teil ersetzt in diesem Fall die Zwischenprüfung. Das Ergebnis des ersten Teils der Prüfung fließt in das Gesamtergebnis der Gesellenprüfung ein. Der Zeitpunkt des ersten Teils der Prüfung wird in der Ausbildungsordnung festgelegt. Der zweite Teil wird stets am Ende der Ausbildungszeit durchgeführt. Durch die zeitliche Streckung werden die beiden Prüfungsteile aber nicht verselbstständigt. Beide Prüfungsteile können nicht einzeln angefochten werden.
Ein Widerspruch gegen die gestreckte Gesellen- oder Abschlussprüfung ist erst nach Erhalt des Bescheides über das Bestehen oder Nichtbestehen der **gesamten** Prüfung möglich.
Übergangsweise können auch ohne ausdrückliche Regelung in der jeweiligen Ausbildungsordnung, zur Erprobung neuer Ausbildungs- und Prüfungsformen, die Leistungen der Zwischenprüfung als Teil 1 der Gesellen- oder Abschlussprüfung bewertet und in das Gesamtergebnis der Gesellenprüfung einbezogen werden. In diesem Falle gilt der Inhalt der Gesellenprüfung als Teil 2 der Gesamtprüfung. Voraussetzung hierfür ist eine entsprechende Verordnung des Bundesministers für Wirtschaft und Energie über die Erprobung einer neuen Ausbildungs- und Prüfungsform für einen bestimmten Ausbildungsberuf.

4.1.3 Spezifische Hilfen und Techniken zur Prüfungsvorbereitung

Grundsätzlich sollte sich die Prüfungsvorbereitung mit Übungsaufgaben darauf konzentrieren, dass sich Lehrlinge möglichst mit prüfungsorientierten Inhalten befassen und Aufgaben unter prüfungsähnlichen Bedingungen bearbeiten.

Prüfungsähnliche Bedingungen

Alle Übungsprüfungsaufgaben haben sich am Profil der Prüfungsanforderungen und am Inhalt der Prüfung nach der Ausbildungsordnung des jeweiligen Berufes zu orientieren.

Sofern Lehrlinge im 3. Ausbildungsjahr an überbetrieblichen Kursen teilnehmen, kann damit auch eine übende Prüfungsvorbereitung erreicht werden, sofern der Ausbildungsplan des Lehrgangs zumindest teilweise darauf ausgerichtet ist.

In manchen Ausbildungsberufen (z. B. Kaufmann/-frau für Büromanagement) werden auch besondere Lehrgänge zur Vorbereitung auf die Gesellen- bzw. Abschlussprüfung angeboten.

Vorbereitungskurse

4.1.4 Vermeidung/Abbau von Prüfungsangst

Eine gewisse Aufregung vor einer Prüfung ist nicht ungewöhnlich und kann zu einer Erhöhung des Leistungsniveaus führen. Allerdings können Auszubildende auch regelrecht Angst vor einer Prüfung entwickeln, was eine erfolgreiche Teilnahme an der Prüfung verhindert.

Die Grundlagen zur Bewältigung von Prüfungsängsten müssen bereits während der Ausbildung gelegt werden, nämlich durch die Vermittlung der notwendigen fachlichen, persönlichen und sozialen Kompetenzen. Der Ausbilder ist gefordert, die Beziehung zu seinem Auszubildenden pädagogisch professionell zu gestalten. Hierzu gehört beispielsweise die Schaffung einer positiven Lernatmosphäre, bei der gezielt auf die Vermittlung von Lernerfolgen geachtet wird. Dies gelingt dem Ausbilder, indem er Hilfestellungen gibt und Fehler als Impulse ansieht, es zukünftig besser zu machen.

Während der Ausbildung

Vor der Prüfung kann der Ausbilder anhand früherer Aufgaben die Prüfungssituation simulieren und mit dieser Strategie der Gegen-Konditionierung dem Auszubildenden dabei helfen, mit seiner Prüfungsangst umzugehen. Dies kann zum Abbau von Prüfungsängsten beitragen.

Vor der Prüfung

Allerdings sollte sich der Ausbilder auf seine berufspädagogischen Kompetenzen konzentrieren und nicht etwa versuchen, therapeutisch zu wirken. Wenn es dem Ausbilder nicht gelingt, dem Auszubildenden hinreichend zu helfen, sollte externe Unterstützung herangezogen werden.

Handlungsorientierte, fallbezogene Aufgaben

1. Sie beschäftigen als Ausbildender mehrere Lehrlinge. Zwei Lehrlinge erhalten eine Einladung zur Zwischenprüfung. Diese bitten Sie als Ausbildenden um Erläuterung der Rechtsgrundlagen und des Zieles der Zwischenprüfung sowie um die Information, wer die Gebühr für die Zwischenprüfung zu zahlen hat!

   Aufgabe: Geben Sie den beiden Lehrlingen die gewünschten Informationen!

   1.1 Erläutern Sie den beiden Lehrlingen die Rechtsgrundlagen!

   1.2 Stellen Sie den beiden Lehrlingen das Ziel der Zwischenprüfung dar! Welche Aussage ist richtig? Ziel der Zwischenprüfung ist,

- [ ] a zu ermitteln, ob der vorgesehene Ausbildungsstand erreicht wurde, sofern die Ausbildungsordnung einzelner Berufe nichts anderes vorsieht.
- [ ] b dass man in erster Linie den Lernfortschritt in der Berufsschule feststellen kann.
- [ ] c dass man ausschließlich die Ausbildungsarbeit des Meisters immer wieder überprüfen kann.
- [ ] d dass der Lehrling in der Gesellenprüfung nur noch über den Lehrstoff der Berufsschule geprüft wird.
- [ ] e dass man in erster Linie das Lernergebnis der überbetrieblichen Ausbildung feststellen kann.

   1.3 Geben Sie an, wer die Gebühr zu zahlen hat! Welche Auswahlantwort ist richtig?

- [ ] a Der Auszubildende.
- [ ] b Der gesetzliche Vertreter des Auszubildenden.
- [ ] c Der Ausbildende.
- [ ] d Ausbildender und Auszubildender je zur Hälfte.
- [ ] e Die Agentur für Arbeit.

>> Seiten 314 bis 316 |

2. Sie bilden in Ihrem Betrieb zwei Lehrlinge aus, die sich im dritten Ausbildungsjahr befinden. Da die Gesellenprüfung in ca. sechs Monaten abzulegen ist, halten Sie es für notwendig, den Lehrlingen grundsätzliche Informationen über die Gesellenprüfung zu geben.

   Aufgabe: Erläutern Sie Ihren beiden Auszubildenden die Rechtsgrundlagen, den Prüfungsgegenstand, den Aufbau, die Gliederung und den Regelablauf der Prüfung sowie die Prüfungsanforderungen!

>> Seiten 316 bis 320 |

3. Zwei Ihrer Auszubildenden befinden sich im letzten Halbjahr ihrer Ausbildungszeit. Aus den bisherigen Erfahrungen mit der Ausbildung von Lehrlingen wissen Sie, dass gründliche Prüfungsvorbereitungsmaßnahmen sowohl seitens der Auszubildenden selbst als auch durch Sie als Ausbilder die Prüfungschancen erhöhen und zu besseren Prüfungsergebnissen führen.

   Aufgabe: Erläutern Sie den beiden Auszubildenden, welche Vorbereitung sie selbst durchführen sollten und welche Vorbereitungsmaßnahmen im Ausbildungsbetrieb noch vorgesehen sind!

   >> Seite 321 |

4.2 Lernsituation: Für die Anmeldung der Auszubildenden zu Prüfungen bei der zuständigen Stelle Sorge tragen und diese auf durchführungsrelevante Besonderheiten hinweisen

Kompetenzen:

- Rechtliche Vorgaben für die Anmeldung der Auszubildenden zu den Prüfungen und für die Freistellung beachten; Anmeldung durchführen.
- Rechtliche Bedingungen für eine vorzeitige Zulassung zur Prüfung beachten.
- Prüfungsrelevante Besonderheiten der Auszubildenden der zuständigen Stelle mitteilen.
- Bei Nichtbestehen der Prüfung rechtliche Vorgaben zu Wiederholungsprüfung bzw. Ergänzungsprüfung und Verlängerung der Ausbildungszeit berücksichtigen.

4.2.1 Anmeldung, Freistellung und Zulassung zur Prüfung

4.2.1.1 Zuständigkeit der Innung oder der Handwerkskammer

Gesellenprüfung

Die Gesellenprüfung wird durch Gesellenprüfungsausschüsse abgenommen. Sie werden von der Handwerkskammer für die einzelnen Handwerke errichtet. Die Handwerkskammer kann Innungen ermächtigen, Gesellenprüfungsausschüsse zu errichten, wenn die Leistungsfähigkeit der Handwerksinnung die ordnungsgemäße Durchführung der Prüfung sicherstellt. In den meisten Handwerkskammerbezirken wird der überwiegende Teil der Prüfungen von den ermächtigten Gesellenprüfungsausschüssen der Innungen abgenommen.

Abschlussprüfung

Die Abschlussprüfungen nach dem Berufsbildungsgesetz werden für den Bereich der Handwerksbetriebe und der handwerksähnlichen Betriebe ausschließlich von der Handwerkskammer, also nicht von einer Innung, abgenommen.

4.2.1.2 Unterlagen zum Antrag auf Zulassung

Der Antrag auf Zulassung zur Prüfung ist durch den Lehrling schriftlich an die zuständige Stelle zu richten, wobei die Anmeldungs- und Prüfungstermine der Handwerkskammer zu beachten sind. Die Lehrlinge haben die Ausbildenden über die Antragstellung zu unterrichten.

Der Anmeldung zur Prüfung sind im Regelfalle folgende Unterlagen beizufügen:

> Bescheinigung über die Teilnahme an der Zwischenprüfung oder am ersten Teil der Gesellenprüfung
> vorgeschriebene schriftliche Ausbildungsnachweise
> Zeugnis der zuletzt besuchten berufsbildenden Schule
> weitere Ausbildungs- und Tätigkeitsnachweise (auch ausländische Abschlüsse und Berufstätigkeiten)
> Bescheinigung über Teilnahme an überbetrieblichen Unterweisungsmaßnahmen.

Regelung zur Freistellung für die Teilnahme an Prüfungen siehe >> Abschnitt 1.2.2.6.
Bei der Zulassung in besonderen Fällen (nachfolgend) sind zusätzlich Zeugnisse oder glaubhafte Nachweise über den Erwerb von Fertigkeiten, Kenntnissen und Fähigkeiten sowie beruflicher Handlungsfähigkeit oder über die Teilnahme an schulischen oder sonstigen Bildungsgängen vorzulegen.

4.2.1.3 Zulassungsvoraussetzungen

Zur Gesellenprüfung ist zuzulassen, wer die Zulassungsvoraussetzungen erfüllt. Regelfall

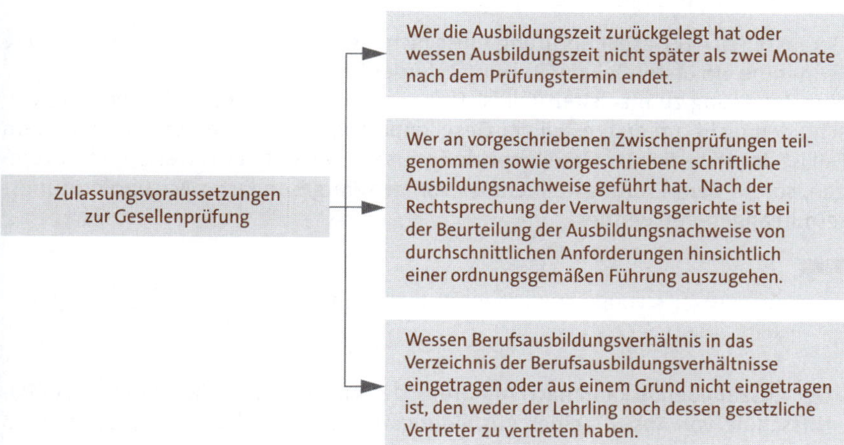

Ferner ist zur Gesellenprüfung zuzulassen, wer in einer berufsbildenden Schule oder einer sonstigen Berufsbildungseinrichtung ausgebildet worden ist, wenn dieser Bildungsgang der Berufsausbildung in einem anerkannten Ausbildungsberuf der Handwerksordnung entspricht. Schulischer Bildungsgang
Ein Bildungsgang entspricht der Berufsausbildung in einem anerkannten Ausbildungsberuf, wenn er

> nach Inhalt, Anforderung und zeitlichem Umfang der jeweiligen Ausbildungsordnung gleichwertig ist,
> systematisch, insbesondere im Rahmen einer sachlichen und zeitlichen Gliederung, durchgeführt wird und
> durch Lernortkooperation einen angemessenen Anteil an fachpraktischer Ausbildung gewährleistet.

Gesellenprüfung in gestreckter Form

Wenn die Gesellenprüfung in gestreckter Form, also in zwei zeitlich auseinanderfallenden Teilen, durchgeführt wird, ist über die Zulassung jeweils gesondert zu entscheiden (zwei separate Zulassungsverfahren).

Zum ersten Teil der Gesellenprüfung ist zuzulassen,

> wer die in der Ausbildungsordnung bis zu diesem Zeitpunkt vorgeschriebene erforderliche Ausbildungszeit zurückgelegt hat und
> wer den vorgeschriebenen schriftlichen Ausbildungsnachweis geführt hat und
> wessen Berufsausbildungsverhältnis in die Lehrlingsrolle eingetragen ist oder aus einem Grund nicht eingetragen ist, den weder der Lehrling noch dessen gesetzlicher Vertreter zu vertreten hat.

Zum zweiten Teil der Gesellenprüfung muss zugelassen werden,

> wer die Ausbildungszeit zurückgelegt oder wessen Ausbildungszeit nicht später als zwei Monate nach dem Prüfungstermin endet,
> wer am ersten Teil der Gesellenprüfung teilgenommen hat,
> wer schriftliche Ausbildungsnachweise geführt hat und
> wessen Berufsausbildungsverhältnis in die Lehrlingsrolle eingetragen ist oder aus einem Grund nicht eingetragen ist, den weder der Lehrling noch seine gesetzlichen Vertreter zu vertreten haben.

Der erste Teil der Gesellenprüfung muss nicht bestanden sein. Vielmehr ist nur die Teilnahme am ersten Teil der Prüfung erforderlich.
Eine Zulassung zum zweiten Teil ist ferner möglich, wenn der Lehrling ohne Verschulden nicht am ersten Teil der Gesellenprüfung teilgenommen hat. In diesem Fall ist der erste Teil der Gesellenprüfung zusammen mit dem zweiten Teil abzulegen, sofern dem Prüfungsteilnehmer vorher kein gesonderter Nachholprüfungstermin angeboten wurde.

Weitere Zulassungsmöglichkeiten

Weitere Zulassungsmöglichkeiten zur Gesellenprüfung bestehen in folgenden Fällen:

Vorzeitige Zulassung zur Prüfung

> Der Auszubildende kann nach Anhörung des Ausbildenden (Betrieb) und der Berufsschule vor Ablauf seiner Ausbildungszeit zur Gesellenprüfung zugelassen werden, wenn seine Leistungen dies rechtfertigen.
Der Antrag ist schriftlich bei der zuständigen Stelle bzw. bei der Geschäftsstelle des Prüfungsausschusses einzureichen.
Eine vorzeitige Zulassung ist gerechtfertigt, wenn der Auszubildende sowohl in der Praxis (Betrieb) als auch in der Berufsschule (Durchschnittsnote aller prüfungsrelevanten Fächer oder Lernfelder) überdurchschnittliche Leistungen nachweist.
Überdurchschnittliche Leistungen liegen in der Regel vor, wenn das letzte Zeugnis der Berufsschule in den prüfungsrelevanten Fächern oder Lernfeldern einen Notendurchschnitt besser als 2,49 enthält und die praktischen Ausbildungsleistungen als überdurchschnittlich bzw. besser als 2,49 bewertet werden. Neben dem Zeugnis der Berufsschule sind für den Nachweis das Leistungszeugnis oder eine entsprechende Bescheinigung des ausbildenden Betriebs und die Vorlage der Zwischenprüfungsbescheinigung erforderlich. Der ordnungsgemäß geführte

Ausbildungsnachweis ist vorzulegen oder das ordnungsgemäße Führen des Ausbildungsnachweises vom Betrieb und vom Auszubildenden schriftlich zu bestätigen. Die vorgezogene Prüfung soll nicht mehr als 6 Monate vor dem ursprünglichen Prüfungstermin stattfinden. Darüber hinausgehende Anträge sollen von der Handwerkskammer als Antrag auf Abkürzung der Ausbildungszeit behandelt werden.

Ausnahmsweise Zulassung zur Prüfung

> Zur Gesellenprüfung ist auch zuzulassen, wer nachweist, dass er mindestens das Eineinhalbfache der Zeit, die als Ausbildungszeit vorgeschrieben ist, in dem Beruf tätig gewesen ist, in dem er die Prüfung ablegen will. Als Zeiten der Berufstätigkeit gelten auch Ausbildungszeiten in einem anderen artverwandten einschlägigen Ausbildungsberuf.
Vom Nachweis der Mindestzeit kann ganz oder teilweise abgesehen werden, wenn durch Vorlage von Zeugnissen oder auf andere Weise glaubhaft gemacht wird, dass der Bewerber die berufliche Handlungsfähigkeit erworben hat, die die Zulassung zur Prüfung rechtfertigt. Der Prüfungsbewerber muss in diesem Falle also nachweisen, dass er auf andere Weise einen der „Normalausbildung“ entsprechenden vergleichbaren Ausbildungsstand erreicht hat. Ausländische Bildungsabschlüsse und Zeiten der Berufstätigkeit im Ausland sind dabei zu berücksichtigen.

Zulassung von Soldaten

> Soldaten auf Zeit und ehemalige Soldaten sind zur Gesellenprüfung zuzulassen, wenn das Bundesministerium der Verteidigung oder die von ihm bestimmte Stelle bescheinigt, dass der Bewerber berufliche Fertigkeiten, Kenntnisse und Fähigkeiten erworben hat, welche die Zulassung zur Prüfung rechtfertigen.

Entscheidung über Zulassung

Über die Zulassung zur Gesellenprüfung entscheidet der Vorsitzende des Prüfungsausschusses. Hält er die Zulassungsvoraussetzungen nicht für gegeben, so entscheidet der Prüfungsausschuss.
Die Entscheidung über die Zulassung ist den Prüfungsbewerbern rechtzeitig unter Angabe des Prüfungstages und -ortes schriftlich mitzuteilen. Die erlaubten Arbeits- und Hilfsmittel sind zu benennen.
Die Entscheidung über die Nichtzulassung ist dem Prüfungsbewerber schriftlich mit Begründung bekanntzugeben.
Auszubildenden, die Elternzeit in Anspruch genommen haben, darf bei der Entscheidung über die Zulassung hieraus kein Nachteil erwachsen.
Die Anmeldung und Zulassung zur Prüfung von Zusatzqualifikationen ist an sich ein eigenständiger Arbeitsvorgang. Bei entsprechender sinnvoller Prüfungsorganisation sollte in der Praxis die Anmeldung zur Prüfung von Zusatzqualifikationen zusammen mit der Anmeldung zur Gesellen- oder Abschlussprüfung erfolgen können.

4.2.1.4 Prüfungsgebühr

Die Gesellenprüfungsgebühr hat der Ausbildende für die Lehrlinge zu zahlen. Die Prüfung von Zusatzqualifikationen ist für Lehrlinge ebenfalls gebührenfrei. Bei Sonderzulassungen gelten abweichende Regelungen. Die Gebühr ist mit dem Antrag auf Zulassung zur Gesellenprüfung zu entrichten.

4.2.2 Prüfungsrelevante Besonderheiten von Auszubildenden

Auszubildende mit körperlichen oder sonstigen Einschränkungen können unter Umständen an Teilen der regulären Gesellenprüfung nicht teilnehmen. In diesen Fällen haben die Betroffenen einen Rechtsanspruch darauf, dass ihre Benachteiligung den anderen Prüfungsteilnehmern gegenüber ausgeglichen wird. Typische Beispiele hierfür sind:

> Verlängerung der Prüfungszeit (z. B. für Legastheniker zum Lesen der Prüfungsaufgaben)
> Einschaltung einer dritten Person zur Unterstützung (z. B. Gebärdendolmetscher bei schwerhörigen Prüflingen)
> Einsatz von Hilfsmitteln (z. B. zum Heben schwerer Lasten bei körperlichen Einschränkungen).

Prüflinge, die einen Nachteilsausgleich in der Zwischen-, Gesellen- bzw. Abschlussprüfung in Anspruch nehmen wollen, müssen darauf spätestens bei der Anmeldung zur Prüfung hinweisen.

Die Entscheidung über die Art des Nachteilausgleichs liegt bei der zuständigen Stelle bzw. dem Prüfungsausschuss. Dabei werden in der Regel medizinische Atteste oder Stellungnahmen berücksichtigt.

Die Berücksichtigung prüfungsrelevanter Besonderheiten des Auszubildenden soll genau den Nachteil ausgleichen, den der Auszubildende hat. Er darf den anderen Prüfungsteilnehmern nicht schlechter gestellt sein, er darf aber auch nicht besser gestellt werden. Aus diesem Grund dürfen die Prüfungsanforderungen qualitativ nicht geändert werden.

4.2.3 Wiederholungsprüfung, Ergänzungsprüfung und Verlängerung des Ausbildungsverhältnisses

4.2.3.1 Wiederholungsprüfung

Wiederholung der Prüfung

Eine Gesellenprüfung kann im Falle des Nichtbestehens zweimal wiederholt werden. Eine Wiederholung zur Notenverbesserung ist nicht vorgesehen.

Wenn der Prüfling bei einer nicht bestandenen Prüfung in einer selbstständigen Prüfungsleistung mindestens ausreichende Leistungen erbracht hat, so ist diese auf Antrag nicht zu wiederholen. Voraussetzung dafür ist, dass sich der Prüfling innerhalb von zwei Jahren zur Wiederholungsprüfung anmeldet.
Sofern die Gesellenprüfung in zwei zeitlich auseinanderfallenden Teilen durchgeführt wird, ist der erste Teil der Gesellenprüfung nicht eigenständig wiederholbar.

4.2.3.2 Ergänzungsprüfung

Für den Fall, dass ein Prüfling in einem schriftlichen Prüfungsbereich nicht mindestens ausreichende Leistungen erbracht hat, sehen die meisten Ausbildungsordnungen vor, dass er eine Ergänzungsprüfung beantragen kann. Voraussetzung hierfür ist aber, dass er hierdurch die Prüfung insgesamt bestehen kann.

4.2.3.3 Verlängerung des Ausbildungsverhältnisses

Bei Nichtbestehen der Gesellen- oder Abschlussprüfung verlängert sich das Berufsausbildungsverhältnis auf Verlangen des Lehrlings bis zur nächstmöglichen Wiederholungsprüfung, höchstens jedoch um ein Jahr.

Bei Versagen des Auszubildenden in der Wiederholungsprüfung kann dieser nach der Rechtsprechung eine nochmalige Verlängerung des Ausbildungsverhältnisses bis zur zweiten Wiederholungsprüfung verlangen, aber insgesamt nicht über ein Jahr hinaus.

Handlungsorientierte, fallbezogene Aufgaben

1. Sie bilden als Inhaber eines Handwerksbetriebes zwei Lehrlinge aus, die sich im dritten Ausbildungsjahr befinden. Die von der Handwerkskammer zur Abnahme der Gesellenprüfung ermächtigte, für Sie zuständige Innung hat die Anmeldungs- und Prüfungstermine im Rahmen der Vorgaben der Handwerkskammer für die nächste Prüfung bekanntgegeben.

   Aufgabe: Besprechen Sie mit Ihren Lehrlingen die Formalitäten für die Anmeldung und den Antrag auf Zulassung zur Prüfung, informieren Sie über die Termine und erläutern Sie die Unterlagen, die den Anträgen auf Zulassung beizufügen sind.

   >> Seiten 324 bis 325 |

2. Sie beschäftigen in Ihrem Betrieb einen Auszubildenden, dessen Berufsausbildungsverhältnis in den nächsten zwei Monaten endet. Nach der Ausbildungsordnung des Ausbildungsberufes wird die Gesellenprüfung in zwei zeitlich auseinanderfallenden Teilen durchgeführt. Am ersten Teil der Prüfung hat der Lehrling ordnungsgemäß teilgenommen. Nun steht in einem weiteren gesonderten Zulassungsverfahren die Zulassung zum zweiten Teil der Gesellenprüfung an.

   Aufgabe: Der Lehrling wird zu diesem Teil der Prüfung zugelassen,

- [ ] a wenn er die allgemeinen in der Handwerksordnung vorgesehenen Zulassungsvoraussetzungen erfüllt und am ersten Teil der Gesellenprüfung teilgenommen hat.
- [ ] b wenn er die allgemeinen in der Handwerksordnung vorgesehenen Zulassungsvoraussetzungen erfüllt und den ersten Teil der Gesellenprüfung bestanden hat.
- [ ] c wenn er vom Ausbildungsbetrieb als prüfungsreif beurteilt wurde.
- [ ] d wenn er von der Berufsschule als prüfungsreif beurteilt wurde.
- [ ] e wenn er während der gesamten Ausbildungszeit nicht mehr als 30 Tage im Ausbildungsbetrieb gefehlt hat.

>> Seite 326 |

4.3 Lernsituation: Schriftliche Zeugnisse auf der Grundlage von Leistungsbeurteilungen erstellen

Kompetenzen:

- Gesetzliche und betriebliche Vorgaben beachten sowie die arbeitsrechtliche Bedeutung von Zeugnissen für den Auszubildenden herausstellen.
- Verschiedene Arten von Zeugnissen unterscheiden.
- Zeugnisse insbesondere unter Berücksichtigung bisheriger Leistungsbeurteilungen erstellen und rechtliche Konsequenzen beachten.

4.3.1 Bedeutung, Arten und Inhalte von Zeugnissen

4.3.1.1 Gesellenprüfungszeugnis

Über die bestandene Prüfung erhält der Prüfungsteilnehmer ein Zeugnis. Dem Ausbildenden werden auf dessen Verlangen die Ergebnisse der Gesellenprüfung des Lehrlings mitgeteilt. Der Inhalt des Prüfungszeugnisses richtet sich nach der Prüfungsordnung für die Durchführung von Gesellen- und Umschulungsprüfungen. Der von der Handwerkskammer vorgeschriebene Vordruck ist zu verwenden.

Sofern die Gesellenprüfung in gestreckter Form, also in zwei auseinanderfallenden Teilen, durchgeführt wird, erhält der Prüfling das Ergebnis der Prüfungsleistung im ersten Teil der Gesellenprüfung schriftlich mitgeteilt (Bescheinigung). Die Ausstellung eines formellen Prüfungszeugnisses hierfür ist ausgeschlossen.
Dem Ausbildenden werden auf dessen Verlangen auch die Ergebnisse von Teil 1 einer gestreckten Prüfung übermittelt.
Auf Antrag des Lehrlings muss der Prüfungsträger (Innung oder Handwerkskammer) eine englischsprachige und eine französischsprachige Übersetzung des Gesellenprüfungszeugnisses kostenfrei ausfertigen. Ferner kann auf Antrag des Lehrlings das Ergebnis berufsschulischer Leistungsfeststellungen auf dem Gesellenprüfungszeugnis ausgewiesen werden.

Übersetzung

Noten der Berufsschule

Wurde die Gesellenprüfung vor einem Prüfungsausschuss der Handwerkskammer abgelegt, stellt diese das Zeugnis aus. Bei Ablegung der Prüfung vor dem Prüfungsausschuss der Innung erhält der Prüfling das Zeugnis von der Innung.
Werden in einem Ausbildungsgang entsprechend der Ausbildungsordnung über den Mindestinhalt der Berufsausbildung (Ausbildungsberufsbild) hinaus zusätzliche berufliche Fertigkeiten, Kenntnisse und Fähigkeiten vermittelt, die die berufliche Handlungsfähigkeit ergänzen oder erweitern (z. B. Wahlbausteine der Ausbildungsordnung, Zusatzqualifikationen), sind diese gesondert zu prüfen und zu bescheinigen. Sie dürfen das Ergebnis der Gesellenprüfung **nicht** berühren, d. h. keinen Einfluss auf das Bestehen oder Nichtbestehen der eigentlichen Gesellenprüfung haben.

Prüfung von Zusatzqualifikationen

4.3.1.2 Abschlussprüfungszeugnis

Über die bestandene Abschlussprüfung erhält der Prüfungsteilnehmer von der Handwerkskammer ein Zeugnis. Der Inhalt des Prüfungszeugnisses richtet sich nach der Prüfungsordnung für die Durchführung von Abschluss- und Umschulungsprüfungen. Die unter 4.3.1.1 erfolgten Ausführungen gelten für die Abschlussprüfung entsprechend.

4.3.1.3 Berufsschulzeugnis

Die Berufsschule stellt bei Beendigung des Schulbesuchs ein Zeugnis aus, das die Leistungen in der Berufsschule ausweist.

4.3.1.4 Betriebliches Ausbildungszeugnis

Der Ausbildende hat dem Lehrling bei Beendigung des Berufsausbildungsverhältnisses ein Zeugnis schriftlich auszustellen.

Die elektronische Form ist nicht zulässig.

4.3.2 Formulierung von Zeugnissen

Zwei Arten

Man unterscheidet zwei Arten von Ausbildungszeugnissen.

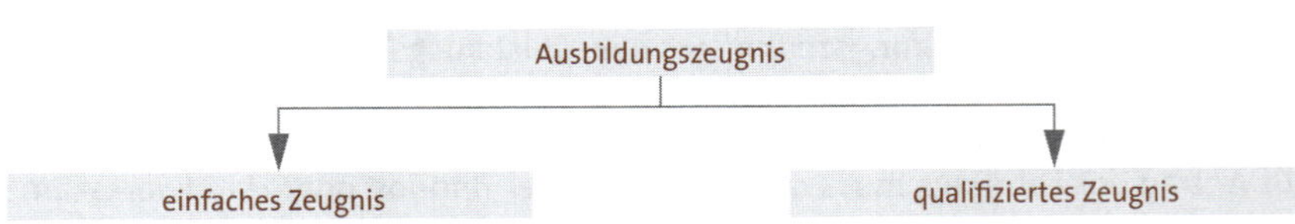

Das Zeugnis muss Angaben über Art, Dauer und Ziel der Berufsausbildung sowie über die erworbenen beruflichen Fertigkeiten, Kenntnisse und Fähigkeiten des Auszubildenden enthalten (einfaches Zeugnis). Auf Verlangen des Auszubildenden sind auch Angaben über Verhalten und Leistung aufzunehmen (qualifiziertes Zeugnis). Hiernach können neben Verhaltensangaben etwa auch besonderes Geschick bei der Arbeit oder den Ausbildungsstandard übertreffendes Fachwissen bescheinigt werden.

Mindestinhalte

Die beiden nachstehend aufgeführten Muster enthalten die gesetzlichen Mindestinhalte der beiden Zeugnisarten.

Muster eines einfachen Ausbildungszeugnisses

Zeugnis

Herr/Frau ______________________________________
(Name des Lehrlings)

geb. am ________________ in ______________________

wurde vom ______________ bis ____________________

im ____
(Ausbildungsberuf)

in meinem/unserem Betrieb ausgebildet.

Der/Die Auszubildende hat an den vorgeschriebenen überbetrieblichen Maßnahmen teilgenommen und die Berufsschule regelmäßig besucht.

Ihm/Ihr wurden alle beruflichen Fertigkeiten, Kenntnisse und Fähigkeiten nach der Ausbildungsordnung für

____
(Ausbildungsberuf)

vermittelt, sodass er/sie das Ausbildungsziel erreicht hat.

____
Ort, Datum

____
Unterschrift des Ausbildenden
(Betrieb)

Muster eines qualifizierten Zeugnisses

Zeugnis

Herr/Frau ______________________________

(Name des Lehrlings)

geb. am ______________ in ______________________

wurde vom ____________ bis ______________________

im ______________________________________

(Ausbildungsberuf)

in meinem/unserem Betrieb ausgebildet. Der/Die Auszubildende hat regelmäßig die Berufsschule besucht und an den vorgeschriebenen überbetrieblichen Maßnahmen teilgenommen.

Ihm/Ihr wurden alle beruflichen Fertigkeiten, Kenntnisse und Fähigkeiten nach der Ausbildungsordnung für

____

(Ausbildungsberuf)

vermittelt, sodass er/sie das Ausbildungsziel erreicht hat.
Sein/Ihr persönliches Verhalten war während der gesamten Ausbildungszeit stets tadellos.

Den Vorgesetzten und Kollegen gegenüber verhielt er/sie sich loyal, korrekt und kollegial.

Er/Sie hat die ihm/ihr im Rahmen der Berufsausbildung übertragenen Aufgaben stets zu unserer vollen Zufriedenheit erledigt.

Besondere fachliche Fähigkeiten zeigte er/sie:

____

____

____

Ort, Datum

____

Unterschrift des Ausbildenden
(Betrieb)

Hat der Ausbildende die Berufsausbildung nicht selbst durchgeführt, so soll auch der Ausbilder oder die Ausbilderin das Zeugnis unterschreiben. Unterschriften

4.3.3 Rechtsfolgen von Zeugnissen

Das ausgestellte Zeugnis soll wohlwollend formuliert sein, um das weitere Fortkommen des Auszubildenden nicht unnötig zu erschweren. Gleichzeitig müssen die getroffenen Aussagen aber der Wahrheit entsprechen.
Falsche Zeugnisse können zu Schadenersatzansprüchen führen, wenn der bisherige Auszubildende bzw. der zukünftige Arbeitgeber aufgrund des falschen Zeugnisses nachweislich einen Schaden erleiden.

Handlungsorientierte, fallbezogene Aufgaben

1. Zwei in einem Handwerksbetrieb ausgebildete Lehrlinge haben die Gesellenprüfung abgelegt und ihr Zeugnis erhalten. Der Ausbildende verlangt vom Prüfungsträger, dass ihm die Ergebnisse der Gesellenprüfung der Lehrlinge mitgeteilt werden.

   Aufgabe: Kann er dies verlangen?

   - [ ] a Nein, weil die Ergebnisse grundsätzlich dem Prüfungsgeheimnis unterliegen, das auch im Verhältnis zum Ausbildenden gilt.
   - [ ] b Nein, weil die beiden Lehrlinge verpflichtet sind, diese dem Ausbildenden mitzuteilen.
   - [ ] c Nein, weil der Prüfungsträger nur im Falle des Nichtbestehens der Prüfungen dazu verpflichtet ist.
   - [ ] d Ja, weil dies in der Gewerbeordnung und im Berufsschulgesetz so geregelt ist.
   - [ ] e Ja, weil dies im Berufsbildungsgesetz und in der Handwerksordnung so geregelt ist.

   >> Seite 331 |

2. Ein in einem Handwerksbetrieb ausgebildeter Lehrling hat die Gesellenprüfung bestanden. Da er später einmal, zumindest auf Zeit, im Ausland arbeiten will, beantragt er beim Prüfungsträger (Innung oder Handwerkskammer), für sein Gesellenprüfungszeugnis eine englischsprachige und eine französischsprachige Übersetzung auszufertigen.

   Aufgabe: Kann der Lehrling dies vom Prüfungsträger verlangen?

   - [ ] a Nein, weil solche Übersetzungen nur den einschlägigen staatlichen Übersetzungsbüros vorbehalten sind.
   - [ ] b Nein, weil dafür die Agentur für Arbeit zuständig ist.
   - [ ] c Ja, weil dies im Berufsbildungsgesetz und in der Handwerksordnung so geregelt ist.
   - [ ] d Ja, weil dies in der Gewerbeordnung so geregelt ist.
   - [ ] e Ja, weil dies im Sozialgesetzbuch III (Arbeitsförderung) so geregelt ist.

   >> Seite 331 |

3. Ein in einem Handwerksbetrieb ausgebildeter Lehrling hat die Gesellenprüfung bestanden. In der Berufsschulabschlussprüfung hat er ordentliche Leistungen erbracht, die er deshalb auch im Gesellenprüfungszeugnis ausgewiesen haben will.

   Aufgabe: Kann der Lehrling dies vom Prüfungsträger (Innung oder Handwerkskammer) verlangen?

- [ ] a Ja, wenn die berufsschulischen Leistungsfeststellungen der Note „sehr gut" entsprechen.
- [ ] b Ja, wenn die Leistungsfeststellungen der Berufsschule der Note „gut" entsprechen.
- [ ] c Ja, wenn die Leistungsfeststellungen der Berufsschule der Note „befriedigend" entsprechen.
- [ ] d Ja, weil er darauf nach dem Berufsbildungsgesetz und der Handwerksordnung einen Anspruch hat.
- [ ] e Nein, weil die Leistungsfeststellungen der Gesellenprüfung und die der Berufsschule nur in jeweils getrennten Zeugnissen ausgewiesen werden dürfen.

>> Seite 331 |

4. Ein in Ihrem Betrieb ausgebildeter Lehrling hat seine Ausbildungszeit beendet. Er bittet Sie um ein Ausbildungszeugnis, das auch Angaben über Verhalten, Leistung und besondere fachliche Fähigkeiten enthält.

   Aufgabe: Erstellen Sie für den in Ihrem Betrieb ausgebildeten Lehrling ein Zeugnis, das sowohl seinen geäußerten Wünschen als auch den gesetzlichen Anforderungen entspricht!

>> Seite 334 |

4.4 Lernsituation: Auszubildende über betriebliche Entwicklungswege und berufliche Weiterbildungsmöglichkeiten informieren und beraten

Kompetenzen:

> Stellenwert der beruflichen Fort- und Weiterbildung begründen.
> Berufliche und betriebliche Aufstiegs- und Fortbildungsmöglichkeiten, insbesondere zur Meisterprüfung, beschreiben.
> Fördermöglichkeiten für berufliche Fort- und Weiterbildung sowie Möglichkeiten der Begabtenförderung aufzeigen.

4.4.1 Berufliche Fort- und Weiterbildungsmöglichkeiten, Meisterprüfung

4.4.1.1 Bedeutung der Fortbildung für die persönliche, berufliche und wirtschaftliche Weiterentwicklung

Gründe für Fortbildung

Das Wissen von heute genügt nicht mehr für den Erfolg von morgen. Die rasch fortschreitende technische Entwicklung allgemein und insbesondere bei den Informations- und Kommunikationstechnologien und das Innovationstempo sowie die neuen, sich ständig wandelnden Qualifikationsanforderungen an das Handwerk und sich verändernde Märkte zwingen zu ständiger, lebenslanger Fort- und Weiterbildung.

Zusatzqualifikationen

In vielen Bereichen werden Zusatzqualifikationen erforderlich, die zunehmend durch modulare Weiterbildungskonzepte (in sich abgeschlossene Qualifikationseinheiten) vermittelt werden. Sie erfolgen im Handwerk unterhalb und oberhalb der Meisterebene.
Hinzu kommt, dass die Bewältigung des technischen Wandels auch von Erwerbstätigen mittleren und höheren Alters geleistet werden muss, deren Ausbildung darauf noch nicht ausgerichtet war.

Auswirkungen der Fortbildung

Berufliche Fortbildung kommt nicht nur den Betrieben, sondern auch jedem Einzelnen zugute. Deshalb sollte ein Teil der wachsenden Freizeit auch als Bildungszeit genutzt und außerdem überlegt werden, wie auch im Handwerk Weiterbildungszeiten im Rahmen der Flexibilisierung von Arbeitsorganisation und Arbeitszeiten erreicht werden können.

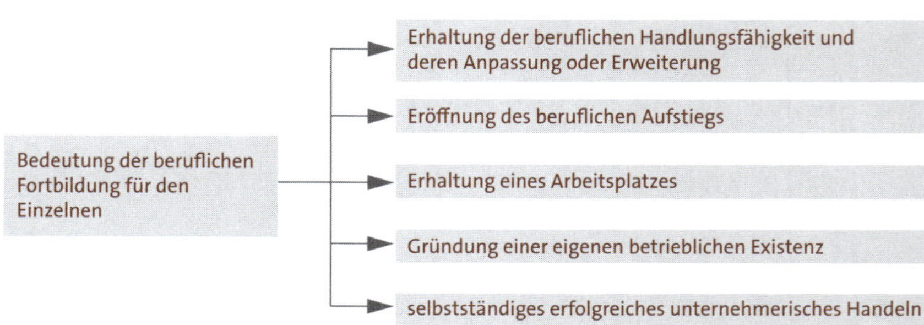

4.4.1.2 Ziele der Fortbildung, Fortbildungsmöglichkeiten

Die berufliche Fortbildung soll es jedem ermöglichen, die berufliche Handlungsfähigkeit zu erhalten und anzupassen oder zu erweitern und beruflich aufzusteigen. Strukturell gesehen unterscheidet man also zwischen Anpassungsfortbildung und Aufstiegsfortbildung.

Die Anpassungsfortbildung soll die berufliche Handlungsfähigkeit erhalten und an gewandelte Erfordernisse der Berufs- und Arbeitswelt anpassen. Anpassungsfortbildung

Die Aufstiegsfortbildung soll im Sinne des lebenslangen Lernens die berufliche Handlungsfähigkeit auf qualitativ höherwertige Berufstätigkeiten erweitern und beruflichen Aufstieg ermöglichen. Aufstiegsfortbildung

Als besondere Fortbildungswege der Aufstiegsfortbildung im Handwerk, die zu den folgenden Abschlüssen führen, sind u. a. zu nennen:

> Meisterprüfung
> Geprüfter Betriebswirt/Geprüfte Betriebswirtin nach der Handwerksordnung
> Fachmann/-frau für kaufmännische Betriebsführung
> Kaufmännische/r Fachwirt/in (HwK)
> Betriebsinformatiker/in (HwK)
> Wirtschaftsinformatiker/in (HwK)
> Energieberater/in (HwK)
> Gebäudeenergieberater (HwK)
> Fachwirt/in für Gebäudemanagement (HwK).

Die Fortbildungsmaßnahmen erfolgen teilweise in Schulen, schwerpunktmäßig aber in folgenden Einrichtungen des Handwerks:

Fortbildungsträger

> Berufsbildungs- und Technologiezentren, Kompetenzzentren
> Akademien.

Schulische Einrichtungen stehen dem fortbildungswilligen Handwerker unter jeweils gegebenen persönlichen Zulassungsvoraussetzungen für die Fort- und Weiterbildung offen.

Die Fortbildung wird also von einer Vielfalt von Bildungseinrichtungen durchgeführt. Für jeden Handwerker ist die Fortbildung auf hohem Qualitätsniveau gewährleistet.

Internet

Was die Vermittlungswege angeht, werden zunehmend Kurse und Lehrgänge per Internet angeboten, die bei Vorliegen entsprechender technischer Voraussetzungen genutzt werden können.

Onlinekurse

Die Bildungsmaßnahmen werden auch in Kombination aus Präsenzausbildung und Onlinelearning zu Hause (Selbstlernphasen) oder in einer Mischung mehrerer Unterrichtsmethoden durchgeführt. E-Learning (auch Telelearning oder Blended Learning und Onlinekurse genannt) bietet die Möglichkeit für den Teilnehmer, nach eigenem Lernrhythmus, eigener Lernzeit und Lerndauer zu Hause, auch an entlegenen Orten, zu lernen (auch >> Abschnitt 3.4.5).

Die wichtigsten Fortbildungsmöglichkeiten im Überblick:

Fortbildungsmöglichkeiten für Handwerker

- Abendrealschulen, Abendgymnasium, Kollegs
- kaufmännische und betriebswirtschaftliche Kurse
- Fachlehrgänge aller Art, einschließlich neuer Technologien
- Fachlehrgänge im gestalterischen und kreativen Bereich
- Existenzgründungslehrgänge, Managementseminare, Marketing, Verkaufstraining, Personalentwicklung, Ausbildung der Ausbilder
- Fernunterricht, Angebote im Internet, Telelearning und Kombination aus Präsenzausbildung und Onlinelearning
- Meistervorbereitungslehrgänge, Fach- und Meisterschulen
- Kombifortbildungsgänge (z. B. Meisterprüfung und Betriebswirt des Handwerks)
- Technikerschulen
- Akademien des Handwerks für Betriebswirtschaft, Technik und Gestaltung
- Fachschule, Fachakademie, Berufsakademie
- Berufliche Oberschule → Fachhochschulreife/ Hochschulreife
- Fachhochschule
- Hochschule, Universität
- Kooperationsmodelle zwischen Bildungsträgern des Handwerks und Hochschulen

Information Über alle Fortbildungsmöglichkeiten informieren die Handwerkskammern und die anderen Handwerksorganisationen. Es bestehen zahlreiche Programmhefte und elektronische Weiterbildungsinformationssysteme.

Weiterbildungsberater Auskünfte erteilen auch die Weiterbildungsberater der Handwerkskammern und anderer Handwerksorganisationen. Buchungen für Kurse und Lehrgänge können online erfolgen.

Berufslaufbahnkonzepte Der Mensch ist der wichtigste Produktions- und Leistungsfaktor im Handwerksbetrieb. Von der Bereitschaft zur Fortbildung wird daher die Zukunft einer Reihe von Handwerkszweigen abhängen. Deshalb müssen die Betriebsinhaber den eigenen Weiterbildungsbedarf und den der Mitarbeiter rechtzeitig erkennen (Bildungsbedarfsanalyse) und entsprechende Maßnahmebeteiligungen sicherstellen. Berufslaufbahnkonzepte sind zu entwickeln. Die durch Weiterbildung zu erreichenden Kompetenzen sind auf die strategischen Ziele des Betriebs auszurichten.

Fortbildungsplanung

Somit ist es zweckmäßig,

> eine systematische betriebliche Planung und
> eine persönliche Planung des Einzelnen für die jeweiligen Fortbildungsaktivitäten vorzunehmen.

4.4.1.3 Fortbildungsprüfungen

Für eine Vielzahl von Fortbildungsmaßnahmen besteht die Möglichkeit, anschließend eine Fortbildungsprüfung abzulegen.

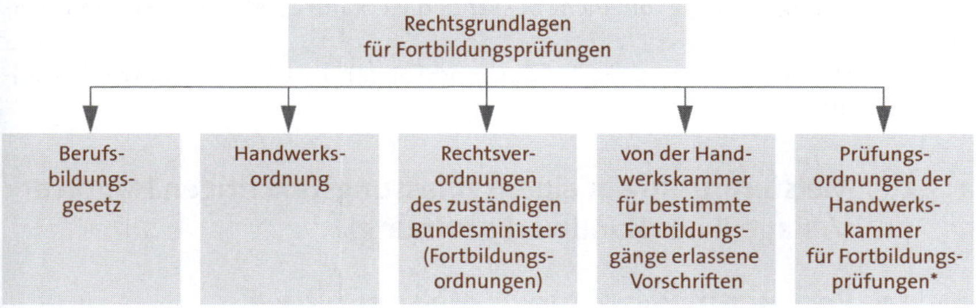

***Erläuterung:** Diese beiden Prüfungsordnungen, also zum einen für die Durchführung von Prüfungen auf der Grundlage der Handwerksordnung und zum anderen für die Durchführung von Prüfungen auf der Grundlage des Berufsbildungsgesetzes, basieren auf Beschlussfassungen der Handwerkskammer nach Vorgabe einer Empfehlung des Hauptausschusses des Bundesinstituts für Berufsbildung vom 27.06.2008 (Bundesanzeiger 129a vom 27.08.2008).

Fortbildungsordnungen

Als Grundlage für eine einheitliche berufliche Fortbildung kann das Bundesministerium für Bildung und Forschung im Einvernehmen mit dem Bundesministerium für Wirtschaft und Energie nach Anhören des Hauptausschusses des Bundesinstituts für Berufsbildung Fortbildungsabschlüsse anerkennen und hierfür Prüfungsregelungen erlassen. Diese Fortbildungsordnungen legen fest:

> die Bezeichnung des Fortbildungsabschlusses
> das Ziel, den Inhalt und die Anforderungen der Prüfung
> die Zulassungsvoraussetzungen
> das Prüfungsverfahren.

Prüfungsregelungen

Soweit solche Rechtsverordnungen nicht seitens des Bundesministeriums erlassen sind, kann die Handwerkskammer Fortbildungsprüfungsregelungen entsprechenden Inhalts erlassen.
Ausländische Bildungsabschlüsse und Zeiten der Berufstätigkeit im Ausland sind bei den Zulassungsvoraussetzungen zu berücksichtigen.

Prüfungsausschüsse

Für die Durchführung von Fortbildungsprüfungen sind bei der Handwerkskammer Prüfungsausschüsse errichtet.

Der Prüfling ist auf Antrag von der Ablegung einzelner Prüfungsteile zu befreien, wenn er eine andere vergleichbare Prüfung vor einer öffentlichen oder staatlich anerkannten Bildungseinrichtung oder einem Prüfungsausschuss erfolgreich abgelegt hat und die Anmeldung zur Fortbildungsprüfung innerhalb von fünf Jahren nach Bekanntgabe des Bestehens der anderen Prüfung erfolgt.
Der Antrag ist an die Handwerkskammer zu richten, die darüber entscheidet.
Die Prüfungsgebühr ist an die Handwerkskammer zu zahlen.
Gliederung und Inhalt der Fortbildungsprüfung richten sich nach den erlassenen Fortbildungsordnungen des Bundesministers für Bildung und Forschung bzw. nach den Fortbildungsregelungen der Handwerkskammer.

Zeugnis

Über das Bestehen der Prüfung wird ein Zeugnis ausgestellt.
Auf Antrag des Prüflings erhält dieser vom Prüfungsträger eine englischsprachige und eine französischsprachige Übersetzung des Prüfungszeugnisses.
Eine Fortbildungsprüfung, die nicht bestanden ist, kann zweimal wiederholt werden.
Über nähere Einzelheiten zu Fortbildungsprüfungen erteilt die Handwerkskammer Auskunft.

4.4.2 Meisterprüfung in einem zulassungspflichtigen Handwerk (Anlage A der Handwerksordnung)

4.4.2.1 Rechtsgrundlagen für die Meisterprüfung

4.4.2.2 Ziel der Meisterprüfung

Durch die Meisterprüfung ist festzustellen, ob der Prüfling befähigt ist, ein zulassungspflichtiges Handwerk meisterhaft auszuüben und selbstständig zu führen sowie Lehrlinge ordnungsgemäß auszubilden.

4.4.2.3 Meisterprüfungsausschüsse

Staatliche Prüfungsbehörden

Die Meisterprüfung wird durch Meisterprüfungsausschüsse abgenommen. Die Meisterprüfungsausschüsse sind für die einzelnen Handwerke am Sitz der Handwerkskammer errichtet. Die Meisterprüfungsausschüsse sind staatliche Prüfungsbehörden.

Errichtung

Die Meisterprüfungsausschüsse werden von der höheren Verwaltungsbehörde, das ist in der Regel die zuständige Bezirksregierung bzw. das Regierungspräsidium, errichtet. Die höhere Verwaltungsbehörde ernennt die Ausschussmitglieder aufgrund der Vorschläge der Handwerkskammer für längstens fünf Jahre. Die Geschäftsführung der Meisterprüfungsausschüsse liegt bei der Handwerkskammer.
Der Meisterprüfungsausschuss besteht aus fünf Mitgliedern.

Die Mitglieder sollen das 24. Lebensjahr vollendet haben. Die Mitglieder des Meisterprüfungsausschusses können aus wichtigem Grund abberufen werden.

4.4.2.4 Zuständigkeit und Prüfungszulassung

Örtliche Zuständigkeit

Für die Abnahme jedes Teils der Meisterprüfung ist der Meisterprüfungsausschuss zuständig, in dessen örtlichem Zuständigkeitsbereich der Prüfling

- seinen ersten Wohnsitz hat oder
- in einem Arbeitsverhältnis steht oder
- eine Maßnahme zur Vorbereitung auf die Meisterprüfung besucht oder
- ein Handwerk oder ein sonstiges Gewerbe selbstständig betreibt.

Fachliche Zuständigkeit

Für die Abnahme der Teile I und II der Meisterprüfung muss außerdem die fachliche (berufliche) Zuständigkeit des Meisterprüfungsausschusses gegeben sein.

Die Entscheidung über die Zuständigkeit obliegt dem Vorsitzenden des Meisterprüfungsausschusses. Soweit er die Voraussetzungen für die Zuständigkeit nicht für gegeben hält, entscheidet der Meisterprüfungsausschuss.

Schriftlicher Antrag

Der zuständige Meisterprüfungsausschuss kann auf Antrag des Prüflings in begründeten Fällen die Genehmigung zur Ablegung einzelner Teile der Meisterprüfung vor einem örtlich nicht zuständigen Meisterprüfungsausschuss erteilen, wenn dieser zustimmt. Dies gilt auch für Wiederholungsprüfungen. Der Antrag auf Zulassung zur Meisterprüfung ist schriftlich zu stellen. Darin ist anzugeben, für welches Handwerk die Zulassung beantragt wird.
Dem Antrag sind je nach gegebenen Sachverhalten folgende Nachweise beizufügen:

Nachweise zum Antrag auf Prüfungszulassung					
Nachweis über die Zuständigkeit des Meisterprüfungsausschusses	Zeugnis über Gesellenprüfung, Abschlussprüfung oder gleichgestelltes Zeugnis oder Zeugnis einer bestandenen Meisterprüfung in einem zulassungsfreien Handwerk oder handwerksähnlichen Gewerbe	Unterlagen über vorgeschriebene Berufstätigkeit im Falle des § 49 Abs. 2 HwO (andere Gesellen- oder Abschlussprüfung)	Nachweis über den Besuch einer Fachschule (im Falle des § 49 Abs. 2 HwO)	Nachweis über selbstständige Tätigkeit oder als Werksmeister oder in ähnlicher Stellung oder Nachweis über eine der Gesellentätigkeit gleichwertige praktische Tätigkeit (im Falle des § 49 Abs. 3 HwO)	Bescheid der Handwerkskammer über Abkürzung der Berufstätigkeit oder sonstige Befreiungen von Nachweisen zur Prüfungszulassung (im Falle des § 49 Abs. 4 HwO)

Zulassungsvoraussetzungen zur Meisterprüfung

Prüfungen

> Zur Meisterprüfung ist zuzulassen, wer eine **Gesellenprüfung** in dem zulassungspflichtigen Handwerk, **in dem er die Meisterprüfung ablegen will,** oder in einem damit verwandten zulassungspflichtigen Handwerk oder eine **entsprechende Abschlussprüfung** in einem anerkannten Ausbildungsberuf oder eine **Meisterprüfung in einem anderen zulassungspflichtigen oder zulassungsfreien Handwerk** oder in einem handwerksähnlichen Gewerbe bestanden hat.

Berufstätigkeit
Fachschule
Anrechnung

> Zur Meisterprüfung ist auch zuzulassen, wer eine **andere Gesellenprüfung** oder eine **andere Abschlussprüfung** in einem anerkannten Ausbildungsberuf bestanden hat und in dem zulassungspflichtigen Handwerk, in dem er die Meisterprüfung ablegen will, eine **mehrjährige Berufstätigkeit** ausgeübt hat. Für die Zeit der Berufstätigkeit dürfen nicht mehr als drei Jahre gefordert werden. Ferner ist der erfolgreiche Abschluss einer Fachschule bei einjährigen Fachschulen mit einem Jahr, bei mehrjährigen Fachschulen mit zwei Jahren auf die Berufstätigkeit anzurechnen.
Ist der Prüfling in dem zulassungspflichtigen Handwerk, in dem er die Meisterprüfung ablegen will, als selbstständiger Handwerker, als Werkmeister oder in

ähnlicher Stellung tätig gewesen oder weist er eine der Gesellentätigkeit gleichwertige praktische Tätigkeit nach, so ist die Zeit dieser Tätigkeit anzurechnen.

> Die Handwerkskammer kann auf Antrag eine auf drei Jahre festgesetzte Dauer der Berufstätigkeit unter besonderer Berücksichtigung der in der Gesellen- oder Abschlussprüfung und während der Zeit der Berufstätigkeit nachgewiesenen beruflichen Befähigung abkürzen. Sie kann ferner auf Antrag von den oben aufgeführten Zulassungsvoraussetzungen ganz oder teilweise befreien. Die Handwerkskammer kann auch auf Antrag unter Berücksichtigung ausländischer Bildungsabschlüsse und Zeiten der Berufstätigkeit im Ausland von den Zulassungsvoraussetzungen ganz oder teilweise befreien. Befreiungen

Bei diesen Befreiungen kann die Handwerkskammer eine Stellungnahme des Meisterprüfungsausschusses einholen.

Die Zulassung obliegt dem Vorsitzenden des Meisterprüfungsausschusses. Hält dieser die Zulassungsvoraussetzungen nicht für gegeben, entscheidet der Prüfungsausschuss. Zulassung

4.4.2.5 Prüfungsgebühr

Zur Deckung der Kosten ist eine Prüfungsgebühr an die Handwerkskammer zu entrichten.

4.4.2.6 Gliederung und Inhalt der Prüfung

Als Grundlage für ein geordnetes und einheitliches Meisterprüfungswesen für zulassungspflichtige Handwerke kann das Bundesministerium für Wirtschaft und Energie im Einvernehmen mit dem Bundesministerium für Bildung und Forschung durch Rechtsverordnung, die nicht der Zustimmung des Bundesrates bedarf, bestimmen,

> welche Fertigkeiten und Kenntnisse in den einzelnen zulassungspflichtigen Handwerken zum Zwecke der Meisterprüfung zu berücksichtigen (Meisterprüfungsberufsbild A) und
> welche Anforderungen in der Meisterprüfung zu stellen sind.

Die Meisterprüfung in zulassungspflichtigen Handwerken der Anlage A zur Handwerksordnung umfasst folgende selbstständige Prüfungsteile: Prüfungsteile

> die Prüfung der meisterhaften Verrichtung der im jeweiligen Handwerk wesentlichen Tätigkeiten (Teil I),
> die Prüfung der erforderlichen fachtheoretischen Kenntnisse im jeweiligen Handwerk (Teil II),
> die Prüfung der erforderlichen betriebswirtschaftlichen, kaufmännischen und rechtlichen Kenntnisse (Teil III) und
> die Prüfung der erforderlichen berufs- und arbeitspädagogischen Kenntnisse (Teil IV).

Prüfungsanforderungen

Die Prüfungsanforderungen in den Teilen I und II bestimmen sich nach den für die einzelnen Gewerbe der Anlage A erlassenen Rechtsverordnungen oder nach noch übergangsweise geltenden, früher erlassenen Vorschriften (§ 119 Abs. 5 und § 122 der Handwerksordnung).
Bei der Prüfung in Teil I können Schwerpunkte gebildet werden. In dem schwerpunktspezifischen Bereich hat der Prüfling nachzuweisen, dass er wesentliche Tätigkeiten in dem von ihm gewählten Schwerpunkt meisterhaft verrichten kann. Für den schwerpunktübergreifenden Bereich sind die Grundfertigkeiten und Grundkenntnisse nachzuweisen, die die fachgerechte Ausübung auch dieser Tätigkeiten ermöglichen.
Für die Prüfungsanforderungen in den Teilen III und IV gelten die in der Verordnung über gemeinsame Anforderungen in der Meisterprüfung im Handwerk und in handwerksähnlichen Gewerben (AMVO) geregelten Vorgaben.

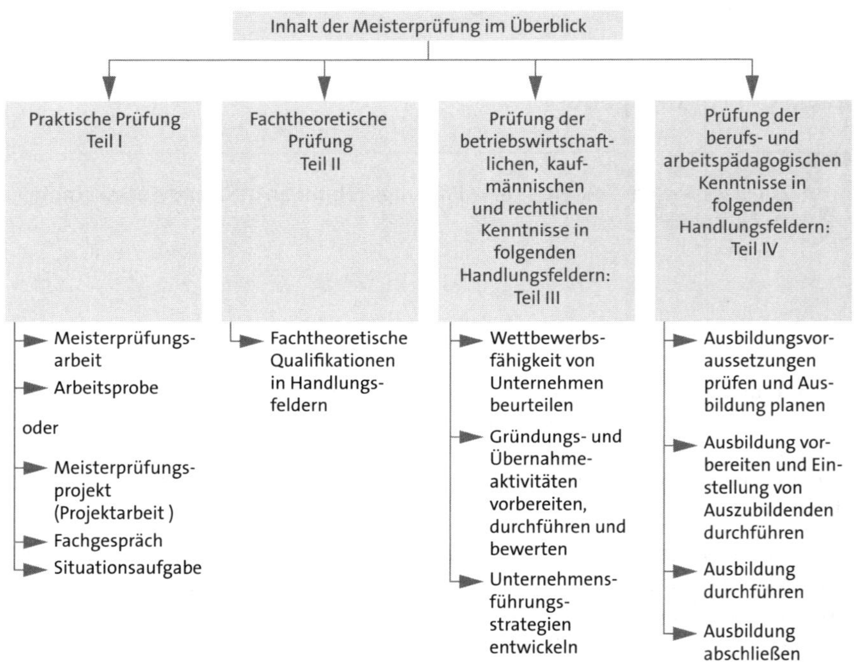

Prüfungsteil I

Nach den Strukturvorgaben für neue Meisterprüfungsverordnungen besteht Prüfungsteil I in der Regel aus drei verschiedenen Prüfungsbereichen, nämlich

> aus Projektarbeit und
> darauf bezogenem Fachgespräch und
> aus einer oder mehreren Situationsaufgaben oder ohne Situationsaufgabe.

Für eine Reihe von Handwerken wurden solche Meisterprüfungsverordnungen bereits verabschiedet und umgesetzt.

Prüfungsteil II

Für Prüfungsteil II sehen die neuen Meisterprüfungsverordnungen eine schriftliche Prüfung von Handlungskompetenzen in Handlungsfeldern vor.

Prüfungsteil III

Durch die Prüfung in Teil III hat der Prüfling in den folgenden drei Handlungsfeldern seine berufliche Handlungskompetenz dadurch nachzuweisen, dass er als Betriebsinhaber, Betriebsinhaberin oder Führungskraft betriebswirtschaftliche, kaufmännische und rechtliche Probleme analysieren und bewerten sowie Lösungswege aufzeigen und dokumentieren und dabei aktuelle Entwicklungen berücksichtigen kann.

> **Handlungsfeld 1: Wettbewerbsfähigkeit von Unternehmen beurteilen:**
- Unternehmensziele analysieren und in ein Unternehmenszielsystem einordnen
- Bedeutung der Unternehmenskultur und des Unternehmensimages für die betriebliche Leistungs- und Wettbewerbsfähigkeit begründen
- Situation des Unternehmens am Markt analysieren und Erfolgspotenziale begründen
- Informationen aus dem Rechnungswesen, insbesondere aus Bilanz sowie Gewinn- und Verlustrechnung zur Analyse von Stärken und Schwächen eines Unternehmens nutzen
- Informationen aus dem internen und externen Rechnungswesen zur Entscheidungsvorbereitung nutzen
- Rechtsvorschriften, insbesondere des Gewerbe- und Handwerksrechts sowie des Handels- und Wettbewerbsrechts bei der Analyse von Unternehmenszielen und -konzepten anwenden.

> **Handlungsfeld 2: Gründungs- und Übernahmeaktivitäten vorbereiten, durchführen und bewerten**
- Bedeutung persönlicher Voraussetzungen für den Erfolg beruflicher Selbstständigkeit begründen
- wirtschaftliche, gesellschaftliche und kulturelle Bedeutung des Handwerks sowie Nutzen von Mitgliedschaften in den Handwerksorganisationen darstellen und bewerten
- Möglichkeiten der Inanspruchnahme von Beratungsdienstleistungen sowie von Förder- und Unterstützungsleistungen bei Gründung und Übernahme eines Unternehmens aufzeigen und bewerten
- Entscheidungen zu Standort, Betriebsgröße, Personalbedarf sowie zur Einrichtung und Ausstattung eines Unternehmens treffen und begründen
- Marketingkonzept zur Markteinführung entwickeln und bewerten
- Investitionsplan und Finanzierungskonzept aufstellen und begründen; Rentabilitätsvorschau erstellen und Liquditätsplanung durchführen
- Rechtsform aus einem Unternehmenskonzept ableiten und begründen
- Rechtsvorschriften, insbesondere des bürgerlichen Rechts sowie des Gesellschafts- und Steuerrechts, im Zusammenhang mit Gründung oder Übernahme von Handwerksbetrieben anwenden
- Notwendigkeit privater Risiko- und Altersvorsorge begründen, Möglichkeiten aufzeigen
- Bedeutung persönlicher Aspeke sowie betriebswirtschaftlicher und rechtlicher Bestandteile eines Unternehmenskonzeptes im Zusammenhang darstellen und begründen.

> **Handlungsfeld 3: Unternehmensführungsstrategien entwickeln**
- Bedeutung der Aufbau- und Ablauforganisation für die Entwicklung eines Unternehmens beurteilen; Anpassungen vornehmen

- Entwicklungen bei Produkt- und Dienstleistungsinnovationen sowie Marktbedingungen, auch im internationalen Zusammenhang, bewerten und daraus Wachstumsstrategien ableiten
- Einsatz von absatzmarktpolitischen Marketinginstrumenten für Absatz und Beschaffung von Produkten und Dienstleistungen begründen
- Veränderungen des Kapitalbedarfs aus Investitions-, Finanz- und Liquiditätsplanung ableiten, Alternativen der Kapitalbeschaffung darstellen
- Konzepte für Personalplanung, -beschaffung und -qualifizierung erarbeiten und bewerten sowie Instrumente der Personalführung und -entwicklung darstellen
- Bestimmungen des Arbeits- und Sozialversicherungsrechts bei der Entwicklung einer Unternehmensstrategie berücksichtigen
- Chancen und Risiken zwischenbetrieblicher Kooperation darstellen
- Controlling zur Entwicklung, Verfolgung, Durchsetzung und Modifizierung von Unternehmenszielen nutzen
- Instrumente zur Durchsetzung von Forderungen darstellen und Einsatz begründen
- Notwendigkeit der Planung einer Unternehmensnachfolge, auch unter Berücksichtigung von Erb- und Familienrecht sowie steuerrechtlicher Bestimmungen, darstellen und begründen
- Notwendigkeit der Einleitung eines Insolvenzverfahrens anhand von Unternehmensdaten prüfen; insolvenzrechtliche Konsequenzen für die Weiterführung oder Liquidation eines Unternehmens aufzeigen.

Die Prüfung ist schriftlich durchzuführen. Dabei ist in jedem Handlungsfeld mindestens eine komplexe fallbezogene Aufgabe zu bearbeiten. Eine mündliche Ergänzungsprüfung kann durchgeführt werden, wenn dadurch das Bestehen des Teils ermöglicht wird.

Prüfungsteil IV

Im Prüfungsteil IV sind innerhalb der vier Handlungsfelder die erforderlichen Kenntnisse auf folgenden Gebieten nachzuweisen:

> **Handlungsfeld: Ausbildungsvoraussetzungen prüfen und Ausbildung planen**

- Vorteile und Nutzen der betrieblichen Ausbildung
- Betrieblicher Ausbildungsbedarf und Rahmenbedingungen der Ausbildung
- Strukturen und Schnittstellen des Berufsbildungssystems
- Auswahl von Ausbildungsberufen
- Eignung für die Ausbildung
- Berufsvorbereitende Maßnahmen
- Aufgaben und Verantwortungsbereiche der an der Ausbildung Mitwirkenden.

> **Handlungsfeld: Ausbildung vorbereiten und Einstellung von Auszubildenden durchführen**

- Betrieblicher Ausbildungsplan
- Mitbestimmungsrechte in der Berufsbildung
- Kooperationspartner in der Ausbildung
- Planung und Durchführung von Einstellungsverfahren
- Abschluss des Ausbildungsvertrages
- Ausbildungsteile im Ausland.

> **Handlungsfeld: Ausbildung durchführen**

- Lernvoraussetzungen, Lernförderung und Lernkultur

- Gestaltung der Probezeit
- Ausbildung in berufstypischen Auftrags- und Geschäftsprozessen
- Ausbildungsmethoden und Medien
- Lernschwierigkeiten und Lernhilfen
- Förderung leistungsstarker Auszubildender
- Entwicklung Jugendlicher und Umgang mit Konflikten
- Lernen und Arbeiten im Team
- Ausbildungserfolg feststellen
- Interkulturelle Kompetenzen.

> **Handlungsfeld: Ausbildung abschließen**
- Vorbereitung auf die Abschluss-/Gesellenprüfung
- Anmeldung zur Prüfung
- Erstellen von Zeugnissen
- Aufstiegs- und Fortbildungsmöglichkeiten.

Die Prüfung im Prüfungsteil IV besteht aus einem schriftlichen und einem praktischen Teil. Im schriftlichen Teil sind fallbezogene Aufgaben aus allen Handlungsfeldern zu bearbeiten.

Der schriftliche Teil der Prüfung ist in einem der oben genannten Handlungsfelder auf Antrag des Prüflings durch eine mündliche Prüfung zu ergänzen (Ergänzungsprüfung), wenn diese das Bestehen des Teils der Meisterprüfung ermöglicht. Schriftliche Prüfung

Der praktische Teil der Prüfung besteht aus der Präsentation oder praktischen Durchführung einer vom Prüfling auszuwählenden Ausbildungssituation und aus einem Fachgespräch. In diesem hat der Prüfling seine Kriterien für die Auswahl und Gestaltung der Ausbildungssituation zu begründen. Praktische Prüfung

Der Prüfling hat sowohl bei der Präsentation als auch bei der praktischen Durchführung einen schriftlichen Entwurf der Ausbildungssituation anzufertigen. In der Prüfungspraxis erhält der Prüfling in der Regel vom Prüfungsausschuss nähere Angaben für den formalen Rahmen des Entwurfs der Ausbildungssituation.

Die nachstehenden Ausführungen sind allgemeine und grundsätzliche Rahmenvorgaben für die mögliche Gestaltung der Ausbildungssituation, deren Inhalt und Art der Durchführung, deren Bewertung und für den Aufbau sowie die Bewertung des Fachgesprächs. Den Ausführungen liegen einschlägige wissenschaftliche und praktische Grundsatzarbeiten sowie Erfahrungen vieler sachkundiger Personen aus der Fortbildungs- und Prüfungspraxis der Kammern sowie der Autoren zugrunde. Rahmenvorgaben

Grundsätzliches zu Form und Inhalt der Ausbildungssituation

> Prüfungsgegenstand ist laut AMVO und AEVO eine Ausbildungssituation. Sie ist in den genannten Verordnungen begrifflich nicht festgelegt oder erklärt. Nach der Auslegung und Handhabung in der Praxis versteht man darunter einen thematisch abgegrenzten Teil einer für Lernzwecke aufbereiteten Ausbildungsmaßnahme, einen Kenntnisbereich oder auch einen Handlungsablauf mit klarer Zielfestsetzung und den Einsatz einer geeigneten Vermittlungsmethode.

> Das Thema der Ausbildungssituation entnimmt der Prüfungsteilnehmer im Regelfall dem Handwerk, in dem er die Meisterprüfung ablegt. Thema

> Die Wahl des Themas für die Ausbildungssituation erfolgt als Übernahme oder Ableitung aus dem Rahmenstoffplan des Ausbildungsberufes.

> Die Zeitvorgabe für die Durchführung oder Präsentation der Ausbildungssituation ist zweckmäßigerweise auf ca. 15 Minuten festzulegen. Eine weitere zeitliche Untergliederung auf Teilvorgänge erscheint in Stufen von 2 bis 3 Minuten sinnvoll.

Form

> Die Ausbildungssituation ist vom Prüfling in schriftlicher Form auszufertigen, wobei der Umfang ca. 6 maschinell geschriebene Seiten nicht übersteigen sollte. Die Zahl der vorzulegenden Exemplare bestimmt der Prüfungsausschuss.
> Der Prüfling hat schriftlich zu erklären, dass er die Ausbildungssituation selbstständig ausgewählt und ausgearbeitet hat.

Gliederung einer Ausbildungssituation bei praktischer Durchführung

Entwurf

Bei der **praktischen** Durchführung einer Ausbildungssituation in der Form der Unterweisungsprobe hat der Prüfling die Ausbildungssituation als Unterweisungsentwurf anzufertigen und die Unterweisung selbst durchzuführen.

Inhalt

Der Inhalt des Unterweisungsentwurfs kann in Bezug auf Planung und Durchführung der Unterweisung wie folgt gegliedert werden:

Planung

> **Planung der Ausbildungssituation (schriftlicher Entwurf)**
- Struktur des gewählten Unterweisungsthemas und deren Einordnung im Ausbildungsrahmenplan festlegen.
- Erläuterung der Lernvoraussetzungen des Auszubildenden (Alter, Ausbildungsjahr, Ausbildungsstand, Vorkenntnisse usw.) vornehmen und Motivationshilfen vorsehen.
- Formulierung des Qualifikationsziels der Ausbildungssituation und deren Teilziele – Fertigkeiten, Kenntnisse, Fähigkeiten, Handlungskompetenz (Persönlichkeits-, Fach- und Sozialkompetenz) –, die durch die Unterweisung erreicht werden sollen.
- Wahl und Festlegung der Unterweisungsmethode (z. B. Vier-Stufen-Methode) bezogen auf Thema, Ziele, methodisches Vorgehen und Ablaufgestaltung.
- Gliederung des Unterweisungsstoffes in logisch aufeinander folgende Lernabschnitte und Teilvorgänge auf der Grundlage einer Arbeitszergliederung mit Herausstellung der Kernpunkte und Begründungen.
- Zeitrahmen und Zeitverteilung für die einzelnen Unterweisungsschritte.
- Festlegung des Einsatzes von erforderlichen Ausbildungsmitteln (Maschinen, Werkzeuge, Materialien und weitere Medien).
- Hinweise auf Unfallverhütungsvorschriften.
- Einplanung der Kontrolle des Unterweisungserfolges.
- Maßnahmen zur Erfolgssicherung (Üben, Anwenden, Transfer).

Durchführung

> **Durchführung der Ausbildungssituation**

1. Stufe:
- Vorbereitung des Auszubildenden:
  - Befangenheit nehmen
  - Kontakt herstellen
  - Interesse wecken
  - Motivation vermitteln.
- Vorbereitung des Unterweisungsplatzes.
- Heranführen des Lehrlings an die Unterweisungsaufgabe und deren Erläuterung.

- Ermitteln der Vorkenntnisse und Anknüpfungspunkte daran erklären.
- Richtige Aufstellung am Ausbildungsplatz.

2. Stufe:
- Vorführung der Unterweisungsaufgabe seitens des Unterweisers durch Zeigen und Erklären.
- Vorgehensweise begründen.
- Lernschritte und Teilvorgänge auf der Basis der Arbeitszergliederung erläutern, Kernpunkte herausstellen und begründen.
- Auf zweckmäßigen Einsatz der Ausbildungsmittel achten.
- Auf Unfallverhütungs- und Arbeitssicherheitsaspekte hinweisen.

3. Stufe:
- Eigene Ausführung durch den Auszubildenden veranlassen und den Unterweisungsvorgang in Lernschritten erklären und begründen lassen, dabei Verständnis- und Kontrollfragen stellen.
- Dem Lehrling bei Unsicherheit helfen bzw. Fehler verbessern.
- Kontrolle des Lernerfolges vornehmen, bei guter Leistung des Lehrlings Anerkennung und Lob aussprechen, sachliche Kritik äußern, wenn erforderlich.

4. Stufe:
- Üben und Festigen des Gelernten beim Lehrling veranlassen, um den Ausbildungserfolg abzusichern.
- Zusammenfassung aller wesentlichen Punkte.
- Den Bezug der gelernten Ausbildungssituation zur Berufspraxis herstellen und auf die Notwendigkeit der Vertiefung und Übertragung auf andere Berufsarbeiten hinweisen.

Der hier dargestellten Gliederung einer Ausbildungssituation bei praktischer Durchführung liegt die im Handwerk am meisten praktizierte Vier-Stufen-Methode zur Unterweisung zugrunde.
Bei der Beurteilung und Bewertung des Entwurfs der Ausbildungssituation und der praktischen Durchführung orientieren sich die Prüfungsausschüsse in der Regel im Wesentlichen an den obigen Gliederungspunkten und an nachstehenden zusätzlichen, das Gesamtverhalten des Unterweisenden betreffenden Bewertungskriterien:

Bewertungskriterien

- Einhaltung des festgelegten zeitlichen Rahmens
- Reagieren des Prüflings auf Probleme, die während der Unterweisung auftreten
- Umgangsformen des Unterweisers mit dem Auszubildenden
- klare und deutliche Sprache
- Stilelemente des Unterweisungsgesprächs wie Stimme, Wortwahl, Blickkontakt
- Fragetechnik
- Auftreten des Unterweisers (Körperhaltung, Gestik, Mimik, selbstsicher, kontaktfreudig, partnerschaftlich)
- Übereinstimmung des Entwurfs der Ausbildungssituation mit der praktischen Durchführung.

Gliederung einer Ausbildungssituation als Präsentation

>> Abschnitt 3.4.3

Inhaltliche Schwerpunkte des Fachgesprächs

Das Fachgespräch wird vom Prüfungsausschuss mit dem Prüfling geführt. Es ist Bestandteil des praktischen Prüfungsteils. Im Fachgespräch hat der Prüfling seine Kriterien für die **Auswahl** und **Gestaltung** der Ausbildungssituation zu **begründen.** Dabei besteht grundsätzlich kein Unterschied, ob die Ausbildungssituation praktisch durchgeführt oder als Präsentation dargestellt wurde.

Der zeitliche Umfang wird vom Prüfungsausschuss festgelegt. In der Praxis hat sich eine Gesprächsdauer von ca. 15 Minuten als zweckmäßig erwiesen. Rechnet man für die praktische Durchführung oder die Präsentation der Ausbildungssituation ebenfalls mit einem Zeitabschnitt von ca. 15 Minuten, dann wird die Gesamtprüfungszeit für den praktischen Prüfungsteil von Teil IV der Meisterprüfung von insgesamt 30 Minuten eingehalten.

Verhaltensregeln

Als allgemeine Verhaltensregeln werden dem Prüfling für das Fachgespräch u.a. empfohlen:

- Treten Sie sicher und mit ausgewogenem Selbstbewusstsein und ordentlicher Haltung auf, ohne überheblich zu wirken!
- Achten Sie darauf, dass von Anfang an Blickkontakt mit dem Fragen stellenden Prüfer besteht und dieser, auch während Sie als Prüfling reden, weiterbesteht!
- Denken Sie daran, dass Sie beim Reden Lautstärke, Stimmlage, Wortwahl, Sprechtempo, Verständlichkeit, Deutlichkeit und Wirkung der Sprache beachten!
- Ordnen Sie Ihre Gedanken zur Beantwortung der Fragen, bevor Sie sprechen!

Begründung der Kriterien zur Auswahl und Gestaltung der Ausbildungssituation im Rahmen des Fachgesprächs

Begründung der Kriterien
Kernbereiche

Das Fachgespräch hat sich auf die Begründung der Kriterien zur Auswahl und Gestaltung der Ausbildungssituation zu beziehen.
Wichtige Kernbereiche, in denen der Prüfling die Kriterien für die Auswahl und Gestaltung der Ausbildungssituation begründen sollte, sind:

- Wahl des Themas der Ausbildungssituation (z.B. Warum wurde dieses Thema ausgewählt? Welche Auswahlmerkmale gelten grundsätzlich?).
- Ausbildungsabschnitt (z.B.: Warum wurde dieser Ausbildungsabschnitt ausgewählt? Welchen Stellenwert hat er im betrieblichen Ausbildungsplan oder im Rahmenstoffplan des Berufes?).
- Qualifikationsziel und deren Teilziele (z.B. Fertigkeiten, Kenntnisse und Fähigkeiten).
- Untersuchung der Lernvoraussetzungen des Lehrlings (z.B.: Warum sind diese so wichtig? Welche Voraussetzungen sollten immer in die Analyse einbezogen werden? Wurden die allgemein üblichen Voraussetzungen vom Prüfling auch angemessen berücksichtigt?).
- Aufbau der Ausbildungssituation (z.B.: Warum wurde die sachlich-fachliche Strukturierung so vorgenommen?).

> Auswahl und Festlegung der Ausbildungsmethode (z.B.: Warum wurde diese Methode ausgewählt? Welche anderen Methoden hätten außerdem zum Einsatz kommen können?).
> Ablaufgestaltung der Ausbildungssituation (z.B.: Warum wurde die Arbeitszergliederung so vorgenommen? Was waren die zentralen Überlegungen des Prüflings für die Ablaufgestaltung? Warum wurde die zeitliche Gliederung so gestaltet? Warum ist die Herausstellung von Kernpunkten so wichtig?).
> Auswahl und Gestaltung der Ausbildungsmittel und Medien (z.B.: Warum wurden diese Ausbildungsmedien eingesetzt? Welche anderen Ausbildungsmittel wären außerdem denkbar und sachgerecht gewesen?).
> Ausbildungserfolgskontrolle und Erfolgssicherung (z.B.: Warum ist die Erfolgskontrolle so wichtig? Warum hat der Prüfling gerade diese Formen der Ausbildungserfolgskontrolle gewählt? Warum hat er sich nicht für andere Formen entschieden? Wie kann man die Erfolgssicherung erreichen?).

Für die Bewertung der Ergebnisse des Fachgesprächs gelten u.a. folgende Gesichtspunkte:

Bewertungskriterien

> Sachliche Richtigkeit und Qualität der Begründungen für die oben angesprochenen Kernbereiche der Kriterien zur Auswahl und Gestaltung der Ausbildungssituation. Kompetente Antworten auf die gestellten Fragen.
> Berufs- und arbeitspädagogische Kompetenz in der Gesamtbeurteilung.
> Auftreten, Ausdrucksfähigkeit, Argumentationsfähigkeit sowie Problemlösungsverhalten des Prüflings.

4.4.2.7 Befreiungen von Prüfungsteilen, Prüfungsbereichen, Prüfungsfächern oder Handlungsfeldern

Es gibt gesetzliche und antragsgebundene Befreiungen.

Gesetzliche Befreiungen

1. Der Prüfling ist von der Ablegung einzelner **Teile** der Meisterprüfung befreit, wenn er eine dem jeweiligen Teil der Meisterprüfung vergleichbare Prüfung aufgrund einer nach § 42 oder § 51a Abs. 1 in Verbindung mit Abs. 2 der Handwerksordnung oder § 53 des Berufsbildungsgesetzes erlassenen Rechtsverordnung abgelegt hat.
   Das Gleiche gilt, wenn der Prüfling eine andere vergleichbare Prüfung vor einer öffentlichen oder staatlich anerkannten Bildungseinrichtung oder vor einem staatlichen Prüfungsausschuss erfolgreich abgelegt hat.
   Unter diese beiden genannten Bereiche fallen u.a. Fortbildungsabschlüsse, die Meisterprüfungen in zulassungsfreien Handwerken oder handwerksähnlichen Gewerben, die Meisterprüfungen in der Landwirtschaft und der Hauswirtschaft. Weitere vergleichbare Prüfungen sind z.B. die Ausbildereignungsprüfung oder Abschlüsse eines betriebswirtschaftlichen Studiums.
2. Der Prüfling ist von der Ablegung der **Prüfungsteile III und IV** befreit, wenn er die Meisterprüfung in einem anderen zulassungspflichtigen oder zulassungsfreien Handwerk oder in einem handwerksähnlichen Gewerbe bestanden hat. Die Befreiung von den Prüfungsteilen III und IV ist deshalb ausdrücklich gere-

gelt, weil die Prüfungen in diesen Teilen für alle zulassungspflichtigen und zulassungsfreien Handwerke und handwerksähnlichen Gewerbe nach den gleichen Vorschriften der AMVO abgehalten werden.

Befreiungen auf Antrag

3. Prüflinge, die andere deutsche staatliche oder staatlich anerkannte Prüfungen mit Erfolg abgelegt haben, sind auf Antrag durch den Meisterprüfungsausschuss von **einzelnen Teilen der Meisterprüfung** zu befreien, wenn bei diesen Prüfungen mindestens die gleichen Anforderungen gestellt werden wie in der Meisterprüfung. Der Abschlussprüfung an einer deutschen Hochschule gleichgestellt sind Diplome, die nach Abschluss einer Ausbildung von mindestens drei Jahren oder einer Teilzeitausbildung von entsprechender Dauer an einer Universität, einer Hochschule oder einer anderen Ausbildungseinrichtung mit gleichwertigem Ausbildungsniveau in einem anderen Mitgliedsstaat der EU, einem anderen Vertragsstaat des Abkommens über den Europäischen Wirtschaftsraum oder in der Schweiz erteilt wurden. Für den Fall, dass neben dem Studium eine Berufsausbildung gefordert wird, ist zusätzlich der Nachweis zu erbringen, dass diese abgeschlossen ist.
4. Der Prüfling ist auf Antrag von der Ablegung der Prüfung in gleichartigen Prüfungsbereichen, Prüfungsfächern oder Handlungsfeldern durch den Meisterprüfungsausschuss zu befreien, wenn er die Meisterprüfung in einem anderen zulassungspflichtigen oder zulassungsfreien Handwerk oder handwerksähnlichen Gewerbe bestanden hat oder eine andere vergleichbare Prüfung vor einer öffentlichen oder staatlich anerkannten Bildungseinrichtung oder vor einem staatlichen Prüfungsausschuss erfolgreich abgelegt hat.
5. Der Meisterprüfungsausschuss entscheidet auf Antrag des Prüflings auch über Befreiungen aufgrund ausländischer Bildungsabschlüsse.

Anträge auf Befreiungen sind schriftlich beim zuständigen Meisterprüfungsausschuss zu stellen. Die Nachweise über die Befreiungsgründe sind beizufügen.

4.4.2.8 Prüfungsergebnis, Prüfungszeugnis

Durch die rechtliche Selbstständigkeit der vier Prüfungsteile muss das Prüfungsergebnis für jeden Prüfungsteil getrennt festgestellt werden. Nach jedem Prüfungsteil ist dem Prüfling über das Ergebnis der Prüfung unverzüglich ein schriftlicher Bescheid mit Rechtsbehelfsbelehrung zu erteilen, aus dem die jeweilige Note hervorgehen muss. Die Meisterprüfung ist insgesamt bestanden, wenn jeder der vier Teile der Meisterprüfung bestanden worden ist. Hierfür sind in jedem Prüfungsteil insgesamt ausreichende Leistungen zu erbringen sowie die sonstigen in den Meisterprüfungsverordnungen vorgeschriebenen Mindestvoraussetzungen zu erfüllen. Die Befreiung von einem Teil der Meisterprüfung steht dem Bestehen dieses Teils gleich. Über das Bestehen der Meisterprüfung insgesamt ist vom zuletzt tätig gewordenen, fachlich zuständigen Meisterprüfungsausschuss ein Zeugnis auszustellen. Aus diesem Zeugnis müssen die in den Prüfungsteilen erzielten Noten sowie Befreiungen unter Angabe der Rechtsgrundlage hervorgehen.

Das Zeugnis ist vom Vorsitzenden des Meisterprüfungsausschusses zu unterschreiben und von der Handwerkskammer zu beglaubigen.

4.4.2.9 Wiederholung der Meisterprüfung

Die einzelnen nicht bestandenen Teile der Meisterprüfung können dreimal wiederholt werden.

Wiederholungsprüfungen

4.4.2.10 Meistertitel, Meisterbrief

Die Ausbildungsbezeichnung Meister/Meisterin in Verbindung mit einem zulassungspflichtigen Handwerk oder in Verbindung mit einer anderen Ausbildungsbezeichnung, die auf eine Tätigkeit in einem oder mehreren zulassungspflichtigen Handwerken hinweist, darf nur führen, wer für dieses zulassungspflichtige Handwerk oder für diese zulassungspflichtigen Handwerke die Meisterprüfung bestanden hat.

Der Meistertitel ist gesetzlich geschützt.

Der Meistertitel

- stärkt das Ansehen des Handwerkers in der Öffentlichkeit,
- ist eine gute Voraussetzung für die Sicherung eines qualifizierten Berufsnachwuchses,
- ist Motivation für die Gründung von selbstständigen Existenzen und Erfolgsmodell für modernes, kreatives und flexibles unternehmerisches Denken und Handeln in unserer Gesellschaft,
- ist Garant für die Qualität und Innovation von Produkten und Dienstleistungen des Handwerks und für Wettbewerbsfähigkeit,
- schafft durch Fachwissen und Problemlösungskompetenz Vertrauen beim Verbraucher,
- ist Leitbild für ein modernes, leistungs- und anpassungsfähiges sowie kundenorientiertes Handwerk.

Meisterbrief

Auf Antrag kann die Handwerkskammer gegen Entrichtung einer Gebühr einen Meisterbrief ausstellen. Der Meisterbrief wird meist in Schmuckblattform grafisch gestaltet und beurkundet das Prüfungsergebnis, jedoch ohne Angabe der Prüfungsnoten. Manche Handwerkskammern erstellen den Meisterbrief in Schmuckblattform ohne besonderen Antrag automatisch und verteilen die Meisterbriefe bei einer Meisterfeier.
In der Europäischen Union (EU) ist der Meisterbrief als Spitzenqualifikation unter den Berufsabschlüssen anerkannt.

4.4.2.11 Aufsicht

Die höhere Verwaltungsbehörde führt die Aufsicht über die Meisterprüfungsausschüsse.

4.4.3 Meisterprüfung in einem zulassungsfreien Handwerk oder in einem handwerksähnlichen Gewerbe (Anlage B zur Handwerksordnung)

Meisterprüfungen können nur in solchen zulassungsfreien Handwerken oder handwerksähnlichen Gewerben abgelegt werden, für die eine Ausbildungsordnung erlassen wurde.

4.4.3.1 Rechtsgrundlagen

Handwerks-ordnung, AMVO

Die gesetzlichen Vorschriften zur Ablegung der freiwilligen Meisterprüfung basieren auf den Inhalten der Handwerksordnung und auf der Verordnung über gemeinsame Anforderungen in der Meisterprüfung im Handwerk und in den handwerksähnlichen Gewerben (AMVO).

4.4.3.2 Ziel der Meisterprüfung

Durch die Meisterprüfung ist festzustellen, ob der Prüfling eine besondere Befähigung in einem zulassungsfreien Handwerk oder in einem handwerksähnlichen Gewerbe erworben hat und Lehrlinge ordnungsgemäß ausbilden kann.

4.4.3.3 Zuständigkeit, Meisterprüfungsausschüsse

Handwerks-kammer

Die Handwerkskammer führt Prüfungen durch und errichtet zu diesem Zweck Prüfungsausschüsse. Die Regelung über die Zusammensetzung der Meisterprüfungsausschüsse für zulassungsfreie Handwerke oder handwerksähnliche Gewerbe entspricht strukturell den Regelungen zur Besetzung der Meisterprüfungsausschüsse in den zulassungspflichtigen Handwerken.

Der Meisterprüfungsausschuss besteht aus fünf Mitgliedern, für die Stellvertreter zu berufen sind. Sie werden längstens für fünf Jahre ernannt.

Zusammensetzung des Meisterprüfungsausschusses

Die Mitglieder des Meisterprüfungsausschusses können aus wichtigem Grund abberufen werden.

4.4.3.4 Zulassung zur Prüfung

Zur Prüfung ist zuzulassen, wer eine Gesellenprüfung oder eine Abschlussprüfung in einem anerkannten Ausbildungsberuf bestanden hat. Die Handwerkskammer kann auf Antrag in Ausnahmefällen von der Zulassungsvoraussetzung befreien. Für die Ablegung des Teils III der Meisterprüfung entfällt die Zulassungsvoraussetzung.

4.4.3.5 Gliederung und Inhalt der Prüfung

Grundsatzregelung

Als Grundlage für ein geordnetes und einheitliches Meisterprüfungswesen für zulassungsfreie Handwerke oder handwerksähnliche Gewerbe kann das Bundesministerium für Wirtschaft und Energie im Einvernehmen mit dem Bundesministerium für Bildung und Forschung durch Rechtsverordnung, die nicht der Zustimmung des Bundesrates bedarf, bestimmen,

> welche Fertigkeiten und Kenntnisse in den einzelnen zulassungsfreien Handwerken oder handwerksähnlichen Gewerben zum Zwecke der Meisterprüfung zu berücksichtigen sind (Meisterprüfungsberufsbild B),
> welche Anforderungen in der Meisterprüfung zu stellen sind.

Eine solche Regelung erfolgt nur für zulassungsfreie Handwerke oder handwerksähnliche Gewerbe, für die eine Ausbildungsordnung nach der Handwerksordnung oder nach dem Berufsbildungsgesetz erlassen worden ist. Dies stellt sicher, dass die Fortbildung, die zum Meister führt, mit einer angemessenen Erstausbildung verknüpft ist.

Gliederung

Die Meisterprüfung in zulassungsfreien Handwerken und handwerksähnlichen Gewerben der Anlage B zur Handwerksordnung umfasst folgende selbstständige Prüfungsteile:

- die Prüfung der meisterhaften Verrichtung der Tätigkeiten im jeweiligen Handwerk oder im jeweiligen handwerksähnlichen Gewerbe (Teil I),
- die Prüfung besonderer fachtheoretischer Kenntnisse im jeweiligen Handwerk oder im jeweiligen handwerksähnlichen Gewerbe (Teil II),
- die Prüfung besonderer betriebswirtschaftlicher, kaufmännischer und rechtlicher Kenntnisse (Teil III) und
- die Prüfung der erforderlichen berufs- und arbeitspädagogischen Kenntnisse (Teil IV).

Prüfungsanforderungen

Die Prüfungsanforderungen in den Teilen I und II bestimmen sich nach den für die einzelnen Gewerbe der Anlage B zur Handwerksordnung erlassenen Rechtsverordnungen oder nach übergangsweise geltenden, früher erlassenen Vorschriften (§ 119 Abs. 5 und § 122 der Handwerksordnung).
Für die Prüfungsanforderungen in den Teilen III und IV gelten die in der Verordnung über gemeinsame Anforderungen in der Meisterprüfung im Handwerk und in den handwerksähnlichen Gewerben (AMVO) geregelten Vorgaben. (auch >> Abschnitt 4.4.2.6)
Die Grundstruktur und die grundsätzlichen Prüfungsanforderungen entsprechen in wesentlichen Punkten den Regelungen für Meisterprüfungen in den zulassungspflichtigen Handwerken.
Die Meisterprüfung in einem zulassungsfreien Handwerk oder in einem handwerksähnlichen Gewerbe ist aber, anders als bei den zulassungspflichtigen Handwerken, nicht Zugangsvoraussetzung zur selbstständigen Berufsausübung. Vielmehr ist dieser Meisterabschluss ein Gütesiegel und als Ausweis einer gegenüber anderen Selbstständigen in einem zulassungsfreien Handwerk oder handwerksähnlichen Gewerbe herausgehobenen Qualifikation ausgestaltet. Damit ist jedoch kein Niveauunterschied und keine qualitativ unterschiedliche Wertigkeit zwischen den beiden Meisterprüfungsabschlüssen der Anlagen A und B der Handwerksordnung verbunden.

Herausgehobene Qualifikation

Das gegenüber anderen Selbstständigen herausgehobene Niveau des Meisters ergibt sich aus der Anforderung, Tätigkeiten in dem betreffenden zulassungsfreien Handwerk oder handwerksähnlichen Gewerbe meisterhaft verrichten zu können und höherwertige, „besondere" fachtheoretische sowie betriebswirtschaftliche/kaufmännische und rechtliche Kenntnisse nachweisen zu müssen. Außerdem müssen die berufs- und arbeitspädagogischen Kenntnisse, wie bei den Meistern der zulassungspflichtigen Handwerke, nachgewiesen werden. Auch dies hebt den Meister in einem zulassungsfreien Handwerk oder in einem handwerksähnlichen Gewerbe gegenüber anderen Selbstständigen in diesen Bereichen ab.

4.4.3.6 Befreiungen

Für Befreiungen gelten hier die Befreiungsregelungen für die Meisterprüfung in einem zulassungspflichtigen Handwerk entsprechend (>> Abschnitt 4.4.2.7).

4.4.3.7 Prüfungsverfahren

Um eine bundesweite Einheitlichkeit zu erreichen, kann das Bundesministerium für Wirtschaft und Technologie eine Rechtsverordnung über das Zulassungs- und Prüfungsverfahren erlassen. Solange diese noch nicht vorliegt, ist die bisher gültige Meisterprüfungsverfahrensverordnung auch auf die Meisterprüfungen in Gewerben der Anlage B zur Handwerksordnung anzuwenden (auch 4.4.3.1).

4.4.3.8 Prüfungsergebnis, Prüfungszeugnis, Wiederholung der Meisterprüfung

Diesbezüglich gelten die gleichen Vorschriften wie bei der Meisterprüfung in einem zulassungspflichtigen Handwerk (4.4.2.8 und 4.4.2.9).

4.4.3.9 Ausbildungsbezeichnung Meister/Meisterin

Die Ausbildungsbezeichnung Meister/Meisterin in Verbindung mit einem zulassungsfreien Handwerk oder handwerksähnlichen Gewerbe darf nur führen, wer die Meisterprüfung in diesem Handwerk oder Gewerbe bestanden hat.
Der Meistertitel ist somit auch für diesen Bereich gesetzlich geschützt. Ein Meisterbrief wird von der Handwerkskammer ausgestellt.

4.4.4 Ausbildereignungsprüfung

Rechtsgrundlagen

Wofür die Ausbildereignungsprüfung abzulegen ist, wurde unter >> Abschnitt 1.5.1.2 erläutert.

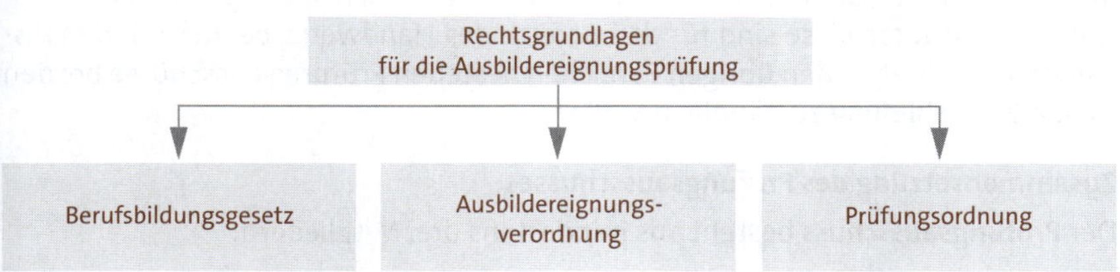

Handlungsfelder

Ziel der Ausbildereignungsprüfung ist der Nachweis der berufs- und arbeitspädagogischen Qualifikation zum selbstständigen Planen, Durchführen und Kontrollieren in folgenden vier Handlungsfeldern:

1. Ausbildungsvoraussetzungen prüfen und Ausbildung planen
2. Ausbildung vorbereiten und bei der Einstellung von Auszubildenden mitwirken
3. Ausbildung durchführen
4. Ausbildung abschließen.

Prüfungsteile

Die Prüfung besteht aus einem schriftlichen und einem praktischen Teil.

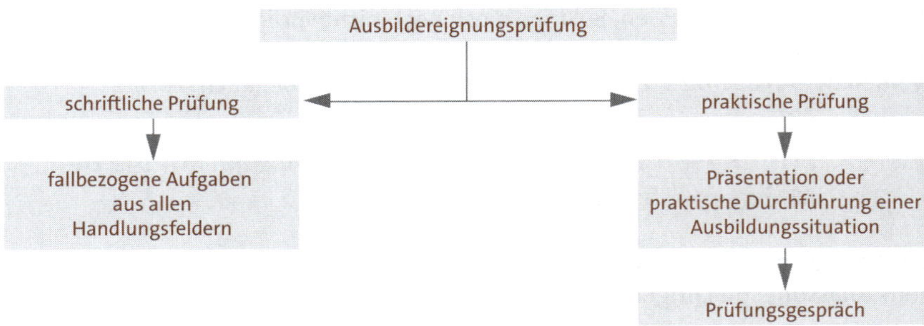

Die Prüfung ist bestanden, wenn jeder Prüfungsteil mit mindestens „ausreichend" bewertet wurde. Innerhalb eines Prüfungsverfahrens kann eine nicht bestandene Prüfung zweimal wiederholt werden. Ein bestandener Prüfungsteil kann dabei angerechnet werden.

Inhalte der Prüfung

Im schriftlichen Teil der Prüfung sind fallbezogene Aufgaben aus allen Handlungsfeldern zu bearbeiten. Die schriftliche Prüfung soll drei Stunden dauern. Der praktische Teil der Prüfung sieht als Regelfall eine Präsentation einer Ausbildungssituation und ein Fachgespräch mit einer Dauer von insgesamt höchstens 30 Minuten vor. Hierfür wählt der Prüfungsteilnehmer eine berufstypische Ausbildungssituation aus. Die Präsentation soll 15 Minuten nicht überschreiten. Die Auswahl und Gestaltung der Ausbildungssituation sind im Fachgespräch zu erläutern.
Anstelle der Präsentation kann eine Ausbildungssituation auch praktisch durchgeführt werden.
Die Ausführungen in >> Abschnitt 4.4.2.6 gelten, soweit sie **die praktische Prüfung** von **Teil IV** der Meisterprüfung betreffen (Grundsätzliches zur Ausbildungssituation, deren Gliederung bei praktischer Durchführung oder Präsentation sowie inhaltliche Schwerpunkte und Kriterien des Fachgesprächs), entsprechend.
Die Prüfungsausschüsse sind für den Bereich des Handwerks bei der Handwerkskammer errichtet. In den übrigen Bereichen bestehen Prüfungsausschüsse bei den für die Berufsbildung zuständigen Stellen.

Zusammensetzung des Prüfungsausschusses:

Prüfungsausschuss

Der **Prüfungsausschuss** besteht aus mindestens drei Mitgliedern:

> 1 Beauftragter der Arbeitgeber
> 1 Beauftragter der Arbeitnehmer
> 1 Lehrer an einer berufsbildenden Schule.

Zeugnis

Über die bestandene Prüfung ist dem Prüfungsteilnehmer ein Zeugnis auszustellen, aus dem hervorgeht, dass er die berufs- und arbeitspädagogische Qualifikati-

on nach der Ausbildereignungsverordnung durch seine Prüfungsleistungen nachgewiesen hat.
Der Prüfungsteilnehmer hat eine Prüfungsgebühr zu entrichten.
Eine nicht bestandene Prüfung kann zweimal wiederholt werden.

Handlungsfelder

Handlungsfeld 1

Dieses Handlungsfeld umfasst die berufs- und arbeitspädagogische Eignung, Ausbildungsvoraussetzungen zu prüfen und Ausbildung zu planen. Die Ausbilder und die Ausbilderinnen sind dabei in der Lage,

1. die Vorteile und den Nutzen betrieblicher Ausbildung darstellen und begründen zu können,
2. bei den Planungen und Entscheidungen hinsichtlich des betrieblichen Ausbildungsbedarfs auf der Grundlage der rechtlichen, tarifvertraglichen und betrieblichen Rahmenbedingungen mitzuwirken,
3. die Strukturen des Berufsbildungssystems und seine Schnittstellen darzustellen,
4. Ausbildungsberufe für den Betrieb auszuwählen und dies zu begründen,
5. die Eignung des Betriebes für die Ausbildung in dem angestrebten Ausbildungsberuf zu prüfen sowie zu prüfen, ob und inwieweit Ausbildungsinhalte durch Maßnahmen außerhalb der Ausbildungsstätte, insbesondere Ausbildung im Verbund, überbetriebliche und außerbetriebliche Ausbildung, vermittelt werden können,
6. die Möglichkeiten des Einsatzes von auf die Berufsausbildung vorbereitenden Maßnahmen einzuschätzen sowie
7. im Betrieb die Aufgaben der an der Ausbildung Mitwirkenden unter Berücksichtigung ihrer Funktionen und Qualifikationen abzustimmen.

Handlungsfeld 2

Dieses Handlungsfeld umfasst die berufs- und arbeitspädagogische Eignung, die Ausbildung unter Berücksichtigung organisatorischer sowie rechtlicher Aspekte vorzubereiten. Die Ausbilder und die Ausbilderinnen sind dabei in der Lage,

1. auf der Grundlage einer Ausbildungsordnung einen betrieblichen Ausbildungsplan zu erstellen, der sich insbesondere an berufstypischen Arbeits- und Geschäftsprozessen orientiert,
2. die Möglichkeiten der Mitwirkung und Mitbestimmung der betrieblichen Interessenvertretungen in der Berufsbildung zu berücksichtigen,
3. den Kooperationsbedarf zu ermitteln und sich inhaltlich sowie organisatorisch mit den Kooperationspartnern, insbesondere der Berufsschule, abzustimmen,
4. Kriterien und Verfahren zur Auswahl von Auszubildenden auch unter Berücksichtigung ihrer Verschiedenartigkeit anzuwenden,
5. den Berufsausbildungsvertrag vorzubereiten und die Eintragung des Vertrages bei der zuständigen Stelle zu veranlassen sowie
6. die Möglichkeiten zu prüfen, ob Teile der Berufsausbildung im Ausland durchgeführt werden können.

Handlungsfeld 3

Das Handlungsfeld 3 umfasst die berufs- und arbeitspädagogische Eignung, selbstständiges Lernen in berufstypischen Arbeits- und Geschäftsprozessen handlungsorientiert zu fördern. Die Ausbilder und die Ausbilderinnen sind dabei in der Lage,

1. lernförderliche Bedingungen und eine motivierende Lernkultur zu schaffen, Rückmeldungen zu geben und zu empfangen,
2. die Probezeit zu organisieren, zu gestalten und zu bewerten,
3. aus dem betrieblichen Ausbildungsplan und den berufstypischen Arbeits- und Geschäftsprozessen betriebliche Lern- und Arbeitsaufgaben zu entwickeln und zu gestalten,
4. Ausbildungsmethoden und -medien zielgruppengerecht auszuwählen und situationsspezifisch einzusetzen,
5. Auszubildende bei Lernschwierigkeiten durch individuelle Gestaltung der Ausbildung und Lernberatung zu unterstützen, bei Bedarf ausbildungsunterstützende Hilfen einzusetzen und die Möglichkeit zur Verlängerung der Ausbildungszeit zu prüfen,
6. Auszubildenden zusätzliche Ausbildungsangebote, insbesondere in Form von Zusatzqualifikationen, zu machen und die Möglichkeit der Verkürzung der Ausbildungsdauer und die der vorzeitigen Zulassung zur Abschlussprüfung zu prüfen,
7. die soziale und persönliche Entwicklung von Auszubildenden zu fördern, Probleme und Konflikte rechtzeitig zu erkennen sowie auf eine Lösung hinzuwirken,
8. Leistungen festzustellen und zu bewerten, Leistungsbeurteilungen Dritter und Prüfungsergebnisse auszuwerten, Beurteilungsgespräche zu führen, Rückschlüsse für den weiteren Ausbildungsverlauf zu ziehen sowie
9. interkulturelle Kompetenzen zu fördern.

Handlungsfeld 4

Dieses Handlungsfeld umfasst die berufs- und arbeitspädagogische Eignung, die Ausbildung zu einem erfolgreichen Abschluss zu führen und dem Auszubildenden Perspektiven für seine berufliche Weiterentwicklung aufzuzeigen. Die Ausbilder und Ausbilderinnen sind dabei in der Lage,

1. Auszubildende auf die Abschluss- oder Gesellenprüfung unter Berücksichtigung der Prüfungstermine vorzubereiten und die Ausbildung zu einem erfolgreichen Abschluss zu führen,
2. für die Anmeldung der Auszubildenden zu Prüfungen bei der zuständigen Stelle zu sorgen und diese auf durchführungsrelevante Besonderheiten hinzuweisen,
3. an der Erstellung eines schriftlichen Zeugnisses auf der Grundlage von Leistungsbeurteilungen mitzuwirken sowie
4. Auszubildende über betriebliche Entwicklungswege und berufliche Weiterbildungsmöglichkeiten zu informieren und zu beraten.

4.4.5 Finanzielle Förderung beruflicher Bildungsmaßnahmen

Es gibt im Rahmen der Förderung der Berufsbildung, insgesamt gesehen, Fördermittel für

Fortbildungsträger

- die institutionelle Förderung bzw. Projektförderung durch finanzielle Zuwendungen (Zuschüsse und Darlehen) an Fortbildungsträger im investiven Bereich (z. B. Berufsbildungs- und Technologiezentren der Handwerkskammer) und im Maßnahmenbereich (z. B. bestimmte Lehrgänge),

Fortbildungsteilnehmer

- finanzielle Zuwendungen an die Teilnehmer an Fort- und Weiterbildungsmaßnahmen unter bestimmten Voraussetzungen.

Die drei wichtigsten Hauptzuwendungsgeber sind:

> Bund
> Länder
> Bundesagentur für Arbeit.

Die wichtigsten Förderungsgesetze und Förderungsprogramme gehen aus der nachstehenden Übersicht hervor.

4.4.5.1 Förderung nach dem Arbeitsförderungsrecht im Sozialgesetzbuch (SGB III)

Förderungsvoraussetzungen

Die Agentur für Arbeit kann (Kannförderung) Arbeitnehmer bei Teilnahme an Maßnahmen der beruflichen Weiterbildung durch Übernahme der Weiterbildungskosten und Leistung von Arbeitslosengeld (sofern Anspruch besteht) grundsätzlich fördern, wenn folgende allgemeine Voraussetzungen erfüllt sind:

> Die Weiterbildung ist notwendig, um Arbeitnehmer bei Arbeitslosigkeit beruflich einzugliedern, eine drohende Arbeitslosigkeit abzuwenden oder bei Ausübung einer Teilzeitbeschäftigung eine Vollbeschäftigung zu erlangen.
> Die Weiterbildung ist erforderlich wegen Fehlens eines Berufsabschlusses.
> Die Vorbeschäftigungszeit ist erfüllt.
> Die Agentur für Arbeit hat den Arbeitnehmer vor Beginn der Teilnahme an der Weiterbildungsmaßnahme beraten.
> Die Maßnahme und der Träger der Maßnahme sind für die Förderung zugelassen.

Bildungsgutschein

Dem Arbeitnehmer wird das Vorliegen der Voraussetzungen für eine Förderung bescheinigt (Bildungsgutschein). Der Bildungsgutschein kann zeitlich befristet sowie regional und auf bestimmte Bildungsziele beschränkt werden. Der vom Arbeitnehmer ausgewählte Träger hat der Agentur für Arbeit den Bildungsgutschein vor Beginn der Maßnahme vorzulegen.

Förderfähige Kosten

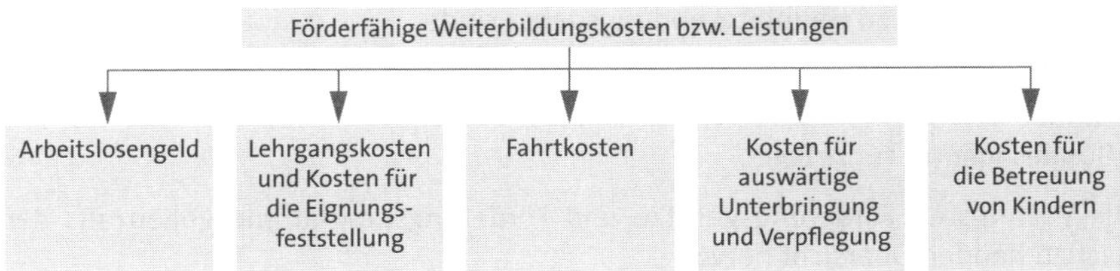

Als Lehrgangskosten können übernommen werden:

Lehrgangskosten

- Lehrgangsgebühren einschließlich Kosten für erforderliche Lernmittel
- Arbeitskleidung
- Prüfungsstücke und Prüfungsgebühren
- Kosten für eine notwendige Eignungsfeststellung.

Fahrtkosten

Als Fahrtkosten können gefördert werden:

- Pendelfahrten zwischen Wohnung und Bildungsstätte
- bei erforderlicher auswärtiger Unterbringung An- und Abreisekosten und eine monatliche Familienheimfahrt oder anstelle der Familienheimfahrt für eine monatliche Fahrt eines Angehörigen zum Aufenthaltsort des Arbeitnehmers.

Als Kosten für auswärtige Unterbringung und Verpflegung können Übernachtungs- und Verpflegungsgelder je Tag nach einschlägigen Vorschriften gewährt werden.
Für die Betreuung aufsichtsbedürftiger Kinder des Teilnehmers können Kosten in begrenzter Höhe monatlich je Kind übernommen werden.

Leistungsvoraussetzungen

Die dargestellten Leistungen werden nur gewährt, wenn

- die gesetzlichen Anforderungen an die **Träger** der Weiterbildungsmaßnahmen gegeben sind,
- die gesetzlichen Anforderungen an die **Weiterbildungsmaßnahmen** erfüllt sind,
- die **Dauer** der Maßnahme angemessen ist,
- das im Gesetz vorgeschriebene **Ziel** der Maßnahme gegeben ist.

Zulassung

Zugelassen werden kann eine Maßnahme nur, wenn sie das Ziel hat,

- berufliche Kenntnisse, Fertigkeiten und Fähigkeiten festzustellen, zu erhalten, zu erweitern, der technischen Entwicklung anzupassen oder einen beruflichen Aufstieg zu ermöglichen,
- einen beruflichen Abschluss zu vermitteln oder
- zu einer anderen beruflichen Tätigkeit zu befähigen.

Die Agentur für Arbeit hat durch geeignete Maßnahmen die Durchführung der Maßnahme zu überwachen sowie den Erfolg zu beobachten (Qualitätsprüfung).
Weitere Einzelheiten zur Weiterbildungsförderung nach dem Arbeitsförderungsrecht ergeben sich aus dem Gesetz und den Anordnungen der Bundesagentur für Arbeit.

Antragstellung

Für Anträge auf Förderung ist die Agentur für Arbeit zuständig. Eine eingehende Beratung ist notwendig.
Beschäftigte Arbeitnehmer, die das 45. Lebensjahr vollendet haben und deren Betrieb, dem sie angehören, weniger als 250 Arbeitnehmer beschäftigt, können durch Übernahme der Weiterbildungskosten unter bestimmten Voraussetzungen gefördert werden.

Unter bestimmten Voraussetzungen können auch Arbeitgeber mit Zuschüssen zum Arbeitsentgelt der an Fortbildungsmaßnahmen teilnehmenden Arbeitnehmer gefördert werden. Zuständig ist auch hier die Agentur für Arbeit.

4.4.5.2 Förderung nach dem Bundesausbildungsförderungsgesetz

Gefördert wird unter bestimmten Voraussetzungen der Besuch von bestimmten Schulen und Hochschulen durch Zuwendungen an die Teilnehmer.

Für die Beratung und Antragstellung ist das Amt für Ausbildungsförderung bei der Gemeinde, Stadt oder beim Landkreis zuständig.

4.4.5.3 Ausbildungsförderungsgesetze der Länder

Nach den Ausbildungsförderungsgesetzen bzw. den Ausbildungsförderungsprogrammen der Länder werden unter bestimmten Voraussetzungen Zuwendungen an Besucher berufsbildender Schulen gewährt.

4.4.5.4 Begabtenförderung „Berufliche Bildung" des Bundesministers für Bildung und Forschung

Stipendium für berufliche Weiterbildung

Fördervoraussetzungen

Nach diesem Programm können junge Handwerker bei Teilnahme an Maßnahmen zur fachbezogenen und fachübergreifenden beruflichen Weiterbildung gefördert werden (Maßnahmekosten wie Kursgebühren sowie Fahrt- und Aufenthaltskosten, aber keine Lebenshaltungskosten). Die Förderdauer beträgt bis zu drei Jahre, nämlich das Jahr der Aufnahme und die zwei Folgejahre. Die Förderung wird unabhängig von der Höhe des Einkommens und Vermögens geleistet.

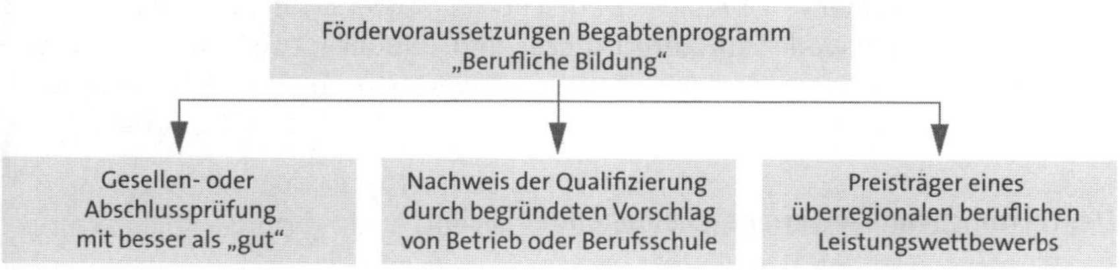

Antragstellung

Information, Beratung, Auswahl der Stipendiaten (finanziell Geförderten), Berechnung der förderfähigen Maßnahmekosten und Auszahlung des Förderbetrags erfolgen durch die zuständige Handwerkskammer, wo auch der Förderungsantrag zu stellen ist.

Die „Stiftung Begabtenförderung berufliche Bildung (SBB)“ unterstützt das zuständige Bundesministerium und die Handwerkskammern bei der Durchführung des Begabtenförderungsprogrammes.

Stipendium für ein Hochschulstudium

Im Rahmen der Qualifizierungsinitiative der Bundesregierung können Personen, die eine Berufsausbildung besonders erfolgreich absolviert haben und die über mindestens zwei Jahre Berufserfahrung verfügen, ein Aufstiegsstipendium erhalten, wenn sie ein Studium anstreben.
Förderungsvoraussetzung ist:

> eine Berufsabschlussprüfung oder eine Aufstiegsfortbildung (z. B. Techniker, Meister) mindestens mit der Durchschnittsnote 1,9 bzw. mit mindestens 87 Punkten

oder

> eine besonders erfolgreiche Teilnahme an einem landes- oder bundesweiten beruflichen Leistungswettbewerb (auch >> Abschnitt 4.4.5.5).

Wenn diese Voraussetzungen im Einzelnen nicht vorliegen, besteht die Möglichkeit, die besondere Begabung durch einen begründeten Vorschlag des Betriebes zu belegen. Mit dem Aufstiegsstipendium wird ein Erststudium in Vollzeit oder berufsbegleitend an einer staatlichen oder staatlich anerkannten Hochschule gefördert.
Für Studierende im Vollzeitstudium beträgt das Stipendium monatlich 670,00 EUR plus 80,00 EUR Büchergeld.
Zusätzlich gibt es eine Kinderbetreuungspauschale von 113,00 EUR für das erste Kind und jeweils 85,00 EUR für jedes weitere.
Studierende in einem berufsbegleitenden Studiengang können jährlich 2.000,00 EUR für Maßnahmekosten erhalten.
Bewerbung, Auswahlverfahren, Aufnahme und Betreuung dieser Stipendiaten erfolgen nicht über die Handwerkskammer, sondern über die „Stiftung Begabtenförderung berufliche Bildung (SBB)“ in Bonn.

4.4.5.5 Leistungswettbewerb des Deutschen Handwerks

Der Leistungswettbewerb des Deutschen Handwerks findet jährlich auf Innungs-, Handwerkskammer-, Landes- und Bundesebene statt. Ferner ist eine Teilnahme am Europäischen Berufswettbewerb (EuroSkills) möglich, allerdings nur im Rahmen der dort festgelegten Wettbewerbsberufe.

Ziele

Der Leistungswettbewerb hat die folgenden Ziele:

> Lehrlinge zu erhöhter Leistung anzuspornen,
> den Ausbildenden in seiner Arbeit zu unterstützen,
> begabte Lehrlinge, die als Preisträger hervorgehen, in ihrer beruflichen Entwicklung zu fördern,
> die Berufsausbildungsleistungen des Handwerks in der Öffentlichkeit zu dokumentieren,
> die Berufsnachwuchswerbung des Handwerks zu unterstützen.

Jeder Ausbildende bzw. Ausbilder ist aufgerufen, Lehrlinge mit überdurchschnittlichen Leistungen in der Gesellenprüfung zur Teilnahme an diesem Wettbewerb zu bewegen.

Teilnahme

4.4.5.6 Förderung nach dem Aufstiegsfortbildungsförderungsgesetz (AFBG) – sog. „Meister-BAföG"

Die Ausführungen zu diesem Abschnitt berücksichtigen die am 01.10.2010 in Kraft getretenen geänderten Förderkonditionen.

Förderfähige Fortbildungsmaßnahmen

> Förderfähig nach dem AFBG ist die Teilnahme an Fortbildungsmaßnahmen, die auf Fortbildungsabschlüsse nach dem Berufsbildungsgesetz, der Handwerksordnung oder auf vergleichbare Abschlüsse nach Bundes- oder Landesrecht oder Regelungen der zuständigen Stellen (z. B. Handwerkskammern) in einer fachlichen Richtung gezielt vorbereiten.

Vorbereitung auf Fortbildungsprüfungen

Die Teilnahme an einer Fortbildungsmaßnahme muss einen Abschluss in einem nach dem Berufsbildungsgesetz oder der Handwerksordnung anerkannten Ausbildungsberuf bzw. einem vergleichbaren bundes- oder landesrechtlich geregelten Berufsabschluss oder eine diesen Berufsabschlüssen entsprechende berufliche Qualifikation voraussetzen. Die Fortbildungsmaßnahmen können aus mehreren in sich selbstständigen Abschnitten (Maßnahmeabschnitten) bestehen.
In Deutschland lebende Ausländer werden unter bestimmten Voraussetzungen gefördert.

Berufsabschluss

Förderung von Vollzeit- und Teilzeitmaßnahmen

Nach dem Gesetz ist eine Förderung der Teilnahme an Vollzeit- und Teilzeitmaßnahmen der beruflichen Aufstiegsfortbildung möglich. Auch die Kombination von Vollzeit- und Teilzeitkursen ist grundsätzlich förderungsfähig.
Die Fortbildungsmaßnahmen sind förderungsfähig,

- **wenn sie in Vollzeitform**
  - mindestens 400 Unterrichtsstunden umfassen,
  - innerhalb von 36 Kalendermonaten abschließen und wenn
  - in der Regel in jeder Woche an 4 Werktagen Lehrveranstaltungen mit einer Dauer von mindestens 25 Unterrichtsstunden stattfinden.

Vollzeitmaßnahmen

- **wenn sie in Teilzeitform**
  - mindestens 400 Unterrichtsstunden umfassen,
  - innerhalb von 48 Kalendermonaten abschließen und wenn
  - in der Regel innerhalb von 8 Monaten Lehrveranstaltungen mit mindestens 150 Unterrichtsstunden stattfinden.

Teilzeitmaßnahmen

Zusätzlich werden die im Lehrplan des Bildungsträgers verbindlich vorgesehenen Klausurenkurse und Prüfungssimulationen mit bis zu 10 Prozent der nach dem AFBG förderfähigen Gesamtstunden der Unterrichtsstunden, höchstens aber 50 Stunden, als förderfähig anerkannt. Der Träger der Fortbildungsmaßnahmen muss die im Gesetz vorgesehenen Eignungskriterien erfüllen.

Unter bestimmten Voraussetzungen werden auch Fortbildungsmaßnahmen gefördert, die in neuen Lernformen (z. B. Einsatz elektronischer Medien in Kombination mit Präsenzunterricht oder entsprechender mediengestützter Kommunikation) durchgeführt werden. Dabei müssen regelmäßige Erfolgskontrollen stattfinden.

Vollzeit-maßnahmen

Förderfähige Kosten und Art der Förderung

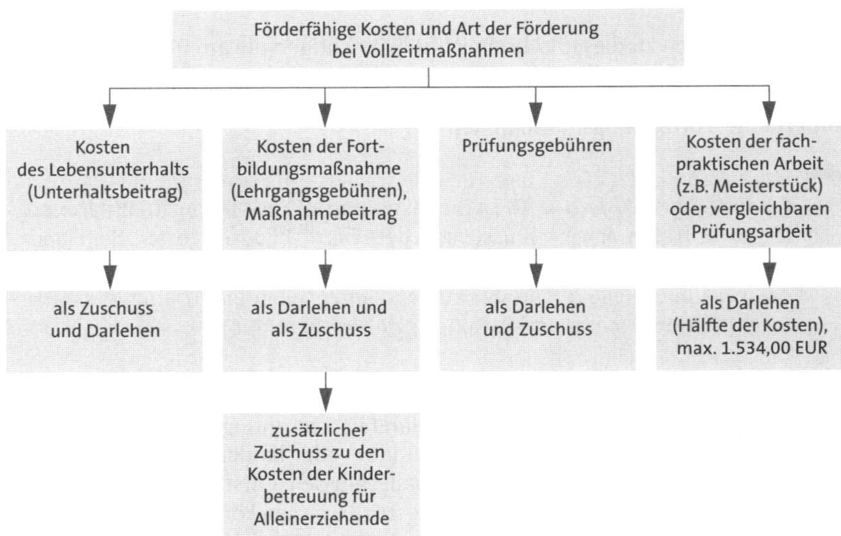

Teilzeit-maßnahmen

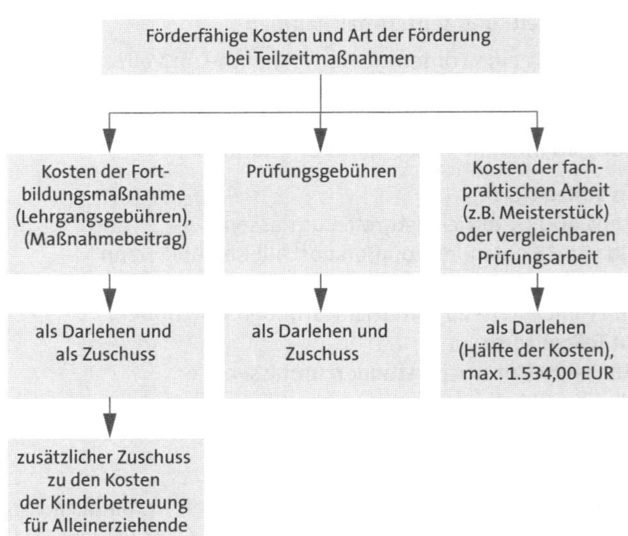

Höhe der Förderungsbeiträge

Die Höhe der Förderungsbeiträge zum Lebensunterhalt ist abhängig vom Einkommen und Vermögen des Fortbildungsteilnehmers und ggf. seines nicht dauernd getrennt lebenden Ehegatten. Einkommen und Vermögen sind auf den Unterhaltsbedarf anzurechnen. Lebensunterhalt

Vom Vermögen bleiben anrechnungsfrei:

> für den Teilnehmer selbst 35.800,00 EUR
> für den Ehegatten 1.800,00 EUR
> für jedes Kind des Teilnehmers 1.800,00 EUR.

Zur Vermeidung unbilliger Härten kann ein weiterer Teil des Vermögens (z. B. selbstgenutztes Einfamilienhaus) anrechnungsfrei bleiben.

Der **Unterhaltsbeitrag** beträgt beim Besuch von Vollzeitmaßnahmen, teils als Zuschuss, teils als Darlehen, je nach Familienstand ca. 697,00 bis 912,00 EUR zuzüglich 210,00 EUR für jedes Kind monatlich.

Lehrgangsgebühren

Sowohl für Vollzeitmaßnahmen als auch für Teilzeitmaßnahmen besteht Anspruch auf Förderung der Kosten der Fortbildungsmaßnahme (Lehrgangs- und Prüfungsgebühren) als Zuschuss und als Darlehen. Der anteilige Zuschuss beträgt 30,5 Prozent. Der Maßnahmebeitrag ist für die Lehrgangs- und Prüfungsgebühren auf höchstens 10.226,00 EUR begrenzt. Die Kosten der Erstellung der fachpraktischen Arbeit in der Meisterprüfung (z. B. Meisterstück) oder einer vergleichbaren Prüfungsarbeit werden in Form eines Darlehens bis zur Hälfte der notwendigen Kosten, maximal 1.534,00 EUR, gefördert. Das Darlehen wird von der KfW-Bankengruppe gewährt.

Meisterstück

Hinzu kommt ggf. ein vom Einkommen und Vermögen unabhängiger Zuschuss für Kinderbetreuungskosten für Alleinerziehende.

Verzinsung und Rückzahlung des Darlehens nach dem AFBG

Rückzahlungsmodalitäten

Für die Dauer der Fortbildungsmaßnahme und eine anschließende Karenzzeit von 2 Jahren besteht für das Darlehen keine Zins- und Tilgungspflicht (längstens für einen Zeitraum von 6 Jahren ab Beginn der Maßnahme). Das Darlehen ist später bei Beginn der Verzinsungspflicht je nach Wahl mit einem festen oder variablen Zinssatz zu verzinsen. Ferner ist das Darlehen nach Ablauf der genannten Karenzzeit von höchstens 6 Jahren innerhalb von 10 Jahren in monatlichen Raten zurückzuzahlen. Die näheren Einzelheiten richten sich nach dem Inhalt des Darlehensvertrages. Das Darlehen kann auch in Teilbeträgen von vollen 500 EUR oder in einer Summe vorzeitig zurückgezahlt werden.

Stundung

Unter bestimmten Voraussetzungen kann das Darlehen ganz oder teilweise auch gestundet werden.

Teilerlass des Darlehens

Das Darlehen kann in folgenden Fällen teilweise erlassen werden:

Bestandene Fortbildungsprüfung

1. Hat der Darlehensnehmer oder die Darlehensnehmerin die Fortbildungsprüfung bestanden, wird gegen Vorlage des Prüfungszeugnisses 25 Prozent des zu diesem Zeitpunkt noch nicht fällig gewordenen Darlehens für Lehrgangs- und Prüfungsgebühren erlassen.

Betriebsgründung
Betriebsübernahme

2. Hat der Darlehensnehmer oder die Darlehensnehmerin innerhalb von drei Jahren nach Beendigung der Fortbildungsmaßnahme ein Unternehmen gegründet oder übernommen oder einen bestehenden Gewerbebetrieb erweitert, wird auf Antrag und gegen Vorlage entsprechender Nachweise das noch nicht

fällig gewordene, die Lehrgangs- und Prüfungsgebühren betreffende Restdarlehen teilweise erlassen. Dabei muss der Darlehensnehmer oder die Darlehensnehmerin für den Betrieb überwiegend die unternehmerische Verantwortung tragen. Ferner müssen in diesem Falle folgende drei weitere Voraussetzungen vorliegen:

> Die Fortbildungsprüfung wurde bestanden.
> Das gegründete oder übernommene Unternehmen oder der erweiterte Gewerbebetrieb wird seit mindestens einem Jahr geführt, und
> spätestens am Ende des dritten Jahres nach der Gründung oder Übernahme des Unternehmens oder der Erweiterung des Gewerbebetriebes wurde mindestens eine Person zusätzlich eingestellt und zum Zeitpunkt der Antragstellung noch beschäftigt.

Höhe des Darlehenserlasses

Die Höhe des Darlehenserlasses beträgt:

> 33 Prozent für einen zusätzlichen Auszubildenden, dessen Ausbildungsverhältnis nach Ablauf der Probezeit noch besteht,
> 33 Prozent für einen zusätzlichen Arbeitnehmer, dessen sozialversicherungspflichtiges unbefristetes Vollzeitarbeitsverhältnis zum Zeitpunkt der Antragstellung seit mindestens sechs Monaten besteht und ungekündigt ist, oder
> 66 Prozent für einen zusätzlichen Auszubildenden **und** einen zusätzlichen Arbeitnehmer **oder** zwei zusätzliche Arbeitnehmer, die die jeweiligen oben genannten Beschäftigungsvoraussetzungen erfüllen.

Insgesamt dürfen nicht mehr als 66 Prozent des noch nicht fällig gewordenen Restdarlehens für die Lehrgangs- und Prüfungsgebühren erlassen werden.
Über den Antrag des Darlehensnehmers auf Erlass entscheidet die Kreditanstalt für Wiederaufbau in Bonn.

Antragsverfahren

Zuständige Behörde

Der Antrag auf Gewährung von Förderleistungen nach dem Aufstiegsfortbildungsförderungsgesetz ist bei der zuständigen Behörde schriftlich zu stellen. Welche Behörde hierfür zuständig ist, haben die einzelnen Bundesländer im Vollzug des AFBG unterschiedlich geregelt. Jeder Antragsteller sollte sich rechtzeitig bei der zuständigen Handwerkskammer diesbezüglich informieren. Ferner ist es empfehlenswert, sich **vor** Beginn der Maßnahme über die Förderkonditionen im Einzelnen zu erkundigen und sich entsprechend beraten zu lassen.

Förderausschluss und Förderbeschränkung

Nach dem Aufstiegsfortbildungsförderungsgesetz wird die Teilnahme an einer Fortbildungsmaßnahme insbesondere in folgenden Fällen **nicht** gefördert:

> Es wird Ausbildungsförderung nach dem Bundesausbildungsförderungsgesetz geleistet.
> Es wird Arbeitslosengeld bei beruflicher Weiterbildung nach dem Dritten Buch Sozialgesetzbuch oder nach dem Beruflichen Rehabilitierungsgesetz gewährt.
> Dem Teilnehmer wird ein Gründungszuschuss oder ein Existenzgründungszuschuss nach dem Dritten Buch Sozialgesetzbuch (bei Maßnahme in Vollzeitform) gewährt.

> Es werden Leistungen zur Rehabilitation nach den für einen Rehabilitationsträger im Sinne des Neunten Buches Sozialgesetzbuch geltenden Vorschriften erbracht.

Der Anspruch auf Förderung nach dem AFBG ist auf die Leistungen zum **Lebensunterhalt** beschränkt, wenn die **Kosten der Maßnahme** nach dem Dritten Buch (Sozialgesetzbuch) für Personen ohne Vorbeschäftigungszeit übernommen werden.

4.4.5.7 Fortbildungsförderung durch die Länder

In einzelnen Ländern gibt es finanzielle Förderprogramme zu beruflichen Fortbildungsmaßnahmen. Auskünfte dazu sollten bei der zuständigen Handwerkskammer eingeholt werden.

4.4.5.8 Bildungsprämie

Die Bildungsprämie besteht aus zwei Komponenten, nämlich dem Prämiengutschein sowie dem Weiterbildungssparen, die auch beide miteinander kombiniert werden können.

Prämiengutschein

Mit dem Prämiengutschein übernimmt der Bund alle zwei Kalenderjahre die Hälfte der Weiterbildungskosten, maximal 500,00 EUR. Die Förderung können Erwerbstätige erhalten, deren zu versteuerndes Einkommen höchstens 20.000,00 EUR bei Alleinstehenden und 40.000,00 EUR bei gemeinsam Veranlagten nicht übersteigt und die an einem Beratungsgespräch teilgenommen haben. Gefördert werden grundsätzlich beruflich relevante Weiterbildungsmaßnahmen.

Nicht gefördert werden

> Personen, die ALG I oder ALG II erhalten,
> Personen, die Anspruch nach dem AFBG (Meister-BAföG) haben,
> Personen ohne Arbeitserlaubnis für Deutschland,
> Schüler, Auszubildende, Studenten, Rentner und Pensionäre.

Weiterbildungssparen

Im Rahmen des Weiterbildungssparens wird im Vermögensbildungsgesetz eine Entnahme aus dem angesparten Guthaben schon vor dem Ablauf der Sperrfrist erlaubt, ohne die Arbeitnehmersparzulage zu verlieren. Auch hier ist eine Beratung in einer Beratungsstelle notwendig. Einkommensgrenzen gelten nicht. Mit dem Weiterbildungssparen soll die Finanzierung aufwendigerer Weiterbildungen erleichtert werden.

Wichtiger Hinweis

Beratung vor Teilnahme

Bei allen finanziellen Förderungsmöglichkeiten der Aus- und Fortbildung ist es empfehlenswert, sich vor Teilnahme an der einzelnen Maßnahme bei den jeweils genannten zuständigen Stellen gründlich beraten zu lassen. Nur so kann erreicht werden, dass für den einzelnen Teilnehmer, je nach seinen persönlichen Voraussetzungen, die bestmögliche Förderung nach den jeweils aktuellen Förderbeiträgen erzielt wird. Die hier dargestellten finanziellen Förderungsmaßnahmen stehen unter dem absoluten Vorbehalt, dass ständig Änderungen der Förderbedingungen eintreten können.

Handlungsorientierte, fallbezogene Aufgaben

1. In Ihrem Betrieb haben zwei Lehrlinge ihre Berufsausbildung mit erfolgreich abgelegter Gesellenprüfung beendet. Bei einem abschließenden Gespräch im Betrieb wollen Sie die jungen Gesellen noch über die grundsätzliche Bedeutung und Notwendigkeit der berufsspezifischen und berufsübergreifenden Fortbildung für die Wirtschaft und ihre persönliche berufliche Weiterentwicklung und die damit verbundenen Chancen informieren.

   Aufgabe:

   a) Erklären Sie Ihren beiden jungen Gesellen, warum die berufliche Fortbildung für die Weiterentwicklung der Wirtschaft so wichtig ist!

   b) Stellen Sie dar, welche große Bedeutung die berufliche Fortbildung für jeden der beiden jungen Gesellen persönlich hat!

   >> Seite 338 |

2. Am Ende seiner Berufsausbildungszeit kommt zu Ihnen ein in Ihrem Betrieb ausgebildeter Lehrling, der seine berufliche Zukunft durch ständiges Weiterlernen möglichst erfolgreich gestalten will, und bittet um Informationen über die wichtigsten Fortbildungseinrichtungen des Handwerks, die grundsätzlichen Fortbildungsmöglichkeiten sowie Fortbildungsprüfungen für Handwerker.

   Aufgabe:

   a) Fertigen Sie dem Lehrling eine Aufstellung über die wichtigsten Fortbildungseinrichtungen des Handwerks an!

   b) Stellen Sie dem Lehrling die wichtigsten Fortbildungsmöglichkeiten, die für ihn infrage kommen können, zusammen!

   c) Erläutern Sie ihm mögliche Prüfungen auf diesen Gebieten!

   d) Geben Sie ihm die einschlägigen weiteren Informationsstellen und Informationssysteme an!

   >> Seiten 339 bis 342 |

3. Sie haben als Ausbildender zwei Lehrlinge ausgebildet, die die Gesellenprüfung mit gutem Erfolg bestanden haben. Die jungen Handwerker wollen möglichst umfassend über die wichtigsten Rechtsgrundlagen, Zulassungsvoraussetzungen, Prüfungsinhalte, Meistertitel sowie Vorteile und Nutzen der Meisterprüfung von Ihnen informiert werden, da sie die Absicht haben, bald die Meisterprüfung in dem von ihnen erlernten zulassungspflichtigen Handwerk abzulegen.

   Aufgabe: Informieren Sie die beiden jungen Gesellen umfassend und gehen Sie dabei auf folgende Punkte ein:

   a) Geben Sie an, wer die Prüfung abnimmt, und erklären Sie die wichtigsten Rechtsgrundlagen!

   b) Stellen Sie die Regelzulassungsvoraussetzungen dar!

   c) Erläutern Sie die Prüfungsteile und Prüfungsinhalte!

   d) Beschreiben Sie die Rechte, die mit der bestandenen Meisterprüfung verbunden sind!

   e) Stellen Sie dar, welche Vorteile und welchen Nutzen der Meistertitel für den eigenen Betrieb und das gesamte Handwerk als Teilbereich unserer Gesamtwirtschaft bringt!

   >> Seiten 342 bis 355 |

4. Seit mehreren Jahren beschäftigen Sie in Ihrem Betrieb eine Bürokauffrau. Sie kommt zu Ihnen und teilt mit, dass sie gerne die Ausbildereignungsprüfung ablegen möchte, und bittet Sie um entsprechende Informationen.

   Aufgabe: Erläutern Sie Ihrer Mitarbeiterin die Ziele, Rechtsgrundlagen und Prüfungsinhalte dieser Prüfung!

   >> Seiten 359 bis 362 |

5. Sie haben in Ihrem Betrieb zwei Lehrlinge ausgebildet und sie nach bestandener Gesellenprüfung weiter als Arbeitnehmer beschäftigt. Da es sich um besonders fortbildungswillige junge Kollegen handelt, wollen sie sich bald fortbilden. Von älteren Kollegen haben sie erfahren, dass es bei Teilnahme an bestimmten Fortbildungsmaßnahmen finanzielle Zuwendungen auf der Basis von Förderungsgesetzen bzw. Förderungsprogrammen gibt. Die Mitarbeiter kommen zu Ihnen mit der Bitte, sie über wichtige finanzielle Förderungsmöglichkeiten zu informieren. Da Sie für Ihre Mitarbeiter eine systematische Fortbildungsplanung betreiben wollen und alle einschlägigen Fortbildungsaktivitäten unterstützen, kommen Sie dem Wunsch auf Information dieser Mitarbeiter mit einem Informationsvortrag gerne nach.

   Aufgabe: Informieren Sie Ihre beiden Mitarbeiter über die einschlägigen Möglichkeiten zur finanziellen Förderung! Dabei orientieren Sie sich bei Ihrem Informationsvortrag zweckmäßigerweise an folgenden zentralen Fragen bzw. Inhalten:

5.1 Stellen Sie dar, wer für die Mitarbeiter als Zuwendungsgeber infrage kommen kann!

5.2 Erklären Sie Fördergesetze und Förderprogramme, die für Ihre Mitarbeiter wichtig sind!

5.3 Geben Sie an, wer für die finanzielle Förderung der beruflichen Weiterbildung nach dem Sozialgesetzbuch (Arbeitsförderungsrecht) zuständig ist! Was ist zutreffend?

- a Die Handwerkskammer
- b Das Gewerbeamt
- c Die Agentur für Arbeit
- d Die zuständige Stadt- oder Gemeindeverwaltung
- e Das Sozialhilfeamt

5.4 Stellen Sie fest, was durch das Bundesausbildungsförderungsgesetz insbesondere gefördert wird: Was ist richtig?

- a Der Besuch von bestimmten Schulen und Hochschulen
- b Der Besuch von Abendkursen, die der beruflichen Fortbildung dienen
- c Der Besuch von Ganztageskursen, sofern sie nicht mehr als sechs Wochen dauern
- d Der Besuch von Ganztageskursen, sofern sie nicht mehr als vier Wochen dauern
- e Der Besuch von Kursen, sofern sie mindestens drei Monate dauern

5.5 Informieren Sie die Mitarbeiter, wer für die finanzielle Förderung nach dem Bundesausbildungsförderungsgesetz zuständig ist! Was trifft zu?

- a Die Berufsberatung der Agentur für Arbeit
- b Das Amt für Ausbildungsförderung
- c Die Handwerkskammer
- d Das Amt für Fortbildung
- e Der Berufsausbildungsausschuss der Handwerkskammer

5.6 Erläutern Sie Ihren im Fall beschriebenen Mitarbeitern, wer Zuwendungen nach den Ausbildungsförderungsgesetzen bzw. den Ausbildungsförderungsprogrammen der Länder erhalten kann!

5.7 Stellen Sie fest, welche Förderungsvoraussetzungen Ihre Mitarbeiter erfüllen müssten, damit sie nach dem Begabtenförderungsprogramm „Berufliche Bildung" des Bundesministers für Bildung und Forschung gefördert werden können!

5.8 Informieren Sie Ihre beiden Mitarbeiter, welche Maßnahmen durch das Aufstiegsfortbildungsförderungsgesetz gefördert werden können! Welche Aussage ist zutreffend?

- a Vollzeit- und Teilzeitmaßnahmen der beruflichen Aufstiegsfortbildung
- b Nur Vollzeitmaßnahmen der beruflichen Aufstiegsfortbildung
- c Nur Teilzeitmaßnahmen der beruflichen Aufstiegsfortbildung
- d Nur die Teilnahme an Lehrgängen zur Vorbereitung auf eine Handwerksmeisterprüfung
- e Der Besuch von Fachhochschulen und Hochschulen

5.9 Erklären Sie den beiden jungen Berufskollegen, welche Kosten nach dem Aufstiegsfortbildungsförderungsgesetz förderfähig sind und welche Art der Förderung infrage kommen kann!

5.10 Stellen Sie dar, wie hoch die Förderungsbeiträge bei Maßnahmen zur Aufstiegsfortbildung nach dem Aufstiegsfortbildungsförderungsgesetz sein können!

5.11 Erklären Sie Ihren beiden Mitarbeitern, unter welchen Voraussetzungen ein nach dem Aufstiegsfortbildungsförderungsgesetz gewährtes Darlehen teilweise erlassen werden kann, wenn sie nach Beendigung der Fortbildung einen Betrieb gründen!

5.12 Weisen Sie darauf hin, wo der Antrag auf Gewährung von Förderleistungen nach dem Aufstiegsfortbildungsförderungsgesetz zu stellen ist!

>> Seiten 362 bis 371 |

6. Ein in Ihrem Betrieb ausgebildeter Lehrling hat in der Gesellenprüfung als Bester abgeschnitten. Sie wollen, dass er am Leistungswettbewerb des Deutschen Handwerks teilnimmt. Um ihn für die Teilnahme entsprechend zu motivieren, ist es zweckmäßig, ihn über Ziele und Teilnahmebedingungen sowie die einzelnen Wettbewerbe zu informieren.

Aufgabe: Erläutern Sie Ihrem jungen und tüchtigen Mitarbeiter Ziele, Ebenen, Teilnahmebedingungen und Vorteile des Wettbewerbs!

>> Seiten 366 bis 367 |

Lösungen zu den Wiederholungsaufgaben sowie handlungsorientierten, fallbezogenen Übungs- und Prüfungsaufgaben

1. Handlungsfeld: Ausbildungsvoraussetzungen prüfen und Ausbildung planen

1.3 Lernsituation: Strukturen des Berufsbildungssystems und seine Schnittstellen darstellen

3.1 c) 3.2 e)

1.4 Lernsituation: Ausbildungsberufe für den Betrieb auswählen und Auswahl begründen

1. a)

1.5 Lernsituation: Eignung des Betriebes für die Ausbildung in angestrebten Ausbildungsberufen prüfen, insbesondere unter Berücksichtigung von Ausbildung im Verbund, überbetrieblicher und außerbetrieblicher Ausbildung

3. c) 4.1 e) 4.2 d) 8.1 b) 8.2 a) 8.3 a)

1.6 Lernsituation: Möglichkeiten des Einsatzes von berufsausbildungsvorbereitenden Maßnahmen prüfen und bewerten

2. c)

2. Handlungsfeld: Ausbildung vorbereiten und Einstellung von Auszubildenden durchführen

2.4 Lernsituation: Kriterien und Verfahren zur Auswahl von Auszubildenden auch unter Berücksichtigung ihrer Verschiedenartigkeit anwenden

1. c)

2.5 Lernsituation: Berufsausbildungsvertrag vorbereiten und abschließen sowie die Eintragung bei der zuständigen Stelle veranlassen

5. b) 6. a) 8. d) 14. d) 15. b) 16. d)
17. e) 19.1 c) 19.2 e) 20. d)

2.6 Lernsituation: Möglichkeiten prüfen, ob Teile der Berufsausbildung im Ausland durchgeführt werden können

1. e) 2. e)

3. Handlungsfeld: Ausbildung durchführen

3.1 Lernsituation: Lernförderliche Bedingungen und motivierende Lernkultur schaffen, Rückmeldung geben und empfangen

2. d)

3.4 Lernsituation: Ausbildungsmethoden und -medien zielgruppengerecht auswählen und situationsspezifisch einsetzen

1. c) 4. e)

3.6 Lernsituation: Für Auszubildende zusätzliche Ausbildungsangebote, insbesondere Zusatzqualifikationen, prüfen und vorschlagen; Möglichkeiten der Verkürzung der Ausbildungsdauer und die vorzeitige Zulassung zur Abschluss- oder Gesellenprüfung prüfen

3. c)

3.7 Lernsituation: Soziale und persönliche Entwicklungen von Auszubildenden fördern, Probleme und Konflikte rechtzeitig erkennen und auf Lösungen hinwirken

1. c) 4. b) 5. a)

4. Handlungsfeld: Ausbildung abschließen

4.1 Lernsituation: Auszubildende auf die Abschluss- oder Gesellenprüfung unter Berücksichtigung der Prüfungstermine vorbereiten und die Ausbildung zu einem erfolgreichen Abschluss führen

1.2 a) 1.3 c)

4.2 Lernsituation: Für die Anmeldung der Auszubildenden zu Prüfungen bei der zuständigen Stelle Sorge tragen und diese auf durchführungsrelevante Besonderheiten hinweisen

2. a)

4.3 Lernsituation: Schriftliche Zeugnisse auf der Grundlage von Leistungsbeurteilungen erstellen

1. e) 2. c) 3. d)

4.4 Lernsituation: Auszubildende über betriebliche Entwicklungswege und berufliche Weiterbildungsmöglichkeiten informieren und beraten

5.3 c) 5.4 a) 5.5 b) 5.8 a)

A

C

D

E

F

G

H

I

J

K

L

M

Q

R

S